本卷学刊出版得到首都师范大学文学院专项经费资助

创意文化产业学刊

2017年卷（总第8卷）

主　编　包晓光　郭　嘉

副主编　罗　赟

中国社会科学出版社

图书在版编目（CIP）数据

燕京创意文化产业学刊.2017年卷（总第8卷）/包晓光，郭嘉主编.
—北京：中国社会科学出版社，2018.9
ISBN 978 - 7 - 5203 - 2924 - 8

Ⅰ.①燕…　Ⅱ.①包…②郭…　Ⅲ.①文化产业—北京—丛刊
Ⅳ.①G124 - 55

中国版本图书馆 CIP 数据核字（2018）第 172973 号

出 版 人	赵剑英
责任编辑	安　芳
责任校对	张爱华
责任印制	李寡寡

出　　版	中国社会科学出版社
社　　址	北京鼓楼西大街甲 158 号
邮　　编	100720
网　　址	http://www.csspw.cn
发 行 部	010 - 84083685
门 市 部	010 - 84029450
经　　销	新华书店及其他书店

印　　刷	北京明恒达印务有限公司
装　　订	廊坊市广阳区广增装订厂
版　　次	2018 年 9 月第 1 版
印　　次	2018 年 9 月第 1 次印刷

开　　本	710×1000　1/16
印　　张	30.5
字　　数	515 千字
定　　价	128.00 元

目　　录

卷首特稿

文化创意产业与城市发展

文化创意产业与社区文化

文化创意产业与民族文化

文化创意产业与特色小镇

文化创意产业与相关产业融合发展

媒介融合发展视域中的经济报道

时代变革与影视、文学生产

前　言

　　2018 年 5 月 5 日，是一个特别的日子，对中国人来说尤其如此。如果让时光倒流两百年，在这一天，卡尔·马克思出生在德国的一个叫作特里尔城的小镇上。两百年后的今天，中国共产党人隆重地纪念这位世界共产主义思潮和运动的领导者和创始人、马克思主义思想智慧源泉缔造者的伟大功绩。当今世界，没有任何一个民族、一个国家，如此隆重地纪念一位早已逝去的异国思想家。可以说，马克思在中国家喻户晓、深入人心。中国人用了近一个世纪的时间，学习马克思、体会马克思，使马克思主义与中国的历史命运与传统文化深度融合。正如习近平在《纪念马克思诞辰 200 周年大会上的讲话》中所说："马克思主义不仅深刻改变了世界，也深刻改变了中国。"

　　在马克思卷帙浩繁的著作中，中国人最熟悉、给予中国革命最深刻影响的当属《共产党宣言》。"一切坚固的都烟消云散了"，这个被当代学者、作家不断重复的著名判断，就出自马克思和恩格斯合著的《共产党宣言》。在这本著作中，他们在谈到资本主义时代和资产阶级本性的时候这样写道："生产的不断变革，一切社会关系不停的动荡，永远的不安定和变动，这就是资产阶级时代不同于过去一切时代的地方。一切固定的古老的东西以及与之相适应的素被尊崇的观念和见解都被消除了，一切新形成的关系等不到固定下来就陈旧了。一切固定的东西都烟消云散了，一切神圣的东西都被亵渎了。人们终于不得不用冷静的眼光来看他们的生活地位、他们的相互关系。"马克思、恩格斯也许没有想到，他们在一百多年前对自由资本主义的论断还会引起移动互联时代人们的共鸣。这似乎说明，他们对当时社会的深入考察和研究所得出的判断仍然具有普适性，他们的思想并没有与时共逝。

　　如果把"一切坚固的都烟消云散"看成是一种普遍的社会症候，那么，这种症候并非仅仅出现在自由资本主义时代，伴随着全球化进程的加深，特别是互联网时代的降临，"一切坚固的都烟消云散"成了一种司空见惯的现象。对中国而言，这种症候的出现是在改革开放年代。更确切一点说，这种症候的日益显现与两个历史节点密切相关。1992 年，中国市场化改革全面铺开并提速，中国都市化进程加快；1994 年中国开始进入互联网时代，此后的事实证明，随着互联网的普及，人们的观念和生活方式发生了翻天覆地的变化。亲身体验过这一时代转换的人们，一定会对马克思、恩格斯的上述论断深有同感：如果把其中的那个"资产阶级"字眼去掉，他们说的那些与我们的当下体验何其相似乃尔！

抚今追昔，"烟消云散"的东西中就包括 20 世纪 80 年代"美学热"中一些"坚固的"东西。"美学热"中最"坚固的"莫过于人们对"美的本质"的信仰：美的现象其后必隐藏美的本质，现象之为现象是由本质决定的，人的认识能够透过美的现象抓住美的本质，人的思想和言语对美的本质的描述就成为关于美的真理。所以，虽然美的本质总是躲在美的现象后面跟人们"躲猫猫"，但人总有办法"逮住"它。"审美"的本质同样也是如此。于是，各路新老理论家和学者凭借各自的理论资源展开了对"美的本质"的全方位的围猎。一直到 80 年代末期，尽管人们确信抓住了不少"美的本质"并坚信自己的结论才是最正确、最权威的，但却不能不承认关于美的本质问题一如既往地充满歧义，在此意义上，我们似乎并未离美的"本质"更进一步。与高涨的"美学热""文艺学方法论热"等理论热潮相呼应，文学、绘画等领域的现代主义实践令人目不暇接，改革开放之前确立的不少神圣价值都受到了质疑和挑战，看起来情况似乎确如马克思、恩格斯所说，"一切神圣的东西都被亵渎了"。

其实，今天我们知道，用不了多久，那些曾经炫目一时的"美学热""文艺学方法论热"连同它们的"本质"问题一道都"烟消云散"了，曾经激进的亵渎者也遭到了亵渎。20 世纪 90 年代中期的人文精神大讨论所流露出的某些负面情绪表明，这种亵渎来的实在太快，令人猝不及防。

那么，导致这种变化的"推手"是谁呢？除了那些不可知的原因外，我们知道的主要有两个：一是中国的市场经济改革进程；二是以互联网为代表的科技革命。这二者相互叠加，彼此促进，促成了中国社会的深刻变革，也极大地改变了人们的审美方式和交往方式。与改革开放前期相比较，今天人们的审美方式、审美活动已经发生了很大改变，我们可以从一些基本事实和倾向中感受它。第一，审美对象和审美主体的移动成为常态，换言之，我们的审美过程往往是在移动中完成的。显然这是拜移动互联时代所赐。第二，审美考量日益深入地融入人们的日常生活，这是中国市场经济改革的成果之一，在短缺经济时代是不可想象的。第三，审美对象的内容、种类与信息空前丰富、芜杂，选择的自由与困惑同时并存。第四，通过电视、互联网等现代传媒，审美对象审美内容实现了无差别推送，性别、年龄、疆界、民族、阶层、阶级等因素不再构成难以逾越的障碍，越界的自由与困惑同时并存。第五，欣赏与创作、审美生产与审美消费的界限被打破。

这些基本事实和倾向似乎揭示了我们生活的真相：一切都是那样变动不居，我们生活在无所不在的镜像之中，眼花缭乱的镜像转化与嬗替给我们的感官和理性带来了空前的困扰与快乐。正如美国的马歇尔·伯曼在他那本名为《一切坚固的都烟消云散了》书中所说："成为现代的人，就是将个人与社会的生活体验为一个大漩涡，在不断的崩解和重生、麻烦和痛苦、模棱两可和矛盾之中找到自己的世界和自我。"

当"一切坚固的都烟消云散了"怎么办，我们能否"找到自己的世界和自我"？这真是一个可怕的问题。如果我们无法回避这个问题，那么，直面它的最好办法也许只剩下——第一，心平气和地想一想这个问题是不是真的。以审美为例，改革开放以来，确实有不少"坚固的""素被尊崇的""神圣的""古老的"东西及其与之相适应的观念和见解"烟消云散"了，但也有不少东西留了下来。"烟消云散"并非魂飞魄散，云烟过后真实和真相就会显露出来。想一想，如果没有"美学热"，就不会有那么多的西方哲学美学名著被翻译过来，甚至思想解放也无从谈起。因此，这个由全称肯定判断构成的命题固然振聋发聩，但是，在我们的语境中它只是道明了一部分事实，另一部分事实被遮蔽了。第二，仅就这个问题道明的部分事实来看，一些貌似坚固的"烟消云散"是不是一件坏事呢？如果"烟消云散"的是封建迷信、唯我独尊、教条主义、宏大叙事、虚假命题，也没什么不好。在此意义上，"烟消云散"也是一种思想解放。第三，当"一切坚固的都烟消云散了"，我们还能够做些什么呢？在当代社会这个"大漩涡"中，我们如何能够锚定自己，"找到自己的世界和自我"呢？显然这个问题同样没有终极答案，我们能做的也许就是找寻并抓住那些超越时代和疆域的一些核心价值，其中就包括马克思、恩格斯提出的那些针对自由资本主义时代症候的批判性论断，这对我们思考今天当下的问题，同样具有启示意义。

编者的上述议论应邀发表于《中国美术报》学术月刊第 81 期（2017年 9 月 11 日）上，题为《当"一切坚固的都烟消云散了"》。稍作修改之后用作本卷学刊的前言，其中的一点意思是指本卷学刊的主题虽然一如既往地关注那些最富于变化、最具有改革精神的中国文化产业、互联网新媒体领域，但是，这些主题同样关注那些文化现象所表达的具有一定"坚固性"的人文价值，并给予较深刻的分析。

卷 首 特 稿

放宽文化市场准入，扩大
文化服务业开放水平

祁述裕　　陆筱璐

摘要：放宽市场准入，形成全面开放新格局是党的十九大报告中提出的新要求，放宽文化市场准入、扩大文化领域对外开放是题中应有之义。放宽文化市场准入、扩大文化领域对外开放有助于完善竞争机制、激发文化创新创造活力、推动新时代文化繁荣兴盛。本文重点探讨在国际贸易和投资自由化趋势中，如何认识文化领域的对外开放与文化安全，应该不应该坚持"文化例外"，放宽文化市场准入，扩大文化服务业对外开放的思路等迫切需要解决的重大问题。

关键词：贸易和投资自由化　文化市场　对外开放

坚持对外开放是我国的基本国策。党的十九大报告提出了推动形成全面开放新格局的新要求，强调要"实行高水平的贸易和投资自由化便利化政策，全面实行准入前国民待遇加负面清单管理制度，大幅度放宽市场准入，扩大服务业对外开放，保护外商投资合法权益"①。

文化产品和文化服务贸易是国际贸易的一部分，放宽文化市场准入是推进我国国际贸易和投资自由化的重要内容。但目前在是否应进一步放宽文化市场准入的认识上存在不同看法。其中，一种有代表性的观点认为，在国际贸易和投资自由化谈判中，为维护文化安全，应坚持文化例外。本文重点探讨应如何认识文化领域的对外开放与文化安全的关系，在实行高

---

① "准入前国民待遇"指凡是在我国境内注册的企业，都要一视同仁、平等对待，投资审批等要给予外国投资者不低于本国投资者的待遇。负面清单是一种国际上广泛采用的投资管理方式。政府以清单的方式明确列出禁止和限制企业投资经营的行业、领域和业务等，清单以外则充分开放。就是我们常说的"法无禁止即可为"。这与以前通行的"正面清单＋行政许可"的方式相比，大大减少了政府的自由裁量权。

水平的贸易和投资自由化便利化政策中，应该不应该实行"文化例外"，放宽文化市场准入，扩大文化开放的具体思路等重大问题。

一　我国文化市场对外开放历程及政策走势

改革开放 40 年来，我国文化领域经历了由封闭到逐步开放的过程。文化领域的不断开放，为文化产业发展注入了强大动力，有力地促进着我国文化的发展繁荣。

（一）我国文化市场对外开放的三个重要节点

改革开放以来，我国文化领域对外开放有以下三个重要的节点。

1. 改革开放。20 世纪 70 年代末和整个 80 年代是改革开放以后我国从"文化大革命"时期极度封闭走向开放的第一个阶段。这时期的一个突出特点是大规模、全方位引进国外文化产品。以电影为例，在 1966—1976 年 11 年间，我国进口电影总计 36 部，片源地仅限于阿尔巴尼亚、越南、朝鲜等几个社会主义国家。改革开放以后这种局面得到了根本改变，1979 年我国一年的进口电影就达到 35 部，2015 年高达 80 部（见图 1）。

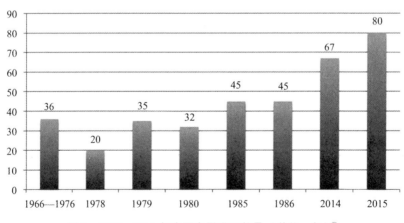

图 1　1966—2015 年我国电影进口数量（单位：部）①

---

① 根据《中国电影年鉴》（1989 年卷）、艺恩网、《电影工作手册》（中国人民解放军总政治部文化部 1984 年 10 月编）等多家数据编辑而成。

图书也一样。据统计，1966—1976 年 11 年间，从海关进口的图书几乎为零。改革开放以后，图书引进数量迅速增长，1980—1984 年 5 年间，图书引进数量就达 4000 册。

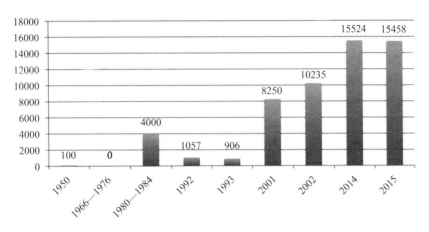

图 2　1950—2015 年我国图书引进数量（单位：种）①

值得一提的是，改革开放初期，我国在创新文化管理体制、开展中外媒体机构合作方面也作出了积极、大胆的探索。1980 年创刊的《计算机世界》，就是由当时的信息产业部所属的电子科技情报所与美国国际数据集团（IDG）合作出版的报纸，这是改革开放以后第一家，也是唯一一家中外机构合办的报纸。《计算机世界》一度名列全国报业十强。

2. 互联网进入中国。20 世纪 90 年代中后期，为赶上国际信息化浪潮，我国政府对互联网实行宽松的市场准入政策，允许民营企业经营互联网和增值电信服务业务，② 新浪、搜狐、网易、腾讯、阿里巴巴、百度等一大批网络公司成为我国文化市场的新兴力量，为我国文化产业发展注入了强大动力，网络业的出现极大地冲击着传统文化管理模式，推动着我国文化管理理念、管理体制和管理方式的深刻变革。

---

① 数据来源：国家版权局、《中国出版年鉴》、《我国图书版权贸易三十年研究 1978—2008》等。

② 2000 年 9 月，国务院出台《中华人民共和国电信条例》和《互联网内容服务管理办法》，允许私营企业进入互联网领域，包括通过互联网和多媒体网络提供信息以及其他相关服务、寻呼服务、电信增值服务，以及转售传统的电信服务等。

3. 加入世贸组织。世纪之交，我国加入世贸组织为我国文化市场开放注入了新的活力。根据世贸组织要求，我国全方位加大了文化市场开放力度。包括增加了美国好莱坞电影进入中国院线的数量，允许外资合资建设电影院，允许外资以合资的形式进入报刊、图书销售领域，允许部分境外卫星电视频道在三星级以上涉外宾馆、饭店和专供境外人士办公居住的涉外公寓等落地，允许部分境外卫星电视频道落户珠三角地区等。① 同时，按照世贸组织要求，我国对文化领域法律法规和相关文件进行了全面、系统的清理。

加入世贸组织对我国文化领域对外开放理念产生了深远影响。突出体现在明确了我国文化市场是国际文化市场体系的一部分，世贸组织规则是我国制定文化市场政策的重要依据，文化管理开始有了可资参照的国际标准。

加入世贸组织以后，有关文化市场开放条款是否合适一直存在争论。一种有代表性的观点认为，由于缺乏经验，在世贸组织谈判中，我国文化市场承诺的放开幅度过大，导致有的行业因为没有兑现承诺而陷入被动。这也为后来有关部门在扩大文化市场对外开放上持更加谨慎的态度提供了理由。

总体看，改革开放 40 年以来，我国文化市场对外开放，对我国文化繁荣起到了极大的推动作用。外国文化产品的进入，极大地丰富了文化市场，使中国消费者有更多的文化产品选择的机会；外国文化产品和文化机构的进入，促进了市场竞争，激发了市场活力，提升了国内文化企业的竞争力；通过扩大文化市场对外开放，也为我国文化企业"走出去"创造了条件，扩大了我国文化产品的国际影响力。我国文化市场对外开放出现的一些问题也是在可控的范围之内。

（二）我国文化市场对外开放的政策走势

加入世贸组织激发了我国文化市场对外开放的热情。21 世纪初，一些文化机构竞相探索扩大文化市场开放的路径。如 2003 年，原国家广电

---

① 国家广播电影电视总局从 2001 年到 2004 年先后出台了三部管理办法。分别是，2001 年 12 月通过的《境外卫星电视频道落地审批管理暂行办法》（第 8 号），自 2002 年 2 月 1 日起施行。2003 年制定了《境外卫星电视频道落地管理办法》（第 22 号），2004 年制定了《境外卫星电视频道落地管理办法》（第 27 号）。

总局出台《外商投资电影院暂行规定》（以下简称《规定》）。该《规定》将此前实行的合营外方建设电影院注册资本的投资比例不得超过49%的要求，作了进一步的放开。明确规定，北京、上海、广州等一些试点城市，合营外方在注册资本中的投资比例可以放宽到最高不得超过75%。

这引起了有关管理部门的忧虑。有关管理部门认为，我国文化市场对外开放步伐不宜太快，凡中国在加入世贸组织入世协议中没有承诺的内容，不宜轻言放开。在此背景下，2005年8月，文化部、广播电影电视总局、新闻出版总署、国家发改委、商务部五部委联合下发了《关于文化领域引进外资的若干意见》（以下简称《意见》）。《意见》出台旨在"进一步规范文化领域引进外资工作，提高利用外资的质量和水平，维护国家文化安全，促进文化产业健康有序发展"。《意见》内容之一就是取消试点城市电影院建设外资占股可达75%的政策，恢复至2003年以前外资占股不超过49%要求。《意见》起到了对扩大文化市场对外开放降温的效果，一些合作和投资项目也因此而搁浅。例如，2004年1月，全球最大的文化传媒集团——华纳兄弟国际影院公司宣布与中国大连万达集团合作，进军中国电影市场，计划在全国建造30家国际影院。并且已经在南京建起了中国大陆首家外资控股影院（华纳兄弟占股51%）。华纳兄弟国际影院公司看好中国电影市场，已经将该公司的全球影院设计中心从伦敦搬到了上海。《意见》出台后，时代华纳于2006年11月发表声明，宣布取消在中国建设影院的计划，已经在国内投资的6家影院也全部退出。①

二　正确认识放宽文化市场准入，扩大 文化服务业对外开放的相关问题

2005年以后，尽管文化市场对外开放仍在谨慎探索②，但总体来说步伐明显放缓。究其原因，是近些年主流舆论在看待文化市场对外开放的基

---

①　王林：《华纳影院退出中国真相》，《经济观察报》，2006年11月19日，理论版。

②　如2013年，以自由贸易试验区建设为契机，上海自贸区在扩大文化市场开放方面进行了三项试点：一是在自贸区内可以成立外资独资经营的演出经纪机构、演出场所单位。二是允许在自贸区内设立外资经营的娱乐场所。三是允许外资企业在自贸区内从事游戏设备的生产和销售。通过文化部门审核的游戏游艺设备可以在国内市场销售。又如，微软公司与百视通公司联合成立了上海百家合信息技术发展有限公司，成为第一家在上海自贸区备案的中外合作企业。

本态度上有了很大的变化。突出表现在讲文化安全多，讲文化开放少；讲外来文化带来的危害多，讲外来文化的积极意义少。一种具有代表性的观点认为，扩大文化市场对外开放有可能冲击我国文化管理格局，挑战文化主导权，危及文化安全。

（一）正确认识文化开放与文化安全问题

将文化开放与文化安全对立起来，把文化安全混淆于意识形态安全，认为扩大文化市场对外开放必然危及文化安全，给主流意识形态带来极大冲击，进而危及国家安全。这种观点是片面的，也是不符合实际的。有必要进行认真分析，深入探讨。

1. 文化安全不等同于意识形态安全。把文化安全等同于意识形态安全是目前在上述问题看法上普遍存在的问题。实际上从内涵上看，文化安全是比意识形态安全更大的概念。文化安全包括意识形态安全，但不等同于意识形态安全。笔者认为，当前文化产品涉及文化安全的情况主要有四类：违反四项基本原则、激化民族矛盾和宗教冲突、有违社会公德、侵犯个人权利。上述四类都属于危及文化安全的行为，涉及意识形态安全的主要是前两者。尽管上述四类都涉及文化安全，但其性质、影响都有很大不同，应区别对待，不能一锅烩。[①]

值得一提的是，把跨国文化公司等同于国外敌对势力，是很大的认识误区。其实，跨国文化企业并不代表其所在国家的主流意识形态。跨国文化公司是以追求利润为主要目的从事生产活动的。从追求利润最大化的角度出发，跨国文化公司会努力迎合文化产品输出国的需求。比如，好莱坞电影公司为了吸引中国观众，扩大好莱坞电影在中国的市场份额，或者选择中国故事作为电影题材，或者邀请中国演员进入演出阵营，或者把中国作为拍摄场地。甚至出现了为追求票房，主动征求文化主管部门意见的现象。

2. 文化安全是一个动态概念。文化安全的状况不是一成不变的，它与一个国家的状况，文化接受者的状况密切相关。首先，文化安全与一个

---

① 目前，以维护文化安全为由，对不同类别的文化产品采取一刀切的做法并不少见。比如，对手机游戏采取前置审批的做法就是一例。再如，在有些评奖等活动中，经常出现涉及文化安全一票否决的要求。这种对文化安全内涵不加区别的做法，不利于激发文化创新创造积极性。

国家的总体状况成正比。一个国家经济社会发展越强,其文化安全程度通常越高。其次,文化安全状况和文化产品接受者的素质成正比。消费者素质越来越高,对外来产品的辨别能力也更强,文化安全系数也更高。最后民族文化差异与文化安全的威胁成反比。不同民族之间,如果文化差异越大的话,那么外来文化对其影响越小。例如,中国的影视产品、网络游戏、网络文学等在东南亚影响很大,但是在欧美国家影响力就小,这是文化差异造成的。事实上,文化自信就应该有海纳百川的胸怀,允许国内外文化产品在文化市场中充分竞争,消费者能够作出正确的选择。在目前的发展阶段,对中国的文化制度、文化内容、文化环境和文化素质应该保持一定的自信。

3. 放宽文化市场准入,有利于维护文化安全。2014 年,习近平同志在北京文艺工作座谈会上的讲话就以电影业为例,阐明了这一点。他说:"当今世界是开放的世界,艺术也要在国际市场上竞争,没有竞争就没有生命力。比如电影领域,经过市场竞争,国外影片并没有把我们的国产影片打垮,反而刺激了国产影片提高质量和水平,在市场竞争中发展起来了,具有了更强的竞争力。"实践证明,改革开放以来,无论是合作报刊《计算机世界》的成立、三星级以上宾馆允许境外节目落地,还是容许美国影视产品进入中国市场等,这些放宽文化市场准入的举措,都为中国文化市场注入了新的因素,有力地促进了中国文化繁荣,有利于提升国家文化安全度。

(二) 正确认识"文化例外"与《文化多样性公约》①

"文化例外"、《文化多样性公约》是近年来在研究文化对外开放中经常提及的概念和文件,也往往成为不赞成扩大文化市场对外开放的一个重要理由。需要全面、客观理解上述概念和文件的内涵。

1. "文化例外"有特定的内涵及应用范围。有文章认为,法国、加拿大等国在与美国进行贸易自由化谈判时就提出了"文化例外"的要求,以此作为中国在贸易和投资自由化谈判中应坚持文化例外的依据。确实,以法国为代表的欧盟国家在与美国进行贸易自由化谈判中提出了要对电影和音像产品实行不同于一般产品的要求,并因立场不同,与美、日等国发

---

① 《文化多样性公约》,全称《保护和促进文化表现形式多样性公约》。

生争执。但欧盟国家提出的文化要求与中国学界所理解的文化例外有很大的不同。第一，内涵不同。法国等欧盟国家提出的"文化例外"仅限于电影和音像产品，而我国学界认为文化例外是全方位的，包括整个文化领域；第二，出发点不同。欧盟首先同意将文化纳入贸易自由化谈判的内容，只是要求对部分文化产品采取特殊保护的措施，以保护本国一些弱势文化行业发展。但我国学界提出文化例外，是要求将文化例外原则作为防范外来文化入侵，维护文化安全的手段。

关于以法国为代表的欧盟国家在与美国进行贸易自由化谈判时的文化态度，法国学者贝尔纳·古奈在他的《反思文化例外论》一书中有详细的论述，值得一看，该书有助于匡正国内对此问题的一些似是而非的认识。① 《反思文化例外论》一书认为，法国等欧盟国家从来没有"文化例外"这样的说法，"文化例外"这个概念是媒体表述法国等欧盟国家文化理念的说法，与法国等欧盟国家文化主张并不完全吻合。实际上，法国等欧盟国家在与美国进行贸易自由化谈判时，都认同贸易自由化的理念，都认为应当取消对一般产品的保护措施，包括政府补贴、税收扶持等，确保不同国家的产品在同等规则下进行自由竞争。双方的争议点主要在电影和音像产品上。美国认为，电影和音像产品（包括电视剧、综艺节目）属于大众娱乐产品，不应该纳入文化艺术保护之列；而欧洲认为电影和音像产品是最重要的当代艺术，欧盟国家市场空间小，应该纳入保护之列。两者的分歧并非针对文化是否应该对外开放。

2. 联合国教科文组织发布的《文化多样性公约》不是双边贸易自由化谈判依据。2007 年，中美两国就出版物和视听产品发生争端。美方认为在电影进口方面，只有中国电影集团公司一家拥有经营进口电影权②，这违反了中国加入世贸组织时的承诺。③ 针对美国的抗议，我国依据联合国教科文组织《保护和促进文化表现形式多样性公约》（2005，以下简称《文化多样性公约》）和国内有关法律法规对美方的指责进行了反驳，双方争执不下。后来，美国向世贸组织提起诉讼。于是，世贸组织成立

---

① ［法］贝尔纳·古奈：《反思文化例外论》，李颖译，社会科学文献出版社 2010 年版。

② 后来又增加了华夏电影公司一家。华夏电影公司是由原 15 家国有电影公司合资成立的——笔者注。

③ 中国在《入世协议书》中承诺："将逐步放宽贸易所有权的获得及其范围，以便在加入后 3 年之内，使所有在中国的企业均有权在中国的全部关税领土内从事所有货物的贸易。"

专家组对此事展开调查，并于 2009 年形成了具有最终裁决权的《中美出版物及视听娱乐产品争端专家组最终报告》（以下简称《最终报告》）。该报告裁定，中国《电影管理条例》第 30 条和《电影企业经营资格准入暂行规定》第 16 条规定，只有中国电影集团公司一家被指定经营进口电影，这种制度与中国在《入世协议书》放开贸易权的承诺不一致，中方败诉。

《最终报告》认为："中国依据联合国教科文组织《保护和促进文化表现形式多样性公约》（2005）及其一系列国内立法所做的抗辩，是不恰当的。""援引《文化多样性公约》无法证明中国的观点。《文化多样性公约》本身也禁止援引该公约来证明违反《WTO 协定》行为的正当性。同时，《关于争端解决规则与程序的谅解》相关条款也明确禁止专家组接受上述观点。"

由此可见，联合国教科文组织发布的《文化多样性公约》不能作为国际双边贸易自由化谈判的依据。[①]

三 放宽文化市场准入，扩大文化服务业对外开放的必要性及发展思路

开放带来进步，封闭必然落后。一部中华民族文化发展史，就是一部与不同民族文化交流、交融的历史。坚持不忘本来、吸收外来、面向未来，既继承中华优秀传统文化，又积极吸收人类一切优秀文化成果，是党的十九大报告提出的繁荣社会主义文化的重要原则。要做到这一点，就要进一步放宽文化市场准入，提高文化领域对外开放水平。

（一）形成全面开放新格局迫切需要放宽文化市场准入、提高文化领域对外开放水平

按照党的十九大提出的实行高水平的贸易和投资自由化便利化政策，全面实行准入前国民待遇加负面清单管理制度，大幅度放宽市场准入，扩

---

① 从国际趋势来讲，不仅倡导要维持文化的多样性，更加强调世界各国要适应全球化。虽然国际组织出台了一系列的文件，例如《文化多样性公约》《保护非物质文化遗产公约》等。但是，文件中也同样提出，在保护民族文化的同时，更加支持采取市场的方式实现产业化，促进文化长久的发展。因此，《文化多样性公约》并不是鼓励国家采取文化保守的态度发展本国文化。

大服务业对外开放的要求，文化领域在放宽文化市场准入、提高对外开放水平方面还有很多事情要做。尽管文化领域具有意识形态属性，在对外开放方面应谨慎行事，但在方向上应该采取更加积极的举措，尽快改变文化领域在国家对外开放总体格局中相对滞后的局面。

1. 我国文化市场对外开放还有很大空间。目前，我国与美、日、印等国在演艺、电影制作、院线经营、报刊出版发行、印刷、广播电视、互联网等领域相比较，开放度还比较低。表 1 反映了中、美、日、印四国文化领域外资市场准入情况。从表 1 可以看出，我国在文化市场对外开放方面，还有很大的潜力。

表 1　　　　　　　中、美、日、印四国文化领域外资市场准入管理规定一览

	中国	美国	日本	印度
广告	不限制	不限制	不限制	不限制
演艺	禁止（外国机构在中国）设立文艺表演团体	不限制	不限制	不限制
电影制作、院线经营	电影制作、院线经营均须合资	不限制	不限制	不限制
报刊出版发行、印刷	禁止进入出版编辑领域，印刷发行可合资，中方控股	不限制	不限制	允许经营，但外资不可控股，印刷发行不限制
广播电视	禁止外国资本投资广播电视播出、传输、制作、经营等	允许经营，但外资不可控股	允许经营，但外资不可控股	允许经营，但外资不可控股
互联网	禁止投资互联网新闻信息服务、网络出版服务、网络视听节目服务、网络文化经营（音乐除外）、互联网公众发布信息服务	不限制	不限制	不限制

注：笔者根据相关资料编辑而成。

2. 扩大国际合作迫切需要放宽文化市场准入，扩大文化对外开放。随着我国经济发展，国际影响力的提升，我国文化、体育等领域的国际合作也越来越多。按照国际通行做法开放文化市场，已经成为顺利开展国际合作的基础。

以承担体育赛事为例。随着互联网的普及，网络社交媒体①成为体育赛事必备的传播手段之一，也成为考核一个城市是否有能力承办国际赛事的一个必要条件。但由于目前国际通用的一些网络社交媒体还没有正式进入中国市场，近年来，国家体育总局在申请承办国际赛事时，媒体选择往往成为竞争国际赛事举办权的一个短板。可见，有条件放宽类似媒体的市场准入，对国际合作有很大的裨益。不仅是体育赛事，科技、商务等其他领域的国际合作也如此。

3. 我国文化企业走出去迫切需要放宽文化市场准入，扩大文化对外开放。近些年，我国文化企业走出去步伐加快。如，数字电视运营商四达时代已拥有非洲 45 个国家的直播卫星运营平台，形成了星地结合的无线数字电视网络体系，覆盖人口达 9.7 亿。俏佳人传媒全资并购美国国际卫视，目前拥有 12 个频道、5 套节目，在美国开展华人电视频道服务。万达集团并购了北美第二大影院集团 AMC 影院公司，并以 35 亿美元现金收购了美国传奇影业。走出去与引进来历来是相辅相成的。我国文化企业走出去步伐加快也倒逼国内放宽文化市场准入，扩大文化开放。

（二）放宽文化市场准入，扩大文化领域对外开放思路

进一步放宽文化市场准入，扩大文化领域对外开放是推进形成全面开放新格局的迫切要求，要坚定不移。但具体实施既要积极，又要稳妥，做到有序推进。

1. 明确文化市场对外开放的行业顺序。在开放顺序和程度上，应根据文化行业和产品意识形态属性的强弱、不同文化行业发展状况，采取区别对待、分类实施的原则。此外，还要尊重国际惯例。具体来说，开放顺序应该是：

（1）硬件设施。首先应加大文化硬件设施的开放力度，如电影院、剧场、网吧等，也包括其他公共文化设施。

（2）中介服务。上海自贸区、天竺保税区先后实行允许国外演艺经纪公司在自贸区进行全资业务。2015 年北京出台的扩大服务业对外开放的文件，也明确允许外资独资演艺经纪公司在北京开展相关业务。这些先行先试的做法，已经为中介服务领域扩大文化开放作出了很好的探索。

---

① 国际上通用的社交媒体主要是 Facebook、Twitter、Youtube 这三家网络社交媒体。

（3）意识形态属性不强的行业。如印刷业、发行业等可以允许外资独资经营；科技、知识、娱乐类出版行业也可以探索实行合资经营。

（4）竞争力强的行业。一些在国际上有竞争力的文化行业开放力度可以更大一些。

（5）顺应国际惯例，尊重实际需要。例如，Facebook、Twitter、Youtube 这些网络社交媒体已经成为世界上绝大多数国家信息传输平台。因此，在涉外活动对外籍人员或国内有正当需求的特定人群，应考虑在城市的特定区域提供链接等开放方式。在这方面，2004 年在三星级涉外宾馆允许一些境外卫视节目落地的做法已经作出了很好的探索，可以汲取经验。

2. 完善文化对外开放的相关政策。有必要对现行的一些涉及文化对外开放的文件进行梳理，完善相关政策，促进放宽市场准入，扩大文化对外开放。如，《营业性演出管理条例》（国务院令第 439 号）第十一条第一款中规定："外国投资者可以与中国投资者依法设立中外合资经营、中外合作经营的演出经纪机构、演出场所经营单位；不得设立中外合资经营、中外合作经营、外资经营的文艺表演团体，不得设立外资经营的演出经纪机构、演出场所经营单位。" 如前所述，一些地方已经突破上述限制，应该修改完善。

又如，文化部、国家广播电影电视总局、新闻出版署、国家发展和改革委员会、商务部《关于文化领域引进外资的若干意见》（文办发〔2005〕第 19 号）第四条中："禁止外商投资设立和经营新闻机构、广播电台（站）、电视台（站）、广播电视传输覆盖网、广播电视节目制作及播放公司、电影制作公司、互联网文化经营机构和互联网上网服务营业场所（港澳除外）、文艺表演团体、电影进口和发行及录像放映公司。"影视节目制作机构、互联网文化经营机构等应允许外资合资等形式进入。实际上，上述有些行业已经有中外合资机构。

3. 坚持三个原则。第一，坚持文化自信，坚定不移不断提高对外文化开放水平。第二，把握底线，做到分类管理，有序开放。意识形态属性强的文化行业，如电视网络频道、时政类新闻服务等涉及国家意识形态安全和信息安全，应把握主导权、控制权，不能对外资开放。意识形态不强的文化娱乐行业，可视其行业竞争力等多种情况，在生产、销售等领域分别采取合资或独资等形式，允许外资以多种形式参与市场竞争。需要指出的是，即使外国文化产品在一些行业占据较大市场份额，只要符合法律法规、没有构成垄断，也是可以接受的。这对营造市场竞争环境有好处。21世纪初，就是外国网络游戏一统天下。但经过多年的竞争，本国网络游戏开始占据着主体位置。这说明，市场竞争有利于本国文化产业的健康快速发展。第三，扩大开放与加强监管结合。尤其要加强事中、事后监管和依法监管。

4. 扩大文化市场准入，扩大文化对外开放需要坚定文化自信。改革开放以来，文化对外开放会不会危及我国文化安全和意识形态安全，会不会冲击我国文化市场和产业，一直是政府界、学界讨论的热点话题。在此问题上，我们应坚定文化自信，应该敢于在进一步开放的条件下与外来文化同台竞争。在我国加入世贸组织的过程中，有关部门就曾担忧随着我国承诺的兑现，国外媒体集团将千方百计地利用有关规则，进行资本渗透。资本的渗透必然会影响我国新闻舆论阵地的建设。[1] 但事实是加入世贸组织以后，我国文化企业竞争力更强，文化产业更具有国际竞争力。究其原因，就在于中国具有文化优势。中华文化绵延数千年，具有极强的包容性和同化、融合、创新功能，可以兼收并蓄世界先进文明成果，具有极大的凝聚力。只要把制度优势和文化优势充分发挥出来，在推进形成全面开放新格局的过程中，我国的文化产业只会越来越具有竞争力，我国文化市场也越来越具有包容性和同化能力。

Relax Access of Cultural Markets and Expand the Openness of Cultural Services

Abstract：Relaxation of market access and the formation of a new pattern of openness are the new requirements in the Party's Nineteenth Congress Report. Relaxation of cultural market access and expansion of the opening of the cultural field is a matter of course. Relaxing access to the cultural market and expanding the opening of the cultural field will help to improve the competition mechanism, to stimulate cultural innovation and create vitality, to promote the prosperity of the culture in the new era. This article focuses on major problems like how to

---

① 成思行：《改革开放 30 年我国文化发展和体制之路》，《中国发展观察》2008 年第 10 期。

understand the openness and cultural security in the cultural management field and investment liberalization in the trend of international trade; It should or not insist on "cultural exceptions", relax cultural market access or not, and how to expand the idea of openness of the cultural service industry.

Keywords: Trade and Investment Liberalization; Cultural Markets; Cultural Openness

（祁述裕：国家行政学院社会和文化部主任、国家行政学院文化政策与管理研究中心主任，教授、博士生导师；陆筱璐：国家行政学院社会和文化教研部博士生）

文化创意产业与城市发展

栏目主编：石晨旭[①]

编者按：20世纪90年代后，创意产业在一些国际性大都市中迅速发展起来，逐渐成为各国经济新的增长点和竞争点，对城市各方面发展起到积极的推动作用。一方面，文化创意产业对城市经济增长、产业结构优化等有影响作用；另一方面，城市经济发展又反过来推动和促进文化创意产业的发展和升级。本栏目的十篇文章，既有重要的理论问题的探讨，比如探究文化创意与城市化时代的文化博弈、移动化生活空间发展等问题；也有颇具特色的个案介绍与分析，比如政府主导模式的澳门文化产业、冀北城市群文化与艺术园区建设存在的问题以及未来的发展、景德镇古窑的开发与城市的可持续发展等。本栏目在探讨理论问题的同时，也着力介绍境内外城市创意文化产业的创新实践与创新趋势，以期多维度地探讨文化创意产业与城市发展之间的关系。

---

①　石晨旭：青岛科技大学副教授。

文化(创意)产业理论的探析

赵玉忠

摘要： 文化创意产业是随着科学技术的发展、社会文明的进步而在21世纪初逐渐流行起来的一个时髦术语，它与20世纪90年代广为流行的文化产业、创意产业等术语有着千丝万缕、承前启后的关系。为推动文化（创意）产业的发展，确有必要在理论上厘清文化产业、创意产业、文化创意产业三个术语定义以及三者之间的相互关系。本文对于文化（创意）产业的行业构成以及《文化及相关行业分类》的理论缺陷进行探析。本文认为采用科学术语定义和应用知识性与经营性双重性质标准界定这一产业的外延范畴，有利于我国文化产业的良性发展。

关键词： 文化产业　创意产业　文化创意产业　术语规范　理论述评

文化创意产业是随着科学技术的发展、社会文明的进步而在21世纪初逐渐流行起来的一个时髦术语，它与20世纪90年代广为流行的文化产业、创意产业等术语有着千丝万缕、承前启后的关系。有学者认为：文化创意产业兴起于创意产业，同时它并不等同于文化产业，文化创意产业是文化产业的重要分支产业。[①] 由此可见，为推动文化创意产业的发展，确有必要在理论上厘清文化产业、创意产业、文化创意产业三个术语定义以及三者之间的相互关系。

---

① 《〈百度文库〉专业资料》，http://wenku.baidu.com/link? url = ILMcvbvXSIY3GiqbOs N6LjD – 5wMqrn – w0xd2fW8x – SxPElBMdG9WZexfelgbJZGEvEyl – yt0Mysiotxa2Kegw8ZGUVBD5vZU CW9gK0QQwii。

一　文化（创意）产业术语的由来

（一）文化产业的定义与外延范围

讨论文化产业的定义，首先应当明确"文化"与"产业"两词的含义。

在中国传统中，偶尔提及"文化"这个词，本意指"文治教化"，与"武力镇压"相对应。在西方国家，"文化"一词的英文、法文均为 culture，德文为 kultur，它们都来源于拉丁文 cultura，本意指耕作、培养、居住、练习、注意、敬神等，即指与"自然存在的东西"相对立的"人造自然物"。近代以来，人们在文化问题的研讨中，由这一原始、基础的文化含义，衍生出数百种关于文化的定义。其中最具代表性的是英国学者泰勒在 1871 年发表的《原始文化》一书中的观点："文化是一个复杂的总体，包括知识、信仰、艺术、道德、法律、风俗，以及人类作为社会成员所获得的所有能力和习惯。"总之，学科体系不同，研究角度不同，文化的定义亦有差别。归纳起来，目前较具普遍性的有广义文化和狭义文化两种说法。① 广义上讲，文化是指人类社会历史实践过程中所创造的物质财富和精神财富的总和。狭义上讲，文化是指社会意识形态以及与之相适应的制度和组织机构。它既包括科学、哲学、文学、艺术、风俗、习惯等精神文化，也包括与特定社会历史阶段相适应的政治制度、经济体制、法律体系、家庭结构、社团模式等制度文化。

广义的文化结构，分为物质文化、制度文化、知识文化和心理文化四个层次。其中，物质文化处于底层，是整个文化结构的基础；制度文化处于中间层面；知识文化和心理文化统称为精神文化，处于文化结构的上层。知识文化又称观念文化，它是相对凝固化、系统化的精神文化，表现为一套外显的观念符号系统，包括科学、哲学、艺术、宗教等。其中艺术可分为语言艺术（诗歌、散文、小说、戏剧艺术等）、造型艺术（书法、绘画、雕塑、工艺美术等）、表演艺术（音乐、舞蹈、曲艺、戏剧等）和综合艺术（电影、电视剧、网络剧等）。"文化产业"是从经济学角度界定文化的含义，故此范畴的文化指的是精神文化中的知识文化。由于知识

---

① 《辞海》（缩印本），上海辞书出版社 1979 年版，第 1533 页。

文化具有相对稳定形态，因而能在不同国家、地区、民族之间相互传播、交流和享用，它在市场经济条件下能够作为文化商品进行生产和营销。

在经济学的范畴，"产业"一词是"居于微观经济的细胞（企业和家庭）与宏观经济的单位（国民经济）之间的一个'集合概念'。产业是具有某种同一属性的企业的集合，又是国民经济以某一标准划分的部分"①。20 世纪 20 年代国际劳工局最早提出产业的划分标准，即按照与物质生产关系的相关程度，将国民经济中的所有行业划分为三次产业：第一产业为初级物质生产部门，包括农业、林业、畜牧业、渔业和矿产采掘业；第二产业为次级物质生产部门，包括机械、电子、冶金、化工、纺织、服装、家具、食品、饮料等制造、加工工业和建筑业；第三产业为非物质生产部门或服务部门，又统称为服务业，包括商业、饮食业、运输业、仓储业、金融业、保险业、通讯业、旅游业、广告业、娱乐业、教育业、家政服务业等。因此，文化产业属于服务业即第三产业的一个分支部门。

关于文化产业概念，国内许多学者认为是 20 世纪 40 年代法兰克福学派代表人物阿多诺和霍克海默在合著《启蒙辩证法》一书中首次提出。作者把"由传播媒介的技术化和商品化推动的主要面向大众消费的文化生产称之为'文化工业'。……尽管法兰克福学派理论家对文化产业的论述各有侧重，观点也不尽相同，但基本上是从艺术作为独立于经济社会的批判力量的古典概念出发，对文化产业以商业化和技术化而成为资本主义操纵大众的意识形态工具进行批判"②。近几年来出版的一些文化产业论著，依然延续着这种说法。笔者认为，这里存在着认识上的三个误区：第一，英语中工业与产业是同一词组"Indusy"，早期介绍法兰克福学派著述时译成"文化工业"，步入改革开放时期就与时俱进译成了"文化产业"。第二，法兰克福学派对于"文化工业"现象持批判的态度，是以乌托邦式的概念批判现实的不合理，以现实的不合理来证明乌托邦概念的真实存在。有位学者曾调侃：人家斥责为垃圾的，国人却视为"圣经"。第三，20 世纪 50 年代以来欧美发达国家电视业崛起；70 年代美国大陆高速公路建成联网从而步入汽车社会，促进广播业的再度繁荣；国民收入的增

① 杨治：《产业经济学导论》，中国人民大学出版社 1985 年版，第 16 页。
② 荣跃明：《超越文化产业：创意产业的本质与特征》，《中国文化产业评论》（第二卷），上海人民出版社 2004 年版，第 113 页。

长和闲暇时间的增多，维系了电影业的长盛不衰。在美国包括广播、电影、电视等文化娱乐行业在内的第三产业产值，在国民经济总产值所占比重超过了第一产业和第二产业产值之和。这是法兰克福学派学者当年未曾经历的，也是不愿看到的社会发展现状。

基于美国社会现状，1973 年哈佛大学教授丹尼尔·贝尔在《后工业社会的来临》一书中首次提出了文化产业（Cultural Industries）的概念。贝尔指出："后工业社会第一个最简单的特点，是大多数劳动力不再从事农业或制造业，而是从事服务业，如贸易、金融、保健、娱乐、研究、教育和管理。"贝尔认为，由工业社会向后工业社会过渡过程中，服务性经济有着若干不同的阶段。……在第三阶段：随着国民收入的上升，家庭用于食品的费用下降，边际增长额首先用来购买耐用消费品（衣着、住房、汽车），然后用于奢侈品、娱乐等方面。与此相应，饭店、旅社、汽车服务、旅游、娱乐、运动等个人服务部门也随之发展。[①] 1976 年，贝尔在《资本主义文化矛盾》一书中进一步阐述："资本主义是一种经济——文化复合系统。经济上它建立在财产私有制和商品生产基础上，文化上它也遵照交换法则进行买卖，致使文化商品化渗透到整个社会。"[②]

综上所述，文化产业的内涵定义，应当是指市场经济条件下从事文化商品生产和文化服务经营活动的行业。文化产业在本质上属于非物质生产部门，即它生产具有一定知识内容的、能够满足人们精神消费需求的有形产品（如报刊、音像制品）和无形产品（如文艺表演、广播电视节目）。1998 年联合国教科文组织（UNESCO）在蒙特利尔会议上将文化产业定义为："按照工业标准生产、再生产、储存以及分配文化产品和服务等一系列的活动，采取经济战略，其目标是追求经济利益而不是单纯为了促进文化发展。"该文件对文化产业进一步释义："结合创作、生产等方式，把本质上无形的文化内容商品化。这些内容受到知识产权的保护，其形式可以是商品或是服务。"[③]

世界上不同国家和地区因经济基础、文化背景的差异，故对文化产业提出了不同的称谓。中国、法国、德国、芬兰、日本、韩国等多数国家称

---

① ［美］丹尼尔·贝尔：《后工业社会的来临》（1973），商务印书馆 1989 年版，第 15、138 页。

② ［美］丹尼尔·贝尔：《资本主义文化矛盾》（1976），三联书店 1989 年版，第 60 页。

③ 《亚欧文化产业和文化发展国际会议论文集》，文化部 1999 年编印，第 18—19 页。

"文化产业"；美国称"版权产业"；西班牙称"文化及消闲产业"；英国、澳大利亚、新西兰、新加坡等英联邦国家自 1998 年以来称"创意产业"；中国台湾地区自 2002 年以来称"文化创意产业"。

国家统计局颁布的《文化及相关产业分类（2012）》标准，将文化及相关产业定义为："是指为社会公众提供文化产品和文化相关产品的生产活动的集合。"① 文化及相关产业的外延范围包括"文化产品的生产"和"文化相关产品的生产"两部分，共计新闻出版发行服务、广播电视电影服务、文化艺术服务、文化信息传输服务、文化创意和设计服务、文化休闲娱乐服务、工艺美术品生产、文化产品生产的辅助生产、文化用品生产、文化专用设备生产十大类。

（二）创意产业的定义与外延范围

"创意"一词是创造意识或创新意识的简称，是指对现实存在事物的理解以及认知所衍生出的一种新的抽象思维和行为潜能。创意是一种通过创新思维意识，从而进一步挖掘和激活资源组合方式进而提升资源价值的方法。

"创意经济"的提法最早出现于澳大利亚。1994 年澳大利亚政府公布了澳大利亚第一份文化政策报告，提出以"创意国度"（Creative Nation）为目标，强调创意经济对发展国民经济的重要性。澳大利亚政府的这一举措，后来引起英国政府的重视并派团考察。

1997 年，英国时任首相布莱尔领导的工党政府上台，由于前任首相撒切尔政府在任期内实行私有化政策使得国有资产所剩无几，所以新政府急需寻求国民经济发展的新的突破口和增长点。英国新政府组建文化、媒体和体育部并成立创意产业特别工作组，派团赴澳大利亚实地考察。1998 年，该工作组出台《英国创意产业路径文件》，首次对创意产业下了定义："源自个人创意、技巧及才华，通过知识产权的开发和运用，具有创造财富和就业潜力的行业。"根据这个定义，英国政府把就业人数多或参与人数多、产值大或成长潜力大、原创性高或创新性高三个原则作为标准，选定广告、建筑、艺术和文物交易、工艺品、设计、时装设计、电

---

① 《文化及相关产业分类（2012）》，http://www.stats.gov.cn/tjsj/tjbz/201207/t20120731_8672.html。

影、互动休闲软件、音乐、表演艺术、出版、软件、电视广播 13 个行业作为创意产业的外延范围。"创意产业"与传统产业最大的区别在于创意为产品或者服务提供了实用价值之外的文化附加值，最终提升了产品的经济价值。近年来澳大利亚、新西兰、新加坡等国家和中国香港地区发布的创意产业报告和研究成果大大丰富和推进了关于创意部门和创意产业的新观点。一些西方学者认为，创意产业中的经济活动会全面影响当代文化商品的供求关系及产品价格。创意产业的发展建立了一条在新的全球经济、技术与文化背景下，适应新的发展格局，把握新的核心要素，建构新的产业结构的通道。

值得一提的是，英国经济学家霍金斯 2001 年在《创意经济》一书中，把创意产业界定为其产品都在知识产权法的保护范围内的经济部门，把创意产品称为"知识财产"。知识产权有四大类：专利、版权、商标和设计。每一类都有自己的法律实体和管理机构，每一类都产生于保护不同种类的创造性产品的实际需要，霍金斯认为，知识产权法的每一形式都有庞大的工业与之相对应，加在一起"这四种工业就组成了创造性产业和创造性经济"。霍金斯为创意产业所下的定义相对于英国政府创意产业特别工作组所下的定义的优点在于，它为确定一种现有的活动是否属于创造性部门提供了一种有效而又一致的方式。他特别强调了创意产业依赖于知识产权的国家强力保护体系。显而易见，霍金斯所界定"创意产业"的外延范围相对较窄一些。

（三）文化创意产业的定义与外延范围

2002 年台湾地区"行政院"将文化创意产业发展计划列为《挑战 2008：国家发展重点计划》的重要推动项目，并成立"文化创意产业推动小组"负责统筹研拟文化创意产业之年度及中、长期发展战略。台湾"行政院"文化创意产业推动小组参考联合国教科文组织对"文化产业"的定义和英国政府对"创意产业"的定义，并参考台湾产业发展的特殊性，将文化创意产业定义为："源自创意与文化积累，透过智慧财产的形成运用，具有创造财富和就业机会潜力，并促进整体生活环境提升的行业。"学界普遍认为，台湾地区在"创意产业"定义的基础上最早提出了"文化创意产业"的概念。台湾当局界定的文化创意产业外延范围，包括视觉艺术产业、音乐与表演艺术产业、文化展演设施产业、工艺产业、电影产业、广播电视产业、出版产业、广告产业、设计产业、设计品牌时尚产业、建筑设计产业、数字休闲娱乐产业、创意生活产业等十三项产业。

2006 年北京市"十一五"发展规划提出：通过大力发展文化创意产业转变经济增长方式，尽快实现建成创新型城市的目标。由此开启了北京市发展文化创意产业之旅。北京市统计局颁布《北京市文化创意产业分类标准》，将文化创意产业定义为："是指以创作、创造、创新为根本手段，以文化内容和创意成果为核心价值，以知识产权实现或消费为交易特征，为社会公众提供文化体验的具有内在联系的行业集群。"该分类标准界定的文化创意产业的外延范围，包括文化艺术、新闻出版、广播电视电影、软件和网络及计算机服务、广告会展、艺术品交易、设计服务、旅游和休闲娱乐、其他辅助服务九项产业。

应当指出，由于国民经济统计指标具有规范性与统一性，故而北京市统计局界定"文化创意产业"的外延范围，仍限定在国家统计局所界定"文化及相关产业"的外延范围之内。为了科学、完整、准确地反映"文化创意活动"的特点，《北京市文化创意产业分类标准》在部分行业类别下设置了"延伸层"；在部分行业类别标示包括与不包括"文化创意活动"的两类项目内容。

二 文化（创意）产业构成的评析

尽管"文化产业""创意产业""文化创意产业"三种称谓和定义有所不同，但却有着实质上大同小异的行业主体，并且无一例外地将新闻出版业、广播影视业、网络业、演出业、娱乐业、旅游业、展览业、广告业、艺术品业等网罗其中，只在产业外延范围界定上存在着一些差异。虽然各方的提法不同、发展战略各有侧重，但是大力发展内容产业、知识经济的总体目标是一致的。由于国家统计局出台的《文化及相关产业分类》有待于进一步完善，有必要对文化（创意）产业的性质及其构成进行探讨。

（一）文化（创意）产业的性质界定

对于文化（创意）产业性质的界定，应从知识经济和商品经济两个角度综合性地进行考察，由此可见其具有知识性与经营性的双重性特征。

1. 文化（创意）产业的知识性特征

文化（创意）产业的知识性质在于为社会提供各类知识产品和知识服务，满足人们对于文化消费资料的需要。文化（创意）产业提供的知识产品大体分为三类：第一类是以工业化方式生产的大众文化产品，如图书、报纸、期刊、音像制品、软件制品、工艺制品、娱乐用品等；第二类是以个体化方式生产的艺术品和技术产品，如书法、绘画、雕塑、摄影、手工艺品、设计方案、专利产品等；第三类是通过培养、驯化等方式生产的观赏类植物和动物，如花卉、盆景、园林、宠物等。文化（创意）产业提供的知识服务大体分为直接服务和间接服务两类：直接服务是指由专业人员直接传授知识文化，如表演、讲解、导游、教育、培训、咨询服务等；间接服务是指通过专业产品、实物、景观并借助专业设备、设施、装备、器械、场地等间接传播知识文化，如电影放映、无线广播、电视播映、网络传播、娱乐服务、文物展览、人文旅游等。

2. 文化（创意）产业的经营性特征

文化（创意）产业的经营性特征，一方面表现为以企业组织的形式从事有关文化的生产经营活动；另一方面表现为以个体文化生产者的身份从事文学艺术创作、科学技术发明并通过市场交易其智力成果的活动。文化活动按经营方式划分，可以分为公益性文化和经营性文化两类。公益性文化，是基于社会公共利益为大众提供无偿的文化产品或文化服务，因此须由国家财政经费拨款予以保障，如图书馆、群艺馆、档案馆、文化站、城市文化广场、社区健身设施。经营性文化亦称营利性文化，是以个体经营者或企业方式通过市场进行文化产品生产和文化服务经营活动，如出版社、音像公司、电影厂、电视台、书店、影剧院、歌舞厅、培训学校、咨询公司、广告公司、商业网站等。在公益性文化与营利性文化两者之间，还有一类称之为"准经营性文化"。有些行业虽然可以采用企业的模式进行经营，并且可以获得一定的经济收益，但其收入往往不能达到其从事文化生产所付出的物化劳动和活劳动价值，需要国家财政给予一定的经费补贴或企业予以资助，如博物馆、植物园、动物园、交响乐团、芭蕾舞团、体育俱乐部等。这类单位大多采用"企事业单位、企业管理"经营模式。从文化经济的角度来说，这些"准经营性文化"行业也应纳入文化（创意）产业的范围。

（二）关于《文化及相关产业分类》的理论有待商榷

国家统计局制定的《文化及相关产业分类》（以下简称《分类》），兼顾现行工作需要，该《分类》标准体系有待进一步完善。

1. 《分类》阐述的文化产业定义含糊不清

该《分类（2004）》说明："本分类规定的文化及相关产业是指为社会公众提供文化、娱乐产品和服务的活动，以及与这些活动有关联的活动的集合。"该《分类（2012）》说明："本分类规定的文化及相关产业是指为社会公众提供文化产品和文化相关产品的生产活动的集合。"根据以上定义，我国文化及相关产业的范围包括："1. 以文化为核心内容，为直接满足人们的精神需要而进行的创作、制造、传播、展示等文化产品（包括货物和服务）的生产活动；2. 为实现文化产品生产所必需的辅助生产活动；3. 作为文化产品实物载体或制作（使用、传播、展示）工具的文化用品的生产活动（包括制造和销售）；4. 为实现文化产品生产所需专用设备的生产活动（包括制造和销售）。"[①]

联合国教科文组织阐述的文化产业定义："按照工业标准生产、再生产、储存以及分配文化产品和服务等一系列的活动，采取经济战略，其目标是追求经济利益而不是单纯为了促进文化发展。"并且进一步释义："结合创作、生产等方式，把本质上无形的文化内容商品化。这些内容受到知识产权的保护，其形式可以是商品或是服务。"[②]两者对照可以清楚地表明：该《分类》定义并未阐明文化产业或"文化及相关产业"的性质，即文化（创意）产业具有"经营性"（即"营利性"）的本质特征。

2. 《分类》将文化事业经营与文化产业经营定义含混

该《分类（2004）》说明：它"采用社会上普遍认同的'产业分类'名称，既包括了公益性的文化单位，又包括了经营性的文化单位。由于《文化产业分类》是依据活动的同质性原则划分，没有按照公益性和经营性划分，因此，无法用其划分公益性文化单位和经营性文化单位。"该《分类（2012）》说明："本次修订继续使用'文化及相关产业'的名称，

---

① 《文化及相关产业分类（2012）》，http：//www.stats.gov.cn/tjsj/tjbz/201207/t20120731_8672. html。

② 《亚欧文化产业和文化发展国际会议论文集》，文化部 1999 年编印，第 18—19 页。

分类涉及范围既包括了公益性单位，也包括了经营性单位。"如此界定的"文化产业"水分太多。例如，国家及省、市、县级图书馆、档案馆均为财政全额拨款的文化事业单位，将纯公益性经营单位纳入"产业"的范畴，实属荒唐至极。又如，部分博物馆、纪念馆、烈士陵园采取出售门票的"经营性"运营模式，另一部分博物馆、纪念馆、烈士陵园采取免费开放的"公益性"运营模式。将两类经营性质不同文化单位简单相加统计，实属"眉毛胡子一把抓"。

3. 《分类》对"文化相关产业"的界定存在理论偏差

该《分类（2012）》第二部分"文化相关产品的生产"设置第九类"文化用品的生产"和第十类"文化专用设备的生产"行业。第九类中"办公用品的制造""视听设备的制造""文化用油墨颜料的制造""文化用化学品的制造"，第十类中的"印刷专用设备的制造""广播电视电影设备的制造""其他文化专用设备（幻灯及投影设备、照相机及器材、复印和胶印设备）的制造"，均属毫无生产或承载文化信息内容、只是有助于文化信息内容生成和传播的辅助行业，并不具有文化产业（亦称内容产业）的"知识性"特征。有必要指出，第九类中的"乐器的制造""玩具的制造""游艺器材及娱乐用品的制造""焰火、鞭炮的制造"等产品承载着相应的文化信息内容或提供自我娱乐功能，应当属于文化（创意）产业中的重要支撑行业，并非所谓"文化及相关产业"的组成部分。

4. 《分类》对"文化（创意）产业"的总体构成有待完善

按照文化（创意）产业具有知识性与经营性的双重性特征来衡量，该《分类》所界定的"文化及相关产业"外延范围存在遗漏，诸如花卉业、宠物业、竞技表演业（即竞技体育业）等未列其中。究其原因，该《分类》依照我国现行文化行政管理体制来圈定文化（创意）产业，并非按照"大文化"概念设置文化（创意）产业的总体构成。其中一个明显的例证，就是该《分类（2012）》将"旅行社"和"休闲健身娱乐活动"两个行业剔除在外。首先，通常旅行社被称为旅游业的龙头行业。其次，旅行社设计的各种旅游线路属于"文化创意活动"的范畴。再次，旅行社导游讲解旅游目的地的人文地理、风土人情，如同教师授课、牧师布道一样传授文化知识。若将旅行社剔除在外，旅游业是否还属于文化（创意）产业的一个重要的分支行业？！

（三）文化（创意）产业的总体构成

文化（创意）产业的构成十分庞大且相对复杂，并伴随着科学技术的创新、社会文明的进步、市场经济的发展而持续地扩展。因此，我们从文化（创意）产业的经营内容、时代特征两个方面分别予以归纳和概括。

1. 按经营内容划分

（1）文化商品生产行业。文化商品生产行业，包括报社、杂志社、出版社、印刷厂、电影制片厂、电影洗印厂、音像制作及复录公司、软件开发及制作公司、电视节目制作公司、工艺美术品厂、手工艺品作坊、娱乐用品厂、邮票公司、造币公司、花卉种植场、宠物养殖场等。

（2）文化商品流通行业。文化商品流通行业，包括书店、报摊、音像制品及软件制品商店、邮局、报刊发行公司、电影发行公司、音像发行公司、软件代理公司、电视节目发行公司、文化用品批发公司、画廊、文物商店、文物拍卖公司、工艺品商店、文化用品商店、集邮市场、花卉商店等。

（3）文化服务行业。文化服务行业包括艺术表演团体、竞技俱乐部、影剧院、歌舞厅、体育场、游艺厅、夜总会、照相馆、茶馆、酒吧、网吧、博物馆、展览馆、美术馆、游乐园、植物园、动物园、人文景区、广播电台、电视台、商业网站、旅行社、广告公司等。

2. 按时代特征划分

（1）传统文化产业。传统文化产业是指自古代或近代兴起、至近代基本定型并形成规模经营的文化产业，包括工艺制品业、娱乐用品业、图书业、报刊业、书画业、花卉业、演出业、娱乐业、展览业、旅游业、广告业、广播业、电影、教育培训业等。

（2）新兴文化产业。新兴文化产业是指自现代兴起至当代基本定型并形成规模经营的文化产业，包括软件业、设计业、电视业、录像业、网络业等。

三　文化（创意）产业的称谓探究

如前所述，无论称为"文化产业""创意产业"还是"文化创意产业"，本质上都指的是"以社会文化消费需求为目标，以文化为资源、以内容为感召力、以经济方式加以传播并获取效益的产业"，并且无一例外地以出版业、演出业、展览业、影视业、广告业、旅游业、艺术品业等传统文化产业为依托，以软件业、网络业、设计业等新兴文化产业为主导。虽然不可将"创意产业"或"文化创意产业"的提法视为标新立异，因为"创意"是"一种通过创新思维意识，从而进一步挖掘和激活资源组合方式进而提升资源价值的方法"，能给予文化产品生产注入活力，促进文化产业的规模经营和快速发展。但是这三种称谓的并存，容易将人们引入理论误区。比如，有学者认为：从创意产业与文化产业的关系看，创意产业脱胎于文化产业。创意产业是对文化产业的超越。[1] 有学者认为：创意产业天然与文化产业相联系。但是创意并不局限于文化产业，而是广泛渗透到其他产业，带动其他产业的发展。"文化创意产业"与"创意产业"实质是一回事，反映的对象相同，只是名称不同。[2] 以此推论，大力发展文化创意产业，是否就意味着将出版业、广播业、演出业、艺术品业等传统文化产业置之脑后？综上所述，在中国大陆地区"文化产业""创意产业""文化创意产业"三种称谓，应当统一称之"文化产业"为宜。

首先，当代中国大陆实行"中央集权"的经济体制，在国家层面采用"文化产业"术语的经济数据统计指标体系。如果有的省区采用"创意产业"或"文化创意产业"的术语统计相关经济数据，甚有可能形成各行其是、数据失真的局面。事实上，北京市政府提出"文化创意产业"的发展战略，并相应出台了《北京市文化创意产业分类标准》，但是，该《分类标准》明确的分类原则：一是"以国家关于文化产业的方针政策为指导原则"；二是"以《国民经济行业分类》为基础"。问题在于，其明确称"本分类标准借鉴国内外文化创意及相关产业分类标准，在范围上涵盖了国内外文化创意及相关产业中的主体行业"，若该分类的统计指标与国家统计局《文化及相关产业分类》完全吻合，那么实属画蛇添足；若有出入则必然导致统计数据失真的结果。值得一提的是，在以北京市朝阳区"北京商务中心区（CBD）——定福庄"为核心区创建首个国家级的"国家文化产业创新实验区"，并未称之"国家文化创意产业创新实验

---

① 荣跃明：《超越文化产业：创意产业的本质与特征》，《中国文化产业评论》（第二卷），上海人民出版社 2004 年版，第 112—113 页。

② 于启武、蒋三庚：《北京 CBD 文化创意产业发展研究》，首都经济贸易大学出版社 2008 年版，第 36—37 页。

区"。2014 年，原北京市市长王安顺表示：北京作为享誉世界的文化之都，拥有丰厚的文化资源。北京将力争把实验区建设成文化产业改革探索区、文化经济政策先行区、产业融合发展示范区。①

其次，传统文化产业与新兴文化产业应当同样受到重视，并驾齐驱、平衡发展。举例来说，如果过分强调东南沿海地区经济的高速发展而忽略西部不发达地区经济的扶持发展以及东北老工业区的经济振兴，势必拖了整个国民经济良性发展的后腿。

最后，"创意"是"一种通过创新思维意识，从而进一步挖掘和激活资源组合方式进而提升资源价值的方法"，能够给予文化产品生产注入活力。因此，整个文化产业的各个行业都需要创新思维，开展文化创意活动，开发文化创意产品。国务院办公厅转发文化部等部门《关于推动文化文物单位文化创意产品开发若干意见》（以下简称《意见》）的通知指出："为深入发掘文化文物单位馆藏文化资源，发展文化创意产业，开发文化创意产品，弘扬中华优秀文化，传承中华文明，推进经济社会协调发展，提升国家软实力。"② 虽然《意见》提及"发展文化创意产业"，但是重心在于要求深入发掘文化文物单位馆藏文化资源，"开发文化创意产品"。简言之，对于国民经济一个产业部门而言，采用"文化产业"的术语表述科学、定位准确。"创意产业"和"文化创意产业"之类术语，可以采用"开展文化创意活动"以及"开发文化创意产品"之类的措辞取而代之。

An Analysis of the Theory of
Culture（Creative）Industry

Abstract：The cultural creative industry is a fashionable term that became popular in the beginning of this century, with the development of science and technology and the progress of social civilization. It has all kinds of connections with the popular terms like cultural industry and creative industry in the 1990's of last century. To promote the development of cultural（creative）industry, it is necessary to clarify the three terms of cultural industry, creative industry, cul-

---

① 《国家文化产业创新实验区落户北京》，《北京青年报》2014 年 12 月 16 日。
② 《关于推动文化文物单位文化创意产品开发若干意见》，国办发〔2016〕36 号文件。

tural and creative industry by their theoretical definitions and the relationship between them. This paper provides an analysis of the theoretical defects in the industrial structure of the cultural (creative) industry and *The Classification of the Culture and Related Industries*. It is beneficial to the healthy development of the cultural industry in our country by using the definition of scientific term and the dual nature of the application of knowledge and management to define the scope of this industry.

Keywords：Culture Industry；Creative Industry；Cultural and Creative Industries；Terminology Specification；Theoretical Analysis

（赵玉忠：北京电影学院教授）

文化创意与城市化时代的文化博弈

刘先军

摘要：21世纪初期，文化创意产业的概念由西方引入我国的文化经济领域，现今已成为我国文化与经济发展的重要战略。本文介绍了世界与我国文化创意创业发展的基本状况和对国家经济发展及意识形态的影响。论述了城市文化创意作为地区和城市的核心竞争力的重要性和主导性，以期通过文化产业的发展增强地区和城市发展的综合竞争力。

关键词：创意产业　城市文化　核心竞争力

文化创意产业，最初是因西方经济体系不平衡所引发的产业结构调整的一种思维策略。每一阶段的经济发展高潮期，都会因产业的过度膨胀而引发产业核心进行调整，随之都会崛起一批新的产业类型。如今，文化创意产业的发展已成为跨越行业界限的综合性产业，超越了单一的文化层面，成为社会经济发展的支柱产业。在各个行业领域都带动起一场创新创业革命。这场革命将文化、经济、科技、产业、金融等领域纳入创新创意的洪流中，开启了社会变革与发展的新时代。当今的社会发展已经进入了创新创意的新阶段，这种发展的模式就是创意成果可以通过一种新的转化方式深入各行各业，从而产生一种高附加值的产业经济效益，促进城市的文化经济发展，提升城市发展的核心竞争力。

一　当今文化创意产业的发展

文化创意产业最早是在20世纪末由英国兴起，其最初的概念是在《英国创意产业路径文件》中明确提出的："所谓创意产业，就是指那些从个人的创造力、技能和天分中获取发展动力的企业，以及那些通过对知识产权的开发可创造潜在财富和就业机会的活动。"

　　文化创意产业，就是将非物质化的文化成果转化为物质化的具有高度经济附加值的产业。换言之，就是要将具有原创性的创意思维，依据科技与产业作为载体形成产业化的文化产品生产链条。这种具有创意性的思维一旦把它形成经济化的运作模式，其创造价值的过程就会形成一种使思维与技能创造产值的过程。在当今世界各国经济发展普遍趋缓的形势下，文化创意产业作为一种新兴的产业模式，在世界各地已成为国家经济发展的主动脉。无论是在政府层面还是在相关产业，都制定了与文化创意产业相对应的规划与措施，许多发达国家及主要城市都将发展文化创意产业作为主要的发展战略，这种战略触发了世界经济发展的新潮流，成为世界经济发展的新的动力。众多国家都将文化创意作为新兴的产业资源，进行建设与发展。文化创意产业在地域经济与社会发展中的重要作用，已逐渐受到人们关注。

　　全世界的创意经济每年都为社会创造出了巨大的经济价值。之所以这场革命一经兴起就引发了人们的普遍关注，并得到许多国家与地区政府的大力扶持，与这些国家已经意识到未来经济发展的主线是知识与思维的创意不无关系。2001 年，美国制定了《创意城市草案》，在亚洲，日本率先于 2005 年成立了"日本创意城市交流协会"，法国、韩国等一些国家也相继制定了与文化创意产业相关的建设规划与发展战略。

　　与这些发达的资本主义国家不同，我国作为具有中国特色的社会主义发展中国家，首先是将发展文化创意产业作为建设文化强国的重要举措，同时也作为促进人们精神文化建设的手段，提升人们日益增长的精神文化需求，文化创意产业已成为区域社会文化与经济发展的潜在动力。近年来，随着我国社会经济的快速发展，一些新型工业制造产业、信息化产业、航天技术领域、城镇化建设领域等都已达到或超越发达国家水平。许多领域相互融合，跨学科、跨领域交融发展，这种发展的趋势已形成了经济发展的新的增长点，成为促进经济结构转型、发展创新产业模式的重要基础。经济模式与经济结构的转化极大促进了社会结构的变革，加快了我国从低端制造产业到创意、创新大国的转变，加快了产业类别的更新改造，促进了我国多元化的经济模式的发展。国务院 2009 年制定了《文化产业振兴规划》，规划的目标是要把我国建设成具有中国特色的文化产业大国。这也标志着我国的文化产业建设，将成为经济体系中的主导发展战略。

二 文化产品的输出及其话语权

我国倡导的文化创意产业不仅具有经济属性和商品属性，同时还具有意识形态属性。后者不但影响了人们的思维方式，同时也决定了创意产业的体制和模式的发展。在世界范围内，文化创意产业不仅是促进经济发展的新型产业与增长模式，同时也是不同地域文化，不同意识形态相互影响与渗透的路径。

比如，美国是当今世界最大的文化创意产业大国，其文化创意产业为美国创造了极高的经济价值，同时也将美国的经济价值观与意识形态传播到世界各地。与英国的文化产业发展不同，美国以版权产业为核心，多种文化创意产业纳入国家重点产业发展领域，并成立了美国国际知识产权联盟，以促进和管理行业经济的健康发展。早在20世纪90年代末，美国文化产业的出口额就已达到600多亿美元，在美国各行业位居第一位。迪士尼的动漫、好莱坞的电影、百老汇的戏剧等产业每年都通过其产品赚取了巨额利润，同时也通过其文化产品在世界各地建立起美国文化的霸权地位。

在世界全球化的发展趋势下，各国经济逐步高度融合。信息化与互联网的高速发展，使世界各地，无论经济还是文化，越来越紧密地融为一个整体。世界各个地域的科学技术水平的提高日趋同化，但是带有地域特色的民族文化却很难因此相一致，而这种不相一致的民族文化所具有的文化潜质会长久地影响着这一地区的文化经济发展。这种差异化所体现出的文化特性，只能通过文化传承和文化产业的传播来扩大地域的文化话语权。如果不去关注本民族地域的文化资源，没有对本土文化进行产业化发展，就势必会受到外来的文化产业的冲击，被外来的文化产业侵占本土的文化产业市场。这种冲击不仅是文化领域的，还有文化产品对生活方式以及价值观的影响。尤其是冷战以后美国文化对发展中国家的冲击，西方发达国家对中国文化市场的大量渗透，使我国的文化产业受到极大的威胁。

美国由于发展历史短暂，没有深厚的本土文化资源，早期学习西方发达国家的传统文化，后期依靠"拿来主义"，从其他国家的文化经典中经过本土包装和制作，最后将其文化产品销售到其他国家进行文化输出，进而传播美国的经济价值观和意识形态。比如电影《卧虎藏龙》和《花木兰》就是将中国的古代传统故事经由好莱坞制作而成的影视作品。影片中吸纳了中国的传统文化资源，经过与好莱坞的影视产业相结合，表达出的影视语汇与影视文化完全是美国式的。

我国现今各个领域都非常关注文化创意产业的发展，从政府、行业主管部门到学术界，把文化创意产业作为国家经济发展的战略之一。行业界与学术界通过一些学术活动，对文化创意产业及我国文化经济的发展进行了探讨与研究，近年来通过创立文化产业园等方式进行了文化创意创业的社会实践。

三　创意—创新

创意是人们对事物内在的属性重新定位与整合的一种思维活动，这种思维活动来源于灵感和改造事物的欲望，更多时候思维中带有形象思维的因素，与想象力紧密相连。在这一过程中，这种想象力的空间处于绝对的自由状态中，排斥其他事物的介入。从创意的本质来看，创意活动体现更多的是人文价值与精神内涵，不只是对事物内在属性进行技术性的改进，更是对人们的人文观念与价值观念的一种干预，从而改变人们对事物的思维惯性，重新建立起人们的思维逻辑。

创新一词是由美籍奥地利经济学家约瑟夫·熊彼特于 20 世纪初期首先提出的，他在被视作创新经济学开端的《经济发展理论》一书中，将影响经济发展与变化的原因分为两大因素，一种是人口、货币及经济制度的周期性变化等，他称为外部因素。一种是人们的非经济行为所引发的经济发展的变化，他把这种行为称为"创新"。熊彼特给创新下了一个很生动形象的定义："函数就是生产函数的变动，而这种函数是不能分解为无限小的步骤的。你可以把许许多多的邮车加起来，加到你想要加到的步骤，但这样做，你仍将永远得不到一条铁路。"① 在熊彼特看来，创新就是在一个数集基础上创建一种新的生产函数，也就是说，把一种生产关系的系统和逻辑，经由人们主观意识的改造，而演变成另外一种新的生产关系的系统组合。从没有过的关于生产要素和生产条件的"新组合"引入

---

① ［美］约瑟夫·熊彼特:《经济发展理论》，何畏、易梦虹等译，商务印书馆 2017 年版，第 297 页。

生产体系，这种组合将新的事物引入经济过程，而不管这个事物是否是自己创造的。熊彼特对创新的作用做了进一步深刻的阐述，在工业化条件下，创新还只是强调经济价值而不是文化价值，创新只是通过新技术的应用来实现工业发展的一种手段。而在信息化时代，创新具有了新的内涵，是当今社会全面提升人文价值的一种途径，是社会发展与变革的最大动力。

四　城市文化创意——产业时代的文化博弈

（一）城市文化

越来越多的人都认识到，一个国家和民族的社会文化经济所具有的巨大影响力。人们摆脱了以往对经济发展的观念，也改变了传统对文化的理解与认识方法。文化不仅仅具有人文内涵的属性，同时也是一个国家与民族的社会经济发展的重要组成部分。第二次世界大战以后世界经济高速发展，经济的发达使人们的物质世界丰富起来。这种物质上的富足，让人们感受到了社会财富的快速积累和增长。人们逐渐意识到这种发展如果缺失了文化的参与，人类的社会将变成没有生命与灵魂的躯壳。因此，文化作为城市发展的一种手段变得越来越重要。文化不仅是经济发展的促进者和附属品，还与民族经济共同构成了一个社会图谱，共同主导了一个地域的思想和精神不断强大和延续。1988 年由联合国教科文组织发起的"文化政策促进发展"政府会议，提出了《文化政策促进发展行动计划》。该计划从世界文化经济发展的宏观视角，展望了未来的文化产业将成为 21 世纪世界城市的核心发展动能。

21 世纪，在国家与地区之间相互竞争的背景下，国家之间综合国力的较量将延展到城市之间的激烈竞争，一个成功的城市，将是代表一个国家和地区具有文化底蕴且可持续发展的城市。城市文化的形成需要长久的积累和沉淀，而城市文化所显现的不仅仅是文化产品本身，人们自身的生活方式与行为方式等更形成了一个城市的文化符号。美国社会哲学家刘易斯·芒福德在《城市文化》一书中提道："城市在其完整的意义上便是一个地理网状物，一个经济组织体，一个制度的过程物，一个社会战斗的舞台，以及一个集合统一体的美学象征物。一方面，它是一个为日常民用和经济活动服务的物质结构；另一方面，它是一个有意为了有着更大意义的行动以及人类文化更崇高目的而服务的戏剧性场景。"① 刘易斯·芒福德所构想的这种场景，在当今社会已经现实化与产业化了。在一定条件环境中，城市的这种结构、组织、制度和文化，已不再是单纯的"戏剧场景"，它与社会产业和科技相对接，形成了城市经济与形态发展的"现实场景"。

在当今的产业社会环境中，文化资本经由产业运作可带来丰厚的经济效益，进而可以转化为经济资本。人们通过这类经济模式的发展，可以体会到文化在城市经济发展中的重要性，从另一个侧面，也可以领会当代新的城市复兴发展中的文化特性。这种经济资本发展的新模式，使城市文化发展成一种前所未有的新的文化态势：适应现当代社会的新城市建设理念、文化与经济产业的高度融合、人的生存状态以及思维模式等共同交织在一起。这种多文化相融合的城市，已经打破了单一的城市概念界定，也不再将产业经济与地区文化完全割裂开来。这种新城市文化完全是一种拟人化的，它具有独立的思想和鲜明的个性、独有的自我学习和成长方式、独特的行为风格特征以及各自不尽相同的历史发展脉络等，更重要的是，它从未像今天这样，使人们通过文化对一个城市拥有清晰的识别性。人们从一个城市所拥有的不同的文化资本去识别城市的属性与特征，这种属性和特征所特有的产业经济价值，会随着时间的推移与人类不断增长的文化需求而得到强化。

古今中外，一个城市的发展历程无不是一部文化发展的历史。当今是全球化消费主义盛行的时代，当人们把文化作为一种生活方式的时候，可供社会发展的各种资源就会越来越紧密地与文化联系在一起。

（二）城市文化创意

创意产业，是在世界范围已步入信息化时代的背景下发展起来的，其崇尚个人的创造力、技能和潜在的天分。通过各种不同行业的"跨界"，强调文化与艺术和社会经济的融合，创造出具有巨大附加值的产业经济效益。当创意产业与城市经济发展形成跨界与融合，势必会引发人们对当代城市模式发展的思考，从而导致"城市文化创意"的出现。

---

① ［美］刘易斯·芒福德：《城市文化》，宋俊岭等译，中国建筑工业出版社 2009 年版，第507 页。

城市文化的产生来自两个方面：一是城市历史传统的遗存，二是现当代的文化经济产业，而后者则是由文化创意与现代城市经济发展相结合的产物。城市文化已成为一个城市的名片，而这张名片的设计者和创造者就是"城市文化创意"。通过城市文化创意推动城市复兴与发展，是当今世界盛行的发展策略。城市复兴发展强调的是对城市旧区的建筑、环境、经济和人文环境的改造，这种改造其实最终是对人的思维方式的改造，通过对城市人文环境的改造，改变人们的思考方式、生活方式以及认知方法，最终使人们建立一种健康的生活观念。"城市文化创意"作为提升城市核心竞争力的重要策略之一，展现了创意经济对城市文化影响的重要性，作为一个城市综合体，单纯依靠其资本和技术来运作的时代已经成为过去，文化资本则成为未来可供循环发展的更大的潜能和资源。

1. 一个叛逆的城

20 世纪 90 年代，欧洲展开城市复兴运动，许多新兴城市的建立也得益于这项城市复兴运动的发展。西班牙毕尔巴鄂的古根海姆博物馆就是其中最具代表性的城市建设项目。该项目是由美国解构主义设计师弗兰克·盖里于 1991 年设计，自 1997 年古根海姆博物馆落成以后，毕尔巴鄂从一个工业化城市，变成一个世界性的旅游名城。毕尔巴鄂的古根海姆博物馆极大提升了该城市的国际知名度，也为这座城市赢得了巨大的声誉。博物馆的建立使毕尔巴鄂的城市经济，尤其是产业附加值高速增长，而古根海姆博物馆因此也成为世界文化创意城市的典范。

2. Loft 理念

北京的 798 艺术区是在一个典型的德国包豪斯风格建筑群落上建立起来的，巨大的现浇结构和明亮的天窗为其建筑的主要特征，是中国当代许多先锋设计师、艺术家的栖息之地。798 从最初衰败的旧厂房，演变为北京艺术产业园，这其中有北京区域经济发展的自然因素，又蕴含着一些先锋艺术家和设计师独特的行为方式和创意思维，也是北京这座文化艺术都市日益发展的结果。现如今 798 已成为北京地标性的建筑群落，每年吸引了大量中外各类人群的造访，成为全国，乃至世界范围的焦点。20 世纪初期，798 曾被美国《时代》杂志与《新闻周刊》杂志评为世界最有文化城市标志之一，同期，北京因为 798 的艺术文化知名度而被美国《财富》杂志评选为世界最有发展性的 20 个城市之一。

结　语

　　加拿大学者查尔斯·兰德利是世界城市文化创意的开创者。他在接受国内学者访谈，回答如何衡量一个城市的创意水平和创造力时说道：首先是开放性、无障碍性、参与性。一个城市要想有创意，它必须是无障碍的，是开放的。比如说让来自贫穷家庭的人也能有机会去发挥他们的创意才智，这是一种体制的无障碍。另外，就是它的人才发展水平以及它的学习格局。① 随着中国改革开放的发展，中国的城市化以及城镇化建设有了飞速的发展，但其中一些发展的因素还是受到自然环境、土地、金融资本等硬性资源的约束，其资源的投入与使用还偏重于单一性与一次性，导致城市建设的成本递增，收益递减。而文化创意产业强调整合文化、技术、创意人才等软性资源，这些资源可以重复性地增加产业效益。加之我国的产业发展是市场经济与政府主导相结合，文化创意产业也同样需要政府的导向进行扶持。文化产业属于创意产业，它高度依赖文化的创新意识，对文化创造力和创造型人才有更加迫切的需求。因此要加快我国文化创意产业的发展，就要建立相关的文化产业人才储备，培养人们开放、沟通、参与的无障碍意识，进而解放人们的创造才能，提升城市文化的战略地位，全面增强我国城市文化的核心竞争能力。

Cultural Creativity and Antinomies
in the Age of Urbanization

Abstract：In the early 21th century, the concept of cultural creative industry has been introduced to our culture and economy from western countries, which has become an important strategy in our cultural and economic development. This thesis has introduced the basic situation of cultural creative industry both in China and the whole world as well as its influence on our economic development and ideology. Moreover, the core competitive significance and dominance of the urban cultural creativity in regions and cities have also been dis-

---

　　① 　金元浦：《创意城市的 3.0 版本：中外城市创意经济发展路径选择——金元浦对话查尔斯·兰德利（二）》，《北京联合大学学报》2017 年第 1 期。

cussed in the paper, which aims to strengthen the overall competitiveness in the regional and urban cultural industry development.

Keywords：Creative Industry；Urban Culture；Core Competence

（刘先军：常熟理工学院艺术与服装工程学院环境艺术系教授）

北京市文惠卡项目的财政
支出绩效评估研究

孙凤毅

摘要： 从绩效评价的维度来看，北京市文惠卡项目搭建了文化消费的供需平台，扩大了文化消费影响力；但也存在着公共文化产品供给成本偏高、供给侧改革有待加强、对可能遇到的运营风险重视不够以及项目成本较难准确测量等问题。本文认为，北京市文惠卡项目未来的发展方向：科学评估公共文化产品与服务的消费需求；推行 PPP 等公共文化产品与服务市场化、社会化供给模式；构建保障公共文化服务供给侧改革的财政预算管理体制等。

关键词： 北京文惠卡项目　财政政策　绩效评估

在公共服务领域，财政支出绩效评估并不是纯粹意义上的追求省钱，而是为了实现政府对公共管理的有效供给，坚持财政资金使用效率效益最大化，提高政府的社会公信度与社会公众的满意度。北京市探索实行的文惠卡项目已经连续三年了，从绩效评价的维度，该项目运作情况如何呢？借助于 3E 原则①的绩效评价模型，本文对北京市三年来的文惠卡项目进行评估分析与理论思考，希冀得出有意义的价值判断与发现。

一　北京市文惠卡项目的绩效评价背景

我国的"项目制"按照存在竞争性与否，可以将其划分为竞争性形式项目和非竞争性形式项目。前者，比如"国家公共文化服务体系示范区（项目）"。后者，更确切来说是一种政府主导的项目式的公共服务供

---

① 3E 原则，即经济性（Economy）、效率性（Efficiency）和有效性（Effectiveness）。

给。这种项目的基本特点是资金投入多、规模大，覆盖面较广；具有普适性，有着强烈的需求；是一种专项任务的布置。本文的对象文化惠民卡项目就属于这种非竞争性形式的项目。

北京市文惠卡项目（以下简称"项目"），属于政府发放的普惠型的文化卡，其特点是：以推动大众文化消费为目的，以文化企业和商户让利打折为手段，具有便捷性、让利性等特征。它是由北京市文化行政部门主导，面向全体市民与社会团体发放的"实名制的文化消费积分权益卡"。政府财政不直接补助持卡人，而是通过"以奖代补"的形式鼓励加盟企业给出优惠折扣、提高服务内涵。该项目的规划设计原则就是要通过"政府激励引导、专业机构运作、整合利用资源、促进供需对接"，利用现代信息技术等手段，搭建具备宣传引导、消费促进、数据挖掘、信息服务等衍生功能于一体的综合性服务平台系统，同时也为文化消费服务企业和文化消费者搭建起一个"互通互惠、互利共赢"的文化消费平台；将文化产品的企业销售端与消费者购买端衔接起来，把经济实惠又符合大众文化需求的文化产品，以最优质的服务形式推荐给广大消费者。

（一）项目执行主体情况

北京市国有文化资产监督管理办公室（以下简称"市文资办"）是项目的主管部门。北京市文资办产业促进处是该项目的实施主体，与项目相关的主要职责有：负责促进所监管文化企事业单位产业发展；组织开展文化市场消费调查研究，指导所监管文化企事业单位开拓大众文化消费市场，健全文化产品营销服务渠道。同时，为保障项目顺利实施，市文资办通过公开招投标程序选定华盛建安科技（北京）有限责任公司作为项目具体执行单位，但由于资金链断裂、人员离职造成运营困难等原因，2015年年底，华盛建安科技（北京）有限责任公司丧失项目执行能力，经协商后双方解除合同，重新通过公开招投标程序选定北京国际广告传媒集团有限公司（以下简称"公司"）承接后续工作。公司主要承担系统运营和维护、商户拓展及维护、卡片发放、组织活动、宣传推广等方面的工作。

（二）项目基本内容

2013年，北京文惠卡项目启动实施，至2015年已经连续举办三届，每年的财政资金投入情况见表1。根据北京市文惠卡项目的分期计划安排，

2015 年是项目运营完善的最后一年，在往年工作的基础上，完成系统运营和维护、商户拓展及维护、卡片发放、组织活动、宣传推广等主要内容。并通过完善功能、特色活动、有效宣推、多方合作等手段，进行卡片发放和商户拓展，提升品牌影响力，加强消费者关注度和依赖度。

表 1　　　　　　　　　　　北京市文惠卡项目近三届基本执行情况　　　　　单位：万元

总体投资		2013 年度		2014 年度		2015 年度		
预期投入	实际投入	预期投入	实际支出	预期投入	实际支出	预期投入	预算批复	实际支出
5211.50		2643.50		1284.00		1686.82	1416.85	704.00

资料来源：北京市财政局国有文化资产管理办公室。

二　北京市文惠卡项目的财政支出绩效评估模型

文惠卡项目是北京市公共文化服务领域的民生工程，其出发点与目的是为了满足民众日益增长的基本文化需求，而财政支出的绩效评估能够更好地推进政府的有效供给能力的提高。

财政支出绩效评估近年来在我国开展较为广泛，其评价的准则来源于其定义。经济合作与发展组织（OECD）对绩效界定为："绩效是实施一项活动所获得的，相对于目标的有效性，它包括从事该项活动的经济性、效率和效力。"我国财政部出台的《财政支出绩效评价管理暂行办法》明确提到"财政支出绩效评价是指……对财政支出经济性、效率性和效益性进行客观、公正的评价"。各地在开展财政支出绩效评价的实践过程中，指标体系框架的设计也参照文件要求，主要包括"决策、管理、绩效（包括产出和效益绩效）"三部分，其中：管理类指标包括资金投入，回应了对财政支出经济性的考察，从投入到产出回应了对效率性的考察，从产出到效益则回应了对效益性的考察。因此，财政支出绩效评估的核心原则是 3E 原则，即经济性（Economy）、效率性（Efficiency）和有效性（Effectiveness）。

经济性（Economy）是指以最少的资源耗费，获得一定数量和质量的产品和服务，主要关注的是投入和使用过程中成本节约的水平和程度，考察政府活动所耗费资源的获取或购买成本是否最低。

效率性（Efficiency）是指投入和产出的关系，包括是否以最小的投入取得一定的产出或者以一定的投入取得最大的产出，即支出是否讲究效率，考察的是政府活动的资源耗费数量与产出数量之间的比例关系。

有效性（Effectiveness）是指多大程度上达到政策目标、经营目标和其他预期结果，考察政府行为的产出与成果的关联度，即政府各项活动的实施能否形成合力，促成预期成果目标的实现。3E 与投入产出模型的关系如图 1 所示：

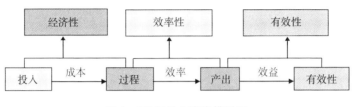

图 1　3E 与投入产出模型图

投入实质上是政府提供公共文化产品或服务的成本，而经济性是衡量投入到过程的成本是否节约，可见，财政预算绩效管理的"经济性"评价是对公共文化产品成本合理性的评价，作为 3E 原则中的基础原则，是绩效评估必须回答和解决的问题，也是"效率性""有效性"评价的前提条件，因此，公共文化产品与服务成本合理性是财政支出绩效评估管理需要解答的问题。

北京市文惠卡项目的统一化管理可以确保项目制在财政资源、执行监督及绩效评价方面的权威效力，但在具体的方案设计和具体执行过程中，则要更重视收集民众的需求和偏好信息。民众自始至终应该成为文惠卡项目的主体，他们的需求、反馈和评价将贯穿项目制的整个过程。通过不同层级、不同主体之间的协作为项目制的推行创造好的执行环境，提升其执行绩效。

三　北京市文惠卡项目财政支出绩效实施情况

从 3E 模型对北京市文惠卡项目财政支出绩效情况进行评估（见表 2）。

表 2 　　　　　　　　　　　北京市文惠卡项目绩效情况（2015 年度）

指标类型	指标设定	完成情况
产出数量指标	1. 新增发放 100 万张文惠卡； 2. 拓展 1000 家合作商户； 3. 开展 52 场以上专项的营销活动； 4. 全年完成持卡交易金额 7 亿元以上。	1. 发卡 109.24 万张，超出目标 9.24 万张。2. 签约商户 1002 家，超出目标 2 家。3. 开展活动 183 场，超出目标 131 场。
产出质量指标	1. 100 万张文惠卡的发放群体覆盖具有文化消费意愿以及消费能力的人群，如公司白领、社区居民等； 2. 1000 家商户覆盖主流消费场所，如主流剧院、影院、图书馆、教育培训机构等； 3. 52 场活动起到激励商户加盟、消费者办卡用卡的目的，打造"北京文化消费新名片"； 4. 150 万张存量卡产生交易 6 亿元，新增卡交易 1 亿元。	1. 通过进社区、进校园、进机关、进企业等活动，精准地将文惠卡发放给消费人群； 2. 全市规模以上的剧院、影院、图书馆、教育培训机构均是文惠卡的加盟商户； 3. 通过 183 场活动，参与者人数约50 万，对持文惠卡消费文化，进行有效宣传； 4. 均已完成任务目标。
产出进度指标	1. 第一季度完成发卡量 15 万张，签约加盟 100 家商户，举办 10 场各类活动，交易金额 1 亿元； 2. 第二季度完成发卡量 30 万张，签约加盟 300 家商户，举办 10 场各类活动，交易金额 0.7 亿元； 3. 第三季度完成发卡量 35 万张，签约加盟 300 家商户，举办 20 场各类活动，交易金额 4 亿元； 4. 第四季度完成发卡量 20 万张，签约加盟 300 家商户，举办 12 场各类活动，交易金额 1.3 亿元。	1. 第一季度完成发卡量 15 万余张，签约加盟 100 家商户，举办 18 场各类活动，交易金额 1.1 亿元； 2. 第二季度完成发卡量 30 万余张，签约加盟 306 家商户，举办 35 场各类活动，交易金额 2.7 亿元； 3. 第三季度完成发卡量 35 万余张，签约加盟 313 家商户，举办 49 场各类活动，交易金额 4.5 亿元； 4. 第四季度至 2016 年 4 月 20 日完成发卡量 29 万余张，签约加盟 283 家商户，举办 81 场各类活动，交易金额 3.5 亿元。
产出成本指标	1416.85 万元	2015 年截至 12 月 31 日支出 704 万元；2016 年截至 4 月 30 日支出 689.19 万元。
经济效益指标	1. 新增消费额将不低于 7 亿元，其中新增卡带动消费金额不低于 1 亿元； 2. 为持卡人持卡消费节省资金不少于 8000 万元。	1. 按照计划圆满完成； 2. 根据商户给予的折扣比例，均在 9 折左右，预计为消费者省资金 1 亿元以上，超出目标值至少 2000 万元以上。
社会效益指标	1. 扩大文化消费影响力； 2. 丰富百姓文化生活； 3. 能够整合文化市场资源； 4. 提升市民的文化修养，提升城市品位。	消费记录 89 万余笔，全年微信订阅号图文阅读数 552219 人；微博粉丝总数为 86944 人。以上数据表明参与的人数和消费较多，将对扩大影响、丰富生活、整合资源等起到较强推动作用。

续表

指标类型	指标设定	完成情况
可持续影响指标	1. 规范文化消费市场的健康发展； 2. 推动城市文化消费长效机制的探索与形成； 3. 对促进首都城市的文明建设有深远的影响。	1. 根据市统计局发布的数据：2015 年全市文化体育和娱乐业实现收入 527.8 亿元，同比增长 3.5%，同时，城镇居民人均文化娱乐支出 4028 元，同比增长 11.5%； 2. 北京市针对文化消费的政策文件《北京市人民政府关于促进文化消费的意见》，将"发挥北京文惠卡作用，促进文化消费"写入其中； 3. 广东、天津、山西、福建、大连、承德、青岛等十多个省市前来考察学习并进行了推广。
服务对象满意度指标	消费者满意度达到 70% 以上；加盟商户满意度达到 70% 以上。	针对持卡人和加盟商户进行了问卷抽样调查；加盟商户满意度平均达到 94%，持卡消费者满意度平均达到 88%。

资料来源：北京市财政局国有文化资产管理办公室。

表 3　　　　　　　　　　北京市文惠卡项目近三届基本情况

总体目标		2013 年度		2014 年度		2015 年度		备注
预期目标	完成目标	预期目标	完成目标	预期目标	完成目标	预期目标	完成目标	
发卡 300 万张		发卡 100 万张		发卡 100 万张		新增发卡 100 万张		截至 2014 年 12 月 31 日，已实现发卡 151 万张
拓展 1000 家商户		拓展 1000 家商户		拓展 1000 家商户		拓展 1000 家商户		截至 2014 年 12 月 31 日，已加盟商户超过 1500 家
刺激有效消费 32.4 亿—45.3 亿元		刺激有效消费 4.3 亿—8.6 亿元		刺激有效消费 4.3 亿—8.6 亿元		交易额 7 亿元		刺激有效消费 7.19 亿元
						开展 52 场以上专项营销活动		

资料来源：北京市财政局国有文化资产管理办公室。

从表 2、表 3 可知，北京市文惠卡项目的财政支出绩效完成情况借助

于 3E 模型而进行的评估,主要表现如下:

文惠卡项目搭建文化消费的供需平台。到 2015 年度项目执行期满已实际发卡 259.24 万张、签约商户 2502 家,发卡数量和商户数量远超国内其他同类项目。超过 25 万用户的自媒体覆盖范围,也为各类文化产品和服务的宣传和推送提供了强有力的支持平台。共举办各类活动 183 场,有效带动了持卡人消费。新增消费交易额不低于 7 亿元,刺激有效消费 7.19 亿元。通过各类活动的开展,进一步拉近了文惠卡与消费者的距离,提升了文惠卡的社会认知度和公众形象。

扩大文化消费影响力。作为公益性项目,文惠卡坚持社会效益优先,兼顾经济效益。对于消费者来说,提供优惠等服务的上千家加盟商户分布于北京各区,并涵盖影院、剧院、教育培训、书店、博物馆等文化场所,文惠卡发布的各类文化消费指南以及策划执行的各类线上线下活动,为让百姓享受文化消费实惠创造了条件。对于商户来说,借助文惠卡平台,扩大企业影响和效益成为加盟商户意愿,部分商户将文惠卡作为其会员卡;依托平台开展联合营销,利用自媒体平台和线上线下活动,整合推介商户信息,打造出线上线下文化消费生态圈。

四 北京市文惠卡项目的财政支出绩效评价

财政资金绩效评估既包括项目活动结果本身达到预期客观指标的程度,也包括公众对活动的主观评价。鉴于此,通过绩效评估可以分析出,目前北京实施的文化惠民卡项目存在的主要问题:

第一,公共文化产品供给的高成本问题。

为了实现基本公共文化服务均等化,政府有责任为社会公众提供低成本、高效率、优质的公共文化产品与服务。然而,由于公共文化产品供给的政府垄断,产生了公共文化产品供给的高成本问题,无法做到成本效益最大化,致使在公共文化资源配置过程中不能实现帕累托最优。从表 4 可以看出,财政支出的重要项目为设备租赁费(214.67 万元)、平台运营费(204.02 万元)、外协费(253.50 万元)、宣传推广费(324.44 万元)。在财政资金使用、项目决策及日常管理活动中都没有私人领域的硬性约束,管理过程中的软约束在一定程度上阻碍了公共领域主体积极性的发挥,从而增加了公共产品的成本。

表4　　　　　　　　　　北京市文惠卡项目财政支出情况明细表　　　　　　　单位：万元

序号	实施单位	总体目标	预算金额	实际支出金额（截至2015年12月31日）	实际支出金额（截至2016年4月20日）	差异	
						差异比例	差异原因
1	市文资办	设备租赁费	214.67	162.35	45.32	-3.26%	政采结余
2		制作费	361.47	73.08	130.755	-1.27%	政采结余
3		平台运营费	204.02	226.09	222.5850	-1.7%	政采结余
4		外协费	253.50	30.65	127.5350	-1.2%	政采结余
5		宣传推广费	324.44	113.16	137.2	-1%	政采结余
6		活动费	58.76	98.65	25.86	-3.9%	政采结余
合计			1416.85	704.00	689.195	-1.7%	政采结余

资料来源：北京市财政局国有文化资产管理办公室。

　　政府需要成为有效率的政府，即使在民生工程中也要实现以最小的消耗达到最大化效益的目标。文惠卡项目建设过程需要在执行项目工作阶段加强现代项目管理的运用，通过中期跟踪、后期评价、结果应用，形成闭环式约束管理机制，从而使得项目能够保时保质保量地完成，降低公共文化产品与服务成本。

　　第二，过于追求"需求侧管理"而忽视供给侧改革。

　　相对而言，"需求侧管理"是总量管理，其政策思路侧重于通过政府支出政策来刺激需求总量，以实现反周期的短期增长；"供给侧管理"更侧重于结构调整，优化要素配置，通过减少政府干预，来激发市场主体活力。如果还是寄望于在短期内刺激需求总量，不但其政策的边际效力日益弱化，而且将构成对生产率提高的抑制。国内居民海外购物、海外代购和跨境电商的迅猛发展，折射出了长期以来政府对市场过多干预以及长期奉行"需求侧管理"的宏观政策问题。由于公共文化产品消费上的非竞争性与非排他性，政府无法确切知道社会需要哪些公共文化产品，以及要多少公共文化产品。因此，由于公共文化产品外部性的存在以及决策信息获取困难，加之公共决策者还会运用策略掩盖自己的真实偏好，政府供给的公共文化产品必然会像市场一样，或是过量供给，或是供给不足，处在低效供给状态。文化惠民卡项目的运营无法忽略"沉睡卡"这一现象的存在，公共文化产品与服务供给的有效性有待增强。

　　第三，对文惠卡项目运营可能遇到的风险重视不够。

　　北京市文惠卡项目由于涉及资金多、建设周期长等原因，风险远高于一般项目，充分的风险识别和合理的风险分配是北京市文惠卡项目能够得到顺利实施的关键。根据政府采购相关程序，北京市文资办委托北京昊远丰标咨询有限公司对《2015年度北京文化惠民卡项目》进行公开招投标，经过公开招标，最终确定华盛建安科技（北京）有限责任公司为2015年度文惠卡项目执行方；2015年年末，华盛建安公司因故丧失履约能力，双方经协商签署《解除协议》，根据市财政局意见，在项目资金额度不变、用途不变的情况下，重新履行政府采购程序，变更服务供应商；委托北京国泰建中管理咨询有限公司履行公开招投标程序，选定北京国际广告传媒集团有限公司承接后续工作。项目的中途变更或调整，无形中会增加项目运营的风险与成本。

第四，缺乏相关法律基础，文惠卡项目成本准确测量难。

在现有制度体系下，针对北京市文惠卡项目所进行的绩效评价主要依据财政部、国家发改委等相关部门出台文件中的部分条款，缺乏专门的法律文件对此类项目的评价如何实施、实施主体和监督主体、如何保证评价结果应用到实际等问题进行说明，从而导致项目绩效评价结果的适用性大打折扣。文惠卡项目成本测量在财政支出绩效评估中应用的难点：一是成本数据的获得障碍。在现行的行政事业单位财务核算制度下，除个别项目进行单独核算，大部分项目是按照会计科目进行核算，无法真实地反映出准公共文化产品的成本，数据采集困难。二是价格合理性的判断障碍。由于政府提供的准公共产品的特殊性，部分公共产品价值和价格无法从市场竞争环境中获得，给准公共产品价格合理性判断带来了一定的障碍。因此，文惠卡项目成本准确测量难。

五　北京市文惠卡项目财政支出的完善建议

北京市文惠卡项目绩效评价在我国尚属新生事物，在很多方面有着较大的改善余地。通过对近三年来北京文惠卡项目绩效评价的分析总结，对北京市文惠卡项目的未来发展方向给出如下建议：

首先，科学设计公共文化产品与服务的消费需求揭示机制，避免公共文化产品与服务供给不足。文惠卡项目涉及签约商户众多，不同领域消费特点差异较大，消费优惠折扣难以统一，且文惠卡面向全体市民发放，发放数量达到百万张，给文惠卡项目的整体运营管理难度带来较大挑战。所以，作为公共文化产品与服务部门，政府应该借鉴学习互联网思维的核心——用户思维，应该以公众的文化消费需求为导向，在了解、把握公众对公共文化产品与服务消费需求变化的基础上，满足公众的合理文化消费需求。如果政府一厢情愿地按照固有方式提供公共文化产品与服务，就可能导致公共文化产品与服务供需错配。因此，要建立公众与政府沟通渠道，保证信息的公开性，使公共文化消费需求信息披露具备前提条件。更重要的是，要让公众说出对公共文化产品与服务消费需求数量的真话，建议设计"公共文化产品与服务消费需求"问卷，由统计部门的城调队和权威数据调查机构进行广泛的问卷调查与数据分析，科学地揭示公众对公共文化产品与服务的真实消费需求，以作为公共文化产品与服务供给数量的决定依据。

其次，促进供给主体多元化，推行政府购买和 PPP 等公共文化产品与服务市场化、社会化供给模式。作为首都文化消费"新名片"，文惠卡的设计理念受到了关注和肯定，但好事还需要办好。为此，政府需要进一步转变职能，广泛吸收社会资本参与到能由政府和社会资本合作提供的公共文化产品与服务中。文化惠民卡项目的运营应当更多地采取政府购买与 PPP 等形式，在公共文化产品与服务供给侧结构性改革中实现"双到位"，各擅其长，各尽其责，分工明确；同时将市场能够充分发挥作用的领域交给市场，协调好公平和效率、政府和市场、尽力而为和量力而行的关系。建立有效的政府监管体系，防范文惠卡项目运营中可能遇到的风险，提高资金效率；利用供求、风险和利益等机制平衡在公共文化产品与服务事业建设和运营中的供求和利益关系，推行政府购买、市场和社会提供的多元化、社会化的公共文化产品与服务供给模式；特别是在近年来"天价采购""豪华采购"广为诟病的大背景下，为了尽可能降低负面影响，有关部门采取了一系列改革措施，包括实行批量集中采购、修改协议供货管理办法等。对政府采购活动效果的评价不应仅限于节支防腐一项。今后，对政府采购活动的评价应更加全面、客观，应更加注重对采购绩效的评价，即全面、客观地评价采购活动投入和产出的关系，政府采购的核心评价目标要从"少花钱"转变到"花得值"。

最后，建设保障公共文化产品与服务供给侧结构性改革的财政预算管理体制。有必要对文惠卡项目的市场定位、功能设计、运营模式等进行进一步的充分研究与论证，让文惠卡项目的运营更加精准、更加有效，提高财政支出的效率与效益。比如，加强文惠卡项目运营系统与"互联网＋"的融合、扩大文惠卡的使用范围和区域，提高中小微型企业签约商户质量等。进一步完善细化绩效指标，增强绩效目标的可实现性和可考核性，并对部分项目内容进行调整；提前规划北京市文惠卡项目三年期满后的运行模式，落实项目绩效的可持续性。供给侧财政预算体制改革要点在于提高财政资金使用效率，进一步优化政府公共物品供给结构。因此，在满足文惠卡项目正常运营的前提下，应当在财政支出结构上进一步降低行政支出，提高文化消费终端补贴的精准性、有效性，最大程度上避免无效发卡现象的产生；继续深化财政改革，推动政府简政放权，进一步减少对市场的微观管制，将财政支出重点转到有利于促进居民文化消费均等化、满足基本公共文化需求、基本文化权益保障方向上；建立健全加强文化产品供给与促进文化消费并重的政府扶持机制，建立适度竞争、消费挂钩、择优扶持的新机制，由直接补贴文化经营单位向补贴居民文化消费转变；引入财政支出项目效益分析如成本收益分析方法、绩效分析法，改变部门和财政观念误区，进入效率财政时代，通过资源配置的改进增进全社会的福利，迈向"帕累托改进"。

Study on Performance Evaluation of Fiscal Expenditure of Wenhui Card Project in Beijing

Abstract：From performance appraisal point of view, Beijing Wenhui Card Project builds up the platform and enlarges the effect of cultural consumption. However, Beijing Wenhui Card Project creates higher cost of public cultural products, demands more effective supply-side reform, lacks regards of operative risks and cost evaluation. Beijing Wenhui Card Project should scientifically evaluate demands of public cultural products, carry out marketization and socialization in public cultural products supply modes (PPP etc.), build up financial budget management system which guarantees public cultural products supply in supply-side reform.

Keywords：Beijing Wenhui Card Project；Financial Policy；Performance Appraisal

（孙凤毅：中央财经大学文化与传媒学院副教授）

自动驾驶技术的发展对社会空间的影响

伍振彤　杨伯溆

摘要： 在本文中，我们将讨论自动驾驶技术达到完全自动化水平时，社会空间中的个人空间、私人空间、公共空间，以及社会关系将产生的变革。新媒介的发展具有变革社会空间的能力，大众媒体、互联网论坛与智能手机的兴起，促进了中国公共空间与个人空间的发展。自动驾驶技术将在物理层面上进一步延展个人空间，依照网络化个人主义范式重组私人空间中的社会关系，促进公共空间与私人空间、个人空间的分离，进一步变革中国的社会空间格局。

关键词： 自动驾驶　社会空间　网络化个人主义　新媒体

当我们将社会空间的概念置入中国语境时，会发现中国历史上占主导地位的是建筑在血缘、地缘等社会关系之上的私人空间。本文想提出的问题是，当中国步入互联网时代以后，这种依靠血缘、地缘维系的社会关系与私人空间随着社会结构的再生产，长期制约着社会中个体自我意识的发展。互联网时代的经济是以创意为核心驱动力的经济，没有个体自我意识的发展，创意就无法萌生，个人不容易在时代浪潮中抓住机遇，社会难以产生新的社会活力与经济动力。基于智能手机和互联网传播创造的个人空间和公共空间，已经为解决这一问题提供了一个机遇。自动驾驶技术或许能够在智能手机和互联网的基础上，进一步在物理层面延展个人空间，解构传统的社会空间格局，让社会关系进一步基于网络化个人主义重组，为解决这一问题提供一个不可忽视的选择。

一　中国传统社会中的空间概念

对中国传统社会空间的认识，首先需要厘清社会空间的概念。法国空间理论家列斐伏尔认为空间是社会关系至为重要的组成部分，它既是历史发展中生产出来的，又随历史的演变而重新结构和转化。[①] 卡斯特提出的"流动空间"，摒弃了以往社会—空间关系中认为的空间固定、一成不变，依附于社会以及时间的观点，而将空间看成是流动、变化的，并且认为它的变化将直接影响到社会进程和社会结构，带来社会的改变。[②] 列斐伏尔与卡斯特的观点，将社会空间从物理空间中抽离出来，强调空间的关系属性及具体社会行动对空间的嵌入关系。

人是社会性动物，作为社会性动物必然会受到社会结构的制约，而这些制约的作用场域就是社会空间。社会空间包括公共空间、私人空间与个人空间，分别的定义如下：[③]

公共空间：没有门槛，对社会所有人开放的空间；

私人空间：有一定限制的空间，可以为社会所有，也可以是一个群体的、一个公司的、一个机关的，最典型的是家庭；

个人空间：不经个人同意任何人都不能进入的空间。

三种社会空间均承担着重要的社会职能。对公共空间的认识和使用程度反映了一个国家、地区公民社会的发展程度；私人空间是各种社会单元完成社会职能的重要场所，如公司的生产、学校的教育与家庭对人的社会化；个人空间则反映了社会对个人的影响，与个人培养自我意识，完善人格息息相关，高层次的思索和创造力往往在个人空间产生。

帝制统治时期，中国的传统社会中绝大多数社会空间都是私人空间，"普天之下，莫非王土，率土之滨，莫非王臣"，这是古代中国对于社会空间的理解。最能体现这一点的是"家庭"概念的模糊。费孝通指出，中国传统语境下的"家庭"概念是模糊的："'家里的'可以指自己的太太一个人，'家门'可以指叔伯侄子一大批，'自家人'可以包罗任何要拉入自己的圈子，表示亲热的人物……在乡下，家庭可以很小，而一到有钱的地主和官僚阶层，可以大到像个小国。"中国人传统的"家庭"概念深受儒教"家天下"这一理念的影响，极富伸缩性。依照着自皇权延伸

① 杨卫丽、童乔慧、杨洪福：《曼纽尔·卡斯特与密斯的流动空间比较试析》，《河北建筑科技学院院报》2005 年第 12 期。

② 何睿：《网络社会下的空间与时间新类型——曼纽尔·卡斯特空间时间观点述评》，《新闻世界》2014 年第 12 期。

③ 杨伯溆：《新媒体和社会空间》，《青年记者》2008 年第 11 期。

至社会最小单元的权力关系，许多在西方属于公共空间，需要公民共同议政表决、共同推进的事务，成为势力最大的一两家拥有决定权的事务，而"国家大事"也即是皇帝的家事。费孝通将这种现象纳入了"差序格局"理论中："在差序格局里，公和私是相对而言的，站在任何一圈里，向内看也可以说是公的。"①

尽管帝制早已废除，但儒教主导的"君权文化"依然在中国人的文化传统中有着顽强的生命力。当代中国面临的一个重要问题在于，以亲疏远近和权力关系划分的私人空间，依然在意识层面制约着社会空间的多元发展。个人空间如果得不到长足发展，则社会中的个体的发展依然会面临着结构性的问题。这里的个体发展，并非指在社会竞争中通过零和博弈成为赢家的发展，而是指个体从其从属的社会集体中脱离，获得自我意识，并通过自由意志选择从事职业与生活方式，充分利用自身天赋的发展。公共空间如果得不到长足发展，则公民身份和公民意识就无从培养，社会群体无法产生自发的归属感。这里的归属感，并非指受到权力监护、获得相对利益后产生的安全感，而是指公民自愿服从公共空间的规则、履行公民义务、获得平等的公民权利后产生的归属感。

公共空间的发展有赖于它与私人空间、个人空间的分离。② 中国公共空间的私人化现象十分普遍，譬如高速公路设立的收费站为利益集团的特权开绿灯，为不遵守交通规则的行人设立的城市公路隔栏等。③ 个人空间的发展，有赖于个人空间从私人空间中分离出来，在社会关系层面这意味着个人的社会关系需从家庭、工作单位、社区等结构紧密的团体中脱嵌，个人成为自我社会网络的中心，同时成为其他个体社会网络中的节点。以智能手机、互联网为首的新媒体，为这些问题的解决提供了推进的动力。

二 新媒体与自动驾驶技术对社会空间的挑战

媒介是社会空间变革中的一个重要变量。麦克卢汉的名言"媒介即讯息"④，强调了媒介本身作为变量对社会的作用。对西方而言，印刷媒

---

① 费孝通：《乡土中国》，人民出版社 2008 年版，第 26 页。
② 杨伯溆：《当代中国公共空间的私人化——以公路交通为例》，《新建筑》2010 年第 6 期。
③ 同上。
④ ［加］马歇尔·麦克卢汉：《理解媒介：论人的延伸》，商务印书馆 2000 年版。

介的兴起拓展了人们感知的空间，作为当时知识分子发表评论的舞台，促进了公共空间与私人空间的分离；电子媒介重新整合了多种感官的体验，将政治选举等严肃的公共事务搬至家庭电视机前，用娱乐节目与花边新闻覆盖公共空间，让公共空间与私人空间的界限开始模糊。对中国而言，类似上述媒介作用于空间变革的历史，并不总是沿着和西方相同的脉络发展。譬如在大众媒体兴起之前，中国的个人空间与公共空间十分有限，而以儒教主导的私人空间为主。大众媒体的兴起相当程度上冲击了私人空间独大的格局，让专业媒体人员向大众开放公共议题，但大众媒体的舞台是有门槛的，话语权依旧为精英所掌控。而中国以儒教为理念的私人空间，也随着大众媒体的普及进行了一定程度的再生产。譬如广播在中国先于电话的普及，即是首先配合了私人空间再生产的需要。

互联网的兴起，让中国和西方的社会空间与社会关系格局均产生了相当程度的变化。加拿大社会学教授巴里·威尔曼使用"三重革命"来描述技术变革所带来的社会关系变迁："在社交网络、互联网和移动革命的联合作用下，人们的社会生活已经从原来联系紧密的家庭、邻里和社群关系转向了更加广泛的、松散的以及多元化的个人网络。"这"三重革命"，使得所谓的"网络化个人主义"这个新的社会操作系统成为可能。[①] 逯义峰认为，网络化个人主义理论视角下的社会秩序，既不同于基于科层官僚制下的宏大社会体系，也不同于基于家庭或邻里的紧密联结的传统社群结构，而是以社会网络的形式呈现的。个人不再嵌入群体之中，而是处于社会网络之中。每个人都是自己多元社会网络的中心，同时又是他人社会网络的一环。社会交往不再是基于群体的交往，而是个体与个体之间的网络化联系。个人拥有更大的自主权和选择权，个人主义更加彰显。传统邻里社区逐渐让位于基于互联网和手机等新媒介技术形成的新型社区。[②]

网络化个人主义的兴起，为中国个人空间和公共空间的发展提供了不可忽视的契机。首先，网络化个人主义理论视角下的社会秩序，不再是诸如家庭、街坊等紧密的传统社群结构，而是以社会网络的形式呈现的，这为个体从社会群体中的脱嵌提供了可能。社会网络与传统社群的差异在

---

① ［美］李·雷尼、［加］巴里·威尔曼：《超越孤独：移动互联时代的生存之道》，杨伯淑、高崇译，中国传媒大学出版社 2015 年版。

② 逯义峰、杨伯淑：《新媒介即新社区：网络化个人主义理论探析》，《新闻界》2016 年第 3 期。

于，个体社会关系的组织方式不再严格按照集体的规则，而是以自我为中心，以社交网络和智能手机所能连接到的地点为界，进行网络化的社会关系重组，个人社交的原则也不再严格按照自己所扮演的社会角色的要求，而是更多凭个人好恶。对于中国而言，其相较西方更大的意义在于，网络化个人主义解构了儒教意义上的私人空间所遵循的规范，极大地推动了私人空间对个人自我意识约束问题的解决。

（一）自动驾驶技术的发展

在自动驾驶技术的发展上，美国国家公路交通安全管理局提出自动驾驶车辆的五级分类标准：

表 1 自动驾驶的五级分类标准

自动驾驶分级		称呼（SAE）	SAE 定义	主体			
NHTSA	SAE			驾驶操作	周边监控	支援	系统作用域
0	0	无自动化	由人类驾驶者全权操作汽车，在行驶过程中可以得到警告和保护系统的辅助	人类驾驶者	人类驾驶者	人类驾驶者	无
1	1	驾驶支援	通过驾驶环境对方向盘和加减速中的一项操作提供驾驶支援，其他的驾驶动作都由人类驾驶者进行操作	人类驾驶者系统			部分
2	2	部分自动化	通过驾驶环境对方向盘和加减速中的多项操作提供驾驶支援，其他的驾驶动作都由人类驾驶者进行操作				
3	3	有条件自动化	由无人驾驶系统完成所有的驾驶操作，根据驾驶要求，人类驾驶员提供适当的应答	系统	系统	系统	
4	4	高度自动化	由无人驾驶系统完成所有的驾驶操作，根据系统请求，人类驾驶者不一定需要对所有的系统请求作出应答，限定道路和环境条件等				
	5	完全自动化	由无人驾驶系统完成所有的驾驶操作，人类驾驶者在可能的情况下接管，在所有的道路和环境条件下行驶				全城

　　随着机器学习技术的发展，通过伴随车辆的传感器数据训练算法，研发自动驾驶技术并投入商用，已成为世界各大公司竞相投入研发的风口。腾讯研究院的调查显示：谷歌公司 2009 年已开始无人驾驶技术研发，2015 年 12 月—2016 年 12 月在加州道路上共行驶记录 635868 英里。美国第一大网约车服务商 Uber 已在匹兹堡、坦佩、旧金山和加州获准进行无人驾驶路测，苹果公司也于 2017 年 4 月刚刚获得加州测试许可证。韩国互联网公司 Naver 在公路上测试自动驾驶汽车，成为第 13 家获得许可的自动驾驶汽车研发企业，计划于 2020 年前商业化 3 级自动驾驶汽车。百度也于 2016 年 9 月获得了在美国加州的测试许可，11 月在浙江乌镇开展普通开放道路的无人车试运营。其总裁兼首席运营官陆奇于 2017 年 4 月 19 日发布了"Apollo"计划，计划将公司掌握的自动驾驶技术向业界开放，将开放环境感知、路径规划、车辆控制、车载操作系统等功能的代码或能力，并且提供完整的开发测试工具，目的是进一步降低无人车的研发门槛，促进技术的快速普及。腾讯于 2016 年下半年成立自动驾驶实验室，依托 360°环视、高精度地图、点云信息处理以及融合定位等方面技术积累，聚焦自动驾驶核心技术研发。阿里、乐视等也纷纷与上汽等车企合作开发互联网汽车。[①] 互联网巨头竞相入局，反映了自动驾驶技术在未来具有面向大众普及的潜力。

　　慕尼黑大学的普夫勒京（Pfleging）、让（Rang）与宝马公司的布罗（Broy）通过网络问卷、访谈与实地观察的方式调查了欧洲/德国市场的司机在完全自动化驾驶技术普及以后想在车内进行的非驾驶活动。研究结果表明，除了传统的活动（和乘客聊天、听音乐）外，休息、写短信、吃喝、上网、打电话，这些活动是受访者最感兴趣的。[②] 这充分反映了自动驾驶车辆的移动媒体应用潜力。

　　自动驾驶技术的发展，还会导致车载网、互联网、移动互联网之间的高度互联。车载网络属于物联网的一部分，是传统的互联网的一个延伸，也是移动互联网的一个延伸。它把互联网实现的信息与信息、人与人的互

---

　　① 腾讯研究院：自动驾驶产业发展现状及趋势，http：//www.xtecher.com/Xfeature/view？aid=6016。

　　② Pfleging B.，Rang M.，Broy N.，Investigating User Needs for Non-Driving-Related Activities During Automated Driving［C］// International Conference on Mobile and Ubiquitous Multimedia. ACM，2016：91-99.

联，拓展到了人与车辆、车辆与车辆、人与环境、车辆与环境等各种对象之间各种形式的互联互通。在这种互联机制下，智能手机、自动驾驶车以及其他智能终端之间将呈现一个高度互联的状态。在接下来的部分，本文将关注自动驾驶技术的这种高度互联将如何延展个人空间，挑战私人空间，重塑公共空间，进而给予个人生活空间上的自由。

（二）自动驾驶技术延展个人空间

昆（Kun）、鲍勃（Boll）和施密特（Schmidt）的研究阐述了自动驾驶车辆研究面临的 4 个挑战：（1）驾驶安全；（2）车辆作为生产和娱乐的场所；（3）新终端的可能性；（4）用户的隐私和数据安全。[①] 其中的（2）（3）均与个人空间有关。目前大众的城市中远途出行方式主要有三种：公共交通、开车与出租车/网约车。其中公共交通是同一空间内人流最大的一种，也是一个完全的公共空间；出租车/网约车虽然相对私密，但至少面对一名司机的限制依然让其属于半私密性质的空间，无法自由表露出个人的后台行为；开车时虽然司机置身于个人空间内，但对行车的关注限制了该个人空间的行为上限。在现有的出行方式中，除自己驱车外的其他场合，乘客都可以随时打开智能手机，从固定的公共空间转移到智能手机所营造的个人空间中。笔者在西二旗早高峰的地铁中观察到，当车厢内的空间拥挤到人贴人的程度时，几乎每个乘客都会选择打开手机刷剧、聊天或收听知识付费课程，这充分说明了大城市公共空间的紧缺，以及公共空间中的人对于营造个人空间的需求。在中国语境下，公共交通空间经常伴随着拥挤、不守规则、条件恶劣的情况，正是这些问题促进了智能手机作为个人空间的发展；并且在未来，这些问题同样有

---

① Christian Gold and Klaus Bengler. 2014. Taking Over Control from Highly Automated Vehicles. In Advances in Human Aspects of Transportation: Part II, Neville A. Stanton, Steven Landry, Giuseppe Di Bucchianico, and Andrea Vallicelli (Eds.). AHFE International, Winter Park, FL, USA, 64 - 69. Christian Gold, Daniel Damböck, Lutz Lorenz, and Klaus Bengler. 2013. "Take over!" How long does it take to get the driver back vinto the loop?. In Proceedings of the Human Factors and Ergonomics Society Annual Meeting, Vol. 57. 1938 - 1942. DOI: http: //dx. doi. org/10. 1177/154193121357 1433. Lutz Lorenz, Philipp Kerschbaum, and Josef Schumann. 2014. Designing take over scenarios for automated driving: How does augmented reality support the driver to get back into the loop? In Proceedings of the Human Factors and Ergonomics Society Annual Meeting, Vol. 58. 1681 - 1685. DOI: http: //dx. doi. org/10. 1177/1541931214581351.

潜力成为自动驾驶车辆个人空间化的土壤。

如果说智能手机解构了传统社会结构下的公共空间，自动驾驶技术则有接替智能手机重构个人空间的潜力。昆等人的研究强调了自动驾驶车辆中，司机能够处理所谓的非驾驶相关的活动或任务（non-driving-related activities or tasks，NDRAs）：当驾驶高度或完全自动化时，"司机"能够进行大量的非驾驶活动，并能完全集中于那些活动（例如，编辑信息、玩游戏），汽车变成了生产和娱乐的场所。普夫勒京、让和布罗指出，（1）自动驾驶汽车的乘客可能会进行隐私敏感的活动，而这些活动在公共场所是不可能的或不被接受的。（2）人们在比较公共交通和自动汽车时，可能会以不同的方式进行活动。[①] 当用户一个人行车时，自动驾驶车辆将作为完全独立的个人空间。用户可以在其中收发邮件、处理待办事项、接打电话，或者接入网络浏览网页、观看视频、体验游戏等，这将比智能手机给予乘客更大的自由度，进一步拓展了个人空间的维度与广度。

不仅如此，相比于智能手机所塑造的虚拟个人空间，自动驾驶车辆的革命意义在于其具备物理上的个人空间，而这在中国的传统文化中是不曾有过的。传统的北京四合院虽然有私人空间，但它是为封建时代的"礼制"量身打造的。王渝柯对四合院空间的研究发现，根据"礼"制规定，尊卑贵贱的社会地位与其所享受的私人空间面积与质量息息相关。传统社会的秩序，本质上是主张取消个性、主体性、否认个人独立利益的。这一秩序塑造的是处于服从地位的"臣民"，而非法律意义上享有权利的"公民"。[②]

自动驾驶车辆则有极大潜力在智能手机的基础上进一步解放个体，提高驾驶员行车时的自由度。当驾驶员行车可以解放自己的注意力时，他便独处在一个与外界隔绝的空间中。高质量的创意思考、高效率的工作都可以从这个空间产出。不仅如此，自动驾驶所依托的互联网、车联网、物联网能够促进人与人、人与车、人与物的高度互联，这意味着自动驾驶车辆本身就会成为一种具有物理实在的新媒介，接替智能手机进

① A. L. Kun, S. Boll, and A. Schmidt. 2016. Shifting Gears: User Interfaces in the Age of Autonomous Driving. IEEE Pervasive Computing 15, 1 (Jan 2016), 32 – 38. DOI: http://dx.doi.org/10.1109/MPRV.2016.14.

② 王渝柯：《私人空间文化初探》，《艺术科技》2013 年第 9 期。

一步延展个人空间。

(三) 自动驾驶技术挑战私人空间

多名乘客一起乘坐自动驾驶车辆时，乘客间的社会关系将在一定程度上伴随媒介场景的变化而重新组织，普夫勒京、让与布罗的研究极具说服力。[①] 他们通过网络问卷的方式，调查了300名德语居民目前作为乘客乘车时所做的活动，以及乘坐自动驾驶车辆时想做的活动［调查量最大的年龄段是21—30岁组（60.7%）］。

如图1-1所示，在目前的行车条件下，作为乘客（小汽车＆公共交通），最频繁进行的活动是看窗外（85%），其次是发消息（74%），第三是与乘客聊天（72.3%），第四是听音乐/无线电/音频书籍（72%）。图1-2调查的是高度自动驾驶技术普及以后，乘客倾向于进行哪类活动的情况。与图1-1最大的区别在于，与乘客聊天从第三位（72.3%）上升到了第一位（90.3%），成为自动驾驶车辆中乘客最倾向于进行的活动。排除个人乘车无法和乘客聊天的情况，实际增长会大于18%。

图2是普夫勒京、让与布罗的研究中另一项调查结果。该结果显示的是用户最希望自动驾驶车辆中拥有的设备。其中触摸屏（72.7%）、大屏幕（57%）和话筒（53%）位列前三。

这些数据充分反映了自动驾驶车辆在未来可能对人际关系产生的变革。相比于孤立地"看窗外"，"和乘客互动"在自动驾驶时代拥有成为主流活动的潜力。对设备的期望也反映了乘客潜在的社交需求：触摸屏能满足人机互动的需要，大屏幕能与远距离的人视频通话，话筒则直接反映了乘客的社交和娱乐需求。

除了提升私人空间内社交的比例之外，自动驾驶技术更大的意义在于对传统社会结构下的私人空间中权力关系的解构。中国传统社会中的权力关系，是凝结在私人空间中的。譬如宴会时四方桌的主客之分，传统四合院迎合尊卑秩序的讲究："北屋为尊，两厢次之，倒座为宾，杂屋为附"，中国传统的社会交往，鼓励长幼尊卑、君臣父子的伦理。在这样的社会交

---

① Pfleging B., Rang M., Broy N., Investigating User Needs for Non-Driving-Related Activities During Automated Driving ［C］// International Conference on Mobile and Ubiquitous Multimedia. ACM, 2016: 91 - 99.

往中，个人的社会关系嵌入了等级森严的秩序中，一方面，绝对权威的存在容易扼杀个体的自我意识，进而压抑个人创造的可能；另一方面，个体无法基于自身需求与好恶选择社会关系，社会资本匮乏，无法实现个人的充分发展，便只能从这一等级秩序中依靠对后辈的权威获取生活意义，成为这一超稳定结构中的一环。

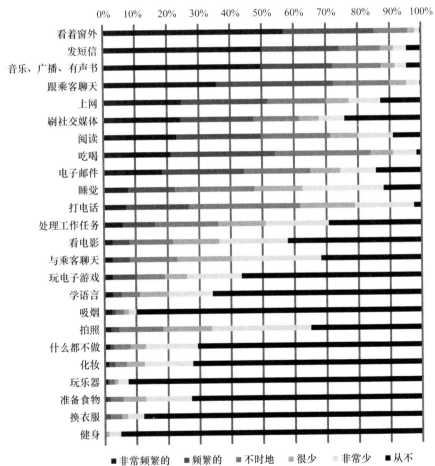

1-1　目前乘客在行车中偏好做事的种类及频率

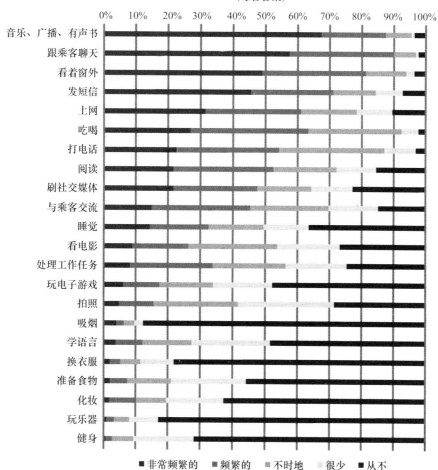

1－2　乘客在高度自动驾驶车辆中偏好做事的种类及频率

图 1　普夫勒京、让与布罗对目前交通工具与自动驾驶中
　　　乘客非驾驶行为的调查

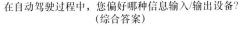

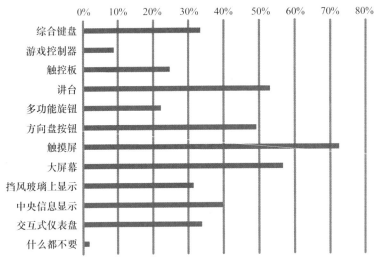

图2　普夫勒京、让与布罗对于乘客在自动驾驶中最希望拥有的设备的调查

但是，相比于这些传统社会权力关系再生产出的私人空间，自动驾驶车辆的优势在于它能成为个人中心的社会网络交往的流动性"据点"。根据彭书遥的描述，研究人员在一个无人驾驶基础车型上设计8种不同模式：办公、休息、儿童、观影、游戏、棋牌、备餐、火锅。这8种模式高度模块化，定位各不相同，满足不同人群需求。办公模式是为了双方沟通；观影、游戏模式是为了二人世界；儿童模式为了二胎家庭；棋牌、火锅模式是为了团聚。① 这些模式的设置，其背后基于的理念是以用户为中心，也是个人主义的，其目的是满足车主网络化生存的需要：车主通过车辆，与其社会网络中不同的节点进行办公、家庭、娱乐等活动，在多重社会角色之间反复切换。自动驾驶车辆成为完全以个人为中心的社会网络交往的流动性"据点"，工作、家庭、娱乐完全的界限愈发清晰，个人基于自身的需求而不再是权力关系选择社交对象。它有潜力解决儒家主导的私人空间对个人社会关系的压抑问题，有助于帮助个体的网络化社交，社会资本积累，实现个人充分发展。

① 彭书遥：《无人驾驶电动汽车内部空间的初步研究》，《科技创新导报》2016 年第 13 期。

（四）自动驾驶技术重塑公共空间

作为一种偏私人性质的媒介技术，自动驾驶技术并不直接向大众提供开放式、无门槛的公共空间，但它能通过培养用户的个人空间与个人主义意识，进而让公共空间与私人空间、个人空间分离，有助于解决公共空间私人化的问题，这对中国来说是意义深远的。

在上文中，笔者提到儒教主导的中国传统社会中几乎是没有公共空间的。到当代中国，这种生命力顽强的传统文化，所造成的一个结果即是公共空间的私人化。譬如汽车的占道违停、行人插队、横穿马路等行为，本质上都是对公共空间规则的漠视。由此衍生出的一系列强制措施，譬如栏杆、十字路口的红灯拉索，都是公共设施到达西方的水准之后，公众对公共空间的认识还没有跟上的缘故。这种形式的管制或许能在一定时间内营造出"文明"的现象，但存在的问题也是十分顽固的。如某市交通法规规定闯红灯罚款 50 元，当地汽车闯红灯的现象减少了很多，但没有交警的路段和时间，闯红灯的现象依然屡禁不止。"巨婴"式的管制手段，其包含的逻辑依然是将公共事务作为特权者自上而下推行的政令与政策，忽视了制度行动者的主体性与公民意识建设。"上有政策，下有对策"所包含的基本假设是政策实施者和政策接受者的上下级关系，没有将行动者当作具有权利和义务的"公民"来看待。

传统的社会结构和意识形态既然被证实为公民社会建设的阻碍，通过新媒体所开拓出的个人主义就为公共空间的建设提供了新的思路。个人主义强调人本身的发展，同时肯定其他主体的独立性。西方学者关心的多是个人主义发展到一定阶段后，由于过于关注个人事务，而对公共事务漠不关心，缺乏共同经验：民主政治的基石。但在中国长期为集体主义主导的意识形态下，个人主义的发展却对公共空间的建设有着深远的影响：只有个体能从其所属的集体中脱嵌出来，以网络化个人主义的范式重组社交关系，个体才能逐渐拥有强烈的自我意识，逐渐厘清不同社会空间的界限，自觉遵守公共空间的规则，行使公民的权利与义务。换言之，一个人只有首先意识到自己的主体性，才谈得上公民身份和公民意识的建构发展。而自动驾驶车辆对个人空间的延展，对私人空间的解构与重构，都为上述公共空间私人化问题的解决路径提供了不可忽视的思路。

（五）自动驾驶的未来：移动化生活空间

最后，本文需要展望的是自动驾驶车辆发展的未来，即给人们的网络化生活方式提供最终解决方案：移动化生活空间。在上文中，笔者论述了自动驾驶车辆对个人空间、私人空间与公共空间格局的改变。这些改变的基础是自动驾驶技术的属性，这些属性自设计之初，设计者便是为未来人们的移动化出行方式与生活方式量身打造的。当未来人口膨胀、住房空间紧张、环境污染加剧的时代来临时，自动驾驶车辆本身变为人们的移动化居所便成为一种不可忽视的解决方案。这样的需求在当下已经成为一部分人的生活方式。据《每日邮报》报道，美国西雅图的建筑师达夫·班斯（Duff Bangs）自费打造 28 英尺的移动拖挂房车："我和妻子厌倦了大城市的无聊生活，我作为建筑师一直想打造一款属于我们自己的房子，因为有了这个想法才打造出了目前我们居住的这款移动拖挂房车。"① 届时，自动驾驶技术所依托的互联网、车联网、物联网成为个人与社会连接的技术平台。个人通过这一技术平台进行远程工作、社交，同时在移动居所中进行新"游牧"式生活。

移动生活空间的意义在于它对传统家庭空间的解构。当居住的空间可移动时，原本固定在特定物理空间的住所便不再为传统家庭制度的生产提供助力，其结果是个人完全从传统家庭中脱嵌出来，依照自己的喜好选择住所所在地与合住伙伴，社会关系的流动性与短暂性进一步加剧，个人的自由度提升。当自动驾驶技术发展至移动住所时，它也为社会空间的全面流动化、社会关系的全面网络化的变革提供了技术基础。

结　语

本文从社会空间的角度切入，立足中国语境，探讨中国语境下传统社会空间对社会及个人的压制问题。在当下，儒教主导下的传统伦理压制了个人的自我意识与创造力，限制了个人社会关系的发展，个人创意与社会

---

① The luxury tiny house: Architect designs ＄110,000 mobile home with a space for YOGA and goes on epic 11000 - mile road trip across America: http://www.dailymail.co.uk/news/article - 5124725/The - 28ft - house - Couple - bored - city - build - tiny - trailer.html.

关系的局限，会导致社会活力与经济动力降低的问题。以互联网和智能手机为首的新媒体，为中国个人空间的发展创造了良好的机遇。自动驾驶技术的发展，在未来可能为这一机遇带来一波新的浪潮。自动驾驶技术可能通过在物理层面上延展个人空间，解决个人自我意识发展的问题；挑战儒教主导的私人空间，依照网络化个人主义重组个体的社会关系；进而通过个人主体性的建构助力公民意识的塑造，改善中国公共空间私人化的问题。最后，个体的网络化生活，还需要自动驾驶车辆向移动住所的转变。一旦这种转变完成，网络化个人主义也将成为主流的社会操作系统。

The Influence of Developing Automated Driving
Technology on Social Spaces

Abstract: In this paper, we talk about when driving technology become fully automated, what changes will happen in personal spaces, private spaces, public spaces and social relationship. The development of new media enable the social spaces to change, the developments of mass media, Internet, and smart phone broaden the public spaces and personal spaces in China. Automated driving technology will continue to broaden the personal spaces on physical level, restructure the social relationships in private space as the form of networked individualism, contribute to the separation of public spaces, private spaces and personal spaces, change the situation of social spaces in China.

Keywords: Automated Driving; Social Spaces; Networked Individualism; New Media

（伍振彤：北京大学新媒体研究院研究生；杨伯溆：北京大学新媒体研究院副院长、教授）

澳门文化产业的政府主导模式

邓耀荣

摘要： 澳门是一个以博彩和旅游业作为龙头产业的消费城市，经济结构非常单一和不平衡。过去50多年管治者多次尝试将产业多元化，包括20世纪70年代开始向制造业、银行和建筑行业发展。文化产业是近年在中央政府的政策指导下，澳门政府进行产业多元化的重大举措。澳门的文化产业发展至今只有七年，处于起步阶段。它的最大特色是政府全力主导的新兴产业：政府设立长期的机制来推动产业；政府投放大量资金来协助产业的起步。本文的目的是介绍澳门在发展文化产业的过程中，政府的具体角色、文化创意产业促进厅、文化产业委员会和文化产业基金的分工、公共资源的监管，以及测量文化产业效果的指标。

关键词： 澳门文化产业　政府与文创　文化产业指标　公共资源监管

一　什么是文化产业

由于该产业在澳门的发展历史不长，而政府干预的性质比较明显，其定义可以从相关的法规和文化产业委员会的纲领性文件中知悉。据澳门政府26/2013号行政法规，"文化产业是指源自于文化积累，运用创意及知识产权，生产具文化含量的商品并提供有关服务和体验，创造财富及就业机会，促进整体生活环境提升的经济活动"①。倘若上述内容仍然有点抽象，可以参考《澳门文化产业定位及行动纲领建议》的文本，其中的表述如下："'文化产业'，是指从事适合澳门发展，有利于促进产业多元的文化产品的投资、创意、设计、研发、制作、生产、流通、传播和消费等

---

① 澳门特别行政区政府第26/2013号行政法规。

活动，以及提供相关文化服务的产业。"① 这个解释比较易理解和具体。上述定义是结合了理论、大中华区的实践，以及本土的实际情况而制定的，因为文化产业委员会在撰写《澳门文化产业定位及行动纲领建议》之前，分别邀请了来自北京、香港和台湾的三个团队来为澳门的文化产业找寻发展定位及战略方向。

二 产业多元化的指导思想

百多年以来，小城在找寻经济出路时，曾经尝试过爆竹、神香、造船和制造业。自 20 世纪中期，传统的博彩行业转型为现代化的赌业，令澳门的经济收入剧增，但产业渐趋单一。1999 年回归后，在首任特首何厚铧的政策主导下，政府开放赌权引进新的资本和营运商，加上中央政府开放自由行，令澳门的博彩行业和旅游业出现井喷式的增长。当博彩和旅游成为龙头产业之际，澳门政府和市民都拥有一个共识，就是必须找寻一些新的行业来发展，避免经济长期的高度集中，于是会展、美食和文化产业均成为选项。

行政长官何厚铧在 2008 年的施政报告首次提及文化产业一词，明确地提出文化产业和推进经济适度多元的纲领性文字："政府决定在明年加大对文化产业的培育和推动。我们将首先做好澳门文化产业的发展战略研究，致力培养产业发展所需的人才，并研究制订适当的扶持措施。……因此，我们大力鼓励澳门中小文化企业，开发文化产业项目，创作设计具澳门特色的文化产品。利用望德堂区的有利条件，使其成为其中一个产业孵化试点。"②

在 2009 年的施政报告决定"成立文化产业咨询委员会，制订相关的发展策略，利用澳门独特的区域优势，扶助富有朝气及前景的发展项目，推动文化产业的发展"。文化产业咨询委员会虽然是过渡性质，却是澳门政府为发展文化产业而设立的首个机构。到了 2010 年的施政报告宣布成立文化创意产业促进厅和文化产业委员会，并表明要"制订发展计划和

① 《澳门文化产业定位及行动纲领建议》，《区域协同与平台创新》，社会科学文献出版社 2016 年版，第 43 页。

② 澳门特别行政区 2008 年施政报告。在报告中第三部分，一章一节"发挥独特优势，促进适度多元"首次提及推动文化产业。

具体措施，以促进澳门文化产业的孵化和发展"①。在 2010 年上半年，政府在文化局的建制内加设文化创意产业促进厅，又组成文化产业委员会。之后在 2013 年 10 月底成立文化产业基金，开始资助文化产业的具体项目。自 2008 年政府首次提出发展文化产业，两年半之内成立了文化创意产业促进厅和文化产业委员会，至 2013 年 10 月底成立文化产业基金。这是澳门政府在推动本土的文化产业中最重要的三个长期机制。

　　其实自 2008 年起，每一份施政报告都会涉及文化产业，兼且细节越来越多。在施政报告的字里行间，研究者可以找寻出澳门走上文化产业发展的脉络。在 2011 年的施政报告点出了澳门以"世界旅游休闲中心"作为发展定位的来源："2008 年年底公布的《珠江三角洲地区改革发展规划纲要》，首次从国家发展战略层面，明确澳门特别行政区'世界旅游休闲中心'的发展定位。"② 为了配合国家的整体规划，政府努力把澳门建设成拥有中西文化独特韵味、能吸引多样化国际客源、让游客感觉和谐友善的城市。

　　"世界旅游休闲中心"的发展定位在 2008 年底奠定，2011 年写进澳门政府的施政报告，再在 2012 年写进总理的工作报告当中。温家宝总理在传统的"一国两制""高度自治""澳人治澳"论述以外，增加了三句包含细节的句子："支持澳门建设世界旅游休闲中心，推进横琴新区建设，促进经济适度多元发展。"从此这个"世界旅游休闲中心"的定位上升至国家策略的层次，澳门政府尽其所能去执行，而澳门文化产业的发展与这个定位也是相辅相成的，因为世界旅游休闲中心、横琴新区建设，以至文化产业，均是为了促进澳门经济适度多元发展。

三　长期机制

（一）行政部门——文化创意产业促进厅

　　2010 年之前，澳门政府架构中设有文化局，其主要职能系协助制定并执行文化政策，以及推行澳门特别行政区的文化发展规划。为了发展文

---

①　2010 年施政报告，文化创意产业促进厅和文化产业委员会是政府为发展文化产业的两个机构。

②　澳门特别行政区 2011 年的施政报告。

化产业必须在局内设立新部门，于是政府在 2010 年透过 5/2010 号行政法规，成立了文化创意产业促进厅。该法规的作用是在文化局原结构增加一个厅级部门，并订明该厅的职权。到了 2015 年 12 月中政府再透过 20/2015 号行政法规，修订文化局的组织架构和职权。在这法规的第九条第一款中，罗列了文化创意产业促进厅的六种职权：首先是协助制定发展文化创意产业的政策及策略；另外是规划文化局辖下文化资源的管理和再利用，以推进文化创意产业的发展。

文化创意产业促进厅负责文产的上游工作，负责培养拥有创意和艺术能力的人士，资助个人和社团去发展文化产业。以电影为例，为了鼓励年轻导演进行创作，该厅每年推出电影长片制作支持计划，选择若干导演及其剧本进行 150 万元的资助。同时为了吸引外地投资，每年举办一次粤、港、澳三地联合的创投会，让导演有机会直面三地的投资人，介绍自己的剧本和拍摄计划。另外该厅和旅游学院合作培训文化产业的行政人才，七年内开办了三个课程，包括艺术行政课程、表演艺术节目管理证书课程，以及视觉艺术产业营销与管理课程。

（二）咨询部门——文化产业委员会

2010 年 5 月，澳门透过 123/2010 号行政长官批示，成立文化产业委员会，其主要工作目标是广泛听取社会各界对于发展文化产业的意见及建议。① 该委员会主席由社会文化司司长担任，官方代表共 13 人，而民间代表则有 30 人，包括创作人、业界、企业家和学者等。委员会虽然设有 6 个专项小组，仍然是个没有行政权的咨询机构。文化产业的上游工作由文化创意产业促进厅负责，而下游工作则由文化产业基金来承担。

澳门回归之后的政制特色之一是行政主导，在文化产业委员会的组成方法、委员的比例、主席人选可见一斑。委员会成员全是委任，只是前13 人由行政长官委出，而 30 位民间成员由官方分派；除主席外，官员占10 人，相对于 30 位民间成员，比例仍嫌太高。民间委员的任期是两年一任，最多做六年，而官方代表似乎是长久不变的。最关键的问题是这个委员会并没有职权，只能透过提供意见来影响政府的决策。文化产业委员会在 2010 年 5 月成立，同年 8 月召开第一次大会。委员会每年召开两次平

---

① 文化产业委员会的三大工作目标置于该委员会的网页。

常会议，而专项小组的会议则是不定期的。该届委员是第三届委员，预料在 2018 年 5 月换届。

（三）资助部门——文化产业基金

继文化创意产业促进厅和文化产业委员会之后，政府在两年半之后颁布 26/2013 号行政法规，成立文化产业基金，负责产业的下游工作，其目的是将创意变成产业，进入商品的流通市场。该基金是具有行政及财政自治权并拥有本身财产的公法人。这身份给予基金很大的权力和工作弹性。基金的宗旨是运用其资源支持发展澳门特别行政区文化产业的项目，推动经济适度多元发展。[①] 为了实现其宗旨，法规将基金所扶持的项目列出几大方向："有助促进文化产业孵化、产业化或规模化的项目；具有鲜明本土特色，且具发展潜力的项目；推动文化创意商品的研发、设计、生产、营销和推广的项目；有助促进知识产权登记的项目。"[②] 基金的资源来自政府的财政预算，而监管实体是社会文化司。基金设有信托委员会、行政委员会和监事会。另外有辅助部门执行项目资助和项目监察的工作。

26/2013 号行政法规的核心部分是 33 条—35 条，包括职权、对象、原则和方式。基金的职权是批给资助；对象为在澳门特别行政区依法设立且税务效力已在财政局登记的商业企业；批给资助的原则是以企业投资为主，基金扶持为辅；资助方式有两种，一是无偿资助，包括项目补贴及银行贷款贴息；二是免息贷款。

根据文化产业基金行政委员会主席梁庆庭介绍，2014—2017 年，基金共资助 120 多个一般商业项目，资助金额约 2 亿澳门元。[③] 另外行政委员朱妙丽接受本文作者访问时表示，在 2014 年资助与免息贷款的比率是 8∶2，而 2015 年的比例是 5∶5。

四　基金拨款及其监控

澳门政府借以推动文化产业的三个机制中，文化创意产业促进厅和文

---

① 澳门特别行政区第 26/2013 号行政法规，第四条宗旨第一款。
② 同上。
③ 文化产业基金行政委员会主席梁庆庭在 2018 年 1 月 25 日以 "澳门的文化产业现况及未来发展的可能" 为题，在科技大学发表讲话时透露这数字。

化产业基金拥有财政资源，文化产业委员会纯粹系咨询机构。据文化局的资料，文化创意产业促进厅每年对外资助介乎 1000 万—2000 万澳门元（中位为 1500 万澳门元），另外文化产业基金 2014—2017 年共拨出接近两亿澳门元的款项。单是上述两个机构投放在文化产业上的资助，达到每年 6500 万—7000 万澳门元。如何确保这巨额的公帑用得其所，是澳门市民非常关心的课题。

　　文化创意产业促进厅是政府部门，其资助费用纳入文化局的预算，而社会文化司有权监管文化局的财政开支。文化产业基金是具有行政及财政自治权并拥有本身财产的公法人，即是说财政权相对独立。根据 26/2013 号行政法规，基金的信托委员会是最高权力机构，社会文化司司长是当然主席。该行政法规第 14 条 "信托委员会的职权" 赋予它 12 项权力，其中二、三、四、五各项均是监管基金财务和资助的有效条文。基金拥有财政自治权，但间接受制于社会文化司。基金内部有监事会核数，同时它需要接受审计署的衡工量值式审计。倘若有人怀疑在审批资助和无息贷款过程中存在以权谋私，或行贿受贿的非法行为，市民可以向廉政公署举报。廉署认为证据充足的，可以立案展开行政和刑事调查。

五　澳门文化产业的效益

　　政府的政策明显地要投放公共资源去发展文化产业，但有责任公开投资的回报。统计暨普查局以 2014 年为基础进行文化产业统计，调查对象针对创意设计、文化展演、艺术收藏和数码媒体四大领域。到目前为止，只公布了 2015 年和 2016 年的文化产业统计。

表 1　　　　　　　　　　　2015 年和 2016 年文化产业总计

主要指标	机构	服务收益	增加值总额	员工支出	固定资本形成总额
	间	百万澳门元	百万澳门元	百万澳门元	百万澳门元
15 年总计	1708	6243.7	2054.8	1564.9	955.1
16 年总计	1913	6863.0	2238.2	1709.0	471.0

来源：澳门特别行政区政府统计暨普查局。

　　统计数字显示在 2016 年营运机构共有 1913 间，在职员工 11003 人，文化产业的服务收益总值 68.63 亿澳门元。文化产业对经济贡献的增加总额为 22.382 亿澳门元，占澳门 2016 年整体行业增加值总额的 0.6%。上述数字反映了这两年文化产业的确是在发展，但只占整体行业增加值总额的千分之六，说明这个产业仍然在起步的阶段。

2017 年年初，社会文化司司长谭俊荣在立法会上回应议员的口头质询时，同样引用上述的统计数字，他主要以企业数、员工人数和效益三项指标来说明该产业的现况。政府所投入的资金、非博彩业的收益、业内义工和临时员工的数字同样可以作为指标，但当局未能收集和纳入统计当中。其实影响产业效果的指标是非常多元和复杂的，仅从表 1 的数据很难全面、科学地评估出产业的效益，况且文化产业的回报也不是立竿见影的事，不能期望有投入就必然有相对应的回报率。

文化基金行政委员会主席梁庆庭表示，统计暨普查局于 2016 年文产统计数据显示，现创意设计及数码媒体发展较快，艺术收藏及文化展演稍差，目前澳门的文化产业起步不错，至今正处"青年"的发展阶段，有潜力和梦想，但缺经验，尚需时日发展。[①]

结　语

澳门是一个拥有四百多年历史沉积的小城，其丰富的文化底蕴就是文化产业的宝贵资源。世遗建筑群、保护文化遗产的法律、[②] 中国近现代史的事迹、中西文化交融的特色，包括生活特色、节庆和美食等融于一体。另外加上发展蓬勃的旅游博彩业，每年吸引三千万的游客，为文化产业奠定了深厚的基础。在看见优势的同时，要承认澳门存在空间不足、内部市场规模细小、租金太贵、创意仍嫌不足，以及文化产业专业人才不足等困难。

澳门文化产业的特点是，起步时间短，处于发展的初级阶段，同时澳门政府明显地占据着主导地位。透过法规，政府有计划、有序地设立文化创意产业促进厅、文化产业基金去推动和资助文化产业，同时透过文化产业委员会来吸纳民意。三个长久的推动机制是借由法规和批示成立，各有

---

① 梁庆庭在 2018 年 1 月 25 日以"澳门的文化产业现况及未来发展的可能"为题，在科技大学发表讲话时透露。

② 《文化遗产保护法》自 2014 年 3 月 1 日起正式生效。

其权限，而最终向社会文化司负责。政府部门定期依法对相关的资源运用进行监管，另外可以借由执法部门去追究违法者。

这种政府主导的方法曾被视为起步迟而拥有后发优势的模式，显然澳门政府接受这套理念，业界也乐观其成。政府主导和注资并不代表必然的成功，而对文化产业基金应该多投放在上游抑或下游仍然存在不同的意见。从启动政策至建立机制，以至投入资金扶助产业发展只有七年时间，难以预示未来的前景。澳门政府虽然举出 2015 年和 2016 年两年的统计成果，但显然是个阶段性、表面的数字。现时要总结澳门文化产业的成效仍为时尚早，但澳门个案代表着一个产业单一，相对开放的微观经济体，如何在政府扶持之下建立自己的文化产业。

The Government-led Model of Macao Cultural Industry

Abstract：The gaming industry and tourism have become the leading industries of Macao in the past two decades. This results in the imbalance of its economic structure. The previous governors of the city had tried several times in the last half century to diversify its industries, including the effort to establish the manufacturing industry, the banking industry and the civil construction industry since the 70s. The cultural creative industry (CCI) is now in the very beginning stage with a history of seven years. The Macao CCI's main character is the huge influence from the government. The Government established the public department to promote the CCI and invested lots of money to help its start. The purpose of this article is to explain the role played by the Macao government in the developing CCI, and the job division between different institutes：the Department for the Promotion of Cultural and Creative Industries, the Committee of the Cultural Industries, and the Fund of the Cultural Industries. This article will also explain the monitoring system of the use of the public fund, and the indicators to check the economic result of the Macao CCI.

Keywords：Macao Cultural Industry；Government and Cultural Creativity；Indicators of Cultural Industry；Monitoring of the Public Money

（邓耀荣：澳门科技大学人文艺术学院助理教授）

博物馆非物质文化遗产创意开发

——以柳州市博物馆文创产品开发为例①

章　超

摘要：我国博物馆的文化创意产业本身处于初探阶段。地市级博物馆较之国家级、省级博物馆虽然缺乏强大的文物收藏能力及文化资源的调用能力，但差异化的市场需求促成本地区的文化资源，特别是稀缺资源诸如非物质文化遗产成为地市级博物馆发展，自我升级，传承本地区文化的一个新方向。本文以柳州市博物馆的文化创意产品研发实例为主，探讨地市级博物馆的文化产业发展转型的可行性。

关键词：非物质文化遗产　博物馆　文创产品　柳州

目前，在国家出台文化政策大力支持博物馆的文化创意产业发展的基础上，博物馆的文创产品开发及其产业化发展正处于初级探索阶段。已获批成为非物质文化遗产的少数民族文化资源逐渐成为西南地区地市级博物馆非遗文创产品开发的一个重要对象和内容。区域性少数民族非遗名录项目逐年增多，地市级博物馆利用文化整合优势获得更多原始文化载体和相关资料，这些资源的特质使得地市级博物馆具备创意文创产品开发的优势。非物质文化遗产（以下简称"非遗"）创意开发主要通过创意主题、文化创意产品（以下简称"文创产品"）设计团队、文创产品、产品营销、文化传承教育等主体来实现非物质文化遗产的再利用。

文化资源的采集和提取、转换等方式是少数民族文化传播的主要方式，地域间的同民族差异是各地区文创产品开发的新方向，同时，文化传播传承主体从个人、相关文化事业单位、群团组织、私募基金等发展为相

① 【基金项目】广西教育科学"十三五"规划项目"文化新业态视域下广西非物质文化遗产与高校公共艺术教育的融合研究"（2017B100）阶段性成果。

互合作、共同开发等复合型的文化传播主体。传播内容的深度挖掘，以及地域性差异的横向产品开发，跨界组合相关文化元素来实现文创产品的丰富。其中，地市级博物馆作为非营利文化事业单位，在政府的政策支持下，尝试把本地的非遗资源、地域性资源、馆藏资源结合起来，通过众创、自创等方式建立文化创意产品研发基地。本文以地处少数民族聚居地的柳州市博物馆为例，此馆以本地非遗文化资源、本地大专院校相关专业人才、本馆的场地、跨省材料及产品生产厂家为主打造博物馆的文创品牌，以此让地市级博物馆从展览、收藏向文化传播、文化消费及体验教育的方向转变。

一 内容挖掘、技法改良：博物馆的非遗文创资源差异化的再创造

柳州市博物馆拥有较为丰富的 11 个少数民族非物质文化资源，其中自有民族 2 个，以及周边地市诸如河池、来宾等拥有较多少数民族非物质文化遗产资源的地市资源。有近 400 万常住人口的柳州市拥有国家级非遗名录项目 4 项，区级非遗名录项目 65 项，市级非遗名录项目 113 项，已有 4 位国家级"非遗"掌门人，区级非遗传承人 23 人，市级非遗代表性传承人 165 人，首批非物质文化遗产代表性项目代表性传承团体共计 19 个。[①]

自 2010 年开始，该馆开始尝试对这些文化资源艺术元素的收集对比、选取，从中选取地域性特点突出的艺术元素进行二次创作。首先，该馆成立了非物质文化传承讲习所，柳州市县的非物质文化传承人均为讲习所的特聘老师，同时，周末和周期性的融水县蜡染班、苗族刺绣等手工工坊长期开班。传承人的手工作品和传承人居住地的资料收集得到保障。其次，博物馆策展人员在策展过程中选取的主题展大多为本地及周边地区的少数民族特定手工艺品及生活用品，同时收集和整理相关的文献资料。此外，该馆创意产业部门收集各类文创产品的类型，并做相关的用户调查，以此为依据来确定文创产品的开发主题和产品类型、具体产品设计。

① 柳州市文化新闻出版广电局：柳州市非遗产目录一览表，http://www.lzswxgj.gov.cn/2017bsfw/2017bmcx/201801/t20180112_ 1071866.html，2018 年 1 月 12 日。

图形元素的提取、重新配色、组合是少数民族非遗文化元素的选取及再创作方式。依据博物馆的参观者数据调查所提供的喜好，产品的设计风格和主题得到确定。在此基础上，对比同民族不同地区的艺术风格，找到本地区的特有代表性艺术风格，并对其原有物品的图形、配色、图案组合、制作材料做二次设计。图案的再创作从原来图形组合的拆解和重新组合附着于不同的实用性产品上，开发一批手机壳、创意书签、梳子、便携音箱、红包纸、笔记本、年历等。2015 年，该馆对比云南、贵州、广西的苗族、侗族刺绣、蜡染的图案变化，选取广西区级非遗名录中侗族刺绣、苗族蜡染中特有的苗族图形元素，从龙、蝴蝶、鱼、青蛙等其他地区的不同绘画风格的基础图案入手，并按照流行色系对传统上色做调整。环江毛南族的铜鼓制作收录在国家级的非遗名录中，该馆设计团队把铜鼓的鼓面的传统纹饰、图形、铜鼓形状都提取出来，变形配色后与苗族的图形元素组合，形成新的纹饰图案，打印或手绘于不同的实用器物上。该馆馆藏资源、各地市博物馆之间、其他文化机构的资源互换，专业院校的现代设计理念和设计素材、设计手段都成为非遗文创产品设计主体来源。

设计内容除深挖其差异化特征之外，传统的制作工艺与现代打印、制作工艺的结合碰撞和实验，传统工艺诸如蜡染、刺绣与现代涂鸦风格的少数民族图案设计的碰撞，对传统的技法表达上促使传承人和设计人员共同改良原有技法。

二 设计团队项目化合作：各级博物馆、专业院校、传承人、专业设计公司、地市级的文化局下属非遗保护部门的合作

产品开发与设计除该市博物馆的信息产业办的设计人员主要负责项目立项、市场调查及主题确定之外，该部门负责人与本地大学联合开发，联合广西科技大学艺术学院、柳州城市职业生态学院设计学院一同为不同的项目增加设计人员。传承人的传统技法与专业院校、专业公司的设计师共同为传统技法做调整。2014 年开始，河池环江县毛南族的傩面具文创产品开发的项目实施，在校设计专业学生与该馆部门设计师为该手工面具制作的流程简化和相关产品的制作，向相关的两位传承人了解其木质的手工工艺技术，并将其仪式使用最重要的 12 面面具设计成简约漫画风格并转

变为 3D 模具打印，制作钥匙扣、笔筒、印章等系列衍生品。设计师与苗族蜡染传承人、毛南族傩面具传承人一同合作蜡染涂鸦风格的傩面具形象文创产品。传承人在制作过程中，接受新的艺术设计风格，设计师团队了解苗族蜡染、毛南族木雕技法。除此之外，申报世界文化遗产项目的三江侗族村寨、三江国家级非物质文化遗产：程阳永济桥、马胖鼓楼都已经用手绘风格创作并生产出立体拼图。柳州少数民族系列的图腾娃娃神情憨厚，银饰绣球精巧细致，风雨桥、鼓楼的立体拼图系列均已经上架。

项目化合作促成本地的少数民族传承人之间的技法交流，以及专业院校的主流设计风格与设计手法的多元化，并通过商业设计团队的市场理念融入。设计团队的形成以一种互联网思维——众包的模式形成，其优势是团队自由度较高、设计思路活跃且多元化，但同时带来设计团队的不稳定，特别是专业院校师生及合作设计公司都拥有较高的自由度，因此，项目化的团队组合缺乏相对的稳定性。

设计团队的项目化合作同时具有产品推广的意识和责任，该馆的信息产业办带着上述项目参加全国文创产品大赛和文博会，以比赛和各大博览会推广产品，同时，该馆授权大专院校学生创业团队代理售卖产品，形成本地创意消费群体，并通过该消费群体收获设计团队的新成员的不断加入。

三 博物馆自主文创品牌平台建立：自主知识产权的系列文化产品上架

项目化的文创产品开发逐渐丰富博物馆商店，以及其开设的众创空间文化创意产品展示中心。该馆以文创产品商店、众创空间、自营咖啡馆共同为教学、展示和售卖区。该馆的文创团队通过设计团队组建、项目申请、产品设计内容的知识产权保护、产品的制作、教学、售卖空间的开设，逐渐搭建一个文创产品的平台，目前已有的 15 个少数民族非物质文化项目已经形成设计图案及产品上千件，苗族、侗族、毛南族等少数民族非物质文化产品的设计图案均已申请相关的知识产权。民族服饰、祭祀用品、生活用品等手工艺器物从原有展示形态至文创产品的开发通过博物馆的馆内空间展示。其产品的生产已经外包工厂生产和本地大学实验室的 3D 打印机生产。与此同时，手工艺传承人带领传承班及爱好者生产手工艺限量制品，诸如广西苗族的婴幼儿背带，从织布、设计剪裁制作、刺绣等工序完成。非遗文创产品则满足定制需求。手机开机及运用界面的设计得到初步尝试，在河池环江县毛南族的傩文化文创产品项目中，广西科技大学的视觉传达专业的毕业生为该项目设计全套 UI 界面（适用于 IOS 及 Android 系统）。

但是，这个文创产品平台还未建立网络平台和相关的推广渠道，尤其是新媒体技术的开发和使用仍然缺失。该馆的自主文创产品的售卖和文化推广仍然以线下的实体商店、销售代理、口碑营销、政府购买为主，缺乏对产品的商业营销手段。系列非遗文创产品通过博物馆本身主题策展来促进系列产品销售。区域性的非遗文创产品产业化在系列产品的销售和调查中方向逐渐明确。推广和销售手段仍为博物馆的传统方式，很大程度影响了其文化传播的范围和博物馆营利能力的提升。

品牌意识从非遗文创产品的研发开始向本地区的城市风情等主题延伸，试图成为城市的名片，塑造城市及少数民族地区的形象。该馆在去年的"国际博物馆日"期间，以"讲述难以言说的历史"为主题，让用户通过文创产品制作体验活动和文创展体会柳州城市及民族文化发展，其中推出的系列文创展选取了已经批量生产的 20 多种文创产品做展。

四　跨界制作：还原非遗器物及相关文物展演功能

基于非营利的单位属性，该馆的文创产品定位仍然以本市及周边文化传播为主，为本地区少数民族文化和城市历史文化传承带来新的功能和意义。2017 年，该馆文创团队筹备为广西出土的少数民族编钟创作相关歌曲适于其演奏，配合创作相关的一套歌舞剧，重新强调文物的演奏功能和舞台表现功能，合理发挥馆藏文物的原有功能。该歌舞剧与柳州歌舞剧院、广西科技大学艺术学院合作共同制作，并发售以"静谧、闲适"为主题的文创产品。此外，相关的歌舞剧、舞台秀将在柳州文化艺术中心及本地各大高校巡演。这是文创产品跨界衍生其表达形式。同时，相关的主题周边产品诸如茶品、砚台、茶具一同组合营造整体性的文创产品环境，赋予其新的文化寓意。

文创产品的整体环境营造会配合设计主题，并按照用户需求来实现其生活功能和审美功能。该馆借鉴了日本包装设计中整体环境设计，把一个产品的包装设计成一种意境，或者一个生活状态。上述项目便是还原编钟的功能的同时，通过活态的歌舞剧形式来为周边文创产品营造出时下中青年群体的需求。

五　少数民族非遗文创产品开发
成为其文化传承方式

该馆的三江侗族非遗建筑文创产品开发项目、融水苗族的民族图案创新设计项目均由传承人、博物馆的自有设计师、广西科技大学的艺术学院视觉传达专业师生作为主要文创产品设计人员，并邀请一家本地设计公司作为市场顾问。在整个设计生产过程，传承人把手工制作技艺传授给团队成员，同时，设计师在设计过程中尝试现代设计理念与传统技法的融合，同时融入现代流行的艺术设计风格，如插画风格、涂鸦风格、扁平化设计风格，使得传承过程专业化、市场化、多元化。

六　缺失与未来趋势

地市级的博物馆文化传播的功能性转型，从柳州市博物馆的探索来看，仍然存在一些缺失及问题。第一，地市级博物馆的文创产品开发主题及产品设计本身对用户定位仍然不明确，产品类型较集中于中老年群体的审美风格，但是设计团队年轻成员较多，对设计风格要求与团队负责人的要求有较多不同，影响了产品设计的风格和年轻用户群体的需求。固定和潜在的消费群体没有关注和培养，因此，粉丝消费、"乡愁"消费等营销方式无法实现。该馆的文创团队及市场部没有细分用户群体需求，比如上述所描述的三江侗族、融水苗族的器物纹饰创意项目，单从其上架的手机壳型号就不足以满足时下最热门的手机型号，文化衫的款式同样只有单一的短袖系列，上架之后缺乏冬款、秋款的设计产品，且图形设计、服装样式不够丰富。

第二，博物馆的文创品牌意识明确，但商业运营意识不明确，未从整体上对其做推广和宣传。该馆的文创团队核心力量缺乏市场营销理念，特别是线上营销仍然处于未开发状态。该馆没有网络销售店铺、直营官网、微信公众号及微店等新媒体销售渠道，新产品上架的影响力完全靠线下的博物馆商店、推介会、博览会、众创合作伙伴推广、销售代理。这使得产品销售仍然集中于本地市及周边地区，影响销售收入和销售量。虽然该馆的文创产品口碑良好，但是由于缺少线上渠道，文创产品的年度销售额不超过 10 万元。文创产品的类型同样缺少了虚拟产品的生产，少量的 UI 手机界面的设计未被重视。

第三，项目化的管理，使得产品设计团队的组建较为松散，特别是年轻的在校设计师更多地参与到项目中，但其不稳定性使得项目周期延长，文创产品的研发效率不高。年均项目启动及实施不超过 10 项，且项目之间并行开展，使得项目周期延长半年到一年不等。

博物馆的文创产品设计是中国文化产业较为年轻的分支，地市级的博物馆文创产品的开发更是这一分支中的年轻力量。在少数民族地区，少数民族非遗文化资源的利用是地域上赋予的文化优势。博物馆的文创部门较好地利用本地区的优势，持续性地开发有特点的文化创意产品，带动地域文化的产业化发展，特别针对外乡的本地人、本民族群体，更是创造一个新的"乡愁"消费热点。少数民族的文化资源同时得到不断的整理和挖掘，并不断注入新的内容。

综上所述，少数民族地区的文化传承与博物馆的功能性转型结合是中国文化创意产业的一个寻求差异化的发展路径。地市级的博物馆从内容创新、形式创新、团队成员组合、营销推广渠道上可以探索其独特的文化创意产业，并带动其所处地市的文化消费，为保护和传播本地区的文化资源找到新的方式，同时，博物馆的文化产业化转型为其自身事业社会化的一个重要方向。

The Intangible Cultural Heritage Creative Development of Museum

—Taking the Cultural and Creative Products Development
of Liuzhou Museum as an Example

Abstract：The cultural and creative industry of museum is in infancy. The municipal-level museum lacks the ability to collect cultural relics and cultural resources of national-level and provincial-level museums. However, market needs promote local culture, especially scarce resources such as intangible cultural heritage become a new direction of local culture, about a city-level museum develop new functions, self-escalation, inheritance of local culture . This article mainly focuses on the research and development of literary and creative products in museums in Liuzhou City, and discusses the feasibility of the transformation of cultural industries in municipal museums.

Keywords：Intangible Cultural Heritage；Museum；Literary and Creative Products；Liuzhou

（章超：广西科技大学艺术与文化传播学院副教授）

云南文化产业园发展研究

熊　娟

摘要：文化产业园是文化产业发展的有力推手。本文阐述了云南省文化产业园萌芽较早但发展水平长期位居全国后列的现状，分析了云南省文化产业园发展面临的三个主要问题，提出了促进云南省文化产业园发展的四点建议。

关键词：文化产业园　云南

文化产业园是现代城市建设的亮点，也是现代社会的重要标志。国外对于文化产业园的研究始于 20 世纪七八十年代。德瑞克·韦恩认为，文化产业园应是文化与娱乐设施集中在一定的地理区域范围内，是文化生产和消费的结合。① 国内文化产业园建设的讨论始于 2003 年左右，在短短的十余年时间里，文化产业园在中华大地上迅速崛起，已经初步形成环渤海地区、长三角、珠江三角洲三大文化产业带，其中一些发达城市已成为文化产业园区集中的城市。国务院常务会议在 2009 年通过《文化产业振兴规划》，这是第一部文化产业专项规划，其中明确了"加快文化产业园区和基地建设"。由此，文化产业园的建设和理论研究在全国如火如荼地开展。学者花建认为："文化产业的集聚发展指的是在一个特定的区域内以一个主导产业为核心，吸引大量彼此产业联系密切的企业群和相关服务机构在空间上集聚，从而形成可持续的竞争优势的现象。各种形态的文化产业集聚区是它们的物质载体，规范化的文化产业园区是它们的管理形态，而文化产业的集群则是它们发展的高级形态。"② 向勇、康小明认为

---

① 刘维公：《为什么我们需要创意文化园区？》，http://www.artouch.com/space/artcourse.asp。

② 花建等：《文化产业的集聚发展》，上海人民出版社 2011 年版。

文化产业集群就是在文化产业领域中（通常以传媒产业为核心），大量联系密切的文化产业企业以及相关支撑机构（包括研究机构）在空间上集聚，并将文化产业集群划分为核心文化产业集群、外围文化产业集群和相关支撑机构等。[①] 学者孔建华认为文化创意产业的集聚区属于产业园，集聚区内有文化产业集群现象发生；文化产业园则是"集聚区中管理比较规范和成熟的那一类，是高级别的集聚区"。[②]

　　文化产业园的建立是对经济领域企业集聚效应成功经验的借鉴，文化产业园已成为文化产业发展的有力推手。近年来，云南省各级政府斥巨资打造了一批文化产业园，希冀将云南富集的文化资源转化为经济效益和社会效益。这一举措虽然在一定程度上带动了地方经济的发展，但也出现了许多问题。本文试从阐述近年来云南省文化产业园区发展状况入手，分析其面临的主要问题，提出发展建议。

一　云南文化产业园发展现状

　　云南省文化资源丰富，文化产业增加值逐年增长，但增长幅度小。从2010 年我国各省市拥有文化产业统计数据开始，在全国 31 个省市文化产业综合指数排名中，云南长期徘徊在第 18 位左右。文化产业发展的三大指标，即生产力指数、影响力指数和驱动力指数，云南也未进入过全国前十。2015 年，整个云南省文化产业实现增值 425.05 亿元，在全国排名第19 位；全省的文化产业增加值占 GDP 的比重为 3.12%，在全国排到第 16位。同年北京文化产业所占 GDP 的比重为 13.4%，上海文化产业增加值为 1632.68 亿元，所占 GDP 比重达到 6.5%。云南远远落后于北京和上海。近年来，云南虽然加大了对文化产业的支持力度，但云南的文化产业发展各方面指标仍远远落后于同属西部的四川、重庆和陕西。以 2017 年为例，根据四川文化创意产业研究院、中国人民大学创意产业技术研究院联合发布的"中国西部省市文化产业发展指数（2017）"（见表 1），我们可以看出云南文化产业发展在拥有雄厚资源禀赋，具有文化产业发展实力和潜力基础上（生产力指数位居第三），综合指数和影响力指数却位居第

　　①　向勇、康小明：《北大文化产业前沿报告第二辑》，北京大学出版社 2005 年版。
　　②　孔建华：《北京文化创意产业集聚区发展》，《中国特色社会主义研究》2008 年第 2 期。

四,而作为政府推动文化产业发展的态度和力度的驱动力指数,却位居第
十一。

表 1　　　中国西部省市文化产业发展指数(2017)区域排名一览表①

排名	综合指数		生产力指数		影响力指数		驱动力指数	
1	四川	83.4	四川	91.1	陕西	82.0	重庆	83.6
2	陕西	82.2	陕西	84.7	四川	80.1	青海	82.3
3	重庆	79.2	云南	81.6	重庆	79.7	内蒙古	81.9
4	云南	78.8	内蒙古	78.8	云南	77.0	陕西	80.0
5	内蒙古	78.5	广西	77.1	宁夏	75.3	广西	79.8
6	广西	77.3	甘肃	75.7	广西	75.1	贵州	79.3
7	青海	75.1	重庆	74.4	内蒙古	74.9	四川	79.1
8	贵州	74.8	贵州	71.9	青海	73.5	西藏	78.9
9	甘肃	74.6	新疆	71.5	贵州	73.2	新疆	78.3
10	宁夏	73.3	宁夏	70.1	甘肃	70.5	甘肃	77.7
11	西藏	72.6	青海	69.3	西藏	69.4	云南	77.7
12	新疆	72.2	西藏	69.3	新疆	66.8	宁夏	74.7

　　从表 1 基本可以看出云南省文化产业发展现状。而作为文化产业发展
有力推手的文化产业园,其发展状况与当地文化产业发展状况密切相关。
我们参看 2014 年全国 31 个省市文化产业园区竞争力的相关数据②,从中
可窥见云南省文化产业园发展状况。

　　2014 年,云南省文化产业园的现实竞争力在全国排名第 9 位,但社
会影响力、创新驱动力、产业化能力和综合竞争力却排在 20 位以后。这
说明云南省丰厚的文化资源让文化产业园区发展拥有良好的发展基础和潜
力,但由于经济发展水平落后和管理水平低下等原因,使得云南省文化产
业园区在社会影响力、创新驱动力、产业能力及综合竞争力方面位居后
列,低于全国平均水平。

　　云南省文化产业园萌芽较早,早在 20 世纪 90 年代末就形成了以废弃

---

① 山东省文化厅网页,http://www.sdwht.gov.cn/html/2017/whfx_1225/45430.html。

② 冯根尧:《我国文化产业园区竞争力评价与省际差异研究——基于 31 个省市的实证分析》,《中国科技论坛》2014 年第 1 期。

的机模厂为基地的昆明创库，先后有 20 余位云南艺术家在此安营扎寨，建立工作室，成为昆明艺术家先锋性的标志。创库是中国第一家 LOFT，其模式直接影响了后来的北京 798 和上海莫干山等文化产业园区。由于创库占地面积有限、昆明地处偏远、政府缺乏相关服务意识等原因，创库始终未发展成像北京 798 那样规模大、影响深远的文化产业园区。云南省从2015 年年底审批了第一批省级文化产业园始，至 2017 年年底，云南省拥有国家级文化产业园 1 个，省级文化产业园 34 个，它们分布在 13 个州市，形成了覆盖会展、影视、演艺、出版等 15 个门类的全文化产业链。其中 13 个分布在昆明，22 个在 12 个州市，另外 3 个州市的省级以上文化产业园数量为 0。除此之外，全省市级文化产业园多达 30 个。

文化产业园实质上是通过空间集聚实现集群化，是当下全球各国政府为促进文化产业发展普遍采取的一种策略，是提升文化产业竞争优势、增强文化竞争力的一种空间组织形式。近年来，云南省文化产业园发展速度较快，但云南文化产业发展的状况表明云南省文化产业园建设和发展存在着诸多问题。

二　云南文化产业园发展面临的问题

云南省文化产业园萌芽较早，但发展迟缓，面临着一系列问题。

首先，政府重视不足，文化产业园总体发展水平滞后。北京、上海、深圳等一线城市早在 21 世纪初期，文化产业便已发端而逐渐成规模，形成像 798 艺术区、上海莫干山 M50 创意园和大芬油画村等文化产业园区。这些地区的政府管理意识较先进，率先给予了政策支持和鼓励，在资金支持、基础设施建设和城市规划等方面同时跟上，从而使得这些早期艺术文化园的发展规模不断扩大，发展水平日益上升。而早期的成功经验又使地方政府促成并发展了一系列文化产业园区。2011 年，上海文化产业集聚区已达 75 个；而作为数量和规模在全国领先的江苏，截至 2016 年 7 月，共有文化产业园区 200 余家，含 1 个国家级文化产业实验园区、16 个国家文化产业示范基地、4 个国家级动漫产业基地、3 个国家级文化与科技融合示范基地、14 个省级文化产业示范园区、44 个省级文化产业示范基地。云南省虽早在 20 世纪 90 年代末就萌芽了昆明创库文化园，2002 年兴建了大理天龙八部影视城，但由于地方政府缺乏相应的服务意识，这些文化园都未形成明显的产业集群化效应，社会影响和经济影响较小。从 2015 年年底的首批省级文化产业园至 2017 年年底，云南省拥有国家级文化产业园 1 个，省级文化产业园 34 个，市级文化产业园多达 30 个。这些大大小小的文化产业园，除一部分园区因其在当地业已形成稳定的发展业态而如火如荼进行外，大部分园区发展缓慢，发展思路不甚清晰，经济效益和社会影响甚微。与发达省区相比，云南省文化产业园虽萌芽较早，但自觉创建文化产业园起步较晚，发展速度缓慢，富集的文化资源未得到有效的整合与开发。

其次，建园模式单一，未根据城市功能和城市规划精准定位、合理规划，导致文化产业园未能发挥规模效应，没有产生应有的经济效应和社会效应。以昆明市的文化产业园为例，文化产业园在哪里建，以什么文化产业为核心，附属产业有哪些，公共基础设施需要哪些配套，该产业园建设与该城市的文化内涵、未来发展前景是否吻合，与城市区域的具体功能是否一致等方面，都未形成清晰的规划思路。昆明市拥有大大小小 21 个文化产业园，其中省级文化产业园 13 个，13 个省级文化产业园中有 5 个是利用老旧废弃的工厂进行改造升级而成。例如：金鼎 1919 广告产业园曾经是一个轻工机械厂；秘境 M60 以前是一个蓄电池厂；C86 山茶坊为昔日的电视机厂；871 文化创意工场原来是冶金昆明重工有限公司。从空间改造的角度来看，利用老旧废工厂进行文化产业园区改造，充分利用了地域空间进行经济价值的创造。从文化产业园区建设的角度看，这是借鉴了北京 798 创意园区的建园方式。中央财经大学文化经济研究院院长魏鹏举曾指出：北京 798 创意园区的成功之处不是在于利用老旧废工厂进行文化产业园区的改造，而是北京得天独厚的艺术家群体和充分的文化艺术品市场，如果只是跟风产业园区建设的方式，但没有相应的文化和市场的氛围，是很难有成就的。秘境 M60 明显带有模仿上海莫干山 M50 创意园的痕迹而缺乏创意，其他许多园区也同样存在这个问题。

昆明市拥有 5 区 7 县，13 个省级文化产业园，5 个位于五华区，5 个在官渡区，1 个在盘龙区，1 个在呈贡区，1 个在石林县。从表面看，昆明文化产业园分布相对集中，有利于资源的利用，但从更深层意义上来看，同一区域内文化产业园过多，则失去市场支持，以及科学性和客观必然性。而作为新区的呈贡区，大学林立，创新人才最多，却只有一个以花卉交易为主的斗南花花世界文化产业园。

再次，效益不理想，产业化水平低。文化产业园本是通过文化资源的集聚、合作、流通产生极大的社会效应和经济效应。但云南省大部分产业园建设投入不小，但入驻企业不多，且多为酒吧、咖啡馆一类消费性企业，缺乏真正具有原创性、艺术性文化因子的特色文化企业，研发力整体羸弱。而且重复建设较为明显，像曲靖市、楚雄州、临沧市、保山市等地都建有影视文化园，这类情况使得影视基地小而资源浪费，结果冷冷清清没有效益，更无法带动其他产业。另外，一部分文化产业园区房地产开发特色浓厚，整个园区的建设宗旨似乎只在于吃喝玩乐的被动消费体验，而周边小区也似乎只待园区开发带动房价上涨而建设。

三 云南文化产业园发展的建议

目前，我国各省都在提高发展文化产业在国民经济中的比重，随着相关发展经验的积累，各省的文化产业发展都在逐步进行优化。以 2016 年和 2017 年中国人民大学创意产业技术研究院公布的全国 31 省市文化产业相关数据来看，中部地区的江西、安徽、湖南先后进入文化产业发展综合实力前十，打破了近年来东部地区一霸前十的状况。同时也说明，中西部地区在资源、区位等方面相对落后情况下，极力发展的文化产业对当地经济发展带动上成效斐然。云南省丰厚的民族文化资源为其文化产业发展提供了天然的优势，但长期的经济落后、交通不便和地方政府管理能力的相对低下，使得云南省文化产业发展综合指数长期徘徊在全国后列。从云南省文化产业发展实际情况和文化产业园存在的问题看，要实现云南省文化产业园的健康有效发展，必须要把握好以下几个方面。

（一）准确定位，规划论证充分

文化产业园在哪个区域建设，以何种产业为主导，规模多大，不应跟风随意而建。地方政府应该立足本省、本区域情况，用世界眼光，怀揣全国全局观，将每一个园区建设视为全省和市县文化产业发展的一步棋，避免低端设计和重复建设。以云南省第一、第二批共 34 个省级文化产业园和 1 个国家级文化产业园为例，红河建水紫陶文化产业园、红河个旧锡文化创意产业园、剑川木雕文化产业园和芒市珠宝小镇等一部分文化产业园很好地抓住了当地具有比较优势的主导产业，较好地依托了当地资源优势和产业基础；而另一部分文化产业园如玉溪新平民族文化产业园等则定位模糊。同时，每一个文化产业园的内外部规划应该经过充分的论证得成。规划人员不仅要有政府人员、产业界人士，还应包括一个有城市规划、景观设计、建筑学、地理学、环境科学、生态学和艺术等学科背景人士组成的专家小组。可以借助当下环境规划和管理当中的预景规划方法[1]，对每个即将规划建设的文产园进行一次预景规划，聘请一个具有各种知识背景的专家团队（也可专家带头的相关专业学生团队）进行至少一周的实地体验考察，通过讨论最终得出一个规划方案。这种规划论证成本相对高一些，但这种明确构思、合理布局的科学规划方案，更具前瞻性和战略眼光，可避免不合理规划带来的浪费。

（二）重视人才，塑造品牌

发展文化产业园，关键是人才。云南省文化产业发展水平和文化产业园建设水平长久低下，一个重要的原因是人才奇缺。目前，云南开设文化产业相关专业的高校有云南大学、云南师范大学、云南大学旅游文化学院和云南艺术学院四所，因开设时间短、培养规模小，所以人才培养的数量和水平还远远不能满足文化企业和文化产业园区建设发展的需求。在此前提下，我们应向东部发达省份学习，以市场需求为导向，按照"广泛参与、优势互补、利益共享、风险共担"的原则，以技术转让、联合开发、委托开发、共建研发机构、人才合作培养、联合创办经济实体等方式，建立稳固的合作关系，使文化产业园成为教学、科研与产业相结合的基地，形成产、学、研互相结合、互相促进的机制。特别是当下的"产学合作"模式，既有利于企业所需人才的培养，避免企业进行人才"二次培养"，提高人才培养效率，也可转变高校的人才培养方式。以上海的杨浦区为例，杨浦区有着十多所高等院校，100 多家科研机构等众多的人才，当地政府实行了"三区联动"的建设，即科技园区、大学校区、公共社区。从而在人才资源的利用效率上得到了大大的改善。云南省相关科研机构不多，高校不少。但目前云南省文化产业基本还未实现有效的"产学合作"模式，而"三区联动"措施更是初步尝试，尚未形成明显的效果。

---

　　① 俞孔坚、李迪华等：《不确定目标的多解规划研究——以北京大环产业园的预景规划为例》，《城市规划》2004 年第 3 期。

企业发展需要形成自己的品牌，而文产园亦需打造自己的品牌。当下北京的 798 艺术区、上海的莫干山 M50 创意园、深圳的大芬油画村等已然成为一个城市的文化名片，给当地旅游业带来极大的经济效益。这些文化产业园知名品牌的形成，最为核心的是汇聚了一大批文化艺术人才和创新人才。依托"产学合作"模式和"三区联动"模式，培养一大批创意人才已成为云南省发展文化产业和文化产业园的必要之需。而塑造文化产业园的品牌成为培养和汇聚创意人才的重要目的。

（三）建立有效的宣传推介

一方面，云南省文化资源丰富，发展潜力大。只凭借本省地方企业和政府力量发展文化产业和文化产业园远远不够，需要外省资本和先进的管理运营模式加入。另一方面，文化产业和文化产业园发展需要吸纳更多的文化创意者、文化体验者和消费者。基于以上两种需求，云南省各类文化产业园发展建设需要建立有效的宣传推介。首先要利用好文化产业博览会这一媒介。文化产业博览会是政府行为，文化产业园企业可通过短时间内集中向外界展示自身亮点以获得外界关注和认知，从而达到宣传的目的。其次，文化产业园要做好网络平台的对外宣传。网络网页平台是文化产业园对外宣传的主要而长期的窗口，将网页宣传做全、做细、做出创意，既能增加网页的关注度，又能促进园内企业的交易。再次，要与时俱进发展自媒体宣传。自媒体在人们当下生活中发挥着越来越大的作用。文化产业园要开设微信公众号、微博等自媒体，及时推送和更新文化产业园内相关信息和宣传内容。

（四）政府做好服务角色，提高服务水平

文化产业园区的形成和建设需要政府牵头做整体规划，提供完善的公共设施和公共服务，构建宽松的制度环境，营造自由的创新氛围。政府应坚持"少管理，多服务"的原则，通过补贴、税收等优惠政策对企业进行必要的扶植。但整个园区的运营要以众企业为主，市场作为主导。否则，过分管理或管理不当则会扼杀艺术家的创造活力，让企业发展背上沉重的心理负担。

Study of the Yun Nan Cultural Industrial Park

Abstract：Cultural industrial park is a powerful pushing force for the development of cultural industry. This paper expounds the present situation of the culture industry park in Yunnan province which has been in the country for a long time， analyzing the three main problems of the development of cultural industrial park in Yunnan province， and making four suggestions for the development of cultural industrial park in Yunnan province.

Keywords：Cultural Industrial Park；Yun Nan

（熊娟：云南师范大学文学院讲师）

冀北城市群文化与艺术园区
建设比较研究

裴菁宇

摘要： 冀北城市群占据着优越的地理位置和资源优势，近年来受文化产业建设风潮的影响，冀北城市开始从自身特点出发，投身于文化与艺术园区建设，但是受经济、社会、文化等因素影响，现阶段冀北城市文化与艺术园区的建设还存在着诸多问题，亟待解决和谋求更长远的发展。

关键词： 冀北城市群　文化与艺术园区　模式

一　冀北城市群的地理概念与特色文化资源禀赋

英国地理学者戈德认为，城市群是城市发展到成熟阶段的最高空间组织形式，是在地域上集中分布的若干城市和特大城市集聚而成的庞大的、多核心、多层次城市集团，是大都市区的联合体。[①]

冀北城市群即是由河北省北部几个重要城市集聚而成的发展共同体，包括唐山、秦皇岛、承德、张家口、廊坊五个城市。冀北城市群处于京津冀城市群的北部，紧邻京津冀城市群的两个核心城市北京和天津，与北京、天津同属一个经济区，共享同一区域的基础设施网络，北京和天津两市作为区域经济核心，对冀北城市有明显的极化和扩散效应；冀北城市则是京津的生态屏障，也是京津经济发展和产业转移的重要腹地。

唐山市是我国北方重化工产业基地，京津冀城市群主要重工业产品和能源供应基地，石油、铁矿石运输枢纽城市；廊坊市是京津唐产业带上的

---

① 徐文燕、周佩：《文化产业园区的集聚效应与全产业链发展模式分析》，《南京财经大学学报》2012年第5期。

主要节点城市，京津高科技产业生产基地，服务业发达，环境优美的旅游会展城市，疏解京津城市功能的卫星城市；秦皇岛市是全国著名的滨海旅游、休闲、度假胜地，国家级能源输出港和北方地区重要的出海口岸，京津冀滨海临港产业带北端节点城市，京津冀城市群生态屏障的组成部分和未来高新技术和高档居住扩散地之一；承德市是世界闻名的以中国皇家园林为特色的旅游休闲城市，京津冀区域水源涵养地，京津冀绿色生态农业和清洁能源基地；张家口市是京津冀城市群连续东北、西北区域的交通枢纽，京津冀城市群的重要生态屏障和水源涵养地，京津冀绿色生态农业和清洁能源基地。

从地理环境上来说，冀北地区北部为燕山山脉，燕山以北为张北高原，东临渤海，依此丰富的自然环境形成独特的文化资源。

冀北地区的文化一是壮美长城（和合文化），主要元素包括老龙头、山海关、潘家口水下长城、金山岭长城、大境门等。万里长城是中华民族精神的象征，也是中华民族的融合线。河北是长城途经最长、保存最完好、建筑最具代表的省份。长城从河北省起始、最精华的部分也在河北省，东起秦皇岛的老龙头、山海关到唯一的潘家口水下长城、奇峻的承德金山岭长城，到张家口的大境门，草原文明和农耕文明在这里交相辉映，北方游牧民族和中原汉民族等多民族长期在这里融合，王朝帝国在此交替，关内与关外在此相交。

二是燕赵文化，冀北地区地属战国时期的燕国，自古以来多慷慨悲歌之士，古有为国奔命的义士荆轲，后有慷慨担道义的李大钊，忠诚、大义等精神，都构成了今天河北人性格特征中的核心文化元素。

三是京畿文化，主要包括承德避暑山庄、清东陵、义和团廊坊大捷、张北元中都遗址等。河北在元代为中书省，明代为京师，清代为直隶省，地位显赫，清代直隶总督统管京津冀衙署在保定，第二政治中心在承德，清朝皇家陵寝一处为唐山遵化的东陵，一处在保定易县的西陵，因此，冀北地区在继承我国元明清文化中起着重要作用，与首都有着唇齿相依不可割裂的亲密关系。

四是海洋文化，主要元素包括秦皇岛港、京唐港、曹妃甸港、黄骅港，以及中国近代工业摇篮——唐山。唐山市诞生了中国第一桶机制水泥、第一座成功的机械化矿井、第一条标准轨距铁路、第一台蒸汽机车和第一件卫生瓷。冀北环渤海地区享有北戴河、黄金海岸等著名海滩旅游度假资源，秦皇岛港、京唐港、曹妃甸港和黄骅港等系列港口则直接关系着我国北方地区经济和对外关系的发展。

二　冀北主要城市文化艺术园区建设的典型模式与局限

根据前瞻产业研究院发布的《2015—2020 年中国文化创意产业园区域发展模式与产业整体规划研究报告》① 显示，我国文化创业产业园主要有废弃建筑物改造生产、依托高校资源生产、另辟新区打造文化创意园和依靠传统布局进行生产四大模式。依据这一划分方法，结合冀北地区文化艺术园区发展的实际情况，笔者将冀北地区文化艺术园区的发展模式分为三个大类：

（一）废弃建筑改造模式

废弃建筑改造模式主要是依托旧厂房、旧市场等废弃建筑物，通过建筑空间改造、增建或扩建，使原有建筑物适应创意产业的实际需要。随着岁月变迁，这些具有特定历史价值和时代特色的工厂被逐渐遗弃，一批工厂艺术便应运而生了。这些被艺术家"占领"的废弃工厂、设施和大楼，会不定期举办艺术展览、音乐会、戏剧演出，官方和民间的艺术活动都很活跃。②

由于依托原有建筑，既可继承和延续其原有的文化价值和历史价值，又可以因地取材，省去建造文化艺术园区过程中的某些步骤和麻烦，减少在人力物力上不必要的浪费。因此，废弃建筑改造生产模式在我国的发展较易被接受，模式也较为成熟。在冀北地区中，唐山的"1889 启新文化创意产业园"就属于该模式。

唐山作为依托钢铁和煤炭发展起来的重工业城市，目前正处于由完全依赖第二产业到第二、第三产业并重发展的城市转型过程之中，一些落后的生产方式和工业模式被淘汰，但是诸如冀东水泥厂、唐山矿业公司等旧

---

① 《2015—2020 年中国文化创意产业园区域发展模式与产业整体规划研究报告》，华研中商研究院，2015 年 1 月。
② 关治：《国内外文化产业园发展模式对比研究》，《现代经济信息》2015 年第 16 期。

厂房，代表着唐山辉煌的重工业史和唐山在现代化进程中做出的贡献，具有极其重要的文化价值。此外，这些废旧的厂房是老一辈唐山人民的精神归宿，人民对其有着极深的情感。若将这些建筑拆毁，则是对历史和人民的不尊重，将其改建成文化产业园区，不仅符合唐山市委创建新唐山"经济强城、文化名城、宜居靓城、海滨新城"的战略部署，也传播了历史文化，发扬了民族传统，带动了就业，实现了城市的可持续发展，同时，维系了人民的情感，丰富和活跃了人民的休闲生活。

（二）依靠传统布局模式

依靠传统的布局，在现有产业结构的基础上建立相应的创意产业基地，既可以借助传统布局的优势，又能够对既有布局的不足之处加以弥补和调试。如唐山的开滦国家矿山公园分两大园区，其一，"中国北方近代工业博览园"是在煤矿旧址周边重新选址修建的展馆；其二，"老唐山风情小镇"是在原唐山矿储煤场旧址建成的，目前开滦煤矿依旧在开采和运行之中。这一文化产业园区的建立，不仅是对历史的保存，也打开了开滦煤矿通往外界世界的窗口，使得人们能更深入地了解这一神秘古老的传统工业，也使得外界更能了解唐山。

开滦国家矿山公园地处唐山市中心区域，更是老唐山的发源地，历来是唐山的小商品贸易中心，该文化创意产业园区不仅能够提升唐山旅游纪念品的层次和质量，而且其创意设计可以迅速走向市场，同时增强自身的影响力和辐射力，进而形成创意与交易的良性循环。建设"开滦国家矿山公园"最终的目的是：延续唐山市城市的历史文脉，提升城市的文化品位。建设国家矿山公园能促进和发展唐山工业旅游，以采矿工业生产过程、矿山历史文化风貌、工人生活工作场景为主要吸引物，在度假、休闲、体验、考察、学习等领域能更好地满足不同人群、不同层次、不同取向的需求。在实施国家矿山公园改造规划战略中，在推进企业改革、产业调整和经济发展的同时，还可以带动和促进城市空间的重构、城市功能的整合、历史遗产的保护、生态环境的建设以及城市文化的复兴和城市品牌的塑造营销等多方面的问题，实现传统城市的更新与复兴。

（三）资源依靠型模式

资源依靠型园区是指根据资源富集情况来确定文化创意产业园区的建

立，这里的资源指的是科技人才资源、历史文化资源、自然环境资源、资金等，资源是文化创意产业园区能否建立的决定性因素。① 承德鼎盛王朝文化产业园作为一个从无到有的大型项目，是以承德百年皇家文化资源为依托，投入了巨大的人力和物力资源创建而成的。从整个园区的建立，到大型实景演出的编排，都需要强大的资源支撑。承德避暑文化产业园区重点在于打造一个高端的文化艺术园区，其中汇集了大量的艺术家及其作品，从而衍生出了艺廊、鉴赏、拍卖、传媒、影视等相关产业。正是这些人才资源的聚集，才使得文化艺术园区有了形成的基础，园区的文化艺术价值才能在开发中被深度挖掘和凸显出来。

这些继发性的文化艺术园区能够充分利用既有资源又不受既有资源的局限，依靠资源但不依赖资源。能够借传统文化之力发展又向其中注入更适合现代人接受的因素，同时与现代科技手段相融合，形成能够让人们喜闻乐见的文化消费和娱乐场所。

三 京津冀一体化语境中的冀北城市 群文化与艺术园区建设

（一）冀北城市群文化与艺术园区建设现存问题

1. 多数文化艺术园区未形成品牌，影响力小

许多文化产业园区是"文化产业热"之下的跟风之作，是短时间内拼凑起来的圈钱项目，缺乏形成好的成熟的文化艺术园区的产业基础，难以将其打造成有竞争力的品牌。且打造一个成功的文化产业品牌需要投入大量的人力、物力，一个城市从资源投入到城市容量来说都无法短时间成就很多成功品牌。

此外，除承德避暑山庄文化产业园区、北戴河文化产业园区等依托全国著名景区而建的文化艺术园区之外，冀北地区的其他文化艺术园区的主要受众是面向本地区居民。一方面冀北地区多重工业城市，如唐山、张家口，此类城市的人们长久以来缺少文化消费的习惯，业余时间并不太关注文化艺术园区的发展。另一方面，由于缺乏文化产业园区的建设经验，一些主管单位的宣传手段和维护手段有误，致使园区的发展不如预期。因

---

① 潘新红：《文化产业园发展模式探析》，《青年记者》2012 年第 7 期。

此，许多文化艺术园区项目被搁浅甚至渐渐淡出市场。如唐山 1889 启新文化创意产业园的知名度和利用程度都较低，游客很少，逐渐沦为露天市场和街心花园。

2. 园区内容包罗万象，多而不精

我国建设文化艺术园区过程中的另一个问题就是容易不断地为其添加各种元素，力图使其成为一个包罗万象的"通用"景点，既是历史园区又是现代工业园区，既提供游乐设施又有较大的商业区，致使整个园区定位模糊，功能分区混乱，呈现在游客面前的就是一个"四不像"工程。唐山 1889 启新文化创意产业园中，画廊、摄影工作室、餐厅、咖啡厅等分散在园区各处，并没有根据功能进行区域划分，导致园区失去了自身特色。

此种情况只能愈发增强园区的商业属性，画廊卖画，摄影室卖照片，餐厅卖食物，最后文化艺术园区变相成为商业中心。

3. 商业性过强，文化性削弱

开发商为追求自身利益的最大化，不断开发园区的商业价值，招商引资，而商业利益的扩大必然不能保证文化价值的体现。过多商户的入驻会使得文化艺术园区流俗，人们只关注其消费环境而忽视其文化内核，目前存在的一个较为普遍的现象则是，提及某文化艺术园区，人们会想起某一商铺或某一餐厅，而问及其历史缘由文化典故则一概不知。

政府或开发商或为获得更多经济收入，哄抬园区门票价格，一个文化艺术园区的门票动辄一两百元，且不包含园区内其他隐形消费和个别景点费用。过高的票价不仅超过了该地区人们的消费能力让许多人望而却步，也会让消费过的人有质次价高之感。

4. 前期投入大而后续发力不足

为提升城市文化价值促进城市转型，冀北地区近年来已经投建并将继续投建许多文化艺术产业园区项目，通常来说都是大手笔，如北戴河怪楼艺术园区占地 160 亩，总投资约 13 亿元；张家口中国蔚县剪纸产业园区由政府投资 2.2 亿元、社会力量投资 10 亿元建成。几乎所有文化艺术园区在开发和建设之初都投入了巨大的财力、人力、物力，政府和社会各界都给予了非常大的支持，甚至不惜大拆大建，兴师动众。

但是由于产业园区的发展和收益未达到预期，或后续资金不足、政府有新的工作重点等原因，很多文化艺术园区在初步建成之后便发展愈发缓慢，甚至停摆。不仅原定的规模可能缩水，园区的管理和维护也不到位。

唐山开滦国家矿山公园的官方网站服务器已经欠费停机，秦皇岛西游记宫更是因为园区质量差，特色不明显，收费高等问题几近荒废。如果缺乏后期的维护，那么前期巨大的投入无异于打了水漂，让优秀的文化资源白白浪费。

（二）冀北城市群文化与艺术园区未来发展之可能

1. 以本区域最鲜明最有价值的文化资源为发展基础

欧阳友权认为文化产业集群是指相互关联的多个文化企业或机构共处一个文化区域，形成产业组合、互补与合作，以产生孵化效应和整体辐射力的文化企业群落。[①] 文化产业的核心是创意，而将一个文化产业园区内各个部分凝聚在一起的则是该地区最有特色、最有价值的文化资源。

每个地区都有本地区最具特色、有着悠久历史和发展沿革的文化资源，这些文化资源被人们广泛认可并明显区别于其他文化资源。只有将文化艺术园区特色与本区域特色紧密结合，才能使文化资源发挥出最大的价值。独有性和稀缺性会使文化艺术园区形成强大的竞争优势，牢牢占据市场地位。反而，如果仅仅是为了建设而建设的产业园区，没有从该区域最鲜明、最有价值的文化资源为发展基础，则容易使各文化艺术园区的内容和形式趋同，缺乏特色，渐渐被市场淘汰。

2. 突出园区的核心特色

园区内所有的商铺、场馆、设施等都应围绕同一主旨进行建设，不应将所有关于大文化的元素一味地堆叠，让园区失去其核心价值。而这一共同的主旨应该越细越好，越鲜明越好，园区内每一个组成部分对于这一主旨的呼应也应该越契合越好、越落实到细节越好。

在文化艺术园区大肆泛滥的今天，同质化问题越发严重，在不断发展的过程中，由于缺乏严格的把关和重视程度不够等原因各个园区之间的差别越来越小，这使得园区失去了应有的"诚意"。一个成功文化艺术园区，不应该是一个大而全的消费场所，而是应该尽可能详细、深刻、全面地展示某一文化资源的窗口。

3. 打造大众文化消费品牌

将文化艺术园区打造成为大众文化消费品牌主要应从两点入手，一是

---

① 欧阳友权：《文化产业概论》，湖南人民出版社 2007 年版。

文化艺术园区是适合大众的，园区所涉及的文化内容应是大众文化范畴，能激起大众的兴趣和热情，园区的消费水平也应适合大众，可以以营利为目的但不能完全以营利为目的，尽可能地为大众提供高质量的价格合理的文化产品和服务。二是打造文化品牌，只有将园区打造成一个被大众所认可的品牌，才能不断扩大其影响力，扩大园区的内容和辐射范围，使园区不像现存的一些园区一样，雷声大雨点小，不能被很好地利用，导致浪费。

在打造大众文化品牌的过程中，一定要注意保持文化艺术园区的文化价值，将其保存和传承文化、传播和弘扬文化、革新文化的功能放在首位，不要用商业目的挤压文化价值，急功近利是发展文化的大忌，过度的商业化会使得文化丧失其本真，失去其存在的意义。

4. 加强管理，培养人才

文化艺术园区的前期投入巨大，是一个长期的系统性的工程，而后期的管理和维护较前期建设而言更加重要。前期的建设和规划只是奠定了园区发展的基调，而后期的努力才决定了园区的规模和生命长短。园区的管理不仅包括园区的发展规划、设施维护，也包括园区的宣传推广、活动策划等，所涉及的内容十分琐碎复杂。且由于园区内各组成部分成分不一，有政府机构也有个体商户，所以管理起来比较困难，稍有不当就会引起很多问题。比如唐山开滦矿山公园网站的停机会导致其失去了一个传播获取信息的重要渠道，秦皇岛西游记宫的物业失责导致园区内环境问题严重，杂草丛生。

管理需要的是人才，目前我国文化艺术园区的发展时间较短，管理制度并不健全，管理的相关人才较少，导致各种管理不当。园区方面应与高校相对接，为园区培养专业的管理人员，专业的人员不仅能为园区建设添砖加瓦，也能促进整个产业的进步。

The Comparative Study on the Construction of the Cultural and Art Parks in the North of Hebei Province

Abstract：Hebei north urban agglomeration occupy the superior geographical location and resource advantages. Affected by the construction of cultural industry in recent years，Hebei north cities began to construct culture and art parks from their own characteristics. But influenced by factors such as economy， society, culture, the present construction of Hebei north cities' culture and art parks still exist many problems need to be solved and seek a long-term development.

　　Keywords：Hebei North Urban Agglomeration; Cultural and Art Park; Model

（裴菁宇：天津体育学院运动与文化艺术学院讲师）

论文化遗产开发与城市的可持续发展

——以景德镇古窑开发为例

陆筱璐

摘要：城市的传统文化遗产是未来城市发展的宝贵财富，也是城市未来经济增长的契机。因此如何充分利用城市传统文化遗产资源，达到人才集聚，促进经济发展，是一个新兴的研究命题。促进我国城市健康快速发展，也是我国现代化进程中面临的最重大的问题。本文通过对景德镇古窑开发案例的研究以及问卷调查，发现城市便利设施的建设，文化遗产的市场化运营，旅游行业与其他行业的深度融合，对城市形象的塑造，创意人才的吸引以及城市经济的发展有重要作用。但是，在古窑的案例中也出现一系列的问题，本文针对我国现代城市化进程中如何开发文化遗产进行了分析和研究，为未来城市的传统文化开发提供了一些可行的参考意见。

关键词：文化遗产开发　城市发展　创意集聚

在过去的 30 年间，伴随着高速工业化和经济增长，中国的城市化率已经从 1949 年的 10.64% 发展到超过 50%，达到世界城市化的平均水平。然而，作为一个有机的生命体，城市需要可持续的发展动力。虽然高速城镇化为中国城市的发展搭建了基本骨架，但是随着人口红利的进一步消退，土地等资源成本的不断上升，传统类型的城市发展已经开始显现动力的不足。同时，随着知识经济时代的来临，人们对文化艺术、休闲娱乐、旅游观光、学习教育等的消费日渐增多，城市的形态也逐渐从生产型向消费型转变。在这种转变之下，利用文化资源作为城市发展动力，进一步促进城市发展，尤其是利用开发传统文化资源的途径，成为未来城市发展的重要趋势。

一　传统文化资源的开发对城市发展的促进作用

随着城市经济、文化和社会综合水平的不断提高，人们对知识和文化的重视也在不断地提高。在城市的人口增长、经济转型、城市形象等各个方面，传统文化资源的开发成为城市不可替代的发展动力。

（一）传统文化资源对"创意阶层"的巨大吸引力带来城市高素质人口的聚集

随着城市形态的转变，城市人口的聚集也发生了深刻的变革。工业化时代，城市通过集聚产业工人，打造工业产业链实现自身的发展，但是随着第三产业比例的日益增加，"创意阶层"逐渐成为城市发展的核心竞争力，这在后工业时代有充分的体现，许多学者（例如佛罗里达的"创意阶层理论"）在学术层面等也有充分的论证。"创意阶层"往往受过高等教育，掌握一定的专业技术，从事知识密集型产业。他们注重文化的消费、价值观的号召、个性的彰显以及创新创意。他们不仅具有一定的消费能力，有审视和品味传统文化魅力的品位，也愿意将工作参与到独特传统文化的创新、创意中。因此，城市的传统文化资源的开发对创意阶层具有很大的吸引力。

（二）开发传统文化可以刺激城市基础设施和整体形象的改进

在传统文化中，城市原本的建筑、街道、空间布局等都是城市发展的宝贵记忆。城市的魅力往往在城市设计和基础设施建造中可以充分体现。例如，西班牙通过对古根海姆美术馆等一系列公共基础性场馆的开发，让西班牙的小港城市文明世界，也带来了巨大的经济收益。开发城市中的传统文化遗产，不仅可以让传统建筑成为城市景观的一部分，改善城市环境，更能维系城市文化精神，提升城市的独特魅力。同时，这对城市本身的基础设施，例如道路、水电、绿化等方面都有一定程度的促进，有助于提高城市的独特性与宜居性，符合城市可持续发展的路径。

（三）传统文化遗产开发可以促进城市经济的进一步转型升级

通过合理开发城市内传统的文化遗产，可以有效地推动城市内餐饮、住宿、教育培训、旅游观光、传统手工艺等行业的发展。许多城市已经证明，城市的旅游观光、节庆开发可以给城市带来巨大的收益，促进第三产业的增长。世界旅行和旅游理事会（WTTC）的最新报告显示，2016 年旅游业的增幅仍为 3.1%。① 而今年全球经济的增长预测为 2.3%。旅游业兴起表明公众对文化遗产价值的发现。历史悠久、文化遗产资源丰厚的国家和地区成为旅游业兴起的最大受惠国。世界上前五位旅游国分别是法国、西班牙、美国、中国和意大利。除美国之外，均为文化遗产丰厚的国家。② 同时，文化资源具有绿色、可持续、可再生的重要特点，也是现代经济增长的重要支撑。在许多城市中，传统文化已经成为城市经济的核心竞争力。

（四）开发传统文化资源增加了城市人文精神的凝聚

在高速城镇化的过程中，工业化进一步改变了城市原有的文化、价值观和风土人情，"千城一面"成为城市的普遍问题，城市的传统文化资源萎缩或者过度开发，文化资源丧失，使得城市化的可持续发展受到影响。对城市文化的认可，能够提高城市居民对城市的认可与自豪感，促进传统文化的传承与进一步开发。同时，城市的人文精神，也有利于当地文化传统的传承，可以进一步促进城市的个性化发展，吸引更多的外来人才。

二　景德镇古窑民俗博览区③的"过去"与"当下"

景德镇是一个以陶瓷传统文化为根基的工业型城市。作为国务院首批公布的历史文化名城，景德镇拥有"千年窑火不断"美誉，从宋代开始一直不断地生产大量精美瓷器，经历了多种烧制工艺和烧制方法的改进。因此，景德镇不仅生产了大量精美的陶瓷作品，也留下了大量的文化历史

---

① 搜狐：《全球旅游业发展超世界平均值》，http://www.sohu.com/a/113688638_ 100158，2016 年 4 月 7 日。

② 根据世界旅游组织统计，2013 年，前五名接待旅游游客的国家和数量为：法国：8300 万人，美国：6700 万人，中国 5770 万人，西班牙：5770 万人，意大利：4610 万人。

③ 景德镇古窑民俗博览区（简称古窑）是景德镇唯一的 AAAAA 级景区，它拥有一整套独特而完整的陶瓷文物体系，其中有古作坊、古窑房、古民居以及以废窑砖为建筑材料的民用住宅群和弄巷道路，时间跨度从宋代到现代，具有很高的城市代表性。

遗产，例如目前的皇家窑厂遗址——御窑厂、高岭土古瓷矿遗址、古窑民俗博览区等。

在 20 世纪 90 年代开始的工业化发展的历程中，景德镇走过一些弯路。由于对古建筑重要性的忽视，使得许多传统的窑口被毁坏，传统街道和建筑也在拆迁的过程中消失，传统的历史遗迹疏于保护，遭到民间的盗挖。同时，对其传统手工艺技术的长期忽视，也让景德镇在工业发展的过程中失去了自身的竞争优势，在经济上落后于广州佛山等地。但是，近年来景德镇的发展却出现了另一番景象，许多文化遗产得到了新的利用与开发，给城市发展带来了新气象，每年大约有三万的"景漂"常驻景德镇，游客数量也大大上升，这给城市的可持续发展很多新的启示。其中，景德镇古窑民俗博览区（下文简称"古窑"）的开发历程就非常有代表性。

（一）古窑的"过去"

在古窑过去的发展历程中，一直延续着中国大多数城市开发文化古迹的路径，即由政府主导、作为景区开发。由于缺少专业化、团队化的运营，景德镇忽略了"陶瓷"历史遗存与城市发展的互动关系。古窑始建于 1980 年，虽然拥有丰富的文化资源，然而在 20 世纪 90 年代的开发中却面临着举步维艰的局面。

首先是景区内基础设备不齐全带来的运营困难。由于水电设施不到位，大量古建筑的消防用水面临巨大的困难，同时，停车场、游人指示、旅游服务、厕所等设备也没有建立起来，导致很多客源流失。其次，景区的垄断性运营管理体制也给景区的发展带来了困境。在古窑民俗博览区内，一共存在两个不同性质的单位：陶瓷历史博物馆，属市财政全拨款事业单位；古窑瓷厂，属企业化管理的事业单位，有员工近 300 人，需要自身解决员工工资和办公费用。两个单位各自出售门票，景区开发难以统一，也没有能力和积极性。由于体制的冲突，古窑员工的工资常常难以发放，甚至引起了一系列的冲突事件，员工甚至抢占房屋，围堵景区入口。到 90 年代中期，景区内的镇窑停烧，主管部门为了解决问题，先后成立了博览区管理处和文博旅游公司。

然而，分散化的管理使古窑的经营进一步恶化，公司在古窑瓷厂招揽了 10 多家租赁户，分担经营压力，然而，租户不按规划和文物景区的保护要求，随意设点经营，损害了景区的文化内涵和形象。因此，由于古窑自身开发的困难，自身的经营难以为继，更不要提为城市的整体形象塑造、价值观整合、文化传承、经济转型升级和城市持续发展提供支撑。

（二）古窑的"当下"

随着时间的推移，市场与公共部分的合作经营开始扭转局面。2008年，景德镇市文化主管部门和古窑民俗旅游有限公司签订合同，由古窑民俗公司负责投入开发，经营管理古窑景区。在 9 年的时间里，古窑一共进行了四项主要的改革。

1. 市场化运营体系的建设。古窑进行了统一的市场化运作，通过对分散租户的整合，古窑形成了完整并且市场化的运营体系。通过购买散租用户的产权，古窑已经成为一个整体运营的公司。过去，许多非物质文化遗产传承人的私人作坊主要以售卖其手工艺作品为主，无法投资保护古代窑口遗址，而古代窑口遗址的运营中却缺乏手工技艺，窑口无法使用，经久失修，最终对古文物造成了不可修复的毁坏。整体的市场化运营改变了这一现状，将技艺传承人和窑口的保护有机统一起来。

2. 观光旅游的深度挖掘。古窑通过"复烧"古窑，将"陶瓷文化"与观光旅游进行了深度的融合。例如，古窑的清代镇窑，是景德镇清代蛋形柴窑的唯一遗存，1995 年停烧后，每年都需要大量花费维护保修。为了让更多的游客感受到窑口的历史与重要作用。2009 年，古窑重新修复镇窑窑炉，点火复烧，获得成功，荣获"世界上最大的柴烧瓷窑"的吉尼斯世界纪录。在之后的几年中，不同的窑口也陆续复烧，形成了中国陶瓷文化展示的景观。同时，古窑还让数百位老艺人在园区内展示自己独特的陶瓷技术，呈现出中国陶瓷非物质文化遗产保护传承的生动场景。古窑景区成为中国陶瓷文化活的博物馆，吸引了大量的游客。

3. 建设硬件设施。古窑通过文化硬件设施建设实现了传统文化的增值。古窑在建设过程中，加大了硬件和软件的投入，进行旅游基础建设，丰富游览内容，推介景区品牌，使景区的综合水平有很大提高。例如，古窑新建的旅游文化中心、童宾广场、"致美轩"陶瓷陈列馆、游客集散广场、生态游步道、停车场、电力设备、消防、游客服务中心都建立起来，便利的设施极大地刺激了游客，提高了景区的吸引力和口碑。

4. 通过经济发展提高社会效益。古窑通过市场化运作提高了城市的整体经济和社会效益。近年来，景区的游客接待量和门票等各项文化产业收入呈逐年上升趋势。古窑民俗博览区已成为景德镇地区首选的旅游参观景点。发展至今，古窑博览区创造了巨大的经济收益。它现有员工 295人，总资产 1.7 亿元，年收入 9100 万元，年利润 897 万元，年纳税额 378万元，实现了由旅游资源大市向旅游经济强市转变。同时，古窑重大活动免费向市民开放游览参观，每天的经营时段外向市民提供晨练、休闲场地，节省了当地的公共文化投入，对景德镇的社会稳定和经济发展做出了积极贡献。

三 传统文化开发与城市发展互动的案例分析

城市的"新发展"总是离不开对"旧文化"的传承。对于现代社会，简单的"服务"已经很难满足现代人对自我的独特的强烈要求。传统历史文化，在城市的发展过程中有着传承城市记忆，延续当时市民精神的重要作用，合理保护传统文化，开发与创新，才能够将城市独特的活力延续下去。

（一）传统文化开发对城市发展的分析

1. 古窑开发塑造了景德镇的城市品牌和城市形象。古窑的开发给城市的品牌和形象带来了许多有利的方面。在笔者对古窑 481 名游客的问卷调查中[①]，有 75.26% 的游客在古窑提升景德镇的城市形象的作用选项中打了 5 分；同时，也有 59.88% 的游客认为，古窑在美化城市环境方面的作用非常大。[②] 不仅如此，根据景德镇的官方数据，每年有近 3 万的"景漂"到景德镇学习、参观陶瓷，体验"陶瓷文化"，这些景漂大多数为学生、游客和手工艺人，符合"创意人才"的定义，也反映了"创意阶层"对城市品牌和形象的认可。

2. 古窑对景德镇人口集聚具有促进作用。在发展过程中，古窑通过

---

① 为了进一步研究古窑与城市发展的互动关系，笔者在古窑做了 481 份问卷，问卷涉及政府、手工艺人、游客等多个行业，从主观方面具体研究了传统文化开发与城市的发展关系。虽然问卷研究的覆盖率还不够全面，但是根据景德镇目前的经济水平和现实状况，问卷的数据对一些关键问题给出了具体的回答，结合笔者对政府机关和一些从业者的访谈，这些分数具有一定的代表性和说明性。

② 数据来源：笔者对景德镇古窑做的问卷。问卷采用 5 级量表问卷，5 分为非常认同，1分为完全不认同。

其独特的吸引力为城市发展聚集了多样化的人才。在古窑对不同人群的直观感受中，"近距离观赏老艺人制作瓷器"和"了解瓷窑营造技艺这项非物质文化遗产"两个选项得到的 5 分的比例最高，分别是 76.3% 和 64%。其中，当地的手工艺人全部给古窑技艺展示的吸引力打了最高分数，而政府、教育行业、学生，第三产业等给古窑的整体吸引力也打出了 4.41 的平均分数。由此可见，对于不同行业而言，古窑的文化魅力都具有极大的吸引力。

3. 古窑对景德镇旅游业的增长刺激。古窑在城市旅游业的整体提升方面，做出了巨大的贡献。除了上文在就业和税收上的帮助，主观方面，64.25% 的景德镇当地市民①认为，古窑对促进当地就业有很大帮助。在"为景德镇陶瓷文化旅游的发展提供了借鉴的样板"选项中，67.15% 的受访者认为非常有借鉴意义，而在"促进了窑炉营造技艺的传承，延续了景德镇陶瓷文脉"的选项中，有 70.06% 的人非常认同。在笔者对景德镇一位英国籍日本艺术家的访谈中，他说道："我在景德镇生活了 10 年，见证了它从衰败到兴盛的全部历史，陶瓷给景德镇带来了取之不尽的活力。"

4. 传统文化与科技融合对于城市品牌的提升作用。在许多城市开发的案例中，我们发现，企业往往对科技和行业的融合有敏锐的判断力，古窑也是如此。古窑利用科技创新，将文化与科技融合，促进了城市现代技术的进一步开发与利用。现代生活的快节奏要求知识快速的传播与体验，因此，古窑积极利用了 VR 技术，解决古窑面积和空间等条件的制约；增强现代化的展示手段提高吸引力。同时，古窑通过网络平台、微电影等手段，极大地传播了景德镇的陶瓷技术。这些都提升了外地游客和本地年轻人对"陶瓷文化"的体验，促进了文化的传承，也加深了景德镇"瓷都"的城市印象。

5. 传统文化中对于"陶瓷价值"的认同，提高了城市凝聚力。古窑的发展促进了城市"陶瓷"文化价值的进一步整合，提高了当地及外地人对陶瓷价值的认同感。古窑打造的《我在景德镇等你》，时下已经成为广为流传的城市歌曲，很多景德镇人引以为豪，促进了人们对"陶瓷"文化的传播。在调研中，有 76.09% 的受访者认为，参观过古窑之后，景

---

① 资料来源：景德镇古窑问卷，交叉分析，其中景德镇市民有 179 人。

德镇的陶瓷文化令他们流连忘返，深受感动。

（二）目前古窑开发在城市发展中存在的问题

作为文化遗产的开发，古窑无疑对许多传统文化遗产的开发都有巨大的启示。然而，在某种程度上，传统文化的保护与城市的发展似乎是背道而驰的。越来越多持有多元价值观的人群涌入城市，必然会对传统文化的物质形态和思想造成巨大的冲击。在古窑对传统文化的开发过程中，也出现许多问题和挑战。在城市发展的过程中，古窑模式仍然存在着许多的问题，需要进一步的解决。

1. 城市传统文化"破"与"立"的矛盾。在古窑的开发中，有一项非常重要的举措就是对古代磁窑的"复烧"。通过"复烧"活动，古窑吸引了大量的游客、手工艺人的关注，提高了经济收益，同时也拥有了自己独特的文化产品。然而，"复烧"古窑免不了对古窑的重新修葺和改造，在这个过程中，也包括对一些遗迹重新修葺、拆毁等行为，这让许多学者和老手艺人不能接受，认为是毁坏了传统遗迹，不仅是古窑，景德镇许多传统文化遗迹也面临着"破"与"立"的两难局面。不仅是景德镇，国内在传统文化开发的过程中普遍有这样的困惑，例如如何修葺古镇，如何改建老旧弄堂等。面对企业的逐利行为，政府部门应当如何管理，成为未来需要探索的重要议题。

2. 市场化经营与城市整体设施之间的矛盾。在公司化经营的过程中，古窑的经济效益得到了最大化的发展，但是，对于城市的发展而言，如果全部进行私有化经营，最终会导致文化的"精品化"，从而进一步推进地租水平的上升、公共空间的减少和文化大众化的普及困难。没有付费的市民，很难体会到作为城市文化一部分的古窑的文化魅力和享受到重新建设的便利文化设施。如何在公共服务和传统开发之间找到平衡，是一个亟待解决的问题。目前，古窑考虑到社会效益，也开发了部分用地给当地居民进行公共文化活动。

3. 文化供给的私有化垄断问题。在古窑的开发中，城市文化供给被垄断。文化服务的供给不应当是单一的，而应该是政府、组织、私有企业和个人的共同运作。但是由于传统非物质文化遗产传承人都在古窑提供展示和服务，必然会造成这一展示的垄断性局面。虽然对传承人而言，他们的生活和技术传承得到了保证，一项"小众技术"得到了"公共展示"，但是其"公共化"和"普及化"还远远不足。需要更多的文化组织及政府的共同努力，才能让更多的人参与和学习传统技艺，进行文化的创新，而不只是参观和体验。

四　进一步开发传统文化遗产,促进城市发展的思考

在古窑传统文化遗产的开发过程中，有许多值得学习和探索的经验，但是发展城市文化传统遗产的过程中，也有许多需要改进的地方。

第一，在政府管理和市场运营的路径选择上，合理开放市场，让传统文化开发有更多的第三方参与，才能够不断更新传统文化的开发形式，让传统文化的展示与体验跟上时代的步伐。市场对现代化的表现形式和时尚风向有敏锐的观察，也更有能力让传统文化得到大众的认可，然而，市场也具有其逐利性，需要政府和社会组织不断的矫正。可考虑形成非盈利的基金会，与社会力量合办促进发展。

第二，在传统文化的开发过程中，要注重受众的体验与文化的深度融合。古窑目前的成功来自其对体验感的不断升级。从"复烧"到虚拟模拟技术，从"活的技术博物馆"再到文化便利设施建造，观众的体验能够直接提高传统文化的接受程度和推广，推进城市的文化精神的传播。

第三，基础便利设施对促进传统文化旅游有重要作用，城市在开发传统文化遗产的过程中，应当不断加强文化便利设施，如水电、网络、卫生间、咖啡馆等城市的基础设施建设，吸引更多的创意人才对传统文化再度开发。古窑的案例证实了基础设施建设对传统文化遗产开发的重要意义，也为城市的形象做出了很大贡献。

第四，传统文化遗产的开发要与城市的发展相结合。过去的文化遗产开发，一直简单地从旅游的角度开发，无论是文化创意产品还是旅游路线，都是一个"点"的开发。但是，古窑将博览区在经营时段外向公众开放，其古窑复烧产品受到许多行家的追捧，都说明文化遗产不止能够作为旅游景点，更加可以成为一个城市的公共文化传播、服务、经营的完整体系，成为城市不可分割的部分。

第五，要注重物质文化遗产和非物质文化遗产的共同作用。物质文化遗产的开发，相对更具有可操作性，但是将传统技艺和文化精神注入物质文化遗产当中，才能产生独特的文化价值，让更多的人有意愿参与到文化

的体验、再生产和创造中去。

The Explorement of Cultural Heritage and Sustainable Development of the City

—A Case Study of Jingdezhen Heritage Explore

Abstract：The traditional cultural heritage of the city is a valuable asset for the future development of the city and a growth opportunity of city future economic growth. Therefore, how to make full use of the traditional cultural heritage resources to achieve talent pool and to promote economic development is a new research proposition. To promote the rapid development of China's urban construction also is the most important issue in China's modernization process. Through the case study of Jingdezhen heritage explore and questionnaire survey, this paper found that the construction of urban convenience facilities, the market operation of cultural heritage, the deep integration of tourism industry with other industries, are necessary for shaping urban image, attracting of creative talents and developing urban economy. However, in the case study, there are series problems. This paper analyzes and studies how to develop cultural heritage in the process of modern urbanization in China, and provides some feasible suggestions for the development of traditional culture in the future.

Keywords：Cultural Heritage；City Development；Creative Gathering

（陆筱璐：国家行政学院社会和文化教研部博士研究生）

北京环球主题公园在建景区
客源市场分析

宋建超

摘要： 环球主题公园是"世界三大主题乐园"之一，笔者从北京环球主题公园落户通州的机遇出发，引出对其客源市场发展变化的观察。本文将北京环球主题公园的客源市场划分为四个层级，在通过搜集相关数据对其客源市场的规模和结构进行分析后，得出北京环球主题公园的客源市场结构呈现一个纺锤形结构。因此，北京环球主题公园在客源市场开发中应以一、二级客源市场为主，重点关注二级客源市场增势。

关键词： 北京环球影城　纺锤形结构　客源市场开发

引　言

　　主题公园是旅游中一个重要的门类，它以特有的主题将娱乐、文化、休闲等要素融为一体，借助现代技术手段，给人带来一种沉浸式的体验。主题公园的概念来自国外，美国玛瑞特公司将其定义为：有特定的主题或者历史区域的家庭娱乐地，并且有统一的服装、娱乐建筑、商品以及能激发幻想的氛围。[①] 20 世纪 50 年代，美国沃尔特·迪士尼在美国南部加利福尼亚州创建了第一个具有现代意义的主题公园——迪士尼乐园，它突破传统的游乐场模式，围绕一个主题来创造公园，使游客能够获得更丰富的游园体验。我国的主题公园的建设发轫于 20 世纪 80 年代西游记宫、大观园、三国城等一大批人造景观，但彼时的主题公园还处在萌芽阶段，市场

---

　　① Stephen W. *Economic Aspects of Developing Theme Parks.* Managing Visitor Attractions. 2002，pp. 21 – 57.

意识淡薄。随着"锦绣中华"的成功，民族文化村、世界之窗等依次运行，中国主题公园步入快速发展阶段，主题也越来越丰富。近年来，华侨城、方特科技、欢乐谷等已经开始通过异地复制、连锁经营等方式进行品牌扩张和延伸。但从整体上来看，我国主题公园的开发依然处于探索阶段。

一 北京环球主题公园的发展概况

众所周知，环球影城、环球嘉年华和迪士尼主题乐园被并称为"世界三大主题乐园"。环球影城是一个电影主题公园，作为美国环球电影公司旗下的大型主题公园，其凭借自身强大的技术能力和电影 IP 资源，为消费者还原电影中的场景，并结合最新潮的娱乐设施，让游客深入体验电影的魅力。北京环球主题公园是环球影城在全球范围内的第六个主题公园，也是继上海迪士尼之后进入我国的又一大型国际主题公园。

北京环球主题公园项目位于通州文化旅游区内，邻近京哈高速和东六环路（大广高速），交通便利。整个项目占地 4 平方公里，目前一期项目占地 1.59 平方公里，包含两个酒店以及停车场、环球城市大道等配套设施。其中仅环球主题公园的园区占地面积就为 1.2 平方公里。从开发和运营模式上看，首寰投资与美国环球公司将成立两个合资公司共同开发运营环球主题公园。一个负责公园主体投资与建设，中方占股 70%，美方占股 30%；另一个负责管理运营，中方占股 30%，美方占股 70%。这样可以充分发挥中美双方各自在建设和运营中的优势。①

从最初的立项考察到最终审批通过，北京环球主题公园仅前期筹备就历经 13 年之久。笔者认为北京环球主题公园最终能通过审批落户通州，其中原因既有上海迪士尼的示范作用，也有北京发展的历史和现实契机。北京"副城市中心"的高标准建设和通州文化旅游区的规划需要一张具有国际吸引力的名片。而京津冀协同发展战略也为环球主题公园发展提供了难得的历史性机遇。

---

① 首寰文化：87 亿元拿下巨无霸地块建环球影城，http://www.pinchain.com/article/81572，2017 年 11 月 15 日。

二　北京环球主题公园的发展机遇

（一）通州"副城市中心"建设及文化旅游区的发展

通州是北京市唯一与天津、河北毗邻的区县，是京津冀一体化发展的桥头堡，区位优越，交通便捷，文化底蕴深厚。2004 年的北京市城市总体规划确定通州为重要的文化产业基地，近年来通州区宋庄镇已经成为中国最大的原创艺术区，通州运河文化早已蜚声中外。长期的历史积淀，使得通州文化具备开放性和包容性，为建设环球主题公园提供了良好的市场氛围。2011 年 3 月，为加快疏解中心城功能、提升现代化国际新城产业支撑，北京市委、市政府又提出了要建设"北京通州文化旅游区"，并将其功能定位为：未来建设成为"面向世界的北京现代时尚旅游目的地"。通州文化旅游区的规划实施为环球主题公园建设提供了良好的基础设施条件和市场氛围，特别是通州历史文化的积淀为环球主题公园品牌文化的建设奠定了较好基础。

此外，通州作为北京"城市副中心"的建设也给环球主题公园的发展提供了难得的机遇。2015 年发布的《京津冀协同规划纲要》中首次提出将高起点、高标准规划城市行政副中心。在交通方面，通州区地处京津冀核心区域，铁路、公路、轨道交通等四通八达，辐射性强。随着城市副中心的建设，通州正在构建京津冀交通枢纽。北京环球主题公园位于通州新城核心区域，基础设施完备，已规划有地铁线路通达此处。7 号线东延和八通线南延都可直接到达环球主题公园，在环球主题公园站，乘客还可以换乘地铁 S6 线，直达北京第二国际机场与首都国际机场。按照计划，这三条地铁新线将在环球主题公园开园之际通车。从产业结构上看，作为承载首都未来发展的典范区，通州的产业高端化是首都产业布局调整的重要内容。"十三五"时期，通州将着眼于特色高端要素聚集，以重点功能区及园区为载体，按照"整体产业做减法、重点产业做加法、高端要素做乘法、一般要素做除法"的思路，做大、做强商务中心区。通州不仅是行政的副中心，也是商业的副中心。

通州"副城市中心"的建设以及商业的发展将会带来大量的人口聚集，特别是白领阶层。这无疑为环球主题公园提供了更多优质消费群体。而文化旅游区的规划，除了为北京环球主题公园建设营造良好发展环境的同时，也大大增加了区域旅游的影响力，有效发挥集聚效应，吸引更多游客前往观光。

（二）京津冀一体化的发展

2014 年 2 月 26 日，中共中央总书记、国家主席、中央军委主席习近平在北京主持召开座谈会，强调实现京津冀协同发展，是一个重大国家战略，要坚持优势互补、互利共赢、扎实推进，加快走出一条科学持续的协同发展路子来。京津冀协同发展导致了北京环球主题公园客源市场的一系列变化，为北京环球主题公园的发展提供了难得的发展机遇。

1. 消费结构的调整，文化消费水平不断提高

京津冀一体化背景下产业结构的调整和需求结构的升级，更加突出了北京作为文化中心和科技中心的地位，为环球主题公园营造了良好的宏观经济环境，京津冀地区居民人均收入的增长以及北京消费结构的升级意味着高端旅游消费群体的扩大。换言之，北京环球主题公园的目标消费群体也在不断壮大。

从居民人均收入水平上来看，2016 年，京津冀三地全体居民人均可支配收入分别是 52530 元、34074 元和 19725 元，比上年分别增长 8.4%、8.9% 和 8.9%。[①] 单从北京市而言，2016 年北京市文化创意产业实现增加值 3570.5 亿元，比上年增长 12.3%；高技术产业实现增加值 5646.7 亿元，增长 9.1%。[②] 根据公开的数据资料分析，在消费结构上，北京服务性消费对总消费的贡献超过一半，其中信息消费、文体娱乐消费、绿色消费增长较快。

2. 交通一体化的构建缩短了旅游感知距离

交通对旅游的发展具有至关重要的作用，在旅游者和旅游资源之间起着桥梁和纽带的作用，一体化交通网络的全面构建，大大增强了环球主题公园的可通达能力。交通一体化始终是京津冀协同发展的骨骼系统和优先领域，这对于北京环球主题公园的发展具有积极的影响。根据《京津冀协同发展交通一体化规划》和《京津冀城际铁路网规划》，到 2020 年，

---

① 中华人民共和国国家统计局，http://www.stats.gov.cn/，2017 年 9 月 23 日。

② 武义青、田学斌、张云：《京津冀协同发展三年回顾与展望》，《经济与管理》2017 年 2 月。

京津冀将基本形成多节点、网格状的区域交通网络，形成京津石中心城区与新城、卫星城之间的"1 小时通勤圈"，相邻城市间基本实现 1.5 小时通达。到 2030 年，京津冀地区将以"京津、京保石、京唐秦"三大通道为主轴新建 24 条城际铁路，总规模 3400 多公里，形成"四纵四横一环"为骨架的城际铁路系统。[①] 航空方面，根据《全国民用运输机场布局规划》，北京将与天津、石家庄共同打造京津冀世界级机场群。2017 年 3 月，北京新机场航站楼混凝土结构封顶，预计 2019 年建成并投入使用。届时将成为驱动京津冀协同发展的新引擎。

便利的交通意味着游客花费在交通上的时间大大缩短，而游客的接待量和接待能力大大提升。因此，一体化交通网络的构建缩短了游客的感知距离，扩大了北京环球主题公园一级客源市场的范围。

三　北京环球主题公园客源市场结构研究

基于第二部分对北京环球主题公园发展机遇的分析，可以看到，无论是通州的发展还是京津冀协同发展战略的实施，都在根本上影响着北京环球主题公园的客源市场发生积极的变化。客源市场是旅游行业发展的生命线，对客源市场研究是旅游规划和市场营销等工作的基础。在这一部分中笔者将把北京环球主题公园的客源市场分为四个等级，通过搜集、整理每个层级客源数量来详细分析其客源市场的规模和结构特点，以期为主题公园建成后的营销提供借鉴。

一般而言，某旅游地的客源市场构成包括两个部分，即居民市场和旅游者市场。居民市场可分为一级居民市场和二级居民市场；旅游者市场可分为国内游客和国际游客。[②] 其中：一级居民市场指距离公园所在地不超过 1 个小时旅程的居民；二级居民市场指距离公园所在地 1—2 个小时的旅程的居民；国内过夜游客（三级市场）指从国内外地来京并居住酒店（星级酒店）的，居住在朋友或亲戚家的（VFR）和其他住宿设施（非星级、小旅馆等）以及商务旅行的游客；国外过夜游客（四级市场）指从

---

① 《京津冀协同发展交通一体化规划》发布：http://www.gov.cn/xinwen/2015 - 12/09/content_ 5021821. htm，2017 年 10 月 5 日。

② 赵光华、李金山、查琼：《北京环球影城主题公园项目客流预测》，2016 年中国城市交通规划年会论文集，2016 年 4 月 15 日。

国外及港澳台来京并居住酒店（星级酒店）的，居住在朋友或亲戚家的（VFR）和其他住宿设施（非星级、小旅馆等）以及商务旅行的游客。

我们将北京环球主题公园的客源市场同样划分为这四个等级。其中一、二级客源市场数量可以借助常住人口数量进行推测。而三级市场和四级市场需要对相关旅游市场数据进行分析。笔者在研究过程中一、二级客源市场的数据来源主要是各地方统计官网，而三、四级旅游者数据则全部来自北京市旅游发展委员会相关统计数据。

1. 北京环球主题公园一、二级居民客源数量分析

按照一级居民市场指距离公园所在地不超过 1 个小时旅程的居民来计算，到 2019 年北京环球主题公园建成之后，它的一级客源市场的覆盖面将包括北京中心城区人口、通州、顺义和大兴的居民，以及小部分的天津和廊坊的居民。根据北京市统计局数据显示，截至 2016 年年末北京城六区常住人口 1247.5 万人，通州常住人口 137.9 万人，顺义常住人口 107.5 万人，大兴常住人口 169.4 万人，忽略天津、廊坊的小部分人口。因此，北京环球主题公园一级客源市场人数保守估计为：

$$一级客源居民 > 1247.5 + 137.9 + 107.5 + 169.4 \approx 1662 \text{ 万人}$$

北京环球主题公园的二级居民市场指距离主题公园所在地 1—2 个小时旅程的居民，主要客源地为北京石景山、门头沟、房山、昌平、延庆、密云、平谷地区居民，天津主要地区的居民以及廊坊、唐山和保定部分居民。根据北京各个区人口，取天津城镇常住人口 1291.11 万人。[①] 因此，可以推算出北京环球主题公园的二级客源市场人数保守估计为：

$$二级客源市场 > 1291 + 474.1 + 63.4 + 31.1 + 109.6 + 201 + 32.7 + 48.3 + 43.7 \approx 2295 \text{ 万人}$$

2. 北京环球主题公园三、四级居民客源数量分析

三级居民市场，即国内过夜游客，指从国内外省来京并居住酒店（星级酒店）的，居住在朋友或亲戚家的（VFR）和其他住宿设施（非星级、小旅馆等）以及商务旅行的游客。根据数据，国内过夜住宿游客数量＋接待住宿人数－接待入境住宿人数＝40213043 人次。因此，北京环球主题公园的三级客源为 4021 万人次。

---

① 天津统计局，http://stats.tj.gov.cn/Item/27611.aspx。

四级客源市场即是指从国外及港澳台来京并居住酒店（星级酒店）的，居住在朋友或亲戚家的（VFR）和其他住宿设施（非星级、小旅馆等）以及商务旅行的游客。简言之就是入境进京且有住宿记录的游客，不包括转机过境或前往国内其他目的地的游客。2017 年国外及港澳台来京并住宿的旅客共计 3258102 人次，即北京环球主题公园的四级客源市场为 326 万人次。

综合以上的研究可以得出，北京环球主题公园的一级客源市场不低于 1662 万人；二级客源市场不低于 2295 万人；三级客源市场约为 4021 万人；四级客源市场约为 326 万人，客源市场总体规模达 8304 万人。需要说明的是，以上结果是笔者基于现有可知数据预估得出的北京环球主题公园客源市场规模，并非精确值。

根据北京环球主题公园各级客源市场的规模和总体呈现出的特点，可以得出以下结论：

首先，从总体上看，北京环球主题公园的客源市场呈现出"中间大、两头小"的纺锤形结构，说明处于中间部分的二级客源市场和三级客源市场良好。这意味着除了主题公园赖以生存的一级客源市场外，随着社会的发展和居民人均收入水平的提高，二级客源市场和三级客源市场能够提供源源不断的消费动力。

其次，随着京津冀协同发展战略的深入，二级客源市场将成为北京环球主题公园最主要的客源地。根据《京津冀协同发展交通一体化规划》和《京津冀城际铁路网规划》，到 2020 年，京津冀将基本形成多节点、网格状的区域交通网络，形成京津石中心城区与新城、卫星城之间的"1小时通勤圈"，京津保唐"1 小时交通圈"，相邻城市间基本实现 1.5 小时通达。所以，未来二级客源市场的空间还有非常大的增长空间。

再次，三级客源市场所占比重很高，作用不容忽视。一般而言，对于主题公园来讲，由于三级客源市场的交通费用过高，不能过分依赖、期望。但是在北京环球主题公园客源市场结构中，三级客源市场几乎占到其总客源的一半，因此，在消费市场拓展中还是应该作为营销工作的重点。

最后，四级客源市场所占比重很少，未来将是旅游市场开发的难点，不必过于依赖和期望。一个地区境外游客数量的变化受到复杂因素的影响，对于这部分客源市场开发可集中在国际机场、星级酒店等境外游客聚集的场所进行宣传。

结　语

北京环球主题公园落户通州，被认为是北京实施京津冀协同发展的重要举措，是城市副中心建设的重要组成部分，同时也是通州乃至北京发展的重要环节。笔者认为客源市场开发应该成为主题公园开发的先导。在北京环球主题公园运营前半年就需着手开展。在对客源市场开发中，应以一、二级客源市场为主，重点关照京津冀协同发展下的二级客源市场增势。三级客源市场虽然不可依赖，但鉴于在北京环球主题公园总体客源结构中占有较高比重，因此在营销过程中不容忽视，可加强与全国连锁的旅行社进行合作。

The Study of the Customer Source Market of
Beijing Universal Theme Park

Abstract：Universal theme park is one of the three theme parks in the world, we starts from the opportunity of Beijing universal theme park in Tongzhou, and brings out the observation on the development and change of its customer source market. In this study, we divide the customer source market of Beijing universal theme park into four levels. After analyzing the size and structure of the customer source market by collecting relevant data, we found that the tourist market structure of Beijing universal theme park presents a spindle structure. So, the Beijing universal theme park should focus on the first and secondary source market in the development of tourist market.

Keywords：Beijing Universal Theme Park；Spindle Structure；Tourist Market Exploitation

（宋建超：首都师范大学文学院文化产业系研究生）

文化创意产业与社区文化

栏目主编：颜煌①

编者按："社区文化"栏目从城市社区文化理论、业界实践视角切入，旨在揭示文化创意激活城市空间的奥秘。所收录的五篇文章分别从社区文化史论角度、城市社区文化的实践创新角度展开研究，呈现给读者的是喜闻乐见的日常城市生活里的那些文化与创意。本栏目的观点可以概述为：随着生产力的提升，人们的工作效率提高，相应的闲暇时间则增长，这个闲暇时间应该成为人的自由时间。本栏目研究社区文化资源配置的优化、内容创新、供给侧改革及管理对策等问题，旨在强调社区文化对人的发展的意义：让某一处社区的创意文化艺术，可以承载一个地区的文化风貌，形成强大的文化吸引力，使得人们感受到社区文化的温暖。

---

① 颜煌：北京舞蹈学院人文学院教师，首都师范大学文学院博士。

中国社区舞蹈发展趋势研究

张朝霞

摘要： 近年来，广场舞活动已经跨越全民健身和公共文化服务体系建设的传统边界，成为政府、学界、商界和艺术界普遍关注的一个热点问题。本文试图从"广场舞"这一独具特色的中国社区舞蹈"文化文本"入手，梳理其主体活动方式及特点，并借助发生学结构主义分析方法，对其生成和演变规律进行针对性分析。最后，本文试图"还原"广场舞的生成结构和历史语境，鼓励构建多元互动的社区舞蹈文化生态，以最终形成利于国民素质提升的新型社区舞蹈格局。

关键词： "广场舞热"　发生学结构主义　多元化　健康发展

2015 年 1 月，以中办、国办名义印发的《关于加快构建现代公共文化服务体系的意见》中明确提出要"引导广场文化活动健康、规范、有序开展"。2015 年 9 月，文化部、体育总局、民政部、住房与城乡建设部四个部门联合发文《关于引导广场舞活动健康开展的通知》，更是从国家文化治理和公共文化服务的角度，对广场舞活动的健康开展进行了战略性的部署与规划。这必将为广场舞活动的深耕细作打下良好的政策基础，营造正向的发展环境。

我们有理由相信：广场舞这一由中国人独创并传播开来的参与性公共文化活动，一定能够落地生根，并产生更为广泛和深入的社会影响、国际影响，广场舞实践和理论研究也必将进入一种全新的"专业化"、系统化轨道。但另一方面，由于广场舞自身发展的不确定性以及围绕广场舞利益涉众构成的多元化，"广场舞热"等研究议题反而变得更加复杂多变、难以捉摸。甚至于，"广场舞"到底是什么，似乎都成了一个有待重新界定的概念范畴。

基于此，本文拟从广场舞的本体特征入手，着重对我国城镇广场舞现象的发生与发展进行发生学结构主义研究，并尝试对我国城镇广场舞的管理体系优化进行对策性研究。

一　广场舞的本体特征与复合型功能

20 世纪 80 年代后期以来，广场舞在我国的城市和乡镇风行起来。所谓广场舞，指的是在城乡文化广场、公园及城市街角等公共空间或准公共空间内发生的公众参与性舞蹈活动。由于参与者多数为城镇中老年妇女，且形成了聚众而舞、管理松散、状态自然等特殊的文化症候，所以，我国城镇广场舞在很多时候又跟"广场舞大妈"画上了等号，被称为"大妈舞"。

正是由于广场舞与"大妈们"之间的这种直接、纯粹的超功利关系，许多广场舞的维护者往往倾向于对广场舞进行概念泛化的处理。特别是为应对城镇广场"暴走团"等广场舞外围活动所带来的负面影响，有的广场舞支持者开始努力寻找广场舞活动的学理基础，并依据参与性、公共性等外部特征，将广场舞的历史回溯到具有类似参与性、群体性特点的原始舞蹈。原始的民间的公共舞蹈活动，似乎成了使城镇广场舞理论合法化的有力佐证。在艺术史上找到了这一"血亲"后，论者甚至做出了"广场舞至少有几千年历史"的论断，并称为"原生态的广场舞"。还有论者则倾向于把广场舞和一直在民间保持活态传承姿态的少数民族群体舞蹈进行类比，认为广场舞其实就是一种"现代城市民间舞蹈"[1]。

不管是"原生态的广场舞"，还是"现代城市民间舞蹈"，其立论的关键点都是对城镇广场舞的肯定。不过，一个值得关注的事实是，城镇广场舞并没有像专业舞者所期许的那样发展出类似汉、藏、蒙、维、朝等学院派那样的采风、教育、创作、展演等专业化舞蹈系统，而是一如既往地"松散""自在"地发展下去。可见仅仅从部分准广场舞的艺术状态入手进行分析，并不能全面地把握城镇广场舞的本体特征。

为了使问题的探讨更具有针对性和实效性，笔者主张不采用既有学科视域来关照这个正在蓬勃发展的舞蹈文化现象，而是从客观现象的描述入手对"广场舞"进行限定性分析。从发生发展的阶段来看，我们所关注

---

[1]　端木复：《为现代城市民间舞蹈叫好》，《解放日报》2008 年 8 月 8 日。

的广场舞实际上仅仅是城镇化背景下的一种市民自发组织并参与的户外集体健身娱乐活动。

从时间纵轴来看，作为改革开放后中国社会变革的一个组成部分，广场舞远远大于"广场舞大妈"的概念，而具备大众都市文化所共享的文化特征。首先，就舞蹈本体而言，广场舞具有舞曲选择单一、随意、舞蹈编排动作简单、随性等诸如此类的自发性文化活动特点。在大多数情况下，广场舞具有锻炼身体、促进交往、娱乐身心的复合型功能，并不是一种独立的原创艺术，也不是与生活仪式密切关联的民族民间舞蹈。尽管已经有不少创造性广场舞作品，但从整体上看，我国城镇广场舞尚未形成科学性、系统性兼备的专业舞蹈训练、创作与表演体系，而且也不具备走向纯艺术的独立化、专业化强大内驱力。此外，由于地域文化生活习性的差异，虽然舞种类型的选择具有相似性，但各地领舞者及其团队也会很自然地进行适应性改造，以凸显区域文化特色。

总之，随着中国城镇化和社会老龄化发展，广场舞凭借其简便易学、热情快乐等独特魅力，吸引了广大城镇社区居民的倾情参与，成为一股不容小觑的"文化势力"。同时，作为全民健身运动的组成部分，广场舞不仅具有强身健体、娱情怡性的文化功能，而且还具有强大的构建、促进和谐社会的社会功能，在推动人自身、人与人、人与社会的和谐发展方面具有重要的推动作用。

二 我国城镇"广场舞热"的生成与新型社区舞蹈的传播

我国城镇广场舞蹈的发展大致经历了两个发展阶段：第一个阶段主要是从 20 世纪 80 年代到 2008 年左右，以交谊舞和霹雳舞的流行为主要特征；第二阶段主要是 2008 年左右开始一直持续到现在，以民族民间舞等多元化广场舞的"全面开花"为特点。北京奥运会的成功，带动了全民性的健身热潮。而广场舞由于其简便易学等特点，必然会成为民众追捧的对象。

正如 90 后广场舞创业者方慧在一项调研中所发现，广场舞"病毒式传播"的典型案例恰好肇始于 2008 年。她在 36 氪融资平台 APP 发表了署名文章，这样描述了当下"广场舞热"的发生过程："黑龙江省佳木斯市的市民自编一套广场舞，在市民中开始流行，旋即由佳木斯向周边及外省扩展。这种后来被称作'佳木斯快乐舞步健身操'的舞蹈，是由东北佳木斯一位退休体育教师模仿 Michael Jackson 的舞蹈的动作创作而来。2010 年，黑龙江省体育局组织培训，向全省推广该舞蹈。2012 年，国家体育总局举办为期一周的佳木斯快乐舞步健身操第一期全国培训班，来自全国 30 个省的 60 名学员参加了培训。这开启了地方兴起舞种——国家级部门确认——以辅导班形式推广全国的新模式。同时，辅导班也被各省级、市级单位采纳，并源源不断培育广场舞指导员。"

除了各级政府的介入式推动，互联网的飞速发展，又从商业和技术的角度为"广场舞热"提供了关键性助力。2010 年以后，互联网的迅速兴起，更是为这种带有全民健身基础的参与性文体活动增加了文化扩容的因素。移动互联和视频网站的兴起，则实质性地加速了广场舞的传习与传播。

同时，"糖豆网"等新媒体企业纷纷开辟专栏来支持广场舞。作为一家月度用户覆盖率高达 7200 万的新媒体企业，糖豆网特别开办了拥有自主版权的广场舞栏目——《糖豆广场舞课堂》。在这个互联网平台上，由相对专业的广场舞老师来进行教学示范。

互联网便捷的上传下载技术，使年龄偏长的广场舞参与者也可以迅速转型为特殊"网民"。在有远见的互联网广场舞产业经营者那里，为广大网友提供尽可能优质的消遣娱乐方式，让都市大众在闲暇之余找到属于自己的快乐，都已经成为他们的"必修课"。几千万的点击量意味着某种舞步、某支舞曲会在一夜之间迅速红遍大江南北。《最炫民族风》《小苹果》等广场舞专用舞曲，早就超过了歌曲自身的传播范畴，而成为城镇居民在茶余饭后"全民共享"的参与性公众娱乐活动的代名词。

如果说新媒体使广场舞的迅速成长和扩散成为可能，那么，传统媒体的有意识介入则无疑拉动了广场舞的主流化和正典化。在羊年春节晚会上，由《最炫民族风》和《小苹果》这两大广场舞"神曲"合体而成的"最炫小苹果"，成了广场舞发展史上最强的广场舞歌曲。尽管只是在"草根"明星歌手"筷子兄弟"和"凤凰传奇"身后跳舞，但这群快乐舞蹈着的"广场舞大爷大妈"俨然成了全国广场舞参与者的"代言人"，他们以漂亮帅气的舞步和灿烂的笑容引导着全国电视观众一起摇摆。

正如国家体育总局宣传司副司长温文在 2015 全国广场健身操舞 12 套

规范动作发布会上所说的，他们"从公园跳到广场，从广场跳到春晚，从国内跳到国外，从小孩子到老年人，广场健身操舞已经成为全民最为普及的健身活动之一"。

尽管体育总局出台的 12 套全国广场舞健身操舞，还没有很好地普及下去，但各方力量对广场舞领域的深度介入，还是实质性推动了广场舞的大规模普及。2015 年 11 月 7 日，国务院参事室华鼎国学研究基金会联合下属红色梦文化产业发展专项基金、北京红舞联盟科技有限公司等单位，在河北香河天下第一城成功举办了万人广场舞大型公益活动，参与人数之众、阵列队伍布局都打破了由美国亚特兰大保持了 8 年之久的万人排舞世界纪录。① 在舞蹈形态、传播方式、传习体制等方面，来自西方的排舞运动跟我国城镇化进程中自然生成的广场舞具有明显的区别。但是，以广场舞之名组织的吉尼斯万人排舞大赛，还是从某种意义上对我国广场舞涉众产生了相对积极的影响。事实上，这一广场舞活动，意味着国外排舞运动和中国特色广场舞的合流。

目前，我国城镇广场舞业已成为高普及度、高参与度的全民性舞蹈文化活动。从专业人士、舞蹈协会和国家相关机构，都在以前所未有的诚意和热情开始向广场舞领域渗透，相信这必将会从整体上改变广场舞的现实形态。特别是，近年来广场舞的大规模流行，以及由此而带来的社区治理议题，引起了国内外学术界、媒体及部分政府机构的高度关注。关于广场舞的学术研究与探讨也日渐增多，除了个别见诸报端的专论性文章，部分专题性的硕士甚或博士学位论文，也开始以广场舞作为自己的研究对象。从专业的角度想，关于广场舞的研究议题也是十分广泛的。其中，有对广场舞现象的社会学分析，有对广场舞创作的艺术学探讨，也有从健康议题入手的健身运动议题，还有从社区治理及商业运营入手的大众舞蹈管理问题。于是，广场舞几乎成了一个随处可见、人人在研究的"文化大热门"。

---

① 排舞，是一种排成一排排跳的舞蹈，源于 20 世纪 70 年代的美国西部乡村舞曲，也叫牛仔舞。第一段落用吉他和拍手的方式起舞，后来融入了欧洲宫廷和拉丁式的舞步。从接受者角度看，排舞舞步多元，风格创新，简单易学，容易受到各个年龄层的欢迎，是老少皆宜的舞蹈类型。排舞协会还会在全世界举行比赛，参加的人数经常打破吉尼斯世界纪录。这也是排舞在全世界广泛传播的原因之一。

三　基于社会阶层与结构演化的
中国式社区舞蹈生成机制

如前所述，广场舞的形态或舞种类型十分多元，而且还会伴随着时间和空间的转移，发生相应的变化。在适合户外活动的季节，在任何一块相对规整的城镇空地上，总会有人在跳着各种各样的舞蹈：有自 20 世纪 80年代广场舞第一高峰期流传开来的交谊舞、国标舞；有 21 世纪 10 年代广场舞第二高峰期中占据主流的中外民族民间舞等；有老百姓为了和节而舞，自发编排的随意性较强的道具辅助性健身舞、健身操；有近年自国外引进并迅速与广场舞合流的中国式排舞；有组织较为严密的太极运动群落，也有少量原创的现代舞、当代舞和街舞等。

在大都市中、在相对偏远的中小城镇中，只要有两三个人，外加一个便携式小音箱（有时候也由收音机或手机来代替），就可以开始"任性"地跳舞了。几乎可以说，当今中国已经进入一个无处不舞、无人不舞的新时代。有人做过不完全统计，全国广场舞参与者有 1 亿人左右。对于商家来说，这几乎是一片尚无人涉足的"蓝海"。在这片蓝海上，广场舞现在已经成了全民健身和文化共享的代名词。

然而，作为一种参与度最广的当代都市文化文本，广场舞不仅成了中国本土原创的典型，另一方面也成为毁誉参半的群众性文化活动典型。关于广场舞的争议，折射出当今中国文化建设中多方面的诸多问题。其中，比较集中的四个问题包括噪音扰民、地盘争夺、艺术低劣、管理混乱。在此之上，广场舞批判者中有学者运用文化人类学方法，对比考察了秧歌舞、忠字舞、广场舞，并将其统称为"现代中国的大众舞蹈"。类似的理论选题大多倾向于将广场舞群体理解为"铁板一块"，然后将其在单一维度上按照单一作品进行历史回溯。这种研究的最大弊端，就是把研究对象（多元化广场舞）当成了一个封闭的文化文本，然后借助"似是而非"的理由，进行简单的类比。这样，对比分析的结果就是，广场舞就是"文化大革命"意识形态的一个载体。

但事实上，广场舞中包括健身健美、民族舞蹈、外来舞蹈、自编舞蹈等多种形态。多数情况下，广场舞在表演时以集体舞为主，与所谓的"文化大革命"意识形态之间并没有必然的联系。这一派最轻率的推论是，仅仅凭借形态类似性，就将具有更多文化可能性的当代广场舞理解为"文化大革命"意识形态的"隔代复活"："几十年前，年轻人在广场上跳交谊舞，不顾当时老年人的感受！现在，老年人在广场上跳广场舞，不顾现在年轻人的感受！仔细想想，其实不是老年人变坏了！而是，那拨坏人变老了！还是那拨人。"① 这段话是网络转载率极高的对广场舞进行文化批评的文字，是一种典型的"文革意识形态说"，也是广场舞"扰民说"等四大弊端的基础。从某种意义上讲，这一论断主导了关于广场舞负面价值的诸多判断，而且很多时候是误判，或者至少是不够准确的判断。

究其原因，我们不难发现，上述论断所选择的路径和方法，显然并不适合当代广场舞这一动态、多变、开放性的文化复合体。因此，为了能够对现有的多元化广场舞生态位②进行有效分析，我们有必要引进一种更匹配的研究方法。在这里，本文试图引进法国文化社会学家戈德曼的发生学结构主义，对复杂的广场舞现象进行分析。

所谓发生学结构主义，是戈德曼在对西方形式主义和结构主义文论进行"破坏性创新"而提出来的一种追问艺术文本演变规律的认知理论。在其代表作《隐蔽的上帝》等理论著作中，戈德曼提出了一种重要的批评方法，即所谓的"文学的辩证社会学"。他主张在历史的视野内阐述结构，强调从文本出发，研究文本结构与社会结构间的复杂关系：其一，发生学结构主义探讨的是如何在特定的社会环境中产生；其二，在文本的内部揭示出总的"有意义的结构"，而这个结构与其赖以生存的社会结构是"同构"的关系；其三，发生学结构主义是在假设事实的评判和价值的评判之间、理解与解释之间、决定论和目的论之间的一种综合。这种综合遵循的是某种"整体性"原则。文本内的世界结构与创作者所属的社会结构应该是"同源"。也就是说，结构不是预先设定的，正是进行集体活动的人创造了结构，并且转换了结构。

在两次广场舞热潮中，广场舞的文化文本结构与社会历史结构之间始终存在着互塑共生的关系，而且这种关系是动态变化着的。

首先，当代第一波广场舞热的发生学结构主义分析：20世纪80年代

---

① 刘丽：《广场舞盛行背后折射出城市规划的弊端》，前瞻网，2014年7月28日。

② 生态位又称生态龛，表示生态系统中每种生物生存所必需的生境最小阈值。首都师范大学史红教授借助这一概念及其变体，对中国舞蹈群落进行了结构和运营的合理分析。

是改革开放后思想解放新思潮蔚然成风的时代，诸多束缚被打开了，而更加物质化的社会主义市场经济时代还没有到来，"社会结构"的主基调呈现为"打开了的昂扬的文化结构"。第一波广场舞热潮，就是思想解放新思潮向社会、向民间自然渗透、延展所带来的一种文化副产品。交谊舞和霹雳舞是这一场广场舞热潮的核心代表。"旧时王谢堂前燕，飞入寻常百姓家。"合法的异性间肢体接触这一"文化暗示"，使广场舞环境里的交谊舞不再是舞厅交谊舞的目标和形态。

表 1　　　　　　　　　　　　第一波"广场舞热"的结构分析导图

社会结构	文化结构	流行文化与艺术
开放的社会心态；异质文化的社会需求；社会阶层相对一致，贫富城乡差异不大；经世纬国的社会理念……	开放的文化姿态；文化寻根；蓝色文明与黄色文明的对话；文化反叛……	大众文化萌芽；邓丽君等偶像的传入；喇叭裤的流行；交谊舞与霹雳舞；崔健的摇滚音乐(电影《摇滚青年》)……

而当下这一场广场舞热则带有一定的官—民互动、商—民互动、官商民互动等外力拉动型的文化运作特点。

2015 年春晚广场舞《最炫小苹果》的亮相似乎是一个信号——国家开始正式承认并支持广场舞。2015 年 3 月 23 日，国家体育总局、文化部共同主办推出"2015 全国广场健身操舞活动"。这 12 套全国广场健身操舞蹈是由专家创编，适合不同人群，编排科学合理，群众简单易学，利于推广。据国家体育总局刘国永介绍，从 2012 年开始，从全国健身操舞交流大会开始，创编团队征集到 259 个作品。经过一路择优，最终推出了 12 套编排作品，其目标就是改变"一个社区一个跳法"的现状。

相关部委的支持与推广，不但有效提升了广场舞这种全面健身操的整体形象，而且也在内容上给予广场舞更多的支持。但是，广场舞大爷大妈们似乎不是特别认账，他们依然想根据自己的方式跳舞。于是，越来越多的新媒体企业开始介入，这不但为广场舞参与者提供了足量的教学视频和阅读文料，而且也从某个侧面培育了一批专业化程度比较高的广场舞编导、教育者。在民间，有很多编导转型后成为广场舞界的明星编舞老师，完全不受学院派等专业舞蹈评价体系的影响。

同时，在网络教学视频点击量等商业因素介入后，教材、乐曲等制约广场舞自身体系建构的先天困境似乎得到了解决。王广成、杨艺等广场舞明星级老师与编导借助网络而成为接受度最高的舞蹈老师和舞蹈编导，他们的学员和粉丝逐渐成长为广场舞群体里的骨干或者领舞者，从而成为一种可以和那些科班训练出身的群文馆舞蹈老师和舞蹈编导对话的"非专业舞蹈力量"。

虽然专业舞蹈的主流地位依然很稳固，但很多人都开始意识到舞蹈不再是少数职业舞蹈家的特权。"人人都是艺术家"这一浪漫主义色彩浓厚的文化民主化思潮，变成了一场参与度极高的群体性文化活动。没有接受过职业化或准职业化舞蹈教育这一事实，并没有阻碍参与者的跳舞热情。他们或三五成群，或成群结队，在他们自己认定的时间和空间里自由自在地"跳舞"，甚至有时候达到了"旁若无人"的境界。各个北京舞蹈队的领舞者、核心骨干，大多都是从网上下载专业舞者的视频，自己进行模仿练习，并根据自行下载的流行歌曲或乐曲"自助编舞"而创造出来的。从一个舞步，到一个舞段，再到一支完整的舞蹈，广场舞领舞者们借助网络完成了自助学习和创作的时代转型。

表2　　　　　　　当下多元化广场舞的利益涉众及其推广机制描述

利益涉众	推广机制
政府相关部委（文化部、体育总局）	标准化广场舞（中国舞协全民健身操；体育总局12套全国广场健身操舞蹈）
群文系统的广场舞	原创性广场舞（CCTV3社区舞蹈大赛）
民众自发组织的广场舞	自助型广场舞（各公园、街道、广场上的松散状态广场舞）
社区街道及相关企业（含金融机构）	集合性广场舞（以社区舞蹈大赛为依托）
互联网+广场舞	随意性广场舞（以明星广场舞老师为代表的自由舞蹈）

综上，就"整体性"而言，当下城镇广场舞的参与者并非跳脱于个人生活轨迹之外的"遗民"，为了满足青春期时的梦想与冲动而跳舞。除了健身、娱乐诉求之外，广场舞参与者更多是因为"热爱"而跳舞。他们在和乐而舞的过程中，充分享受到了身体节律运动的快感和美感，从而他们在跳舞的过程中所秉持的激情和状态，甚至是很多专业舞者所不具备的。在身体技能、创作技法，甚至音乐和道具都不充足的情况下，每个舞

蹈队的领舞者，几乎都是以自筹方式开启了他们的舞蹈梦想之旅。简而言之，他们是一群为了单纯的快乐而舞蹈的当代中国人。同时，在习舞的过程中，他们也逐步体验到了艺术规范和技巧能够带来的巅峰式快感，因此，他们大多会选择以更加虔敬的态度跳舞。从没在广场上跳过广场舞的"晚会大妈"，一开始有些不习惯。因为，在群文系统的舞蹈队里，她们接受了相对专业的柔美的民间舞。春晚前，她们接到上台表演广场舞的通知，但是有的人一开始觉得广场舞"跟跳操似的，不得劲儿"，但跳着跳着，就来了兴趣。她说，这是因为广场舞什么动作都包含，新疆舞、蒙古舞、恰恰、拉丁等舞蹈元素都囊括在内。在感受节奏的同时，动作比民间舞硬，也更有力量，跳完之后感觉特舒坦。

总而言之，虽然在很多情况下，广场舞大爷大妈们的舞姿看上去并不漂亮，跟舞台上年轻的专业舞者根本无法相提并论，但快乐舞蹈就是他们最大的收获。各利益涉众给他们输入的多元化信息，使这个阶段的广场舞继续呈现多元化形态，这就是最有价值的参与性舞蹈文化活动。

结　语

从 20 世纪 80 年代后期开始，广场舞发展到今天，已经具备了独特的艺术创作和文化运作方式。值得注意的是，广场舞的急速发展和病毒式传播，应该已经成为某种独立自在的文化活动品牌。但是，速度和体量如此庞大的广场舞，一定也会带来某些发展中的问题。"扰民说"等负面问题，已经影响了广场舞的长足发展。或许，随着时间推演，扰民等问题解决了，广场舞的第三次黄金期才会到来。

在这里，我们要问的是，广场舞真的是"恶"的吗，真的是丑的吗？根据笔者和团队多年来对广场舞现象的介入式实践研究经验，答案似乎是相反的，至少局部如此。

就像北京舞蹈学院的师生所观察到的，在国家舞蹈学院的对门，一家借助"扒带子"而学会舞蹈的社区舞蹈"英雄们"在北京市第一个免费公园——紫竹院公园里，自己"建造"起了第二个"国家舞蹈学院"。在这个"舞蹈学院"里，该有的舞种应有尽有，跳舞的人群日趋多元，除了典型的广场舞大妈外，来北京舞蹈学院求学和做研究的中外学者和学生也会来这里跳舞。还有很多有一定艺术基础，并设有稳定组织机构的太极拳团队、合唱团团队、汉服社团等也会在这里定期活动。同时，由于紫竹院社区街道积极主动地关注和协调，紫竹院公园的广场舞群体已经初步形成了自己的条块式空间布局和管理模式。所谓的音响扰民和地盘争夺等广场舞负面事件，在笔者追踪调查的三年内，几乎没有发生过。可见，广场舞的发展应该有其自身独特的发展、演变规律，不会成为滋扰周边非舞蹈群体的干扰因素。因此，只要有各方力量的支持与平衡，广场舞活动势必会走向更加稳健的轨道。

Tendencies Investigation on Chinese Community Dance

Abstract：In recent years, with the development of public cultural service system, the community dance named Square Dance in China has already become one of the main topic of the cultural administration. In this paper, the author attempts to study "square dance" in the context of the the Chinese history and society. With the help of genetic structuralism analysis method, the paper finally tries to "restore" the Square Dance developing structure in the historical context, and then to encourage the social construction of cultural and ecological dance. Finally, the author tries to argue that the combination of the various patterns of community dance will be the tendency. In the future, different "stake holders" will share the value and the ownership of the Chinese community dance.

Keywords：Square Dance; Genetic Structuralism; Diversification; Healthy Growth

（张朝霞：北京舞蹈学院教育学院副院长、教授、硕士生导师）

关于公共审美教育的若干思考

——从广场舞谈起

张延杰

摘要：对于作为公共艺术形式的广场舞，其审美教育的实质理念和原则的理解与把握，还是应该回归普遍意义上的美育教育本身。本文力图以经典文本为基础，分析审美教育的本质特征，以期为广场舞这种公共艺术的审美度提升提供参照和借鉴。

关键词：广场舞　公共审美教育　美育　席勒

近年来，关于广场舞和"广场舞大妈"的负面新闻层出不断，在公共话语空间中，广场舞一度被污名化，备受苛责。"广场舞热"作为一种社会现象引发社会学家和人类学家的关注与思考，同时也有专业人士从全民健身及运动医学的角度来分析广场舞对公众健康的重要性。针对广场舞"扰民"的问题，也有学者从城市空间管理的角度提出有益建议。然而，关于如何提升广场舞的艺术品位和审美价值的讨论并不多见。人们似乎忘记了广场舞作为一种公共艺术形式本身所具备的审美内涵和价值，甚至在有些人眼中，广场舞只具备健身和社会交际的实用功能，根本算不上是一种艺术形式。但是，不能忽略的是，广场舞的重心还是舞蹈，是伴随着节奏鲜明的音乐，以身体为媒介的舞动，其舞蹈形式融合了健身操、民族民间舞，甚至交谊舞和拉丁舞。由于这种舞蹈发生的空间是在城市广场、公园空地或社区休闲区等公共空间，因此毋庸置疑，广场舞是中国本土特有的公共艺术形式。既然是一种艺术形式，就如其他艺术，如绘画、雕塑、戏剧一样具有自身的审美价值和艺术定位。然而，对于大多数人，尤其是对年轻人来说，这种由中老年女性为主体参与者的艺术形式，因为没有接受过相关专业训练，呈现出的美感或者审美价值并不高，这种"不优雅"的印象加上"扰民"的负面新闻，促使"广场舞大妈"在新媒体背景下不断被污名化，成为"代际冲突"的鲜明标志。这种"审美的冲突"使得"代与代之间的矛盾凸显了出来"。①

　　如何理解广场舞的艺术定位，又如何确立和提升广场舞的审美价值？有学者从现代美学的"画框"原理出发，认为"街舞和广场舞打破了舞蹈艺术的画框功能，使舞蹈进入人们的日常生活，它消解了舞台式的演员和观众的二元对立式结构，把舞者变成观者，或使观者成为舞者"。② 由此，广场舞被定位为："在剧场舞台之外得到空前的生长"，即"打破现代性细致分化所确立的那些边界、规范和领域，呈现出某种去分化特征"③ 的后现代艺术。然而，这种从纯粹的西方现代美学发展角度对广场舞的艺术定位似乎并不符合中国的实际情况。那么究竟如何以中国社会现实情况为基础对广场舞进行客观准确的艺术定位呢？这里有学者以实证性的田野考察为基础，结合时代背景，认为广场舞并不是指某一种或某一类舞蹈体裁或具体的舞种，它实际上是集业余趣味、个人休闲、健身、娱乐以及身体表象于一体的一种颇具中国特色的"街头舞会"。④ 在学者看来，"广场舞的最大特点就在于它的多样性、多元化、包容性、自发性、草根性以及无数舞者在跳舞实践中所激发的创造力和想象力。……广泛的大众参与性为中国社会带来了大众化的节奏韵律感和富于自由美感的身体表象。广场舞的志向是参加者自身的健康、娱乐、幸福与身体之美，而不是其他任何目的，它不是为了表演或展示……正是由于其主要的目标或社会功能就是现当代中国民众在日常生活中建构、创造或追寻有关健康、身体之美和幸福感之类的价值，因此，它几乎没有偏激意识形态的影响"⑤。由此可以看出，"自由美感""身体之美"的目标和定位已将广场舞纳入到当下中国公共艺术的审美范畴之内。

　　除此之外，关于广场舞这种公共艺术的审美性质以及如何提升广场舞的审美品位，也有学者从艺术管理的角度，认为"舞蹈艺术民众化，通过舞蹈艺术的社会化，形成了公共艺术的基础，人们在此层面上更为广泛地

---

① 陈祥：《新媒体语境下"代际冲突"的新呈现——对"广场舞大妈"污名化现象的社会心理学解析》，《商》2016 年第 34 期。

② 周宪：《从舞台到街角：舞蹈现代性的思考》，《北京舞蹈学院学报》2015 年第 3 期。

③ 同上。

④ 周星：《秧歌舞/忠字舞/广场舞——现代中国的大众舞蹈》，《内蒙古大学艺术学院学报》2015 年第 2 期。

⑤ 同上。

参与舞蹈艺术活动，公共设施部门向民众提供舞蹈类公共教育服务。这也是艺术功能的社会效应最为本质的体现。在这个过程中，公共设施作为学校教育的延伸场所，以舞蹈为媒介，承担了美育和德育的工作"①。在这里，学者认为广场舞这种公共艺术需要有专业学校教育介入，承担公众的美育工作。认为"职业舞蹈家应重视这种舞蹈文化现象，主动参与社区舞蹈活动，以社区成员的身份，与群众结合，推动社区舞蹈良性发展"②。事实上，近年来，高校舞蹈教育专业人士对广场舞的审美度和艺术性不高的问题给予了积极关注和回应，认为舞蹈专业人才应该从精英舞台走向民间和社区，投入到以审美教育为目的的舞蹈艺术普及和传播工作中。专业舞者应以文化建设的意识投身公众的审美教育中，以此提升广场舞的审美性和艺术品位。③ 由此可见，舞蹈专业人士对于广场舞充满人文性的分析与见解，也体现出专业精英人士投身公共文化建设的社会责任感。

从学界关于广场舞的艺术定位和审美价值的论述中，可以感受到广场舞被赋予的多重含义，展现出社会学、人类学、现代美学和艺术管理学的多元视角。笔者认为，对于作为公共艺术形式的广场舞，其审美教育的实质理念和原则的理解与把握还是应该回归普遍意义上的美育教育本身。本文力图以经典文本为基础，分析审美教育的本质特征，以期为广场舞这种公共艺术的审美度提升提供参照和借鉴。

事实上，关于舞蹈的美育功能，早在古希腊的柏拉图时代就受到高度重视。在《法律篇》中，柏拉图笔下的雅典客人这样说道："神们被分派给我们做舞蹈的伴侣，他们就给我们和谐与节奏的快感。这样，神们就激起我们的生气，我们跟着他们，手牵着手，在一起舞蹈和歌唱。"④ 在《理想国》和《法律篇》中柏拉图反复强调音乐和舞蹈对于培养人的理智和善恶美丑辨别能力具有重要作用。音乐和舞蹈教育一直占据着柏拉图公民美感教育思想的显著位置。"音乐教育比起其他教育都重要得多……节奏和乐调有最强烈的力量浸入心灵的最深处，如果教育的方式适合，它们

---

① 张朝霞、颜煌：《中外社区舞蹈艺术管理模式对比研究——以北京与伦敦为例》，《北京舞蹈学院学报》2015 年第 2 期。

② 颜煌、张朝霞：《专业与社区舞蹈优势资源互补机制研究——以"人人舞"为例》，《北京舞蹈学院学报》2013 年第 6 期。

③ 张延杰：《"人民的舞步"：作为公共艺术的广场舞》，《中国青年报》2016 年 1 月 4 日。

④ ［古希腊］柏拉图：《柏拉图文艺对话集》，朱光潜译，人民文学出版社 2008 年版，第 238 页。

就会拿美来浸润心灵，使它也就因而美化；如果没有这种适合的教育，心灵也就因而丑化。"① 在柏拉图看来，受过教育的人就是受过很好的舞蹈和歌唱的训练，因而也就能够喜善恨恶。"让我们来像猎犬一样随着气味追寻下去，来找出形象，曲调，歌唱和舞蹈中的美；如果找不到，谈起教育（无论是希腊的还是蛮夷的）就没有用处。"② 在《法律篇》第七卷中，柏拉图为人们区分了何为正派和体面的舞蹈，哪一种舞蹈适合哪一种祭献，并认为正当的舞蹈和歌唱意味着人们追求有节制的欢乐，"同一个国家和同一些公民，应该用同样的方式享受同样的欢乐。这是幸福和神圣的生活的秘密"③。在柏拉图的美学思想中，最美的境界是心灵的优美与身体的优美和谐一致，融成一个整体。

毫无疑问，古典文明时期所倡导的身心和谐的理念是审美教育的重要组成部分。这种和谐理念经由文艺复兴时期人文主义者的阐释得以进一步深化和明确。人文主义者的杰出代表莱奥纳尔多·布鲁尼（Leonardo Bruni）④ 在彼得拉克思想的基础上，提出以人文主义文学和人文学科为手段造就完整的人。布鲁尼认为："人文主义要造就完整的人，首先要求实现完整的，符合人性的教育。"⑤ 在布鲁尼的"完整的人"的理念推动下，人文主义者纷纷倡导精神与身体的密不可分以及世俗生活的幸福和价值。洛伦佐·瓦拉（Lorenzo Valla）⑥ 被学者称为"是一个真正在各个领域里为充分和全面恢复世俗生活的价值，反对任何禁欲主义而斗争的人"⑦。瓦拉认为："人的目的不是割裂自己，而是在从事活动的同时也享受心灵的激动和身体的欢乐，幸福也存在于身体的欢乐中。"⑧ 在这里，瓦拉不

---

① ［古希腊］柏拉图：《柏拉图文艺对话集》，朱光潜译，人民文学出版社 2008 年版，第 50 页。

② 同上书，第 239 页。

③ ［古希腊］柏拉图：《法律篇》，张智仁、何勤华译，上海人民出版社 2001 年版，第 238—240 页。

④ 莱奥纳尔多·布鲁尼（Leonardo Bruni, 1370—1444），意大利人文主义者，历史学家。曾任佛罗伦萨执政官，教皇秘书。

⑤ ［意］加林：《意大利人文主义》，李玉成译，生活·读书·新知三联书店 1998 年版，第 40 页。

⑥ 洛伦佐·瓦拉（Lorenzo Valla, 1407—1457），意大利人文学者，雄辩家和教育家，神职人员，曾任职教宗秘书。

⑦ ［意］加林：《意大利人文主义》，李玉成译，生活·读书·新知三联书店 1998 年版，第 49 页。

⑧ 同上。

仅承认世俗生活的幸福价值，而且阐明身体的欢乐同心灵一样值得人们享受。在瓦拉看来，"欢乐是同符合人的有血有肉的道德观念紧密结合在一起的。肉体和精神不可能截然分开，更不可能处于对立的状态"①。瓦拉指出禁欲主义的错误就在极端的二元论，即理智和感情、身体和灵魂的对立。由此他呼吁回到自然，恢复人的统一性和整体性。②

这种主张人性完整和身心合一的教育理念发展至近代，在工业化时代背景下，历经启蒙运动理性至上思想的不断冲击，再一次被思想家和文学家提升至重要地位。18 世纪德国戏剧家和美学家席勒在其代表性论著《美育书简》中，倡导回归古希腊的完满人性，主张人类的感性与理性合一。"因为希腊人的自然天性集一切艺术魅力和一切才智威严之大成，而不会像我们的天性那样做了它们的牺牲品……我们见到：丰富的形式与丰富的内容，哲学的思考与文艺的创造，柔情与魄力，他们都兼而有之，而且使青春的幻想与成年的理性结合成一种辉煌的人性。"③ 在席勒看来，现代文明发展，国家机器日益复杂，社会分工的不断精密，使得人性的内在统一被不断分裂，以致支离破碎，独立完整的个体退让给精巧的机构，结果产生一种全面的机械的生活。④ 席勒认为，若想改变这种状况，弥合人性的分裂，就需要通过人类天性中的"游戏本能"，即不带任何功利目的的审美活动，才能使得人性趋于完满。"人对美只应游戏，而且只应对美游戏。"⑤ "唯有当他是充分意义的人时，他才能游戏，唯有当他游戏时，他才是完人。"⑥ 这里席勒所说的"完人"正与文艺复兴时期"完整的人"的教育理念相呼应，而面对资本主义工业化发展之初的席勒则比文艺复兴人文主义者更加敏锐地感受到，只有脱离任何功利目的的束缚的审美活动，才可以真正帮助人类回归自由与完整。"美的事物及其引起我们心中的情调，对知识和欲望来说，是完全漠不相关的，是毫无利益可图的……因为美不论对理智和对意志都完全没有提供任何个别结果，它没有达到知识的

---

① ［意］加林：《意大利人文主义》，李玉成译，生活·读书·新知三联书店1998 年版，第50 页。

② 同上书，第51 页。

③ ［德］席勒：《美育书简》，章安祺编订：《缪灵珠美学译文集》（第二卷），中国人民大学出版社1998 年版，第143 页。

④ 同上书，第144—145 页。

⑤ 同上书，第172 页。

⑥ 同上书，第173 页。

或道德的个别目的，它没有发现一个真理，它没有帮助我们完成一个责任，简而言之，它既不适于建树性格，又不善于启发头脑。"① 在这里，我们看到席勒眼中的审美活动，与道德提升和知识启迪等目的毫无关系，而只是人类天性中原有的自由属性。"美感教育所能达到的目的，不过是在自然方面使他以后有可能把自己造成他所愿意做的人，使他完全恢复自由来做他所应该做的人。"② 由此可见，在席勒的美育思想中，审美活动可以恢复人性的完整与自由，不再只囿于感性或理性的束缚与控制。而这种审美活动的前提也应是出于自由的，毫无功利企图的游戏天性。

　　以上通过对古典美学理念的回顾，我们可以看到，舞蹈作为以身体为媒介的艺术形式，一直以来都是审美教育的重要组成部分，更是促进身心和谐，实现人性完满的重要途径。那么，在公共空间发生的，民间自发组织起来的广场舞，以席勒的美育视角来看，就是以自娱和追求身体之美为主，不应被赋予任何道德教化或意识形态宣传等功利目的的自由审美活动。因而，若想提升广场舞的审美价值，必须赋予广场舞以审美的自由空间。但是目前来看，广场舞还是不可避免地成为政府意欲规约和控制的目标。2015 年 1 月，国务院办公厅印发了《关于加快构建现代公共文化服务体系的意见》，明确提出要"引导广场文化活动健康、规范、有序开展"。2015年 9 月，文化部、体育总局、民政部、住房与城乡建设部四部门联合发文《关于引导广场舞活动健康开展的通知》，提出对广场舞活动的健康开展进行战略性的部署与规划。从这些行政性举措可以看出政府的初衷是为广场舞发展打造坚实的政策基础，营造良性发展的氛围。但是，笔者认为政府的角色应是引导和扶持，而不应过多干预。在群众文化艺术活动中应提倡多元化和多层次原则，不应强制规范，而应给予民间和社区艺术活动更多空间，自由发展。这是因为从审美教育的角度来看，人类的审美活动，或者说对美的欣赏与追求都是源自人类天性中渴望回归人性的和谐完整和自由。这种天性无需规训和制约，相反应给予自由和鼓励。正如席勒所说："审美情调所给回人的这种自由是最高贵的礼物，是人性的馈赠。"③

　　另一方面，在公共审美教育领域，我们长期忽略源自感官直觉体验的审

---

　　① 〔德〕席勒：《美育书简》，章安祺编订：《缪灵珠美学译文集》（第二卷），中国人民大学出版社 1998 年版，第 187 页。

　　② 同上。

　　③ 同上。

美快感，只关注艺术作品的意识形态和伦理道德的说教主题，并不探究和体验源自作品形式本身的美感。大概我们每个人都记得小时候在语文课上，老师引导大家总结段落大意，归纳中心思想，背诵作者简介，似乎并没有人注意来自文学作品本身的审美意象和语言的韵律美感。长期以来，这种只关注艺术作品的理性含义而忽略直觉审美体验的欣赏方式，使得多数普通观众在面对艺术作品时，总是感到困惑不已，不断提出疑问，"这是什么意思？""那个又想表达什么？"因此，对于以自己身体为媒介的舞蹈艺术，人们也习惯性地要赋予这种艺术形式以各种道德或意识形态的意义。殊不知，这种追求个体表达的，呈现纯粹身体美感的艺术形式正是审美活动中最易直接体验到美感的审美对象。作为参与度颇高的，群众自发性的广场舞活动，其最大特点就是活动的参与者同时也是美感的追求者和体验者，即审美活动的客体同时也是审美活动的主体。所以，对于这种大范围的公共审美活动，最值得我们关注的应该是，如何从审美的直觉体验层面引导广场舞的参与者不断提高对身体美感的认知能力和感受能力。只有这种诉诸感官直觉体验的审美方式才能真正有效地提升广场舞的审美价值和审美内涵，让参与者和观者都能够从中获得美感满足，进而回归真正完整而自由的人类天性。

关于公共审美教育需要反思的还有很多。除了广场舞，在其他公共空间如剧场、博物馆和画廊发生的艺术活动，更多的参与者还是倾向于关注艺术作品或展品的知识层面、附加其上的道德或政治含义。有时我们在博物馆里看到，很多观众关注展品展签文字的时间多于关注展品本身。更多时候人们似乎忘记了这些艺术作品和展出文物本身的色彩、线条、造型、节奏、声音所传达出的，直接诉诸人类感官的美感冲击。然而，恰恰正是这种美感体验建构起审美活动的本质部分。因此，在公共审美教育领域，如何让人们重新打开封闭已久的感官知觉，抛开各种功利目的，以游戏的本能冲动投入到审美活动中，应该成为未来审美教育的中心任务。只有正确而充分的美感教育才能建立起人内在的和谐本性，而只有达到个体本身的和谐完整，才能建设整个社会的和谐。正如席勒所说："唯独审美的国家能够使社会成为真实的社会，因为它通过个体的天性以实现集体的意志。……只有审美趣味能够给社会带来和谐，因为它在个人心中建立了和谐。"① 由此可见，公共审美教

---

① ［德］席勒：《美育书简》，章安祺编订：《缪灵珠美学译文集》（第二卷），中国人民大学出版社 1998 年版，第 213 页。

育所担负的职责不仅仅是个体艺术素养的提升，而是关乎整个社会的和谐与进步。作为群众广泛参与的广场舞活动，我们也需要更多关注如何提升其审美趣味，培养参与者的美感体验能力。广场舞不仅是社区群众文化和全民健身活动的重要组成部分，对于构建和谐社会，创造良好社会环境也具有重要意义。

Reflections on Public Aesthetic Education

—Beginning with Square Dance

Abstract：This paper suggests that square dance, as a public artistic form, should be understood and researched in the perspective of aesthetic education. The paper analyzes the nature and characteristics of aesthetic education on the basis of classical texts, aiming to provide reference for the improvement of the aesthetic value of square dance.

Keywords：Square Dance； Public Aesthetic Education； Art Education； Schiller

（张延杰：北京舞蹈学院教授，《北京舞蹈学院学报》副主编）

朝阳区文化馆"中国文化馆百年思想广场"活动启发

——文化馆涵养柴米油盐居民社会的"共同自由"

徐 伟 肖 丹

摘要： 面对社会原子化、制度变迁和经济社会联结状态发生变化过程，表现为个体之间的联系的弱化，国家与社会、民众与政府的疏离，衍生出的个人与公共世界的距离变得疏远，出现了道德规范失灵等一些社会联结被破坏的现象。文化馆通过建立"文化居委会"自治组织，是在街乡、基层的一个实验，更可贵的是引起这个行业的震动，从关心社区文艺团队的爱好者到关心社区文化问题的转变，为解决百姓关心的公共文化问题的实现方式提供了多元方向。

关键词： 文化馆 文化居委会 公共文化

文化馆改革是文化体制改革的一个局部，不仅涉及文化体制自身的变化，也与整个社会体制的变化结合在一起，朝阳区文化馆30多年来的改革演进、发展和变迁与国家的改革开放的总体叙事相关，与经济社会和市场政治相联系。正值中国文化馆百年之际，朝阳区文化馆举办了"中国文化馆百年思想广场"活动，这一活动给了我们深刻的思考。

光绪"新政"，晚清至1905年，西学东渐，传统向近代思想文化转折，现代民众教育进入萌芽期。"通俗教育馆"成立于1915年的北洋政府时期，"开通民智，改良风俗"成为民众教育的目标，民国时期改为"民众教育馆"，1949—1966年，经历了"文化大革命"，融入并延伸了苏联模式，后来的文化激进主义的文化馆远离文化馆的本质。"文化大革命"10年的文化馆，政治理念取代了教育理念，成了政治的注脚。到80、90年代文化馆经历了改革开放前期的重商社会盈利模式。21世纪第一个10年出现了多元异质现象。近来外来理论学说、世界多重殖民化，造成文化观念撕裂，致使文化体制机制缺乏共识，产生碎片化现象。文化馆正处在第三波改革，经济社会的发展，文化馆的双重转型即体制转型、发展转型的重叠期。

一 中国文化馆百年思想广场活动

文化馆是实行全民美育教育的重要部分，负有光荣的国家使命。文化馆应以接续"开通民智，改良风俗"之传统初心，重启全民美育启蒙，以提升国民素质为己任，推动社会改善。2017 年是国家全面实施"十三五"规划、全面建成小康社会的重要一年，《中华人民共和国公共文化服务保障法》已颁布实施，文化馆要进一步解放思想、勇于担当、敢为人先，用全方位的开放态度深化改革。面对开放与保守、变革与守旧等矛盾凸显，我们要克服自身的不足，不断扩大我们的"朋友圈"，提高文化创新力，参与经济社会的文化治理，加大改革攻坚力度，巩固经验，创造模式，紧紧围绕"十三五"文化发展规划，在经济社会中发挥重要作用，成为同行业的领跑者。

从文化馆行业整体来看，有些工作生态是值得深思的。我们仍然处在制度惯性与体制依赖的牢笼里，缺乏改革志气，工作低效，普遍存在慵、懒、散现象，文化馆作用日趋边缘化，存在着被取代、被弱化的可能。"群众文化"成为标签，其价值成为取悦民众的消费方式。这种现象非但没有引起我们的警觉，反倒呈现出听之任之的集体无意识现象。

朝阳区文化馆前几年的改革起到了积极作用，项目负责、平台建设，从单元、多元到多元混融体制的转变，原来的内部机制被解构，使工作充满活力，取得成果，但今天看来大都是应景了，我们津津乐道的"项目负责制"模式已经"透支"，出现了"报复性补偿"——工作出现了缺乏活力、目标模糊的颓势，造成工作状态疲弱，文化馆的引领地位正悄然失去。

幸好多年的工作培养了我们免疫自救的能力，我们看到了身上的缺点。其根本原因是依赖政府包办造成的，造成我们公共文化服务方式单一、产品少、同质化、效率低、质量差、活力不足、供给能力差、渠道单一、责任意识集体性缺位。项目负责人工作态度也从主动变得逐渐消极，或心浮气躁，不注重学习，业务不精，懒思考、缺少创新，事事依赖、流于表面，项目间强调独立性，团结协作不够，遇事相互推诿、拈轻怕重，有些人钻空子，不遵守纪律，考勤、考绩弱化成为文化馆前进路上的顽疾，时间管理松懈。文化馆要挣脱短板，克服职业倦怠，创立新观念，才能转型再生，要像手术刀一样要戳到痛处，改变病理，才能续写文化馆的新篇章。

二　精神文化是社会经济秩序转型的需要

据文化部统计，全国有 5000 多家文化馆，从业人员 17 万人。"文化馆到底是做什么的"一直是社会问题、百姓的问题和行业的问题。

归根到底，中国的前途将取决于国民整体素质的提高。所谓提高素质，就是要使我们身上那些人之为人的属性，完成人格"素质"的含义，得到健康生长，成为人性意义上的优秀的人。按照通常的划分，精神属性可分为知、情、意三个方面，即理性思维、情感体验、道德实践这三种精神能力。人类的这些精神能力在极其漫长的自然进化过程中形成了生物学的基础，而后在相当漫长的文明演进过程中展现出来，并得到发展。作为人类的一员，每一个个体的人通过种族的遗传，具备这些精神能力的生物学基础，在此意义上，我们说这是人性中固有的禀赋。然而，它们尚处于"种子"的状态，唯有在人类文化的环境中，"种子"才会发芽，潜在的禀赋才能生长为现实的能力。

文化环境不是物理学意义上的环境，对它的理解不能局限于当下的一时一地。几千年来，人类的精神探索形成了一个伟大的传统，这个传统包容了、超越了一切时代，对于人类每一个有心提高自己精神素质的成员来说，它都是最广阔、最深刻的文化环境。

智育的目标是培育自由、独立的头脑。在这方面，经典作家是最好的榜样。他们首先是伟大的自由思想者，不受成见束缚，勇于开拓前人未至的新领域，敢于挑战众人皆信的旧学说。尤其在社科领域，权利、习俗、舆论往往具有巨大的势力，阻挠人们对真理的追求与认识，而他们能够不为所动，坚定地听从理性的指引。从他们的著作中，我们学习到的不只是一些社科知识，更是追求真理的勇气、智性生活的习惯和独立思考的能力。

美育的目标是培育人们美丽、丰富的心灵。在这方面，文学艺术作品诚然是基本的教育资源，但人文和社科经典著作也能给人们以美好的熏陶。德育的目标是培育善良、高贵的灵魂。在这方面，经典作家尤能给人们良多启示。人文和社会科学的研究对象是人和社会，在这个领域中，起支配作用的不只是理性思考和实证观察，更是价值定向和理想愿景。每一位思想家都心怀提升人类向更好状态发展的愿望，一切思考最终都指向最基本的价值问题，怎样的人生是好的人生？怎样的社会是好的社会？民众素质的提高，人人有责。精神财富的享用，人人有份。

三 "百年思想广场活动"的学术成果

朝阳区文化馆在社区成立了"文化居委会"，引起全国的关注，面对百姓的柴米油盐，文化馆需在人们原来的混沌生态中去寻找最大公约数，从原有的"群众文化"概念中去寻找宪法精神与政府立场，寻找自下而上的民间立场，寻找多元不同利益的共同体，社会机构与非营利组织，政府购买与市场联动，产权观念向使用权共享的辩证关系。从而看出审美层面的变量、表现方式的变量、受众层面的变量、多重因果的变量。

（一）文化馆逐渐成为学术机构研究的"公共话题"

文化馆逐渐成为相关学术机构研究的"公共话题"讨论主要集中在以下几方面：（1）从中国文化馆的变革突围看朝阳区文化馆的宪章运动；（2）"从脚下走向天下"：文化馆公共教育的过去、现在与将来；（3）"农民上楼"开启城乡文化平权时代；（4）"文艺工号"社会企业实践是城市新移民的创业、就业平台；（5）探索、成立文化治理的社区民主自治组织"文化居委会"；（6）文化馆面对空心化社区在城中村、城边村建设"农村文化大院"；（7）当代文化馆发展与公共教育的知识生产；（8）文化馆公共教育与艺术民主化；（9）艺术家的改革服务与文化馆公共教育；（10）文化馆"社会企业"模式的决定性和约束性因素；（11）正在改变文化馆的工作生态：互联网的开疆拓土。

（二）第一部具有批判的、内省精神的"朝阳区文化馆宪章"

（1）文化馆是国民教育的重要组成部分，负有为民初心的光荣使命；（2）文化馆接续"开通民智，改良风俗"之传统，提升国民审美素质；（3）文化馆为社会公器，每个公民都有分享其公共文化产品的权力；（4）文化馆执行国家《公共文化服务保障法》，要有唤醒民众美育的能力；（5）文化馆去除群众文化空心化、标签化、圈子化现象，关注社会，走进民间；（6）文化馆有自主办馆和用人方式分配、裁量权，实行法人治馆；（7）文化馆要求生存面向市场，探索非营利"社会企业"运行之道；（8）文化馆探索"文化居委会"自治组织，参与社区治理拓展发展路径；（9）文化馆设立"文化馆日"，要去中心，拆围墙，建平台，构建文化共同体；（10）文化馆要家国一体，心怀天下，突破路径，转型再生，续写文化馆新篇章。

（三）制定居民行为，养成教育百分评估计划

（1）居民"价值观"评估：读懂宪法、会唱国歌，参加社区志愿活动。（30 分）（2）居民"处事态度"评估：对父母孝顺、对邻居谦让、对同事友好。（30 分）（3）居民"自我教育"评估：听一次"美育"讲座、观看两次展览、两次演出活动、会看电器说明书。（20 分）（4）居民"我出主意"评估：为"文化居委会"提出好建议、为社区博物贡献一件老物件、劝阻公共场所吸烟者和垃圾不分类行为者。（20 分）

（四）理论比较：看文化馆的"文化居委会"社区治理的互塑性

社区治理具有规模原则、民主原则、责任原则和理性原则，选择什么样的社区治理模式，最关键的还是看社区领导者抉择怎样的社区政策导向和社区发展态度。社区治理在 21 世纪进入了一个新的时代，新时代为公民治理时代，居民选择和决定社区的愿景，要居民对自己的社区未来承担更大的责任，称为公民治理下的社区治理模式。

1. 国外理论

自滕尼斯引入社区概念后，国外学者经过大量探讨，形成了十分丰富的理论和方法，如以帕克麦肯齐为代表的芝加哥学院的人文区位学理论，以齐美尔和沃思为代表的社区沦落论，以刘易斯和富顿为代表的社区解放论，以亨特为代表的经营理论，以达尔为首的多元政治理论等。新地方主义下的网络化社区治理理论，新地方主义通过强调参与，以及推动公民精神的复兴，构建起基于中央—地方—民众多元化协同的网络化社区治理模式。

社会资本和社区治理，从社会资本的角度对社区治理进行研究，社区

治理是一个小的利益团体和社会互动，是与市场和地区密切相关经济活动的成果。政府职能转变、社区治理、城市治理作为经济全球化条件下城市管理的新模式，是一个负责的治理体系或治理结构，政府与社区之间的关系则是其中的重要组成部分，社区建设才能解决公民素质的问题，而国家则是社区建设的协作者、监督者，根据情况的不同，政府有时需要比较深入地干预公民社会的事务，有时又必须从公民社会中"退出来"。

2. 国内动向

国内的社区研究起源于 20 世纪 30 年代，以吴文藻和费孝通两位学者最为著名，而真正兴起却是在 20 世纪 90 年代，可以说是城市建设的实践推动了社区理论的研究。20 世纪 90 年代初期，社区研究主要集中在社区建设和社区发展等方面。

随着改革开放的深化和市场经济体制的逐渐成熟，去利益主体的多元化、资源配置结构的多元化和动态化、社区组织和非营利组织的蓬勃发展，特别是治理理论被引入社区实践中来，运用现代治理理论进行社区研究成为学术界的新热点。国内的学者在借鉴国外有关理论的基础上，围绕政府与社区的相互关系，从不同的角度进行了探讨。

国内学术界依据政府和社区的权能关系，提出了三种社区治理的模式，即政府主导型的行政型社区、社区主导与政府支持的自治型社区、政府推动与社区自治结合的合作型社区：

（1）政府主导型。基于我国城市快速推进的实际情况，我国市民社会的发展还处于起步阶段，目前宜选择政府主导型作为社区治理的参考模式。

（2）社区主导与政府支持型。主张公民个体表达权力的自主权、共同管理自身事物的自主权。

（3）政府推动与社区自治相结合。重塑政府是重构国家和社会的关系，是按照竞争、合作主义理念来建设一个权责清楚、功能分化、协同治理、良性互动的社区治理新模式。在缺乏宪政改革的条件下，多元合作的半行政、半自治模式，最终和行政区取向的社区治理模式殊途同归。从我国大城市来看，社区发展过程中的心态反映出人们对生活满意度回升缓慢。经调查，居民生活的满意度 20 年来经历了 U 型变化，1990 年后开始下降，直到谷底后，2007 年后回升，但与 20 世纪 90 年代的水平不能相比，收入对人们生活满意度的边际效应大幅度减少。

政府服务的进步低于民众预期，民众的知识结构、生活水平、生活方式的提升对政府的预期不断增加。地方政府的素质结构和能力结构难以实现政府承诺，是地方政府面临满意度、信任度的挑战，现有"办事处"体系难以改善社区因经济社会的发展而产生的社会矛盾。

3. 自我实践

2013 年，朝阳区文化馆在垡头成立"文化居委会"，立足创新社区治理观念，深化文化馆改革。随着网络时代信息的快速扩展传播，越来越多的居民认识到，应该参与关乎他们生活质量的公共政策的制定。"文化居委会"是第三方自治组织，居民希望在公共政策过程中获得表达的机会。

"自上而下"到"自下而上"的认识转换，"公民意识"作为国家政治生活和社会生活中的主体，把国家主人的责任感、使命感和权利义务观融为一体。一直以来，政府都在强调人民群众是文化活动的主体，但在实际运作中却免不了上面布置、下面执行的惯性操作。政府应该承担"满足群众基本文化权益"的责任，却很少意识到这个主体是"群众"。活动从来都是"自上而下"的安排，居民也是在街道社区的组织下参加活动，往往活动组织方的初衷跟居民真正的需求不相符合。

文化居委会是社区居民自愿联合起来，通过民主治理来协同满足他们共同的经济、社会和文化需求的自助、自立、自治联合体。社区居民参与社区治理，创办"文化居委会"这一自下而上的文化自治组织，举办"大碗茶故事会""从农夫到邻居""一米田""一米美术馆"等创新社区文化融合活动，让生人变成熟人、让熟人变得更亲，重建社区文化新秩序，搭建社区文化治理新模式。

社区建设中使用最为频繁的概念之一就是"共治"，人民普遍认为"社区共治"代表着中国新一轮社区建设和发展的重要方向，学术界试图通过"共治"而发育出一个具有公共性，并富有中国特色市民社会的公共社区。社区共治是政府、社区组织、其他非营利组织、社区单位、居民，合作供给社区公共产品，优化社区秩序，推进社区持续发展的过程，我们可以提出构建社区共治模式的设想。

"社区共治"结构的协调机制是以治理结构的权力协调机制为基础的，要深刻认识公民社会的微观基础，就必须把研究视角聚焦到具体行动空间的权力关系及协调机制上。不过，笔者注意到，社区共治模式也是对普遍认同的三种模式基础上的进一步改良。"文化居委会"社区治理模式和社会的发展、经济的转型、人的素质的提高是有着相互依存互塑关系的。

马克思在《共产党宣言》指出："社会主义是这样一个联合体，在那里，每个人的自由的发展是一切人的自由发展的条件。"落实党的十九大精神，探索充满活力的基层群众自治机制，在文化事业中实行群众自我管理、自我服务、自我教育、自我监督，探索以政府为主导与基层协商、民主相结合的创新模式，朝阳区文化馆在基层建立文化的自治组织"文化居委会"，探索公共文化治理新方式，是新时期对公共文化建设的新要求。

Inspired by the Activity of "Centennial Thought Plaza of Chinese Culture Hall" in Chaoyang District Cultural Center

—Cultural Museum Conserves Daily Necessities of
Salt and Rice "Common Freedom"

Abstract：Facing social atomization, institutional changes, and the process of changes on connection of economic and social, it is seemed to be characterized by the weakness of the connection among the individuals and alienation of country and society, people and the government. It is derived to alienation of individual and public. Therefore, the social connections such as failures of moral rules have been destroyed. Residents' cultural center sets an experiment on primary levels by building "culture" autonomous organization. What's more, it is worth to causing shocking on the industry. Changes have taken place from caring community art team to caring community culture problems, providing multiple directions of ways to solve the public culture problems which people concern.

Keywords：Cultural Museum；Cultural Neighborhood；Public Culture

（徐伟：北京朝阳文化馆馆长；肖丹：北京朝阳文化馆项目负责人）

以艺术授权打造城市文化 IP

郭羿承

摘要： 以艺术授权打造城市文化 IP，建立城市美术馆，促进文化创意，追求文化与产业的融合发展，推动文化创意与其他产业的融合，尤其是制造业的融合，就是要以创意为中心，对产业要素进行重新配置，建设文化、创意、城市、建筑与自然环境之间稳定的结构系统，提供文化城市、生态城市和绿色建筑的丰富实践，提升城市发展的艺术品质。城市文化 IP 的打造是一个跨越部门组织机构与学科领域，充分利用文化创意资源与灵感，多元主体参与推进的动态城市发展过程，以城市的优美环境、高附加值的产业创造和浓厚的文化氛围，构建和引领城市新生活方式和新社会组织模式。

关键词： 艺术授权　城市文化 IP　城市美术馆

一　城市文化 IP 是什么

如果把城市比作一个人，那么一座城市的文化就决定了这个人的气质、性格。城市文化是指一座城市在长期的历史发展进程中积淀下来的文化财富，包括历史经典、建筑、美术、戏剧、音乐、民间艺术等。城市本身就是一种艺术文化形态，每座城市都有它不同的人文历史，代表着不同的主题文化，它是历史的沉淀。

改革开放的四十年，也是我国城市高速发展的四十年，屡创新高的城市天际线、快速增长的城市人口、不断涌现的新兴行业。在激流勇进的速度中，中国创造了世界经济的奇迹，但过快的速度也让需要精耕细作的文化很难得到有效的传承和发展。想改变现今"千城一面"的城市发展现状，就要找到这个城市的文化所在，每个城市因为不同的地理位置、历史渊源造就了不同的城市文化特征，所以每个城市都是不一样的。为城市确立一个清晰而独特的定位，是一座城市能够吸引全球各地游客过来参观的前期工作。例如时尚之都巴黎、艺术之都纽约、会展之都新加坡以及亚洲流行文化之都东京等，都探索出了属于自己的城市定位，并根据这个定位来打造富有竞争力的城市 IP。

英国学者查尔斯·兰德利提出了九项测度创意城市的指标：关键多数（critical mass）、多样性（diversity）、可及性（accessibility）、安全与保障（safety and security）、身份认同与特色（identity and distinctiveness）、创新性（innovativeness）、联系和综合效益（linkage and synergy）、竞争力（competitiveness）、组织能力（organizational capacity）。

这些标准需要纵观经济、社会、环境与文化四个层面。而其指标如"关键多数"则会涉及经济、社会、政治的诸多方面。多样性也带着当今世界最新的文化诉求。无疑，每一个力图成为国际化都市的城市，都要在价值链上步步高升，以争取自身的核心地位，借此来控制出口和低成本活动，同时吸引研究与知识创造中心。总部经济、先进制造服务业，以及文化艺术创意等高价值活动，最终将成为世界相关中枢。城市品牌是城市形象的集中体现，代表着城市的核心竞争力，它既整合了原有的各种资本优势，符合当地居民的心理期许，又规划了城市一段时间内的发展战略目标。它是城市生态环境、人文积淀、经济实力、精神品格、价值导向等综合功能的凝练和升华，集中了一个城市自然资源与人文创造两方面的精华，拥有深厚的历史积淀，所以，城市品牌具有不可替代的经济文化内涵和不可交易的专有功能，既是区别于竞争对手的标志，也是城市个性化的表达。

不同的国家、不同的城市因其民族、信仰、气候、地貌、历史、风土人情等的不同，经过长期的发展而形成自己独特的城市文化，是城市外在物质与内在精神的统一，我们要深入当地的日常生活去挖掘这些文化的价值，提炼出属于这个城市独特的文化 IP。

二　为什么城市需要文化 IP

在经历了以资源消耗为主的工业时代之后，许多资源型城市开始转向服务型城市。然而，信息时代的文化产业也面临着许多发展困境，这些问题不仅制约着经济的增长，也束缚着城市的成长。竞争战略之父迈克尔·波特曾提到："基于文化的优势是最根本的、最难以替代和模仿的、最持久的和最核心的竞争优势。"所以当城市资源逐渐枯竭，文化才是城市最大的财富。

利用文化再生城市，是城市转型发展的重要途径。具有上千年历史的德国城市卡塞尔，因作为汽车设备和军工制造基地在"二战"中几乎毁于战火，但文化和艺术却推动着这座城市在近年实现了令人吃惊的重振，五年的一次的文献展、封建领地遗产、特色化的艺术品收藏、创意导向的城市再开发等，均在这个过程中做出了不可磨灭的贡献。卡塞尔的案例研究展现了城市在 20 世纪经历特征丧失、物质结构重创、经济实力下滑之后，如何用城市政策解决再定位困境、依托历史遗产和文化遗存克服去工业化时期各种危机的具体途径。作为世界遗产地的奥地利第二大城市格拉茨，是欧洲文化之都和联合国教科文组织认定的"设计之都"，在申请和运作这两大文化创意项目的进程中，城市走出了一条新老并置、传统与创新结合、旧工艺与高科技交融的发展道路。在成都，开放与包容的历史文化特征、闲适与自由的市井文化吸引诸多优秀艺术家定居于此，他们聚集的市郊艺术文化区成为文创产业的萌芽，商业资本敏锐地捕捉到文创产业的蓬勃前景，并积极介入，使得文化创意更自然与快速地融入市民的日常生活，推动更高端与更完善的产业链发展。釜山的甘川洞文化村，展示了通过公共艺术和公共设计改善居住环境、激发公众参与、带动地方综合发展的巨大潜力，也是韩国推行"村落艺术"项目的示范样板。圣丽塔—杜萨普卡伊是巴西一座曾经以咖啡种植和畜牧业为主的小镇，现在通过"创意城市、幸福城市"建设成为拉丁美洲文化欢庆活动、电子信息技术学校和电子信息产业发展的聚集地，这意味着文化、创意、革新和合作可以成为小城镇和其他地方最重要的发展驱动力。

随着政策的不断出台与推动，城市文化 IP 的构建任务也变得更为迫切。文化与旅游的双重深度融合，是"十三五"时期的一个重要方向。2017 年 4 月 19 日，文化部 2017 年文化产业工作会议正式发布了《文化部"十三五"时期文化产业发展规划》，其中提出："鼓励文化与建筑、地产等行业结合，注重文化建设与人居环境相协调，以文化创意为引领，加强文化传承与创新，建设有文化内涵的特色城镇，提升城市公共空间、文化街区、艺术园区等人文空间规划设计品质。"

许多城市已经开始由艺术家自发或由政府主动开发,将城市原有的老旧建筑、街区改造成具有艺术风格的艺术家聚集场所,使城市的文化实地扎根发芽,为提升城市的综合竞争力做出巨大的贡献。城市文化IP来源于城市文化,又不只是简单的传承,更是城市文化的再生。一些原本文化资源缺乏的城市也能通过打造城市文化IP,促进旅游业的发展。例如,位于日本九州岛中心的熊本县,既没有突出的优势资源,又缺乏独特的历史文化支撑,仅仅依靠一个无中生有的二次元形象——熊本熊,打造了熊本县独一无二的城市文化IP。凭借着熊本熊呆萌的形象,以及独特的运营方式,吸引了千万的女性去熊本县旅游消费。熊本熊的风靡得益于营销人员对女性心理的深度洞察,因为她们天生偏爱萌宠系、可爱系的宠物玩具。熊本县依托熊本熊的创作不仅成功打造出独一无二的城市文化IP元素,吸引了消费,更与目标人群建立起了深厚的情感链接。

城市文化IP的打造,并不是一张静态的理想蓝图,而是一个跨越部门组织机构与学科领域,充分利用文化创意资源与灵感,多元主体参与推进的动态城市发展过程,它往往由一系列的文化政策、艺术文化活动、文创平台、城市艺术、融资交流和城市建设行为等组成。我们总是希望能够制定出一张规划总图,将一定地域的文化设施、艺术空间、休闲场地、市政设施、开放场地、建筑形式等进行统筹布局和整体设计,来实现以文化创意为导向的城市发展。然而,尽管可以为推进创意城市的发展有意识地做很多事情,但创意城市并非能简单地"规划"而来。它更需要城市政府与行业协会、民间组织、学校、企业、艺术家、手工艺人共同构建的多方合作协同机制。

三 如何打造城市文化IP

透过艺术授权的方式打造城市文化IP是国际通行模式。艺术授权将城市里具有代表性的艺术家作品应用于各种可能的载体上,让当地艺术家的作品被居民或观光客欣赏了解,让文化渗透城市的每个细胞。城市文化IP在城市的建设中,其艺术授权的多元性运用体现在多个层面:

首先,体现在对城市文化资源的转化与利用层面。可以将城市中蕴藏的传统文化充分挖掘出来,转化为城市的创意资本,提升家具、工艺品、服饰、公共设施等生产生活的文化内涵。

其次，体现在对城市物质空间的改造层面。不仅可以将城市工业遗迹转化为文化资本，推动城市空间的创意性开发，改变城市的精神风貌，而且通过艺术设计加强文化与城市空间环境的协调，增强城市的文化认同感和情感共鸣。

再次，体现在对城市公共空间的打造层面。对区域地标性建筑的打造，能够通过其景观性的设计营造公共活动的空间，激发城市的文化活力和创造力。小至一栋建筑物，大到一座城市，皆能以文化提升品位及价值。

最后，体现在对城市文化消费的拉动。对城市艺术景观的开发，在积极完善城市文化基础设施和文化空间的同时，也能带动文化旅游与消费，推动城市文化经济的体验式消费、体验营销。

城市品牌形象的经营，是通过城市自我形象魅力的展示，使城市内外的人群对其产生良好的心理认同。受到这种传播的扩展效应，公众在面临与该城市有关的活动时，就会产生有利于该城市的情感性选择倾向，无形之中提高了该城市的综合竞争力。

城市品牌形象战略是城市理念、城市环境、城市经济、城市市民行为和城市视觉标志的综合构成体。策划实施与树立城市形象是一项促进城市发展的注意力产业。这一产业将产生巨大的效益，产生难以估量的经济推动力，创造出城市的增值价值。当然，城市形象设计的国际经验表明，城市品牌不是一蹴而就，也不是一劳永逸。成功的城市形象不仅在于设计的过程，更为重要的是不断推广和创新，从而保证一个城市的品牌从创立到营销，都在一个健康的体系中运转。

在探索最新的世界城市——国际化城市的要素中，文化具有了前所未有的地位。20 世纪末以来，随着文化产业、创意经济的兴起，文化日益成为城市经济的支柱产业，成为城市发展的驱动力。而独特的、富于魅力的文化品格、城市形象和市民人文素质，也成为全球关注的中心，因而也成为世界城市获得最佳品牌效应的重要途径；文化多样性和宽容和谐的城市氛围，使得像巴黎这样的世界城市得到了更多的青睐。而优异的创业环境，高阶舒适的生活，文明的城市环境，也成为中国城市吸引外来人才和国际人口的重要目的地。美国 A. T. Keamey 咨询公司和芝加哥全球事务理事会联合发布的全球城市的排名，在商业活动之外，突出了文化体验以及政治参与。东京莫里会的城市战略研究所发布了对全球城市的研究结果，将文化活动、研究与发展、容易接近的程度作为衡量的重要指数，都反映了文化在当今世界城市建设与发展中发挥的日益重要的作用。

文化是中国城市建设走向未来的最重要的资源和特点，社会和谐是建设世界城市的最重要的保证，以人为本及关注民生是建设国际化城市的出发点。城市艺术反映一座城市文化品位：如欧洲城市的魅力，在于欧洲城市的布局美、建筑风格美和城市艺术作品美。欧美有重视城市建筑美和城市艺术的传统，这种传统来源于人们对文化底蕴理解与尊重的本能。城市固有的物质是城市文化艺术的基础，它涉及建筑、景观、自然、地理环境等，组成城市艺术系统的基本骨架脉络。

而近几年有关城市"非物质文化遗产"概念的提出，对城市文化艺术的发展形成了强有力的支持。在此基础上，公共艺术的创新与建设必将迎来丰富的题材，为城市艺术建设服务。"非物质文化遗产"让城市之间文化艺术的差异性、多样性、地域性更加明确，为城市艺术建设和发展指明方向。特色小镇是近来热议的话题，建设已进入全国普及阶段，也进入冷思考阶段。在不断出台的政策支持以及各地政府积极推动之下，已有大量企业及资本涌入特色小镇。特色小镇同质化严重，如何打造特色小镇独特 IP，将成为特色小镇发展的重要思路。特色小镇建设自身并不是区域转型升级发展的灵丹妙药，除非觅得小镇的生命所在。而挖掘地方特色文化，就是小镇的生命所在。

2005 年，笔者在香港举办的亚洲文化合作论坛上对亚洲各国文化部部长发表了关于"城市美术馆"的主旨演讲。"城市美术馆"不是在城市里面建一座美术馆，而是让城市成为一座美术馆。可以想象一下，搭乘地铁时，看到地铁站和车厢内满是艺术作品，而且这些艺术品都经过授权。来到酒店，床上的床单、卫浴设备等都以艺术家作品的内容设计。对于游客来说，可以通过这种方式随时了解当地特色文化。这对城市形象提升作用是非常明显的。城市文化 IP 透过艺术授权真正达到 arts everywhere，城市不但能像一般美术馆一样吸引观光客，也能支持当地文化的发展，更重要的是能方便地让城市居民、游客深入了解地方特色文化，提升城市整体美感及竞争力，让人进入城市，体验美的感动。

四　"城市美术馆"对于城市的意义

　　"城市美术馆"可以说是艺术授权的广义应用，它以将整个城市打造为一座美术馆为最终目标导向。"城市美术馆"是一种具有前沿性的城市发展理念。从宏观语境而言，"城市美术馆"这一理念的出现得益于文化在当代世界城市发展体系中整体地位的跃升，文化的繁荣成为城市发展的最高目标。从微观语境而言，"城市美术馆"理念契合了城市转型发展的需要，许多城市将城市景观建设视为提升城市形象、打造城市文化品牌的重要途径。

　　"城市美术馆"作为一种城市发展理念，不只是在城市里建一座美术馆，而是让整座城市成为一座美术馆。"城市美术馆"运用美术馆的思维模式，在城市的建设上，因地制宜，紧紧依托当地产业，充分融合地方特色文化业态或要素，让城市成为一道独具特色的亮丽风景。

　　"城市美术馆"的功能从整体来说，集中体现在以下两个方面：一方面，"城市美术馆"有助于提升城市的整体形象。在规划的顶层设计层面坚持整体优化布局的原则，确定城市美术馆的整体主题架构，在此基础上进行功能分区，以实现城市整体文化形象的提升；另一方面，"城市美术馆"有助于突出城市中的重要节点，结合城市的整体发展规划、文化特征、地域特征，在城市的重点节点，如地铁站、艺术馆、文化中心等，规划建设具有地标性的城市建筑或城市公共艺术，强化了人们对城市的识别性。

　　在实践中，城市的公共艺术选择，除了考虑艺术价值之外，对于居民的接受程度及生活需求的考虑也是十分重要。选择符合需求的公共艺术作品需要从政策面着眼的基础上，找到最适合当地城市特色的主题内容。需要更宏观地从社会学、心理学、美学、经济学等角度出发，而非仅从艺术性角度选择作品。否则容易满足了艺术家的要求，而忽略了民众的实际需求。毕竟公共艺术不是单纯的艺术品，而是实现日常生活审美化的一种表现形式，其公共价值自然不言而喻。

　　值得一提的是，考虑作品的适用性时，除了考虑现在市民的审美水平外，应该适当地考虑其他审美水平相对领先的国家或区域的做法，毕竟人的审美能力会随着时间而提升。一件现在广受欢迎的作品，或许在三年后看起来会显得不合时宜。而公共艺术作品的使用年限一般都比较长。因此在选择作品时，必须将时间轴的因素考虑进去，才能确保公共艺术与城市审美水平的发展相得益彰。

"城市美术馆"可以说是艺术授权的广义应用，它以将整个城市打造成一座美术馆为最终目标导向，也就是"文化＋城市"。"文化＋城市"在"城市美术馆"的建设中，其多元性内涵体现在："城市美术馆"不是在城市里建一座美术馆，而是要让"城市＝美术馆"，这座美术馆没有闭馆时间，而且全年无休；"城市美术馆"不只是让城市的外观借由艺术作品美化，而是要让生活在城市里的人因为体验艺术而喜悦，艺术在这里是一种惯性，就像眨眼一般自然而浑然不觉；"城市美术馆"让城市由外在的奢华过渡到内在的涵养，让"美"从美术馆走入生活，城市的价值不再只是数字的竞赛，美好的生活才更为人所关注。任何一座有影响力的城市都有一种看不见的步履节奏、呼吸吐纳，这是城市的个性风格，也是城市是否值得品味及是否能留住人的关键。一座城市的浓度，取决于它的吸引力，而非生产力。"城市美术馆"调配文化的浓度，让生活更美好。

To Create The City Culture IP With
Artistic Authorization

Abstract：To create the city culture IP with artistic authorization, to establish the urban art museum, to promote the cultural and creative pursuit of the integration and development of culture and industry, to promote the fusion of cultural creativity and other industries, especially the integration of manufacturing industries, is to take creative as the center, To re-configure and construct a stable structural system between culture, creativity, city, architecture and natural environment, provide rich practices of cultural cities, eco-cities and green buildings and enhance the artistic quality of urban development. The construction of urban culture IP is a dynamic urban development process, which takes the advantage of resources and inspiration of cultural and creative activities across departmental departments and disciplines, and promotes the development of a dynamic city with the participation of multiple subjects. City culture IP with its beautiful environment, high value-added industries and a strong cultural atmosphere, building and leading the city new way of life and new social organization mode.

Keywords: Artistic Authorization; City Culture IP; The Urban Art Museum

(郭羿承: 中央美术学院特聘教授)

创意激活城市[①]

——关于那些在社区生根发芽的文化艺术项目

颜　煌　王润清

摘要：本文根据公共文化服务"3O—3E"理论应用，以朝阳文化馆社区公共艺术居民拓展为调研对象，构建文化艺术创意激活城市社区文化空间，提出文化馆社区居民拓展路径。本文以朝阳文化馆"一米田"实践项目为个案研究，围绕公共空间、文化馆社区居民拓展研究，促进政府、社会组织协同整合，发展专业与社区文化艺术优势资源互补理论，通过研究主题文化艺术教育拓展项目，构建提供个案式、信息网络式的集成服务机制，提升我国社区文化艺术生态系统。

关键词：公共文化服务　创意激活　社区文化　居民拓展

文化艺术不是创意工业的摇钱树，文化艺术可以认为是创意的摇篮，是活动理念、人才培育的储备之源。根植于社区的文化艺术，包括创意本身，到概念化成型的舞台、活动、课程组织。成功的社区文化艺术，都带有着艺术灵气，有一定的人文情趣，不至于是高不可攀的，而是可以欣赏的。

关于那些在社区生根发芽的文化艺术，从简单地对生活审美开始，倡导居民在年度内去倾听一场有感触的宣讲，享受一种艺术生活的美好，参加一次有意思的集体活动。分享邻居的知识趣味，提升社区的精神文明，回归美的本质。

社区文化管理的意义在于，让某一处社区的创意文化艺术，可以承载一个地区的文化风貌，形成强大的文化吸引力，促进这一地区的文化形象，这是本文通过文化艺术创意激活城市社区文化空间的初衷。

---

① 【基金项目】2017年度北京市朝阳区文化委员会资助调研项目阶段性成果。

一　文化艺术激活城镇居民的创意生活理念

面对经济社会的转型,人们常常追逐效率,忽略应该享有的真实生活,社会人际关系问题也面临重重困难。熟悉的人因为网络变得陌生,陌生人则常常没有往来,社会秩序与人类的文化因素受到影响,产生日益不平衡的社会发展与人际交往问题。同时,随着生产力的提升,工作效率得以增加,人的闲暇时间则增长,而在这个时间中的自由时间不断增多,也就是人的发展时间,才会最终得到人的和谐发展。这是人性、人群的个体与集体的统一。在本文研究背景与方法的基础上,美的教育可以从此不止停留在技术上,而是深入生活。

(一) 公共文化艺术激活城市社区文化空间的理论创新

构想中的社区文化艺术管理、拓展工作,可以分三个阶段进行。第一个阶段,是厘定概念和对比研究方法,并作出典范性的实验、调查,制定与找到具备指导思想性的模型理论与依据;第二个阶段,是成立多层面的调研与实践,针对社区文艺管理的实际情况,统计行业的客观环境、资源和民众,并拓展可以实时更新的实践理论模型及数据;第三个阶段,是将调研与实践升级为创意、空间拓展计划,并付诸实践,推行策略性的研发工作,探讨社区文化艺术在政策、管理方面的发展优势及面临的障碍,拓展社区文化艺术管理行业的方法与寻觅跨界策略性的伙伴组合。

随着政府管理和治理方式的转变,其结构由一元向多元发展,建立政府主导、公众参与、市场竞争有机结合、多元共治的公共文化服务模式。根据《3O 会聚与研究图书馆范式再转变》,① 在学术实践过程中,逐步构建起文化艺术公共文化服务与治理优化的 "3O 模型",即开放接近 (Open Access)、开放知识 (Open Knowledge) 和开放创新 (Open Innovation) 并重的发展模型。人类是社会性的动物,为了满足自我保护、生存发展和娱乐等的需要,必然会建立群体。在有了一定社区层面定义之外,

---

① 张晓林:《开放获取、开放知识、开放创新推动开放知识服务模式——3O 会聚与研究图书馆范式再转变》,《现代图书情报技术》2013 年第 2 期。

我们还应当重视公共空间的价值。空间没有绝对的界限，它的规模和尺度因不同评量标准而不同。单论文化空间，其内部机理也是多层次的，而且必然跟空间以外的整体或局部城市系统相互连接。

北京舞蹈学院张朝霞教授研究指出，在"3O 模型"的基础上，可以提升至社区文化里的"3E 模式"，将现在所有的操作都缩小到一个包围圈：大众参与（Engagement），没有参与性的活动就是松散的活动。例如，国内的很多馆内系统都是懒散且没有体系的，多数情况下都是"被做"。我们想要迫切到访社区，了解居民对项目的实际参与度，首先就是通过项目的数据支撑，来验证我们的项目，不单是主观要求居民参与，而是居民在实际参与当中，他们的生活、意识，甚至对美的鉴赏能力都在提升，居民找到活动的趣味性，体现文化馆本身的优势，让居民对艺术本身有一个体验。大众娱乐（Entertainment），劳动本身是一种劳作，但是放到艺术空间中作为参观、展示、分享的项目，就从日常生活上升到了审美的层次，文娱项目如何跟艺术空间对接，这是下一步需要考虑的问题。第三个层面，大众启蒙（Enlightenment），我们公共文化艺术存在着的一个价值，不是做低层次的服务配置，是能够发挥优势之后，通过一些渠道和平台对整个社区居民进行启蒙。

对于社区居民，我们需要提供的是途径，而非强制性的目标，全民共同愉悦下的精神盛宴绝非仅仅以器乐为唯一指标。下文所述"一米田"项目，从源头上需要共建一个"文化共同体"，演变为一个"社会共同体"，从而达到"美育共同体"。

（二）城市社区文化馆激活社区空间

文化馆作为一个居民群建立的新模式，要实现社区居民共享活动空间的自身价值。空间没有绝对的价值，它的规模尺度和内部机理也是多层次的，内外联系互相协调也相互衔接。过去的文化馆多数是为文艺团体的爱好者生成，大多都是表演项目的集合，并没有为大众做一些切实可行的活动。所以文化馆会全力指出需要建立一个组织把社区居民作为首要目标，将社区存在的问题作为社区转型的方法方向，不是简单爱好者的问题。

关于文化馆建设问题的探讨方案也从未停歇：第一，积极开展文化艺术活动，做到全民共同参与和娱乐；第二，积极开展文化教育事业活动，普及青年教育、工人教育、失业人员教育等；第三，开展全民"美育教育活动"，参观文化馆、收集文化集装箱、改造城市面貌等志愿活动；第四，拉近群众关系，改善单一模式的文化弊端，推崇"创新"和"创造"的综合概念。

我们不提倡为了文化艺术而普及文化艺术，而是赋予民众新的文化意义，也就是让其掌握艺术法则，为其所用。以朝阳文化馆社区活动为例，从刚开始建设娱乐设施、文体中心，文化馆的机制也在不断变化，最大的变化就在于带来外来的资源，建立朝阳公司、开展国际展览"兵马俑灯笼"交流会、资金的筹措都需要公司打点，经济社会、文化产业社会、品牌项目等都需要市场资源的调控，"以文养人"体系建设逐代相传。

那些在社区生根发芽的文化艺术项目的开展，也逐渐变成了社区的治理模式的基础，得到复制与延续：其一，改造文艺问题和社会问题，建立成熟开放的机制，打造全民艺术教育普及活动；其二，联合文化馆、图书馆、博物馆、美术馆利用自己的本质功能，完成全民服务；其三，自由组合模式、开展文化节，对于文化创意产业而言，国民基本素质的提高在于其创造能力的提升，国民可以通过节事活动、艺术赛事、艺术讲堂等系统范畴得到艺术鉴赏的提高，是为目的。

二 回归到分享式城市文化馆社区拓展项目

按照朝阳区文化发展要求，在区文化委、八里庄街道的主持下，2017年，朝阳区文化委员会、八里庄街道办事处等共同举办了"一米田"治理实践活动："一米田"的社区管理实践带动了社区治理模式的发展。"一米田"不断拓展新的服务人群，通过实践，居民重现了自己，看见了邻居，看清了天地。从家家户户的种菜种花的家庭快乐开始，发展成"一米美术馆""一米博物馆""一米图书馆"等，从纯粹的空间孕育，到一个社区的成长概念。

(一) 为什么要做"一米田"

满足居民需要是公共文化服务的基本要求，朝阳的居民有超过半数以上参与"一米田"的种植服务，这些蔬菜瓜果的养成，让他们拥有了

"获得感"，居民聚集的瓜果展示和交流活动是他们最直接、最能接受体验文化艺术的活动课，由"一米田"迸发出"一米美术馆"再到将来的"一米图书馆"，全民阅读的时代想必也将日益临近。

引导居民正视文化馆工作，培养居民接受文化馆的活动方案，并且喜爱文化馆，这是文化馆成立以来的战略目标。一开始，召开例会是文化馆常用的方法，可是效果却不甚明显，居民往往只是为了开会后的衍生品而纷至沓来，会上表现突出，会下却又在自己的领域工作，没有过多的交流。后来"创新周互动"的举办换成教导居民对于音乐舞蹈的欣赏，以及对美妆美食的教学，但这些方法还是不能深得民心。反倒是"一米田"的开展，可以让居民"从无到有"，培养自己的兴趣，不需要他人灌输，更为自然、和谐。

邻居之间的这种关系，会产生"一米田"的作用——不只是爱好，更重要的是这种和谐的社区关系。做一件事，必须要有合适它的工具，如果对这个工具没兴趣，则永远都不能见效。"一米田"是文化居委会工作更加"工具化"的过程。

（二）"一米田"文化理念的战略性

通过"一米田"，可以衍生出居民"一米图书馆"等想法。"一米"已经变成整理社区的一个工具了。"一米田"在运行，由居民自己来设计自己的规则，比如"一米美术馆"：五个家庭共享一个空间，居民自己商量往空间里搁置物品，不允许购买东西，就以自家的屋子为一个元素来装扮大空间。如此，走进各个街道、街区，全面开展文化馆的活动。

对于一个场馆来说，最重要的是建立自己的制度，针对什么样的人群，运用什么样的"工具"，将文化传播下去并且传承下来，将有效的活动案例保存下来，扩大延伸，形成一个初具模型的管理方式。老场馆做活动的同时，往往会衍生出更多新模型，如何影响其他场馆，如何做到社区经济转型、社会结构转型，针对热点问题，进行多方位实践。

创新与创造一直是国家繁荣、社区繁荣的重要标签，文化馆之所以成立居委会，就是要让社区发展得更加和谐，然而要落实到管理也是很复杂的，让一大批群众参与到艺术活动或组织活动当中来并不是一件容易的事，最重要的就在于如何进行所谓的"居民拓展"，并总结出方案，在确保安全、自由的情况下积极执行。要调整居民"陈旧"的社会思想，将新的文化理念引入大众，只有体验过新鲜的事物，才会有智慧的头脑，进行再度挖掘和创作。

（三）"一米田"与艺术家自主性实现

对于初级阶段的"一米田"体验来说，并不容易在社区居民中推行，许多居民并不懂得什么是真正的艺术，他们脑海里惯有的思想都是剧院演出、绘画展览，多为高雅艺术，再通俗一些的也不过是演唱会和电影院这些居民可以时常接触的区域。而自身也不能领略艺术家所要表达的真实情感，也并没有参与创作的过程，对艺术品也很难接受。

反倒是由自己可以自发种植、感受艺术品成型、参与展览的全部过程，居民慢慢地从荣誉感和参与感中，产生美感。这样亲力亲为的过程让居民沉恋其中，居民觉得艺术也变成有趣的事情。自己成为"艺术家"，同时也获得了对作品发挥的"自主性"，找到了在享受艺术过程中的"自娱性"，三者之间相互融入，让社区变成整体提升居民素质的载体。

对于"一米田"和"一米美术馆"的成果布置课程，文化馆虽然会请老师前来教学，但是居民的主体地位是不变的。"一米田"项目永远是从群众中生长出来的，是自主的、真正的自下而上产生的作品。

三 创意介入社区：公共文化服务作为"工具箱"

开展文化活动并不是"走秀"，也不是"半路出家"的功夫，而是一场长期的、持久的、形成系列的文化活动。

（一）城市文化馆成为服务社会、建立艺术共享的载体

"一米田"不断拓展新的服务人群，通过实践，居民重现了自己，看见了邻居。从家家户户的种菜、种花的家庭快乐开始，发展成"一米美术馆""一米博物馆""一米图书馆"等，从纯粹的空间孕育，到一个社区的成长概况。

在成立了"一米田""一米美术馆"之后，社区居民也能提出建设"一米图书馆"的创意，这是真正的自我教育、自我美育的开始。自生长的想法也慢慢延伸，居民有了集体创建活动与社区意识，生活美育是朝阳

文化馆所推崇的；从文化馆自生长理念产生以后，本文力图将其反馈到学理上，从实践中得到真正要探索的内容。

然而，文化馆走入居民视野的效率还要提高，活动数量多、活动形式全、活动范围广都是文化馆亟待解决的问题。朝阳文化馆在领导与管理方面也得了逐步地改善，沟通交流、入户调研，曾经的管理方式也逐渐改善。在不断实践摸索的过程中需要根据不同的人群运用不同的工具，引导美育、引导文化。

（二）文化馆"一米工具箱"理念的引入

文化馆作为一个特殊的社区文化公共空间，根据娱乐大众的基础，要让居民体会到自由、互动、分享一个随心所欲地创造过程。社区文化艺术融合了大众的趣味，让不会跳舞的居民也可以融入，有了第一次真正空间共享的意义。"一米田""一米美术馆"等的活动机制也让居民自发培养种植爱好，打破居民紧张关系，至于其他少部分居民，需要引导这部分居民逐渐地适应环境，融入当中。

文化馆应该从普通人的社会自觉和社区觉悟开始，美的教育只停留在技能上是不行的，要深入到柴米油盐当中，无论是学习"罗伯特"议事规则，还是组织文化馆品牌活动，居民的认识还很欠缺，如果无端地只是议事开会，对于新型文化馆的建设可以说毫无意义。

当我们想改造一个环境的时候，势必会因为固有的文化惯性而很难马上产生巨大影响。如果是一个集聚工具的概念，会形成不同的项目创意的合力，产生多功能集聚的效果。政府文化馆通过不同的艺术形式走入社区，例如"一米田"活动，一开始文化馆如果施行艺术课堂教育，这种普及的方式会过于"直接"，人们产生对于艺术不同程度的排斥，产生社区之间人们的间隙。如果换一个方式，比如不用艺术的形式，而是用当地居民较为喜欢、擅长的方式，经过调研的方法，可以不断确定采取何种形式进行居民之间的拓展。例如种植蔬菜，在居民唾手可得的小小盆栽里，可以产生居民之间的不断联系，在相互之间讨教种植难题、观察长势的过程中，居民之间的关系得以打开，而组织者可以在"诱发"居民话语、活动后，悄然引导居民，进一步组织起来。例如，将种植物在一平方米的空间里，让居民进行自主摆放，在这个过程中，居民的成就感开始产生，居民觉得不仅仅是种植物的分享，甚至可以将生活中不用的物品进行摆放，成为种植物的"搭配"，在这个一平方米的空间里，随着物品不断增多，生活气息不断增强，创意也不断自发生长，人们之间有了自主性，不断探索与讨论，形成展示、分享的效果。

逐步扩大下来，一个"一米田"，从居民家中窗台上，走入公共空间里的"一平方米"格子间里，随着生活闲置物的不断加入，"一米田"逐步拓展成为生活"一米博物馆"，在这个过程里，数量、质量均得到了提升，而创意也将一个又一个"一米"化，形成一个又一个美术作品、手工作品。

"一米田"这个工具已经让居民从生活动手的劳动阶段变为了创意开发空间分享的阶段，而"一米田"这个工具也得到了改变，成为不同类型的"一米系列"。"一米田"作为一个工具，自然被"收纳"进文化馆的"一米工具箱"中，而在这个"一米工具箱"里，还有其他的工具，根据不同的情况、特点而使用不同的工具，甚至是不同工具的搭配使用，公共文化服务成为一个有用的"一米百宝箱"，而在不同的环境里，不同的工具又会产生不同的效果，形成新的故事、新的分享、新的环境，这是文化的一种创造。文化的力量来自生活，生活是一个感化人的过程，人性之美、万物之灵逐渐得到融合。

（三）在"一米工具箱"理念之后

十几年来，笔者研究艺术介入社区服务、治理的路径，提出文化菱形社区路径[①]、舞蹈公共创意理论与实践体系[②]、项目型舞蹈社群资源共享机制[③]等社区舞蹈领域模型，目的是改变人们对艺术介入社区方式认知的改变："For Arts" — "Through Arts"，从为了艺术而艺术的层面，到现在通过艺术是为了得到更多发展的目标。结合本文 3O 模式观点，本文逐步强调平行管理思路、遵从开放创新原则。

跟踪调研朝阳文化馆，如今的"一米田"项目回归到了生活，"什么

---

① 颜煌、张朝霞：《专业与社区舞蹈优势资源互补机制研究》，《北京舞蹈学院学报》2014年第 11 期。

② 颜煌：《试论舞蹈公共创意理论与实践体系的模型构建》，《北京舞蹈学院学报》2014 年第 6 期。

③ 颜煌：《建立"项目型舞蹈社群"的资源共享机制》，《当代舞蹈艺术研究》2017 年第 11 期。

也不做"式的共同体建构实践，这是以艺术作为探讨或解决社会困境的最好工具，极大激发参与居民的创造热情。朝阳文化馆从第一个阶段构建专业剧场（九剧场）、专业舞团（九当代舞团）、专业社区舞团（大妈现代舞团），是专业标准下的艺术创作，这个阶段吸引到不少专业人士、舞蹈兴趣发烧者的青睐；在第二个阶段，朝阳文化馆逐步认识到平台的作用，将政府、企业、高校、社区等几方力量集聚，产生极大的协同效应，创办广泛的节事活动（金刺猬大学生戏剧节、非非戏剧节），这是更广范围的专业艺术或非专业艺术的创作形式，这样反而吸引了更为年轻化、某些程度专业或非专业的团体；在第三个阶段，朝阳文化馆参照罗伯特议事规则，提出文化居委会的概念，是为了指导、更大可能地与居民探讨活动、艺术的发展，然而效果不能达到最佳，但是文化馆介入到了社区治理的层面，这种创新意味着社区文化的一种新可能的产生，也正是这个新的可能，由团体力量推动下的"大碗茶故事会"诞生，居民品着茶，看着社区的文艺表演，将一天的压力化为消遣、松弛的分享，也逐渐有了本文追踪的"一米田"项目，而本文从另外一个层面提出的"一米工具箱"理念，也正是第四个阶段的形成标志。

在"一米工具箱"理念之后呢？这是一个人们普遍关心的问题，人们将聚焦点放在了"一米田"的下一步，也就是"一米"内的空间还能做什么。可是如果我们试想，正是艺术工作者的四个阶段的"越界冲动"，产生了不同时期的不同项目，这个过程如果现在就去摒弃，将会丧失原有集聚起来的资源和居民。将"一米工具箱"理念逐步放回到第一个阶段，我们会得到更多的观赏者；放到第二个阶段，我们会有更大程度的表演支持平添；放到第三个阶段，我们会有更多热衷社区文艺的居民介入社区文化的管理。

如此观照笔者团队曾经的三个社区舞蹈文化实践研究阶段：专业艺术介入社区户外舞蹈阶段（"舞蹈生活体验营"，营造户外舞蹈共享空间）；社区舞蹈团队故事性展演（"人人舞"，舞蹈社区实验平台搭建，人人都是艺术家）；社区舞蹈实验剧演绎（"演绎秀"，精致舞蹈片段现场秀），可以看到同理于朝阳文化馆的前三个阶段，同样是面向社会与市场，同样是拓展不同层面的人群，当然也同样遭遇到了不同阶段的困境与可持续发展的难题。而如果将"一米工具箱"的思路，"拿到"笔者团队近十年的社区学术实践研究之中，在这里不同的三个阶段里，同样也能够产生

"创意激活"的效果，我们同样也会有更多成功解决专业艺术介入社区或者说为社区舞蹈文化提供更多可能的路径。

在"一米工具箱"理念之后，我们还需要做更多的努力，才能够达成前文关于社区艺术与人的和谐发展的终极目标。

结　语

文化艺术介入社区空间，能够在社区生根发芽。社区文化馆实践研究对于剧场演出、观众艺术普及教育具有重要意义，我们希望通过这样的研究，既可以为社区文化馆艺术寻找观众，也可以为热爱文艺的群众找到资源，在双方互动演绎对话中，形成一个可以共享社区文化馆艺术的社区平台。这里的公共空间，已经不再是传统意义上的空间了，不再特指常见的组织或是空间，而是一个可以让专业社区文化馆艺术介入普通人日常的条件，这是一种不受约束的"随机"，也是一种创造的可能。

我们所倡导的，是一种基本的快乐与创造激活的可能，使人们在快乐生活、快乐艺术的过程中提升自身创造力，让我们生活的社区、城镇成为一个人们可以适宜栖居的共享空间。

Creative Activation of The City

—About Cultural and Arts Projects That Take Root in the Community

Abstract：Based on the application of the "3O‑3E" theory of public cultural services, this article takes the expansion of residents of public art community in ChaoYang Cultural Center as the research object, constructs the cultural and artistic creativity to activate the cultural space of urban communities, and proposes the path of community residents' expansion. Based on the case study of "One Rice Field" project of ChaoYang Cultural Center, around public space, cultural centers community residents to expand research, promote coordination of government and social organizations, development of professional and community culture and arts advantage of complementary resources theory, by studying the theme of culture and arts education to expand the project, build a case-based, information network-based integrated service mechanism, enhance our community culture and art ecosystem.

Keywords：Public Cultural Services；Creative Activation；Community Culture；Residents to Expand

（颜煌：北京舞蹈学院人文学院教师，首都师范大学文学院博士；王润清：北京舞蹈学院人文学院文化产业专业学生）

文化创意产业与民族文化

栏目主编：范小青①

编者按：创意产业之所以不同于文化产业，其一就在于文化产业更强调规模效应，而创意产业则能让"小而美"的创意也能有产业的可能性。从这一点来说，民族文化同创意产业有着天然的关联。因为民族文化，因其特色而"美"，又因其受众面窄而显得"小"。对全国而言，各少数民族文化是五十六朵花中的一朵；对全世界而言，中华文化则是世界文化的一支。要让这样的东西能被传播、传承或保护下来，创意产业和创意传播能提供不少的助力。将一些适合的民族文化纳入创意产业的轨道，使文化能产生效益，以"生产性保护"的思路让民族文化传承和发展起来，不失为现阶段文化遗产保护的一条可行之路。本栏目以"文化创意产业与民族文化"为主题组稿，正是基于这样的出发点。文化强国，不仅是文化走出去，也是文化的对内交流；不仅是中华文化共同体的建立，也是各少数民族

---

① 范小青：中央民族大学文学与新闻传播学院副教授，新媒体研究中心主任。

文化的百花齐放，保持文化多样性，增添文化活力。本专栏中有几位作者来自于中央民族大学文学与新闻传播学院新媒体研究中心。"新媒体研究中心"立足于中央民族大学的特色，探索"民族＋"和"新媒体＋"的融合创新，旨在建设一个"知行并重、前沿视野、民族关切"的新媒体智库。

新型城镇化进程中云南少数民族传统文化变迁研究

——以昆明沙朗白族节日为例

贾　蔓

摘要： 在现代化进程中，云南少数民族传统文化变迁，已经成为影响云南少数民族传统文化保护和传承的一个重要因素。文化变迁是指任何足以影响文化内容或文化结构的变化，主要表现在技术、工艺、建筑、节日、食物、服装和价值观、习惯、社会关系等的变化。对此，本文将对云南沙朗白族传统节日的变迁现状进行不同角度的分析，从而思考当地白族传统文化变迁中的传承与保护之路径。

关键词： 新型城镇化　文化变迁　传承与保护

云南是个少数民族最多的地方，而人口分布的特点则应以多样化来概括，一些少数民族既有聚居地，也与其他少数民族杂居，一些高度集中在一个地州上，一些则以村寨的形式居于城镇及交通沿线。沙朗乡的白族就是以村寨的形式居于昆明郊区。当地的白族用汉语称为"民家"，据查，其祖辈是从大理迁徙而来，历经百年以上，老人仍讲白语。沙朗乡是以汉族和白族为主，还有苗、彝等其他少数民族，据资料《昆明市五华区沙朗街道办事处概括》显示：截至 2009 年年底，白族人口 8206 人，占总人口的 42.7%。而其传统文化即风俗、服饰、饮食、节日等也是当地社会群体外部特征的标志，凭借这个标志，人们才能将白族和其他民族区别开来，并通过这作为阶梯，进而探究具有该标志的白族的历史文化的内涵和价值，从而作出比较切合实际的评价和判断。沙朗乡的传统节日多种多样，或纪念，或缅怀，或庆祝，都要伴之以祭祀，一炷香、一杯酒、一点素菜是少不了，再加上磕头跪拜，从而使节日罩上了浓郁的神秘色彩，节日也就成了凡人和神界接触的渠道。而传统文化在民俗生活中占统治地位，它早已深入人们生活的各个领域。白族在古代本盛行原始宗教，之后到了唐代、南诏，自发的原始宗教信仰认为开始向宗教发展，便出现了本主信仰，接着佛教的传入，原始宗教或解体。白族还有对天神、太阳神、月神、山神、河神、石神、树神、鬼神的崇拜以及性崇拜。

白族文化的变迁亦具有鲜明的特色和代表性。以白族传统节日"三月街"为例，最初的三月街是讲经说法的庙会，而如今经济贸易的社会功能占据着重要的引导和领导地位，本来富有内涵的、神秘的民族传统节日如今已成为人们满足物质需求的工具。逛桑林是古代的社祭活动和婚姻活动，最后演变成歌舞活动和游春活动；白族的火把节除了火把这一节日主要道具与其他民族类似外，节日的时间和名称、火把的形状和装饰、节日的活动和习俗都有别于其他民族，特别是表现节日主题的形象则尤具个性，现在的火把节只是一个载歌载舞的节日，是一个让人们释放压力的日子，娱乐性的成分远远超过了它本应有的意义。类似传统节日的演变的例子还有很多，白族很多传统的节日内涵中带有宗教色彩的神秘性也在慢慢消失，代之而来的是娱乐性功能的增强。经济的发展、与周边民族的交流对沙朗白族的传统文化造成了很多影响，白族人的思维及生活方式以及对待本民族传统文化的态度发生了改变，其传统文化的传承面临了很大的问题。

一 云南沙朗白族传统节日的变迁现状分析

文化变迁是在历史的进程中，随着时间的推移，在内外部因素的作用下，通过文化内部的整合而出现的有别于过去的文化现象，主要表现在技术、工艺、建筑、食物、服装和价值观、习惯、社会关系等的变化。在现代化进程中，云南少数民族传统文化变迁，已经成为影响云南少数民族传统文化保护和传承的一个重要因素。对此，本文将对云南沙朗白族文化的变迁现状进行不同角度的分析，从而思考当地白族传统文化的传承与发展之路。

（一）传统节日变迁特点之神秘性的减弱

云南昆明沙朗地区的白族文化就是一个在变迁中创新，在变迁中发展，在变迁中进步的典型，其变迁具有鲜明的特色和代表性，具有一定的现实意义。而沙朗白族传统文化中特别是传统节日的变迁最具有鲜明特点的是神秘性的减弱，以白族传统节日"三月街"为例，三月街本来是一种供奉神灵的祭祀活动，是祈求神灵保佑白族人民岁岁平安、五谷丰登的活动。在每年农历三月十五至二十一日举行。关于三月街也有个神秘的传说，相传古时候，湖中出现妖怪，害得白族人无法生存，而在苍山脚下，有一个心地善良、力大如虎的白族少年，名叫虎子，他发誓一定要除妖。他同大小妖魔奋战，最终斩尽了妖魔，而自己也闭目于此地。从此，经常出现妖怪的那片湖化作高山峡谷，山上松柏常青，野兽成群，人们也过上安定的生活，人们将他的尸体葬在这座高山上，让他看着这里的人们繁衍生息。因此"三月街"就是纪念虎子的祭祀活动。节日期间，穿有礼服礼帽的诵经先生及弟子要在天子祭祀坛前，对着本主神铜像诵经膜拜，以示缅怀，祝愿人寿年丰、来年风调雨顺。白族的青年男子要在深夜三更打扮成八仙"请水"。在白族人意识中八仙有控制妖魔鬼怪的神功，具体是青年男子要打扮成八仙列队，在敲锣打鼓的引导下，手舞足蹈地前去龙王庙"请水"，意为请求龙王赐神水携回去供奉本主神，希望可以带给白族人吉祥和安宁。节日期间还要举行迎神仪式和敬肉仪式，迎神仪式在庙会举行，要安排礼炮、音乐，各校师生列队以及古代的兵器组合列队，村民自发组织龙灯、狮子灯等环街游行，以表迎神，借以祈求风调雨顺，还要宰杀一头肥大的猪来祭本主神等。传统的节日不仅赋予神秘而浓郁的宗教色彩，而且在一定程度上增强了民族内部的凝聚力，增强白族人民之间的团结友爱。而随着社会的发展，民族传统节日赋予了一些新的时代意义，如今的"三月街"的仪式越来越简单，程序及形式随之简化，在节日期间，除了简单的仪式之外，还将一些特色饮食供给前来游玩的旅客品尝，当地政府在宣传白族民族文化的同时，利用"民族特色"带动该地的经济。这种传统祭祀活动逐渐变成了一个赶集活动，由神秘的祭祀活动演变成了少数民族物资商业交流大会，时间也从以往的7天变成3天左右。本来富有内涵的神秘的民族传统节日如今已成为人们满足物质需求的工具，久而久之，将会忽视纯粹的民族文化所带来的民族认同感以及深厚的文化沉淀。

还有一些传统节日的内涵也淡化得只剩下一丝丝朦胧的记忆。白族最传统的节日绕三灵，在其发展的第一阶段，桑林谷比作女阴，极其形象地告诉我们：逛桑林产生于母权制社会，是以女性生殖为崇拜中心，以祈求子嗣的繁衍为目的，不加区别的交合为手段的一种古老的原始的民俗活动。到了逛桑林发展的第二阶段，逛桑林转化成收种空隙之间的一次娱乐性的休整，从而使宗教、婚姻的种种淡化得只剩下一丝朦胧的记忆。如用简单的语言概括，那就是：逛桑林是古代的社祭活动和婚姻活动，最后演变成了歌舞活动和游春活动。

（二）传统节日变迁特点之娱乐性的加强

白族传统节日的演变过程中，因时代的前进、经济的繁荣、各民族文化的交流，各种各样的传统活动都以娱乐性为目的，懂得传统文化内涵的人越来越少。现举一例来说明娱乐性使传统文化的含义在表象上的消失。火把节，是我国西南地区许多兄弟民族所共有的节日，时间是每年农历的六月二十四日和二十五日。其各民族的原始寓意有所不同，说起起源，从文学的角度看有优美动人的故事《火烧松明楼》。其最完整的故事在师荔扉所著《滇系》之中有所记载。而从科学的角度来看，火把节的真正根源可追溯到原始社会。1939 年，对马龙遗壤的发掘中已发现两处红烧土地面，据考古专家证实该地的原始居民保存火种火源。由此看出早在原始社会，白族先民就对火有神秘的崇拜感。那时候的白族先民不仅认识火而且还用火把来吓各种野兽，将它们逼进事先设计好的大坑里。然后人们开始欢呼、跳跃、高兴……这不正是今天白族人民火把节的来源吗？而对于火把的原始寓意白族人也有自己的见解：昆明沙朗地区的白族过传统的火把节其寓意是要送走瘟神，又称为"过草"会，主要是荤祭。另一种寓意则是火烛或火炬，以其具体而微的形象类似男性的生殖器，高树火把就是对男性生殖器进行崇拜，因而，火把节就是性崇拜的节日。从家庭起源和形成说，火把节是父权制英雄们炫耀自己的盛会，也是欢庆父权制确立的大典。而火把无疑是一种象征物，当这个象征物被其他的实物一层一层地粉饰起来后，外在的美的形式终于毫无遗漏地掩盖了象征物的实质，这种民俗上的浓妆艳抹不仅使被奴役的女性甚至连被奴役的男性都忘乎所以地沉湎于这种浓郁、壮观的美的活动。火把的含义终于在表象上消失了。如今节日之际，灿星如海，然而，毕竟高烧火把的是不同的民族，他们各自有着不同的生活环境与文化传统，有着相异的审美观念和美的表现形式，所以对同一个火把节自然也就有着不同的活动的习俗，不同的情趣、主题和不同的历史解释，琳琅满目，千差万别。

二 云南沙朗白族传统节日的变迁因素分析

经济的发展、与周边民族的交流对沙朗白族传统文化造成了很多影响。白族人的思维、生活方式以及对待本民族传统文化的态度发生了改变，很多世代生活在这个地方的人不再愿意将本民族的文化传承到下一代，他们认为自己的民族传统文化太落后，只有外来文化才是适合于当今社会发展的，才是先进潮流的代表。所以，白族传统文化的传承面临了很大的问题。如果不处理好白族传统文化与外来文化之间的相互影响关系，不认真思考白族传统文化在当今时代中的发展及传承问题，白族传统文化将会面临流失的可能，这是任何人都不愿看到的。

（一）传统节日集各功能于一身——"文化舞台，经济表演"

白族的民间传统节日繁多，在如此众多的传统节日中众所周知、独具特色的"三月街"，是所有白族地区传承上千年的重要节日，经历起初的宗教祭祀活动慢慢成为少数民族交流商业集会的发展历程，集讲经庙会、生活品贸易市场、经济商品贸易市场以及民族文化传播与交流功能于一身，发挥着传承民间文化、发展社会经济的整体功能。

20世纪80年代开始我国实行改革开放之后，经济的发展成为重中之重，众多的传统节日也戴上市场经济的色彩之帽，而沙朗白族的传统节日"三月街"的社会功能真正向民族文化认同与交流、生活品贸易市场、经济商品贸易市场及民族交流等功能为一体的民间经济贸易的方向发展。由此，以经济贸易为主导的社会功能起了主导的作用。随着我国经济的快速发展，为昆明沙朗地区所带来的影响是巨大的。这个契机使当地找到了一个支柱产业，为昆明沙朗经济发展打下了坚实的基础，同时也使沙朗人民的物质生活有了普遍提高，使西山周围那些世代以务农为生、生活贫困的人摆脱了贫困。沙朗白族又属昆明地区的稀有群体，政府对该稀有群体的传统节庆旅游文化的过度重视和开发，一种"文化舞台、经济表演"的模式使经济贸易的社会功能仍占着重要的引导和领导地位。多年以来，沙朗乡每年举办的"三月街"也一直遵循着这个模式，为了取悦游客，让他们能够故地重游，为了能够吸引更多的游客，当地居民将自己的文化简单化，久而久之，他们也开始在淡忘自己真实的文化，并且去接受已简化了的白族文化，或者对白族文化的简化毫不在乎。我们就将这种简化了的白族文化称为是伪白族文化。经济的发展虽可以大力提高传统节日"三月街"的知名度，但是其经济功能也会提高到最重要的地位，而本应该起主导地位的民族文化传播与交流功能则会占从属地位。时间一长，"三月街"将会变成单纯的经济贸易场所。这样不但不会使沙朗地区的经济得到又快又好的发展，反而会影响其经济发展，产生相反的效果。

由此可见，为传统节日戴上经济之帽，以经济名义吸引更多的外来者是不可取的，而应该把这些独具特色的传统节日发展成立足于沙朗实际、增进各民族共同的文化认同感、弘扬当地传统节日文化，增强民族文化自信心和民族自豪感的文化场所。

（二）失忆的民族，再寻心理的认同——"被群体集合起来"

由于经济的大力发展使得外来人大量涌入沙朗旅游或定居，为沙朗带来经济效益的同时也将各地的文化带了进来。久而久之，这些外来文化也就逐渐渗透到了白族本土文化之中，对其产生了影响，例如少数民族语言的使用越来越少，民族服装已很少在平日穿着，古老的习俗有很多改变，城镇民族建筑在快速现代化。这对白族传统文化开发是一种釜底抽薪的影响，从而直接影响了白族民族文化的传承和发展。民族节日是构成民族文化的重要组成部分，也是民族文化特质的一种直接表现。在外来文化的影响下，白族的传统节日有很多都发生了很大变化。这里主要以"三月街"为例：现在三月街是白族闻名的物资交流大会和传统的盛大节日，每年农历三月十五举行。而昆明沙朗地区也会举行此节日，会期五至十天，是一个具有浓厚民族色彩的贸易集市和民族文体节日盛会。三月街是从 1991 年 1 月开始有了较大改变，三月街上原本主要由当地白族群众自主发动的文艺表演、赛马比赛以及民间贸易等都改由政府主持操办。这样一来，原本朴素的群众集体参与的娱乐表演和竞技活动成了政府吸引游客的大型文艺表演和民族体育比赛，虽然规模更大，可是却导致热情的普通群众无法参与其中：纯正的白族文艺无法表现。以前在三月街上经常可以看到成群结队的白族老人即兴表演大本曲和吹吹腔等极富白族特色的、地道的白族文艺节目，而现在再也看不到他们的身影，也看不到台下的观众即兴参与其中的场景了。与此同时，别具特色的交易商品和各地土特产也被大量的外地企业展销品所替代。以前每逢三月街，一定要去看看藏族人带来的酥油、中草药和其他地方的民族工艺品和食品，而今，三月街几乎成了积压商品大甩卖的三流交易场所。每年三月街的会场都是临时搭建起来的，别具特色，也不占用资源，会期一过撤掉简易房的土地依然可以供农民打场晒粮。旅游业的发展导致外来文化的涌入不论在观念上、生产生活上以及行为模式上都对白族人民有较大的影响，最终造成了他们对本民族文化看法上的改变。

要想更好地发掘、保护以及使白族民族传统文化更好地传承下去，首先就必须理清外来文化对白族传统文化的冲击和影响，然后去思考白族传统文化在这样的环境中如何传承和发展。

三　云南沙朗白族传统节日在变迁中传承与发展

沙朗地区白族民族节日凝聚着民族精神和思想情感，承载着民族的血脉文化和思想精华。传统的民族节日是本土白族居民精神生活的重要组成部分，具有一定的历史、经济和文化价值。传统民族节日在历史的长河中会进行变异，而笔者认为必须要找出一条传统文化在变迁中传承和发展的道路。

（一）民族文化展示和传承的载体

文化是传统节日的灵魂，而在经济如此快速发展的今天，对当地白族传统节日的利用和开发，是一件势在必行的事情，但是当我们在开发和利用当地传统节日的时候，更重要的是要延续这些民族节日原有的文化价值，我们要着重还原其文化的原貌，以其最真实的一面来展现它。白族也好，其他民族也罢，他们所独有的传统节日更深远的意义在于该节日所具有的强烈的民族认同感。流传至今的白族传统节日都有丰富的内涵，影响着人民的生活。传统的民族文化是伴随着各民族的生产和生活，在传承中延续、演变和发展的，在漫长的发展过程中必定会受到时代、经济及外来民族的影响。

每个民族所独有的传统节日是该民族文化的展示和传承的载体。节日是民族文化生活直接的表现形式，能够比较全面地反映民族的历史、经济、物质生活、宗教、道德等各种文化现象。必须要大力发挥该民族传统节日的文化传承功能，昆明沙朗白族所独有的优秀的民俗文化，如：传统节日、舞蹈、艺术表演、手工绝活等，都是一种民族身份的象征。对于传统节日的研究，更重要的是民族文化的传承和保护，实现民族文化的认同价值，因而要挖掘和开发民族文化传播与交流功能，正如大理文化研究学者赵敏认为："街"文化的内涵是"在商品文化的背后，人类更有思想交融，感情通融的欲求，消费者消费的不仅是物质，而更是一种觉得有意义的生命方式……虽为街市，但人们可以不为购物而来，为的是寻找一种适意的心情"。由此可以看出传统节日如"三月街"不仅仅是一种做生意的场所，而应该是一种展示自己民族独特的文化、充满民族文化氛围的街。因此，要把传统节日打造成为民族文化的展示和传承的载体。当地白族传统节日中所蕴含着的优秀文化传统，是提高当地人民思想道德水平的宝贵资源。

（二）塑造精神文化的黏合剂

白族人民能否在经济的繁荣、周边民族的融入、族群文化的重建中保住自己的传统民族文化是很重要的事。经济的发展固然重要，可是少数民族特有的文化却是耐人寻味的。经济对民族文化的冲击在一两年内并不会明显显现出来，可是十年二十年后呢？我们不想时间像一个过滤器一样，把我们原汁原味的民族文化过滤得平淡无奇甚至从我们手中消失。保留宝贵的民族文化遗产以及使其长久地流传下去是我们的义务，也是我们义不容辞的神圣责任。

昆明沙朗白族传统节日想在变迁中传承与发展，则必须要充分发挥民族传统节日的民族凝聚功能，要将它塑造成精神文化的黏合剂，要通过这些传统节日的精神纽带紧紧凝聚当地人民，促进当地的繁荣和发展。其次，传统节日也为当地提供了社会平台和机会，这些对构建和谐文化、和谐民族关系的意义十分重大。但在利用和开发传统节日时需慎重，如今社会，经济、旅游业的发展对当地白族传统节日具有相当的冲击力，因此必须要对当地民众进行正确的引导和规范，有效地保留传统节日最真实的一面。

总之，传统节日在变迁中的传承和发展是一个很重要的问题，不仅需要政府的正确利用及开发，还需要沙朗所有白族民众的配合，只有将这一切有机结合起来，才能有利于传统文化的现代发展。其中最重要的是沙朗当地白族人要正确认识自己的民族文化，要重视自己的民族文化，以自己拥有的文化为骄傲以及要主动参与到文化传承当中，这样白族文化将会在当地白族人当中世代传承下来。一个没有历史和民族文化的民族是悲哀的民族。曾经在历史长河中成功生存的民族是有与时俱进的特点的。而一个能够在汹涌的潮流中坚定地保持住自己文明的民族更是有民族性、不会被历史所遗忘的。本人也希望沙朗白族的传统节日能在这种变迁中完好无缺的传承下来，当地的白族文化也将更好地向世人展示其独有的魅力和风采。

The Change of Traditional Cultures of Yunnan's Ethnic Minorities in the Process of Modernisation

Abstract：In the process of modernisation, the change of traditional cultures of Yunnan's ethnic minorities has become a significant factor influencing the protection and inheritance for the traditional cultures of ethnic groups in Yunnan. Cultural change refers to any changes that are sufficient to affect cultural content or structure, mainly in the areas of technology, craftsmanship, architecture, festivals, food, clothing and values, habits, social relations, and so forth. In this regard, this article will analyse the current situation of the changes in traditional festivals of Shalang Bai Minority in Yunnan from different perspectives, thereby to reflect on the way of the local inheritance and protection for the traditional Bai Culture.

Keywords：New Urbanisation; Cultural Change; Inheritance and Protection

（贾蔓：云南师范大学文学院教授，硕士生导师，文秘系系主任）

21 世纪以来传统节日的海外传播研究

——基于整合营销传播的视野①

摘要：自 21 世纪以来，传统节日的海外传播作为文化输出的一个组成部分，被纳入了国家战略的层面，在组织级别、场次和规模、覆盖地域等方面均有显著提升。如何进一步提高规划、协调与统筹资源的能力，充分发挥规模化、集群化的优势，不仅是传统节日扩大海外影响的关键问题，而且在整个文化输出领域具有普遍意义。已有的海外节日活动先后通过主体、渠道、信息和互动整合四个方面的推进，从传者向受众转移，从要素综合向过程与关系过渡，从单个文化品牌向品牌集群提升，为中华文化的海外扩散与交流搭建了统一的平台。今后，应从规划和执行两个层面构建兼具全球一致性和区域及人群定制化特点的全球整合传播体系，以受众数据的收集、管理和利用为关键，对接海外受众的文化需求与中华文化的价值及特征，并针对不同的品牌活动采用梯度建设与管理策略。

关键词：传统节日 海外 整合营销传播

一 前 言

传统节日海外传播的历史源远流长，历经数千年的传承与扩散，为节日及其所代表的中华传统文化走出国门奠定了坚实的历史基础。进入 21 世纪以来，我国政府加大了对文化输出的支持力度，将传统节日的传承与扩散和建构国家形象、推动文化外交、优化国际关系等战略部署紧密联系

---

① 【基金项目】湖南省教育厅一般项目"'互联网＋'时代节庆文化的海外传播"阶段性成果。

起来，并在 2010 年后先后将其纳入了《国家"十二五"时期文化发展改革规划纲要》和《国家"十三五"时期文化发展改革规划纲要》的顶层设计层次。海外的节日活动在活动场次与规模、参与机构与人数、覆盖地域等方面均跃上了新的台阶，以海外春节活动为例，当前各类活动逾 2000 场/年，年辐射人群约 2.8 亿人，举办国家达 140 个……如何进一步提高规划、协调与统筹资源的能力，充分发挥文化活动规模化、集群化的优势，不仅是传统节日海外传播提质增速的关键问题，而且是整个文化输出领域必须重视的普遍性问题。

鉴于此，本文选用以资源统筹、协同管理见长的整合营销传播理论为切入点和理论工具，梳理与归纳了 21 世纪以来传统节日海外传播在传播资源的整合、协调方面的发展进程、具体举措及其代表性的范例，并提出了前瞻性的整合建议，以期提高我国传统文化输出实践在复杂文化环境中的统筹运营能力，服务于东西方文化互信与文明互鉴的时代大局。

二　文献综述

（一）节日及其海外传播

关于节日的研究为本文奠定了独特的价值基础，提供了主要的学术养分。节日尤其是传统节日是展现一个民族、国家或地区历史传统与社会现状的形象载体，亦是促进不同文化之间互信和共融的最佳契机。节日（Festival）是人类学的主要研究对象之一，西方人类学者在仪式研究中涉及节日问题，将节日视为仪式庆典的一种类型。[①] 其中哲内普的过渡礼仪论、涂尔干的"神圣—世俗"划分、特纳的象征研究等关于仪式内部意义和社会关系的经典论述影响至今。[②]

近 20 年来，本土的节日研究已从起源流变、结构要素、文化内涵等传统的人类学、民俗学研究向多学科交叉研究转变。其中节日传播作为节日的应用研究，主要聚焦节日及其意义不同以往的扩散和传承方式、过程、路径及影响，开辟了节日研究的新视野，也更贴近媒介社会的现实。

---

① ［英］鲍伊：《宗教人类学导论》，金泽译，中国人民大学出版社 2004 年版，第 178 页。
② 彭兆荣：《文学与仪式：文学人类学的一个文化视野》，北京大学出版社 2004 年版，第 14—19 页。

当前，伴随着我国对外文化交流的持续推进，文化的交流与共享成为节日研究的新方向之一①，以传统节日的海外传播为研究对象的论文和高级别课题相继出现，相关研究多关注海外传播的历史与现状②，不同地域的传播概况③，对传播活动的过程剖析与模型建构不足。代表性的建议包括丰富传播形式，申报世界非遗，打造春节文化经济，以及借力海外华人群体加速社会融入等④，有少数研究围绕新传播环境的特点提出了全媒体传播⑤和数字化改造及传播的具体构想⑥，目前尚无关于资源整合的战略思考或执行建议。

"一带一路"倡议提出后，传统节日的海外传播在新的时代背景下被赋予了新的意义，诸如《"一带一路"与传统节日》专项研究等学术探索在民俗学、社会学领域展开，为本论题拓展了发展空间。

（二）整合营销传播

整合营销传播（Integrated Marketing Communications）理论与实践发端于 20 世纪 80 年代末。该理论与以往传统营销观的最大差异是将规划的焦点置于消费者和潜在消费者之上⑦，综合评估和运用各种资源以产生清晰的、一致的、最大化的影响⑧，掀起了一场营销传播的观念革命。

自诞生至今，理论建构与批判和应用研究便是相关研究的两大主题，推动该理论不断丰富和完善。⑨ 早年，业界及学界偏向营销传播工具（如

---

① 萧放、董德英：《中国近十年岁时节日研究综述》，《民俗研究》2014 年第 2 期。

② 景俊美：《中国春节的海外传播研究》，《节日研究》2012 年第 10 期。

③ 王均霞：《中国春节在北美》，《节日研究》2013 年第 2 期。

④ 《弘扬节日文化研究》课题组：《中国传统节日的传承现状与发展对策》，《艺术百家》2012 年第 3 期；阮静：《中国春节在海外传播的影响及策略分析》，《中南民族大学学报（人文社科版）》2014 年第 6 期；赵晓航：《中华文化海外传播效果研究与方法探究》，《河北省社会主义学院学报》2014 年第 4 期。

⑤ 张勃：《传统节日的全媒体传播》，中国社会科学网，http: //www.cssn.cn/ddzg/ddzg_ldjs/ddzg_wh/201602/t20160219_2873371.shtml，2016 年 2 月 19 日。

⑥ 曹海涛：《论媒介融合语境下的传统文化传播创新》，《今传媒》2015 年第 7 期。

⑦ ［美］唐·E. 舒尔茨、史丹利·田纳本、罗伯特·劳特朋：《整合营销传播》，吴怡国等译，中国物价出版社 2002 年版，第 77—78 页。

⑧ ［美］James W. Peltier、John A. Schibrowsky、Don E. Schultz：《互动式整合营销传播：统合 IMC、新媒介以及数据库营销的力量》，陈欢译，《新闻大学》2004 年秋季号。

⑨ 黄迎新：《理论建构与理论批评的互动——美国整合营销传播理论研究二十年综述》，《中国地质大学学报（社会科学版）》2010 年第 2 期。

广告、公关、事件营销、促销、直接营销等）的组合。① 自 90 年代起，研究重点向战略性的商业流程转变，整合要素囊括了工具、信息、关系等在内的所有资产②、"建立共识和达成价值交换的所有要素的总和"③、重视"创造和培养与顾客和其他利益相关者的可获利的关系的过程"④，等等。

近年来，整合营销传播与其他营销传播观念的交叉研究为该领域的研究拓宽了空间。其中有两大发展对本文有直接启示：其一，受交互式传播观念的启发，较以往更为重视受众导向，倡导受众与传者的互动。如，构建互动式整合营销传播模型，着眼于传播过程中传播者与受众之间的双向关系，整合一致性与定制化，与具体的消费者群体建立持续的对话和传播策略。⑤ 又如，提出消费者整合营销传播（CIMC）的定义及模型，发展以消费者为中心的营销传播手段，以此颠覆传统的由内而外的营销传播策略与执行。⑥ 其二，探讨整合营销传播在不同文化背景中的应用。如，在跨国传播活动中应用整合营销传播理论，由此提炼出以水平维度（跨国家）为核心、包含垂直维度（跨促销规律）要素的"全球整合营销传播"的概念。⑦ 又如，以"全球化思维、本地化行动"的复合战略为指导，构建全球整合营销传播（IGMC）的战略与方案⑧，用以指导品牌实施跨边界、跨文化的全球传播活动。

本土的整合营销传播研究始于 1996 年，历经了原著译介、概念落地

① 卫军英：《整合营销传播中的观念变革》，《浙江大学学报（人文社会科学版）》2006 年第 1 期。

② ［美］Duncan T. , *IMC：Using Advertising and Promotion to Build Brand*，清华大学出版社 2004 年版，第 8 页。

③ ［美］特伦斯·A. 辛普：《整合营销沟通》（第 5 版），熊英翔译，中信出版社 2003 年版，第 4 页。

④ Duncan T. , Caywood C. , *The Concept , Process and Evolution of Integrated Marketing Communications* , in Thorson, E. , Moore , J. （eds），*Integrated Communication：Synergy of Persuasive Voices.* Mahwah, NJ：Lawrence Erlbaum, 1996, pp. 3 – 14.

⑤ James W. Peltier, John A. Schibrowsky, Don E. Schultz , "Interaction Integrated Marketing Communication：Combining the Power of IMC, the New Media and Database Marketing", *International Journal of Advertising* , Vol. 22, No. 1, 2003, pp. 93 – 115.

⑥ Åke Finne, Christian Grönroos, "Communication-in-use：Customer-Integrated Marketing Communication", *European Journal of Marketing* , Vol. 51, No. 3, 2017, pp. 445 – 463.

⑦ Andreas F. Grein , Stephen J. , Gould , "Globally Integrated Marketing Communications", *Journal of Marketing Communications*, Vol. 2, No. 3, 1996, pp. 141 – 158.

⑧ ［美］Clow K. E. , Baack, D. ：《广告、促销与整合营销传播》（英文版第五版），清华大学出版社 2012 年版，第 43—45 页。

到本土化应用等不同阶段。[①] 伴随着对外交流与传播的推进,文化输出领域的整合研究在 2010 年后逐渐增多,主要关注受众细分、内容整合、渠道整合,国家形象标识、国情综合形象等传统的整合要素[②],个别研究进行了量化分析与模型设计。[③] 在运用西方研究的新发展(如互动式整合、全球整合)以及传播过程、关系的整合等方面仍有待研究者的重视。

三 传统节日在海外的整合营销传播进程及举措

进入 21 世纪以来,无论是以"欢乐春节"为代表的品牌活动的前期筹备与总体规划,还是各项子活动、子项目的具体执行均显示,整合营销传播的观念已经渗透至活动的规划与执行当中,是以新观念、新技术为指导对中央大力推进文化输出、扩大中华文化世界影响力的战略部署的具体响应。不仅如此,伴随着节日传播的推进,原有的整合举措亦处在不断丰富和调整的动态过程之中,从传者向受众转移,从传统的要素综合向互动关系深化,从单个文化品牌向品牌集群的层级递进。这一趋势不仅有利于节日活动扩大规模效应,实现长远影响,而且对其他文化输出实践具有借鉴价值。

(一)主体整合

早在整合营销传播研究初期,研究者就发现了营销传播者内部的机构割裂和分散行动不仅导致预算和人员投入的增加,而且使针对复杂问题的统一认识变得更加困难,难以建立有盈利能力的品牌关系,是阻碍整合的首要因素。[④] 这一问题在传统节日的海外扩散中同样存在,并成为其资源整合的第一步。

2000 年后,文化部、国侨办、外交部、教育部、商务部等多个中央部委在春节期间集中开展了对外文化交流活动,同时举办同类活动的地方政府更是不计其数。数量激增的节日活动与多头管理、各行其是的组织管

---

① 初广志:《整合营销传播在中国的研究与实践》,《国际新闻界》2010 年第 3 期。

② 初广志:《中国文化的跨文化传播——整合营销传播的视角》,《现代传播》2010 年第 4 期;范红:《国家形象的多维塑造与传播策略》,《清华大学学报(哲学社科版)》2013 年第 2 期。

③ 刘丽英:《基于双重态度模型理论的国家形象整合营销传播研究》,东北财经大学,2015 年,第 58—60 页。

④ Duncan T., *IMC*: *Using Advertising and Promotion to Build Brand* (Second Edition), McGraw-Hill Companies, Inc., 2005, pp. 30 - 31.

理并存，对统一规划与行动、形成传播合力亦产生了掣肘作用，迫切需要进行改革。2009 年，根据中央关于加强统筹、整合资源，合力办好春节品牌建设的指示精神，我国所有政府部门参与的海外春节活动被统一命名为"欢乐春节"，由文化部牵头。自 2009 年起，文化部联合各有关部委，以建立跨部门对外文化工作协调机制的方式进一步完善了对外文化工作部际联席会议制度、国内国外沟通协调机制、文化部与地方文化外事工作协调机制和文化部机关与直属单位对外文化工作统筹协调机制四个工作机制。此后，更多组织机构加入其中，形成了一个囊括中央政府机构、驻外使领馆和海内外合作伙伴在内的多层级架构（见图 1）。这是面向全球市场"开创跨边界、跨文化和跨业务的制度及程序"迈出的重要一步[①]，为我国传统节日的海外传播向规模化和整体化的方向发展提供了机制保障，也为后续的整合创造了有利条件。

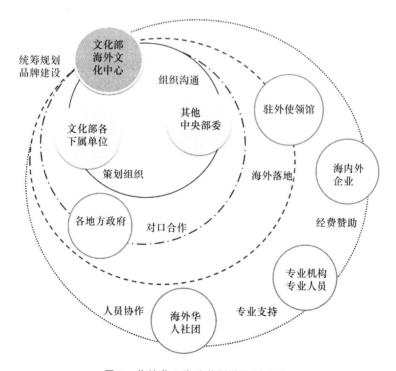

图 1　传统节日海外传播的传播主体

---

① ［美］唐·E. 舒尔茨、菲利普·J. 凯奇：《全球整合营销》，黄鹂、何西军译，机械工业出版社 2011 年版，第 93—94 页。

在前期机制建设的基础上，2010 年年初，首届"欢乐春节"大型文化交流活动正式启动，这是自中华人民共和国成立以来我国在同一时间段、围绕同一主题在境外开展的涉及国家最多、吸引观众人数最多的文化外宣和公共外交活动①，亦是我国当前最成功的传统节日海外整合营销传播范例。2011 年起，文化部启动部省合作计划，强化了中央与地方、国内与国外的传播主体的整合力度，该计划与部际联席会议制度为代表的工作机制共同成为海外节日活动"做大、做强、做优、做久"的两大机制依托。② 2016 年年底，文化部将"天涯共此时"定位为全球性的节日活动品牌，以海外文化中心为直接组织机构，整合以往各类海外中秋活动，与"欢乐春节"合力面向海外受众集中推广中国节日文化。

（二）渠道整合

渠道整合作为传统节日海外整合营销传播的第二个层次，是在主体整合基础上对传播工具、形态进行的整合。其立足于传统的整合营销传播理论广受认可的主张之———"整合多种传播工具而不是任由其自发运作"③，在海外节日活动的动员通告或总结报告以及具体执行中均有体现，旨在构建综合性的渠道结构，扩大传统节日的传播广度（见图 2）。

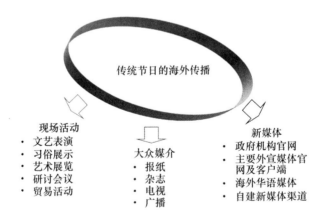

图 2　传统节日海外传播的传播渠道

① 侯湘华：《"欢乐春节"：对外文化交流的靓丽品牌》，《公共外交季刊》2012 年夏季号。
② 同上。
③ ［美］乔治·贝尔奇、迈克尔·A. 贝尔奇：《广告与促销　整合营销传播视角》，郑苏辉等译，中国人民大学出版社 2009 年版，第 13 页。

现场活动是首要和传统的传播渠道，以文艺表演和习俗展示类活动为主要形态。具体在两大品牌活动中，"欢乐春节"活动已形成"广场庆典"和"春节庙会"两个现场效果最佳、影响力最大的子项目[①]；"天涯共此时"活动虽在子品牌、子项目的建设方面起步较晚，尚未形成有同等持续性和影响力的子项目，但也以音乐会、综艺晚会、美食制作等活动为主体。上述活动重在制造节日的仪式感，为海外华人群体创造了一个"重回"母国文化情境的神圣场域，强化了国族身份，同时也是面向其他族群展示中华文化魅力的窗口。

自2012年始，增加传播渠道、丰富传播形式的要求在历年的活动通知或总结报告中被明确表达，并落实为渠道开发的具体行动，不仅使现场活动的类型增加（会展、贸易、文教等），而且加大了媒介传播力度，促成了节日信息的二次传播，为节日从边界分明的"现场"扩散至虚拟空间创造了可能。2012年，"欢乐春节"活动启用形象大使，参与现场活动，拍摄电视宣传片助力节日传播；2013年，除形象大使外，节日活动还运用了动漫、网游、创意设计等新手段；至2014年，已基本形成了囊括报纸、电视等大众媒介和大型户外广告屏、门户网站、社交媒体、移动终端等不同类型的渠道格局，渠道广度建设初现成效。其中，网络传播包括政府机构的中英文新媒体平台（彰显国家级文化输出项目的官方属性），人民网、中国日报网、央视国际网站、新华网等外宣媒体的中英文官方网站及客户端（丰富传播的内容与形式）和活动官方网站与官方微博、微信等社交媒体平台等自建渠道（实时传播）。

（三）信息整合

信息整合以渠道整合为基石，是从传播内容、形式的层面对渠道建设的丰富和细化，体现了整合营销传播理论广为人知的"同一个声音，同一个形象"（One Voice，One Image）的主张[②]，是以高度统一的品牌形象与受众对话的整合观念在文化输出实践中的具体应用，符合统合分散信息形成传播合力，提高海外知名度的现实要求。在文化品牌的建设过程中，

---

① 文化部对外联络局：《"欢乐春节"项目评估报告》，《公共外交季刊》2014年夏季号。

② Nowak，G. J.，J. Phelps. "Conceptualizing the Integrated Marketing Communications' Phenomenon: An Examination of Its Impact on Advertising Practices and Its Implications for Advertising Research". *Journal of Current Issues and Research in Advertising*，Vol. 1，No. 1，1994. pp. 49 – 66.

这种谋求一致性的策略及执行主要聚焦以下三个方面，并随着传播的深入而调整、变化。

其一，不同内容的项目。当前，海外节日活动结构性局限日益明显。随着节日传播在海外的持续推进，中低端展示型项目过多、高端交流型项目和贸易类项目较少的局面限制了节日活动扩大在海外主流社会尤其是中高端受众群体中的影响，同时也不利于品牌的持续发展。自 2015 年后，"欢乐春节"下属的"艺术中国汇"等新增子项目在融合不同内容的项目和细分目标群体方面进行了有益的尝试，也将为"天涯共此时"活动提供启示。

其二，不同类型的传播符号。海外节日活动的现场活动和媒介传播普遍采用以文字为辅图形图像为主的符号策略，大量运用灯笼、生肖、饺子、月亮等民俗符号，降低了海外受众尤其是非华人受众了解中华文化的前期难度。随着更多传播技术的引入，海外传播的视觉呈现亦从图形、图片传播向图像传播发展，重视电视报道、电视晚会和纪录片、动画等类型。2017 年，视觉技术与艺术手段结合的趋势比以往更为突出，在全球投放的"欢乐春节"形象宣传片、首支春节全球宣传片《乐享春节》均属此类。

其三，不同地域的信息。当前，节日活动主要通过统一的活动名称、主题、视觉形象来统合不同地域的活动信息，以形成清晰、一致的全球形象。相较而言，"欢乐春节"的信息统合成效更为出色，而"天涯共此时"在此方面亟待跟进。前者的活动理念为"大自然的节日""家庭的节日""心灵的节日"，主题为"欢乐、和谐、对话、共享"，涵盖了春节的自然属性、伦理特征，也承载了文化交流的目标。其中，"欢乐"主题已在现场活动和媒介传播中得到了充分的表达，其他主题的诠释和传播尚有待推进。2016 年，活动发布全球统一标志、生肖形象和形象宣传片，为全球推广提供了统一的形象支持。

（四）互动式整合

互动式整合代表整合营销传播的新方向。在传统节日的海外整合实践中，互动式整合以新媒体渠道的搭建为技术基础，但又在传播目标和传播深度方面有明显差异。前者的目标不是渠道的广度，而是以受众为中心调度和评估营销传播过程中的所有要素，更重视受众与传播者的双向信息流动和生产，是对改善传播关系、变革传播模式的进一步探索。从现有的实践举措观之，互动式整合伴随着新媒体渠道建设而启动，目前仍处在起步阶段。

其一，自2012年起，文化部与专业机构合作开发传统节日的数字文化产品，探索节日与受众的互动沟通。当年，"欢乐春节"IPad版交互式娱乐类免费应用程序在苹果商店上线，其内容包括电子贺卡、网络游戏等多个板块。遗憾的是，传统节日的数字开发在此后缺乏跟进，数字化应用对受众数据收集、管理与产品开发、品牌关系等方面的价值有待发掘。

其二，同期，以"欢乐春节"为代表的海外节日活动尝试社会化传播。然而，"海外欢乐春节"微博在2014年春节后停止信息更新，"欢乐春节"微信公众号亟待内容建设；"天涯共此时"因品牌建设起步晚，目前尚未开始相关传播……直到Facebook公众号"欢乐春节C-Live"投入使用之前，现有的社会化传播仍以信息的单向传递为主，并未促成二者之间的双向信息生产与流动。2016年，子项目"行走的年夜饭"与Facebook合作，借助社会化传播的互动效应和意见领袖的名人效应，首次成功地实现了中华节日美食的线下展示、线上扩散与受众分享的融合①，为今后的互动式探索提供了经验。

四　结论与建议

综上，传统节日的海外传播运用整合营销传播的观念与策略，统合中央及地方政府、驻外机构及海外合作伙伴，结合现场活动和大众媒介、新媒体渠道，协调不同类型的文化项目、传播符号及不同地域的活动，从传播要素的横向综合逐步向传播过程、传播关系的纵深方向发展。相比以往的海外节日活动，当前的节日传播以统一的文化品牌及形象传递了清晰、一致的文化信息，为中华文化的海外扩散与交流搭建了统一的平台，先后

---

①　截至2017年9月13日Facebook自动统计结果显示，Facebook创始人兼CEO扎克伯格携家人向中国大厨致谢并恭贺农历猴年春节的中文视频在Facebook单一平台播放量超过3千万次，并有超过100万次点赞和逾18万次的分享；拥有近200万粉丝的Facebook公司COO谢莉·桑德伯格女士主动通过个人Facebook账号传播猴年拜年内容；新华社、《中国日报》《侨报》《今日美国》等国内中央级媒体、海外华文媒体和当地主流媒体进行了多频次、重量级别报道，在国内社交媒体中被广为转发。

在全球成功地树立了"欢乐春节"和"天涯共此时"两大节日活动品牌，其中前者已成为我国当前最成功的传统节日海外整合营销传播范例，为海外受众接触和了解中华文化提供了更多机会，进一步推动了我国与海外国家、地区的民心相通。

当前，全球环境既不是西方文化处于绝对主宰地位的"全世界属于单一的同质市场"①，也不是鲜有大规模流动和深度交融的乡土社会，而是全球化浪潮与文化差异并存、对话、博弈的复合格局。未来，传统节日的海外传播应借鉴整合营销传播研究中对互动传播和全球战略的思考，对接传统文化的独特价值和海外市场的复杂格局，进一步完善和深化全球整合传播（见图 3）。

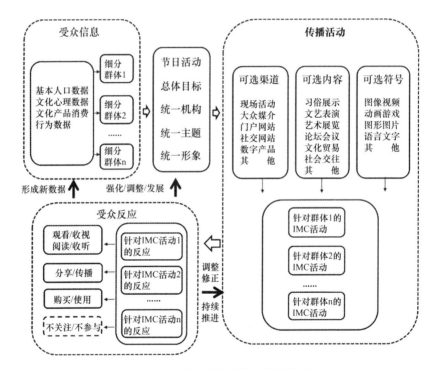

图 3　传统节日的全球整合传播模型

---

①　Theodore Levitt, "The Globalization of Markets", *Harvard Business Review*, 1983 (May/June 1983), pp. 92 – 102.

　　在战略规划层面，应形成"全球化思维、区域化制造和消费者眼中的本土化生产"结合的观念①，构建兼具全球一致性和区域及人群定制化特点的全球整合传播体系，在统一的主题、目标、形象和组织平台之下，针对不同地域的传播基础、不同细分族群的文化需求制定具体的传播计划，包括但不限于跨越功能、地域、技术的差别，重视不同资源、群体、环境的关系融合与交互反应。

　　在执行层面，未来的整合传播是以受众为起点和终点的闭合循环。其中，受众数据的收集、管理和有效利用是整个传播规划的成功运转关键，也是实现全球一致性和区域及人群定制化融合的核心所在。兼具差异和共性的海外受众是具体活动的内容设计、渠道选择以及符号组合的依据，亦是评估活动成效的客观指标。在此过程中，实现两个转变尤为重要——其一，借助在线调查、用户数据库、Cookie 追踪等数据搜集手段和门户网站、社交平台、数字产品等数字化应用，将受众变为可识别、追踪和管理的个体，从展示与演艺类活动的观看者变为文化产品、文化活动的用户，提高品牌黏性。其二，积极发掘新媒体的互动性、开放性和低成本全球传播等特征②，以社会化传播推动受众从接收者向生产者转变，推进信息在不同介质之间以及传者与受众之间的流动和共享。

　　此外，围绕现有的两大节日活动品牌，未来还应采用梯度建设与管理策略。在"欢乐春节"活动中，标准化推进应逐渐让位于本地化、定制化策略，以不同内容、层次的文化活动或产品谋求与细分群体之间的持久和深度联系。针对"天涯共此时"活动则以标准化建设为当前主要任务，加快完成主题提炼与视觉体系建设，完成品牌初创任务，在整体上提高我国节日传播的规模效应和品牌效应，为文化输出领域的其他实践提供更多的资源整合经验。

---

　　① ［美］唐·E. 舒尔茨、菲利普·J. 凯奇：《全球整合营销》，黄鹏、何西军译，机械工业出版社 2011 年版，第 63 页。
　　② 匡文波：《关于新媒体核心概念的厘清》，《新闻爱好者》2012 年第 19 期。

Study on Overseas Communication of Traditional Festivals in the New Century

—On the Aspect of Integrated Marketing Communication

Abstract: Since 21st century, the overseas communication of traditional festivals has been involved into national strategies as one part of culture exportation with great progress in number, level and scale. Meantime, the problem about how to promote resources integration and take the advantage of scale development has become the critical problem of both overseas communication and the whole culture exportation. It is observed that the communication practices have advanced integration strategies from communicators, channels, information and interaction, and have successfully built an unitive platform for overseas exportation and communication of Chinese culture. In the future, started with strategy planning and project execution, it should connect the global audiences' demands with the value and characteristics of Chinese culture, and develop graded construction and management strategies to the different brand programs.

Keywords: Traditional Festivals; Overseas Communication; Integrated Marketing Communication

（陈璐：湖南师范大学新闻与传播学院讲师）

少数民族服饰文化的"生产性保护"思考

——以裕固族为例

孙佳丰　王卫华

摘要： 在市场经济成为时代主流的今天，少数民族服饰文化面临着传承保护方面的困境。裕固族服饰文化创意产业作为市场经济背景下对少数民族文化开发与利用的鲜活样本，其追求"生产性保护"的发展经验能够为我国少数民族文化的发展提供新的思路。而在将民族文化融入文创产业市场运作的同时，处理好手工技艺与现代技术、保护传统与发展创新、纵向传承与横向传播的复杂关系，才能实现民族文化的"自力更生"与"活态传承"。

关键词： 少数民族文化　生产性保护　裕固族服饰　文化创意产业

"生产性保护"这一概念最早出现于 2006 年王文章先生主编的《非物质文化遗产概论》，指出生产性保护是非物质文化遗产保护的基本方式和原则之一，[①] 它是以保持非物质文化遗产的真实性、整体性和传承性为核心，借助生产、流通、销售等手段，将非物质文化遗产及其资源转化为文化产品的保护方式。生产性保护方式的关键在于使文化遗产以活态的形式传承，并在对其保护中实现其与经济社会发展相协调。在市场经济成为时代主流的今天，包括非物质文化遗产在内的许多优秀的中国民族文化面临着传承保护方面的困境。文化创意产业则利用市场经济和新技术手段给民族传统文化注入新的元素和活力，既能够对优秀传统文化进行创新性传承，又能够对异质文化进行有效地吸收与融合，从而使民族文化在服务当

---

① 王文章：《非物质文化遗产概论》，文化艺术出版社 2006 年版，第 22 页。

代人的精神文化需求中发挥强大的作用。①

　　裕固族服饰是裕固族民族文化的重要组成部分，也是甘肃省国家级非物质文化遗产中的代表性遗产。我国的少数民族服饰包含着丰富的文化因素，它将人们的生活习俗、审美情趣、文化心态和宗教观念等融入其中，从而将民族的精神文化融入物质文化并得以表现。裕固族服饰的制作原料、刺绣工艺、色彩表现、饰品工艺等无不展现着民族传统手工技艺的魅力。如今随着人们生活方式和思维观念的改变，裕固族服饰的传承在面临着现代文化的冲击中探寻新的发展路径，形成产业化的创新发展模式。从生产性保护的视角出发，文化创意产业这一以创造力为核心的新兴产业，不仅为裕固族服饰文化提供了发展机遇，也为我国其他少数民族文化提供了可借鉴的发展思路。

一　裕固族服饰文化发展现状

　　裕固族源出唐代游牧在鄂尔浑河流域的回鹘，现今人口约 1.4 万人，主要聚居在甘肃省酒泉南部的裕固族自治县内，拥有本民族独特的历史文化。裕固族人民曾主要从事游牧和畜牧业生产，因而形成了具有牧业民族特色的服饰文化。他们在生活中穿戴的毛毡袄、皮靴子、皮袍、毡帽等，用料大多取之于牧业本身。作为裕固族人的传统服饰，裕固族服饰中保存了古代先民的服饰特色，既具有耐寒防沙的实用功能，又具有丰富的象征意义与审美价值。然而，服饰作为与人们生活息息相关的文化，其发展状况必然会受到人们生活变迁的影响。传统的裕固族人民虽以牧为主，但在中华人民共和国成立后，尤其是改革开放以后，肃南裕固族自治县提出了工业经济强县战略，且随着草场退化、全球变暖等因素对自然生态环境的严重破坏，以及 20 世纪末现代市场化经济对裕固族的影响，发展牧业早已不是现代裕固族的主要生计方式。因此，作为游牧文化的伴生物，裕固族服饰文化也受到人们生计方式变迁的深刻影响。为了适应现代化的生产劳动，现在穿传统民族服装的裕固人也就越来越少。

　　现代化进程的加快和人们生产生活方式的改变，不仅使传统的手工材

---

① 陈久玲、林宪生：《"非遗"与文化创意产业对接模式探究》，《长春理工大学学报（社会科学版）》2015 年第 4 期。

料被取代、民族服饰在日常生活中被淡化，也导致古老的服装制作技艺随时光的流逝而日渐消失。传统裕固族服饰的制作和使用都是以家庭为单位来进行的，而在生活节奏不断加快的今天，新一代的裕固族女性不再像她们的长辈那样花费大量的时间和精力去从事刺绣、剪裁等传统服饰工艺的学习与制作。随着老一辈掌握服装制作技艺人的减少，不论是裕固族女子的婚服，还是一般性裕固族服饰的制作基本都会交予专门从事民族服饰制作的传承人来完成。而如今，肃南县裕固族传统服饰制作现有国家级传承人 4 人，省级传承人 7 人，市级传承人 15 人，县级传承人 95 人。肃南县各级传承人共计 121 人，只占到裕固族总人口的 0.11%。大部分会传统制作技艺的老人已经过世，一部分老人随着年纪的增长也早已经无法继续进行手工制作。裕固族传统服饰制作人出现断层、失传现象，后继无人问题已越来越严重。① 随着经济全球化的发展，流行文化的渗透也使人们的审美观念发生改变。人们在追求服饰舒适实用的基础上也追求服饰的时尚性。传统的服饰用料和刺绣装饰虽然具有民族特色之美，却终究不能够成为人们日常穿着的服饰。

总而言之，时代的改变与社会的发展是导致民族服饰在民众生活中淡化的根本原因。实用功能与审美取向的转变使人们对服饰的需求下降，而需求的下降直接导致生产的缩减。生产者的减少和制作技术的失传就使制作服饰的价格更为高昂，服饰高昂的价格又会减少人们对其消费，从而形成一种传承发展问题上的恶性循环。然而，裕固族人民在日常生活中虽然几乎不再穿着传统民族服饰，但是在许多具有仪式性活动场合中人们仍对民族服饰有需要，且随着肃南县旅游业的发展，裕固族服饰文化越来越成为打开裕固族文化传播之门的钥匙。在这样的机遇下，裕固族服饰的非遗项目传承人们也逐渐意识到，要让裕固族文化得到更好的发展，就要为民族服饰寻找新的传承保护方式。

二 生产性保护视域下的裕固族服饰文创产业

长期以来，我国以非物质文化遗产为代表的许多少数民族文化都要依靠政府的资助才能得以保护。但是少数民族文化的生命力无法仅仅依靠外

---

① 王瑞：《肃南县裕固族传统服饰传承现状调查》，《民族艺林》2016 年第 2 期。

在力量的保护来维系，刻板的保护措施也很难充分展示和利用民族文化所蕴藏的价值。"生产性保护"原则意在追求"发展中的保护"与"保护中的发展"并重，所以只有改变传统的发展模式，将民族文化融入文化创意产业的市场运作，才能真正实现文化的"自力更生"与"活态传承"。

裕固族服饰作为我国国家级非物质文化遗产项目，其传承保护方式在生产性保护原则的指导下不断向文化创意产业的方向发展。肃南裕固族自治县内目前从事裕固族服饰文创产品生产制作的主要是裕固族服饰文化公司。成立于 2008 年的富达民族服饰工艺有限责任公司目前是肃南县规模最大的民族服饰企业，其法人为省级非物质文化遗产项目裕固族服饰传承人杨海燕。杨海燕的奶奶安桂兰和母亲白晓琴也都是当地有着好口碑的裕固族服饰的非遗传承人。祖孙三代见证了裕固族服饰制作技艺从传统到现代的转变。富达民族服饰公司起初只是一个单纯的小型传统手工作坊，而经过一家人的经营与探索，加上政府的扶持，公司目前已发展成集研发设计、服饰制作、刺绣传承保护、民族餐饮体验为一体的综合性文化企业，更成为裕固族文化传播的重要窗口。富达民族服饰公司之所以有今天的发展，其主要原因之一就是公司的经营者尤其注重文化创意产品的生产与销售，其生产的文创产品申请注册了"红缨帽"商标，先后开发生产出具有浓郁民族风情的工艺品三大系列 150 个种类，已有 20 多个产品获得国家专利，2013 年被评为甘肃省民营文化企业 30 强。① 国家级非物质文化遗产项目裕固族服饰传承人柯翠玲在肃南县内也有专门制作民族服饰的商铺，其店面虽然不大，却有许多人慕名来这里定做民族服饰。在其名为图腾摄影的民族工艺品商铺和私人博物馆的纪念品店里，也有许多与民族服饰相关的工艺品。这些以裕固族服饰文化为基础、发挥创造力去设计研发的工艺品都属于文化创意产品。目前裕固族服饰文化创意产品中比较直接地利用服饰文化元素的文创产品既有穿着裕固族服饰的人物玩偶、以穿着裕固族服装的动漫形象来制作的木雕、冰箱贴、挂坠，又有经过创意加工的靴子、毡帽、头面等。比较间接地利用服饰文化元素的则大多用裕固族服饰上具有标志性的图案或装饰来制作项链、耳坠、胸针等饰品，或作为抱枕、挎包、椅垫、杯子等实用物品的外形装饰。

这些文化创意产品将少数民族文化作为独特的资源，并将其融入现代

① http://pic.gmw.cn/cameramanplay/1129023/4169399/0.html，2018 年 2 月 5 日。

社会生活和市场经济之中，使少数民族文化得到传播与发展。例如，我们可以在肃南县的民族文化商铺里看到根据裕固族服饰中最具特色的女性头面所制成的项链。它在保留了头面基本的形状和装饰的基础上，创造性地将其从与袍子等长的大小缩小到10—20厘米，并以颜色古朴而不失时尚的珠子作为装饰，让人戴起来既十分有特色又不过于夸张。尤其是在价格方面，因为其用料少且多采用价格相对低廉的珠子和布料，所以这种产品要比传统头面的价格低很多，其标价基本在200—300元之间。而一套装饰完整的传统手工头面的价格则至少在千元以上，制作精美、用料讲究的则达到万元。一些家居生活类的文化创意产品如抱枕等也极好地利用了裕固族服饰文化元素。抱枕本身就是人们现代生活中的常见物品，将裕固族特有的七彩鸟等刺绣图案运用到对抱枕的装饰上，符合了人们对抱枕实用功能兼装饰功能的选择倾向。除此之外，根据裕固族女子佩戴的荷包、手帕、鼻烟壶包，以及裕固族男子佩戴的腰刀而制成的各种项链和配饰也都是在保留其核心的、标志性的服饰特点的基础上进行创作加工而制成的。这些文创产品大多作为旅游纪念品被售卖给到肃南旅游的游客，裕固族的文化也这样被传播出去，使裕固族服装制作行业走出了工艺传承发展与市场开发相结合的道路，从而符合了生产性保护的活态传承要求。

裕固族服饰文化创意产品作为市场经济背景下文化传承和再生产过程中的艺术产物，是对少数民族文化开发与利用的鲜活样本。少数民族文化为文创产业的发展提供文化资源，文创产业又为少数民族文化的发展提供新渠道、搭建新平台。这二者的双向关系正是文化与经济相交融的结果。而要通过发展文创产业使传统民族文化更好地融入现代人的生活，则需要根据民族文化发展的具体情况，在生产性保护视域下形成灵活的生产和销售方式。裕固族服饰文化的发展方式有不足，却对其他少数民族文化的"生产性保护"模式具有一定的启示作用。

三 少数民族服饰文化"生产性保护"问题及思考

裕固族民族服饰文化生产性保护的发展经验对我国其他少数民族文化的发展是具有借鉴意义的，但是在发展少数民族文化创意产业的同时，我们不禁会考虑这些问题：对于传统的坚守是否会对文化的发展造成阻碍？对于创新的追求又是否会对文化的保护造成破坏？对于少数民族服饰文化，形成一种怎样的发展模式才会在生产性保护原则的前提下，实现民族文化的有效传承保护？笔者认为，通过发展文创产业来对少数民族服饰文化进行"生产性保护"，关键就在于处理好手工技艺与现代技术、保护传统与发展创新、纵向传承与横向传播的复杂关系。

（一）手工技艺与现代技术

传统手工技艺与现代技术在服饰的制作生产方面各有优劣。传统工艺历史悠久，手工制作技术在世代传承中凝结着中华民族几千年来的智慧与创造。一针一线所花费的时间和对天然材料的使用，更使一套民族服饰蕴含丰富的传统文化价值。但手工制作耗时费力，既难满足人们的需求，又对生产本身造成了困难。据富达民族服饰工艺有限责任公司经理杨海燕女士所述，近年来，裕固族服饰得到一些外贸公司认可并主动寻求合作，但是由于公司员工数量有限，进行手工制作的服装不能够在对方规定的时间内完成，所以不得不放弃了几十万的生意。而与传统手工艺相比，现代技术则科技含量高，能够通过机器化来实现大批量、规模化的生产。而批量化的生产又能降低商品的价格，从而满足市场消费需求，但是却在一定程度上降低了服饰的艺术价值。因此，针对不同档次和不同需求的服装进行不同生产方式的选择具有重要的意义。传统手工艺的制作方式适合于制作少量精品，机械化的生产则更适合普通化的大众商品。如以裕固族头面装饰中的"如意"① 图案来设计的胸针，制作者考虑到一般购买和佩戴胸针的人大多为经济条件较好中年女性，她们在选购饰品方面对其品质有较高的要求，于是采用纯银、天然玛瑙等材料进行手工制作或根据消费者的要求定做。而同样以"如意"图案来设计的作为一般旅游纪念品的手机链、挂坠等，则用工厂流水线上生产打磨的塑料珠子做成，其可供消费者选择的样式较多且价格低廉。

在生产性保护原则下发展少数民族文化创意产业，很大程度上要求传统工艺与现代技术的结合。目前，现代工业技术发达，许多机械化生产的质量与手工生产的质量不相上下，而且机械化的生产更具有标准化、统一化的特点，在提高生产效率的同时也能确保产品的审美性。如在裕固族毡

---

① 头面上的"品"字形的玛珞纹，此图案有万能珍宝之称，去除病痛的意思，裕固族人借此期盼吉祥如意。

帽的改造与制作方面，为了改变传统擀制毡帽的繁复制作过程，较大型的服装企业采用机械压制毛毡的方式制作帽胚，然后再进行手工装饰。如此制作出来的毡帽不仅外形上与传统毡帽相差无几，且降低了制作成本，提高了生产效率。机械化生产的毡帽型号有大有小，既可以用来戴，又可以作为装饰或配件，销量可观。

（二）保护传统与发展创新

"本真性"与"活态性"是少数民族文化生产性保护过程中难以平衡的两大关系，坚守与突破辩证地存在于关于生产性保护的理论与实践当中。[①] 如果我们只固守传统，不知变通，采取"博物馆"式的保护方式，那必然会导致其与社会发展相脱节，与群众现实生活渐行渐远，自然就无法保持其旺盛的生命力。[②] 服饰文创产品以创造力为核心的特点正符合民族文化活态传承的需要。但是创新要以保护为前提，服饰文化中关键的手工技艺、象征内涵不能够被任意的舍弃或改造，否则裕固族服饰文化反而将有可能因为创新而变质甚至衰亡。

目前进行裕固族服饰文化创意产业开发的大多为非物质文化遗产项目裕固族服饰的传承人，这些传承人由于对传统裕固族服饰的制作技术了如指掌，又对本民族的文化有着很深的感情，所以在服饰文化创意产业开发中起到了"监督"作用，从而协调了民族文化发展中的传统与创新的关系。

国家级非物质文化遗产项目裕固族服饰传承人柯翠玲从年轻时起就喜欢收藏裕固族人丢弃的老物件，对本民族文化的热爱让她坚持了三十多年。经过多年的努力，她拥有了一家私人博物馆，并展示出这些她曾经收藏和正在陆续收藏的裕固族珍宝。如今，她是裕固族人民公认的裕固族服饰文化的优秀传承者和权威解读者。柯翠玲除了亲手设计和参与制作一些消费者专门订制的裕固族服装外，也经常为裕固族服饰文化创意产品的制作者提供设计意见。在对柯翠玲的采访中，她谈到了关于服饰文化及工艺品的创新问题。她认为，要想让民族服饰走进现代生活，创新与改变是必然的，

---

① 杨维：《非物质文化遗产生产性保护诸问题研究》，中国艺术研究院 2014 年版，第 27 页。

② 刘德龙：《坚守与变通——关于非物质文化遗产生产性保护中的几个关系》，《民俗研究》2013 年第 1 卷。

但是这种创新绝对不能破坏服饰文化的核心文化要素。比如"如意"这种象征吉祥的、引起人们崇敬之心的标志可以运用到项链、胸牌的设计上，但决不能运用到鞋子的设计上，她说："被我们视为崇高的东西，不能够放在脚上。"再如裕固族服饰上的刺绣图案虽然可以运用到许多文创产品的设计上，但是要注意的是一定要用裕固族传统的花纹图样，而不能与其他民族的或市面流行的图案混用。因为本民族的刺绣图样包含着裕固族先民对于自然的观察和智慧，随意借用其他图案不仅会对裕固族刺绣工艺的传承造成消极影响，也会在裕固族文化的传播中给人们造成误导。

（三）纵向传承与横向传播

在裕固族这一人口较少的民族中，服饰文化在裕固族文化的传承和传播中扮演着重要的角色。一方水土孕育一方文化，肃南的自然环境和裕固族的民族历史孕育了独具一格的裕固族服饰文化。作为裕固族人流传下来的宝贵财富，裕固族服饰是打开裕固文化的钥匙。在政府部门、传承人和裕固族人民的共同努力下，裕固族服饰文化在艰难中得到发展。一方面，在政府的扶植和资助下，裕固族服装的生产和应用得到一定的保证。除了在婚礼、毕业典礼、节庆日等场合可以看到裕固族人穿着民族服饰外，在许多文艺表演和文化活动中也能够看到各式各样传统的或经过改良的民族服饰。服饰制作手工艺的传承在需求量提升的情况下得到保证。另一方面，在裕固族文化传承者和文创产业开发者的智慧下，裕固族服饰文创产品吸引着更多人的目光，传播着裕固族文化。

但是，目前裕固族服饰文创产品的消费者主要是外地游客，旅游虽然为民族文化和文化创意产业的对接提供了平台，但是旅游业季节性的特质会对文创产品的销售造成影响。近年来，肃南裕固族自治县以裕固族文化为资源进行旅游业的开发，但是每到旅游淡季，随着客流量的减少，文创产品便出现滞销的状况。而且，由于裕固族服饰企业发展的规模有限，对于传统服饰制作技艺传承和服饰文创产业的市场运作的重任都落在传承人的身上。一方面，他们要不断培训新的手工艺人、进行产品的设计和创作；一方面又要进行企业管理、资金筹措、文化宣传与交流。从传承人到生意人或企业家的转变，是文创产业开发者面临的挑战，而在文化的传承与传播间的协调与平衡，更是值得人们思考的问题。

发展文创产业是少数民族文化"生产性保护"的重要手段，因为有形的文化产品是展示和传播民族文化的利器。少数民族服饰离不开两种生产，一种是严格遵守传统工艺生产的小众化产品；另一种则是利用文创产业的优势，生产创意性的、批量化的文创产品。前者主要是裕固族内部基于民族传统的文化传承，后者则是面向大众的文化传播。文化创意产业作为生产性保护视域下一种民族文化发展新路径，其最终目的也是实现民族文化的传承与保护。这两种生产和销售方式又是共通与协调的，传统手工制作在保留核心技艺与文化象征意义的基础上，不排斥采用科技材料与进行现代化改良。文创产品在进行创意设计和批量生产的同时也要注重手工精致工艺品的制作。文创产品的流通可以增强民族文化的传播力度、扩大民族文化的传播范围，进而既增强本民族人的文化自信，又引起更多人对该民族文化的重视与珍视，最终使少数民族文化在文化与经济的互动中实现活态的传承与发展。

Thinking on "Productive Protection" of Minority Costume Culture

—Take Yugur as an Example

Abstract：Today, the market economy has become the mainstream of the times, and minority costume culture faces the predicament of inheritance and protection. As a living example of the development and utilization of minority cultures under the background of market economy, Yugur costume culture and creative industry whose development experience in pursuing "Productive Protection" can provide new ideas for the development of minority culture in China. While integrating national culture into the operation of the cultural and creative industry market, only by dealing with the complex relationship between manual craftsmanship and modern technology, protection of traditions and development, innovation, vertical transmission and horizontal transmission, can we realize the "self-reliance" and "active inheritance" of national culture.

Keywords：Minority Culture；Productive Protection；Yugur Costume；Culture and Creative Industry

（孙佳丰：中央民族大学文学与新闻传播学院研究生；王卫华：中央民族大学文学与新闻传播学院教授，博士生导师）

基于区块链技术的非物质文化遗产保护

杨　超

摘要：区块链技术作为一种去中心化的公共账簿技术，被认为是互联网诞生以来人类社会最重要的发明。其"去中心化"重构信任机制的功能，正被广泛应用于多个领域。区块链技术应用到非遗保护领域，主要是可以利用区块链技术的全程记录、顺序时间戳、不可篡改、可追溯、防伪造等特性，创造一个安全、透明的分类账簿系统，重构"去中心化"的非遗保护体系。

关键词：区块链　非物质文化遗产　去中心化　信任机制

一　区块链技术给非物质文化遗产保护带来机遇

区块链技术（Block Chain Technology，简称区块链），也称分布式账本技术（Distributed Ledger Technology），是一种基于加密技术构建的去中心化公共账簿技术，是分布式数据存储、点对点传输、共识机制、加密算法等多种计算机技术的集成应用。[①]

具体来说，在依靠区块链技术所构建的分布式信息存储网络里，每个节点均可保存一套完整加密历史数据库的副本。在每个信息被添加到分布式账簿前，都会经历极其复杂的前期鉴证和核实，数据一旦入账就不可删除、撤销或修改。由于每个节点都掌握了所有交易的全部数据，包括时间、日期、参与者等，所以链上的信息公开透明，节点之间相互信任，无需中间人或者第三方来记录和证明相关一致性和准确性。

[①]　中国区块链技术和产业发展论坛：《中国区块链技术和应用发展白皮书2016》，工业及信息化产业部2016年版。

众所周知，到目前为止，人类解决信任问题的最重要的机制，就是"信任中介"机构和模式。彼此之间都信任一个第三方机构，它可以是政府、银行、企业，其核心是中心化的信任建构模式。

区块链技术最大的作用，就是解决社会运行机制中最核心也是最难解决的"信任问题"。区块链技术是人类社会信用创造的一次革命，在理论上它能让交易双方在无须借助第三方信用中介的条件下在全球任意角落开展经济和社会活动，从而实现全球范围内低成本、高效率的价值交换和转移。[①] 支持者们认为，它有可能会像互联网技术一样重构人类社会的生产和组织方式。

正是基于这一特性，使得自2015年比特币掀起热潮以来，社会各方对其底层技术的区块链的应用寄予厚望。埃森哲在2016年提出，区块链有潜力成为一项突破性技术，像蒸汽机、电力或因特网那样，改变社会和经济的运行方式。世界经济论坛2015年报告指出，到2023年全球国民生产总值的10%将存储在区块链或与区块链相关的技术中，并且到2023年政府机构将普遍应用区块链技术。我国《"十三五"国家信息化规划》提出加强区块链等新技术的创新、试验和应用，这是区块链首次列入国家规划。[②]

区块链重构信任机制的功能，正在深刻影响全球治理、经济发展、金融、文化教育以及制造等机构或服务的运营理念、组织和业务模式，尤其是在银行、证券、保险、公证、音乐、分布式存储、物联网等行业和领域都得到了积极实践与应用，并给文化遗产保护领域带来机遇。典型的信息不对称市场——柠檬市场、各种陷入囚徒困境中的市场等一系列经济与社会信任难题，在区块链技术的推动下，将迎刃而解。

非物质文化遗产（以下简称"非遗"）保护，一直面临着诸多问题，多头管理、弄虚作假、徇私舞弊、管理效率低下、资金使用不透明等难题，无法从根本上解决。新兴的区块链技术，其多方共识、公开透明、不可篡改和可追溯的特点，则与破解上述难题有着天然的契合。非遗保护领域工作的分布式特征，也和区块链技术的分布式记账特点不谋而合。

---

① 姜奇平：《区块链与货币哲学的发展》，《互联网周刊》2016年第4期。
② 刘瑜恒、周沙骑：《证券区块链的应用探索、问题挑战与监管》，《金融监管研究》2017年第4期。

二　建立"去中心化"的非遗保护体系

区块链技术应用到非遗保护领域，主要是可以利用区块链技术的全程记录、顺序时间戳、不可篡改、可追溯、防伪造等特性，创造一个安全、透明的分类账簿系统，重构"去中心化"的非遗保护体系，提供给非遗供应链上的所有利益攸关方，包括非遗传承人、生产商、分销商、物流服务商和监管机构等。

在非遗保护的全链上，从前端到末端对每一个非遗项目精准识别、科学扶持、有效利用，同时将政府政策、资金、管理、监督进入区块链的各个环节。这个共享系统，对每一个创意、每一项内容、每一次交易、每一笔资金的数据，都会全面进行记录。而每项记录想要修改，必须由区块链上的每个相关方或至少 51% 以上的相关方进行验证，要一个人或机构单方面做到这一点几乎是不可能的。

（一）静态保护：区块链为文化遗产加密

随着全球化趋势、现代化进程的加快以及多元化文化的冲击与碰撞，非物质文化遗产正面临着越来越大的风险和外力冲击。一部分非物质文化遗产代表性传承人年龄老化，传承后继乏人，这些传统文化、民间习俗、口头文学、传统技艺等行将消亡。而随着越来越多个别文化片段的毁灭，中国非物质文化遗产的多样性文化生态体系也正在发生巨变。

因此，实施科学而有效的保护，是确保非物质文化遗产生命力的保证。从目前来看，具体措施既包括《中华人民共和国非物质文化遗产法》明确的"认定、记录、建档和传承、传播"等措施，也包括联合国《保护非物质文化遗产公约》提出的"确认、立档、研究、保存、保护、宣传、弘扬、传承（特别是通过正规和非正规教育），以及振兴"等措施。[①]

这些保护措施包含了两个方面的指向：一是历史性指向，即静态保护，留住文化记忆，对面临失传的工艺、曲艺、礼仪、民俗等遗产项目进行及时的抢救性保护，尤其对于那些已经消失或行将消失的项目，要积极

---

① 周超：《中国文化遗产保护法制体系的形成与问题——以〈非物质文化遗产法〉为中心》，《青海社会科学》2012 年第 4 期。

调查、记录、整理并存档，尽可能地以文字、录音、录像等形式留存那些遗产项目的历史发展形态；二是未来指向的发展性保护，即动态保护。非物质文化遗产最重要的价值在于作为文化基因的衍生性价值，因而对非物质文化遗产的记录与保存只是对其保护的第一步，对它的发展才是保护的重中之重。

根据《国务院办公厅关于加强我国非物质文化遗产保护工作的意见》的文件精神，近年来非物质文化遗产的普查工作已经卓有成效，越来越多的非物质文化遗产运用文字、录音、录像，以及数字存储、信息检索、虚拟现实、可视化展示、数字媒体等各种数字化方式，进行真实、系统和全面的记录，建立起数字化的档案和数据库。

但这种记录方式，同样具有较大的风险性。一是受非遗传承人个体心理以及外部因素等的影响，导致文化遗产的真实性和可靠性受到挑战；二是文化遗产有被权力寻租、主观恶意等方式篡改、盗用的风险；三是具有生态系统中心性质的各地档案馆（室）作为最终的非遗档案文献保管机构，看上去是把"非物质性"转化为"物质性"加以保存了，但"物质性"依然面临着受损、遗失等风险，尤其是在社会冲突、自然灾难或其他不可抗力发生时。再加上大多非物质文化遗产都分布在民间，分散性强，有很多口传心授缺少文字记录的文化遗产分布在交通不便利的西部及少数民族聚集区，我国幅员辽阔，统计、采集、保存等工作难度很大。

利用区块链分布式存储等技术，恰好可以为非物质文化遗产加密，并使用分布式和防干扰账本让任何人在任何时候进行访问。加密的文化遗产可以让个人通过"公钥"的方式对其资产保有所有权，而且只有所有者才能对信息进行更改。

非遗项目采集者或非遗传承人可将每一次采集步骤加密记录在区块链上，并开放采集步骤和每一阶段的采集结果，且每次的记录内容不可篡改。区块链技术会给每一条记载的数据打上"记号"，"记号"详细记录相关人员、具体活动以及结果等，并被存放于每个区块，实现了公开透明的文化遗产存储。同时，任何人都可以根据开放的权限了解相关信息，促进非遗文化信息的交流、传播与融通。

（二）动态保护：区块链为非遗活力赋能

如何让更多的非遗能够传承与发展，甚至融入更多的创新元素，实现品牌的进一步开发，实现"从遗产到资源"的蜕变，实现可持续发展，使非遗文化的生命力和衍生性价值得以壮大？

通常的做法包括政策扶持、设立非物质文化遗产基金、引入社会资金、社会化生产、商品化运作等。在现实中，已经有诸多案例证明，非遗元素加上优秀的设计、高标准的制造，以及科学的营销，完全可能将部分非遗资产进行商品化和品牌化，进而创造出更高的溢价能力和更大的附加价值。

1. 文化资产代币化。区块链技术的出现为非遗项目及其相关作品，为文化要素市场的流通，提供了更大的生产力转化空间。当然，最简单粗暴的方式，是类似区块链技术应用最成功的比特币一样，将文化遗产直接数字货币化，但由于世界各个国家越来越明确的监管政策，不具有操作性。比较现实的是，将文化遗产分离出来的物权部分使用区块链技术进行适当加密证券化，也就是"代币"，建立"去中心化非遗生态系统"。代币这种数字文化资本形态，可以帮助非遗物权人直接管理他们自己的知识产权、收入和版税。可以将代币转给贡献者，也可以出售这些代币。事实上，越具有稀缺价值的东西，越适合发行代币，非遗的稀缺性与此具有高度契合性。

2. "去中心化"交易。目前的文化权益交易是典型的依赖中心化组织开展运作的交易业务，政府及权威部门设立的交易平台就是担任这一角色。但在信息技术飞速发展的大背景下，中心化交易模式面临着诸多困惑：传统网络体系对网络攻击的抵抗性低，系统级技术风险的监管压力增加，用于合规性检查方面的成本费用高昂。

由于区块链是"去中心化"的，数据分布式储存，在抵御网络攻击方面优势明显；区块链"去中心化"运作，其本身的协议保证了 P2P 交易的可行性，能有效规避系统级技术风险的发生；依托区块链运作，所有交易记录以及资产情况完全公开，并且不能更改，合规性检查支出可以完全避免，必然能为交易环节节省大量开支，并能有效提升服务的能力。

利用区块链平台的开放性、数据的可追溯性，建立一个透明、高效的评价和交易体系，并且可以为提供有价值信息的用户给予合理化价值贡献，从而形成优质非遗文化资产转化的良好循环。

3. 开放性评价。基于开放资源和智能合约，非遗传承人不用去申请专利、等待批准，因为与本非遗有关的所有内容等信息均可记录在区块链中，且不可更改和撤回，即使有了新的创新，每一次更新都将被用来和已有的内容进行比对，让各个终端对新事物的创新性、实用性以及具体内容也会有同步的了解。公开透明的数据和步骤，不仅有效简化了复证和确认的过程，也为非遗传承人对非遗项目的展示过程中的信任建设奠定了技术基础。

关于非遗的评价体系，也随着区块链技术的应用将发生改变。过去的评价体系是以管理部门和专家等中心化主体为核心的体系，而随着互联网时代的到来，评价主体越来越具有大众化趋势，评价的原则讲求公开、透明和具体。比如对于一段音乐作品，非遗艺术家们在区块链中记录自己的作品，无需通过第三方便可向听众展示或分销自己的作品，听众可针对某一音符、小结、乐句进行评价，以此产生评价信息数据、下载数据、分享数据、购买数据等都直接被记录在区块链之中，真实反映出音乐内容的热度、好感度、分享度，也降低和避免了第三方对评价数据的可能性干涉和操纵。[①]

4. 赋能金融服务链。保护基金匮乏，政府财力有限，投入不足，是一些地方非物质文化遗产抢救和保护工作所面临的另一个困境。即使是有扶持资金，也是采用各级机构先逐层拨付给付项目的方式，这种自上而下的模式，难免会出现资金挤占挪用、使用不透明、投放不准确等一系列问题。

利用区块链技术，抽取智能合约模型，形成基础的智能合约构件，可以建立去中心化的金融服务链。每一笔扶持资金的审批流程都在区块链内，确保了每一步操作都有迹可循、不可篡改，也让各级政府部门、监管部门、银行、扶持对象及社会公众能主动参与到资金的监管之中，在用户精准管理、资金划拨管理、投后管理等方面真正做到公开、公正、透明。

另外，很多非遗项目得不到很好的发展，是因为缺少足够资金的支持。解决资金需求最简单的方式是向银行贷款，但银行贷款一般都需要有效的抵押物，即使是信用贷款，也需要提供银行、保险或征信等中心化机构所记录的相应信息数据。区块链建立在去中心化的 P2P 信用基础之上，因此在区块链应用普及后申请贷款将不再依赖中心化机构提供信用证明，调取区块链的相应信息数据即可。

---

① 许洁、王嘉昀：《基于区块链技术的学术出版信任建设》，《出版科学》2017 年第 6 期。

区块链在非遗保险领域也大有可为。智能合约的应用，可以极大地简化保险办理流程，同时使非遗保险赔付更加自动化、智能化、高效率。

(三) 法律保护：区块链重构确权用权机制

当下，非遗保护尤其是非遗社会化生产方面还面临知识产权保护挑战，比如长期存在盗版、版权使用混乱、交易不透明等现象。很多非遗传承人付出大量时间和精力创造的无形资产，很快就遭到剽窃和侵权。知识产权得不到保护，极大地打击了非遗继承人以及相关从业者的主观能动性。

由于非遗的核心本质是具有文化价值的丰富信息，因此具有复制简单、传播快速、侵权容易等特点。这些无形的资产保护主要存在以下三个难题：一是确权难，传统版权登记方式耗时长，而且费用高，在互联网时代信息传递速度越来越快，很多情况下来不及登记完成就已经被侵权了；二是举证难，因为信息资产的无形特征，导致取证及鉴别均比较困难；三是维权难，非遗保护的行政管辖条块分割严重，法律诉讼周期长成本高手续烦琐，平台投诉也存在手续复杂以及反馈周期长等问题。

区块链具备"去中心化"、透明、共享、保护隐私等天然优势，可以从确权、用权、维权等多个环节为非遗的知识产权保驾护航。

首先是确权的便利性。在现实中，实物资产或虚拟资产确权主要依赖于第三方中心化机构的确认和管理。比如，土地、房屋、探矿权、采矿权等不动产，必须由土地、房产等管理部门提供权益证明，才能确认该资产的所有权；虚拟资产比如上市公司的股票，也需要由证券管理部门核准，才能保证其合法和有效性。在这种资产权益管理模式下，由于资产变动、恶意篡改等原因，很容易造成资产权益信息的不完整或者错误，如常有耳闻的证照造假、文件造假等。

区块链技术具有两个重要功能：哈希算法和安全时间戳。它可以对任意内容进行加密，当交易发生时把加密的哈希当成一个安全时间戳，进而作为一种资产的验证和认证的形式来使用，并具有可靠的追溯机制。[①] 天然适合于资产权属的登记与管理，只要权益所有人加入区块链体系参与维

---

① 刘伟、蔺宏宇：《区块链技术原理及基于区块链技术的知识产权服务浅析》，《产权导刊》2016 年第 11 期。

护节点，就都能获得一份完整的数据记录。

其次是用权的便利性。"去中心化"机制大幅度降低了知识产权交易的成本，减少了中间环节。非遗资产所有者凭借"私钥"，即可证明对该非遗资产的所有权，非遗资产交易转让时可通过区块链系统转让给买方，确保产权清晰，记录完整，而且整个过程无需第三方的参与。同时，区块链的全球性共享机制还解决了知识产权区域性限制。

The Intangible Cultural Heritages Protection
Based on the Blockchain Technology

Abstract：As a decentralized public ledger technology, Blockchain is considered to be the most important invention of human society since the birth of the Internet. Because of the centralized function of reconfiguring the trust mechanism, blockchain is being widely used in many fields. Blockchain technology will be applied to the field of the intangible cultural heritages protection in the future. Blockchain technology can mainly use its own full-range records, time-stamping blocks, non-tamperable, traceable, and anti-counterfeiting features, to create a safe and transparent distributed ledger system. So it is hopeful to reconstruct the "decentralized" protection system for intangible cultural heritage.

Keywords：Blockchain；Intangible Cultural Heritage；Decentralized；Trust Mechanism

（杨超：中央民族大学文学与新闻传播学院广告教研室主任、新媒体研究中心副主任，硕士研究生导师）

少数民族文化新媒体传播内容创新研究^①

——以满族为例

何　江　王旭初

摘要： 本文以新媒体传播环境为切入点，选择在中国历史上有着较为特殊意义的满族文化为研究对象，从"媒介生态学"的信息因子出发，来思考少数民族文化新媒体传播问题。研究发现，在内容方面，满族文化存在传播内容失衡、传播过程中容易被误读、传统内容与新形式以及传统内容和传播环境的矛盾。通过对当前满族文化新媒体传播平台及环境的分析，提出满族文化数字化、产业化和传媒化的内容建设策略。

关键词： 新媒体　少数民族　文化　满族

民族文化保护、传播和文化多样性研究已经成为世界性课题，从1960 年起，西方传播研究学者开始将调查的兴趣点转向了少数民族与大众媒体方向。研究的问题通常来自跨学科设置中的不同学科。对于不同的调查方向，需要使用不同的调查途径。受到学界关注度较高的一种调查是将重点集中在对于媒介内容的调查上。传播技术载体的革新，例如互联网、电报和无线电视，通过创造新的即时通讯与文化空间的方式，以及处理有关媒介使用与其融合深入问题的方式，改变了原有的媒介系统。但是，从总体而言，针对这一领域的调查结果仍然是不详尽的。新媒体传播研究源于网络传播研究，因此，早期的关于少数民族文化新媒体传播研究也多是从网络传播角度来探讨的。网络技术应用引发了文化领域的革

---

① 【基金项目】国家民委民族问题研究项目"新媒体环境下少数民族文化传播研究"（2015 – GM – 085）、辽宁省社科基金一般项目"'互联网＋'格局下纸媒转型战略研究"（L16BXW002）系列成果之一。

命,① 网络传播对民族文化有巨大的重塑作用。② 张丽萍和路雅琴认为变革是对我国民族文化最好的保护,创新才能有效传播,文章从机遇角度,阐述了网络传播对我国民族文化整合创新的促进作用。③ 刘惠敏论述了网络传播优势与民族文化传播的特点、网络传播对民族文化传播的负面冲击,以及网络时代教育、史学传统对民族文化传播的启示。④ 王真慧、龙运荣论述了全球网络传播时代的民族文化特性、文化发展与保护对策。⑤ 学者们均认为,以网络为代表的新媒体对少数民族文化传播具有强大的冲击效应,它既是机遇也是挑战,如何应对成为各方关注的焦点,本文以满族文化为例,从媒介生态学的信息因子出发,探讨少数民族文化新媒体传播内容创新策略。

信息因子是网络生态系统中的客体性的资源要素,也是最不稳定的要素。网络是信息的集散地和交换中心,人们使用网络的过程,就是信息的发送、接收和反馈的过程。信息的质量和信息传播的效率,是决定网络生态和谐与平衡的关键一环。从网络生态的角度研究信息,既要关注信息本身的性质,同时也要关注信息的生产来源和信息在传播过程中的变化发展。网络信息纷繁复杂,形式多样,具有数量庞大、质量参差、非线性分布、即时互动等特点。⑥ 在本文中,信息因子就是新媒体环境中所传播的满族文化相关内容。

一 新媒体传播内容失衡

不可否认,现在,我们在网络上能够找到的满族文化资源,与十几年前相比,有着质的飞越,有满族族人交流情感文化的社区、论坛、圈落,有完整展示满族各类文化的门户网站,甚至可以用电脑输入满文在新媒体平台上与网友进行交流。但目前满族文化在传播方面却存在着内容失衡的

---

① 王晓春:《论网络对民族文化发展的影响》,《自然辩证法研究》2000 年第 2 期。
② 吴艳:《网络传播与民族文化重塑》,《内蒙古社会科学(汉文版)》2006 年第 6 期。
③ 张丽萍等:《网络传播与我国民族文化的整合创新》,《内蒙古大学学报(人文社会科学版)》2007 年第 5 期。
④ 刘惠敏:《网络时代的民族文化传承与发展》,《商丘师范学院学报》2010 年第 8 期。
⑤ 王真慧等:《网络时代民族文化保护与开发互动研究》,《广西民族研究》2011 年第 2 期。
⑥ 邵培仁:《媒介生态学》,中国传媒大学出版社 2008 年版,第 301—302 页。

问题，虽然满族文化已经有了自己的新媒体传播平台，但从其传播内容来看，能对满族文化深入细致呈现的也在少数。① 除了满族文化自己的新媒体平台，其他传播平台很少有涉及满族文化的相关内容，只能偶尔见到一些相关的新闻报道。

内容失衡主要表现在以下三个方面，第一，新媒体平台的满族文化资源不够丰富，无法满足各类新媒体平台和广大网民的需求。在前文的案例分析中，太清输入法的研发人马旭东，就曾经因为新媒体平台的满文资料太少，而导致第一版的太清输入法错误百出。在笔者调查的125名满族大学生中，认为新媒体平台上的满族文化信息无法满足需求的比例接近60%；第二，现有的满族文化资源中，品质参差不齐，在极度重视阅读体验的当下，无法满足网民的要求。例如，吉祥满族网，虽然在内容建设上狠下功夫，但由于门户网站的定位对内容的种类和数量要求相对较高，于是在质量上更多的是复制粘贴，缺少深度挖掘。另外，还有些新媒体平台，为了吸引眼球，在内容推送上夹杂着很多娱乐八卦的信息，看上去不伦不类，用户体验欠佳；第三，在新媒体平台上，大家主要关注满语满文方面的传播，各类资源也是以此为主，这种情况不自觉地影响到了满族其他形式文化的呈现。在媒介生态环境高速发展的今天，首先要解决的就是内容问题。

二　传播过程中容易被误读

新媒体环境下的满族文化传播，从一定意义上说是带有跨文化传播性质的过程，在这种情况下，不可避免地存在信息的"误读"，这种"误读"产生的原因来自两个方面，一是传播者自身对文化的认识不足；二是接受者对文化信息的曲解。② 在满族文化新媒体传播过程中，在不同程度上，以上两种状况都存在。

在新媒体环境下，信息的发布具有高度的开放性和自由性，理论上，任何信息都可以随意在新媒体平台上传播，关于满族文化更是如此，无论是宣传传播满族文化还是批判评价满族文化。全国的几亿网民中，年龄、

---

① 张芝明等：《民族文化撞上新媒体，怎么破？》，百度文库。
② 单波：《跨文化传播新论》，武汉大学出版社2005年版，第282页。

性格、学历、媒介素养千差万别，因此，在对新媒体环境中满族文化的编码解码必然出现多样化的结果。再有，受利益或者其他诱因驱使，满族文化在新媒体传播也容易出现不客观的扩散。① 由于缺少对满族文化有深入理解的新媒体技术人才，因此，无法掌控在新媒体传播过程中对满族文化的解释权，长此以往，容易让满族文化在新媒体平台产生错误的编码，而让广大网民产生误读。② 实际上，就算满族文化传播者，也有可能对其理解产生偏差。

颁金节，是满族的命名纪念日，1635 年皇太极定族名为满洲。满洲原为部族之称，为生机勃勃之意，自此始用满洲来称呼以女真为核心的民族共同体。1636 年 4 月，皇太极定国号为大清，改元崇德之后，满洲便称满族，成为民族的称呼。③ 1989 年"首届满族文化学术研讨会"上正式把每年农历十月十三日定为"颁金节"。④ 为了纪念新的民族共同体的形成，满族每年是日都要举行颁金节庆活动。当时，颁金节的命名是通过满语的音译得来的，全称为"颁金扎兰"，"颁金"在满语中是"生""出生"的意思，"扎兰"在满语中是"节"的意思，但是这个"节"在满语中指的是竹节，并没有节日的意思，因此，这个"扎兰"的命名是错误的，可见传播者自身在解读满族文化时尚且会出现偏差，更何况对满族文化缺乏了解的广大网民。

其实，新媒体环境下满族文化的误读也和传统媒体有一定的关系，满族文化和清朝历史可以说是现代人最熟悉的陌生人，因为清朝是国内影视娱乐作品取材最多的朝代，由于太多以清朝为背景的电视剧，于是便有了一个专门的称谓"清宫剧"，还有人将这类作品戏称为"辫子戏"，在创作高峰期，几乎每个时段都能在电视频道上看到这类影视作品。本来影视作品多应该是件好事，但大多数作品都是在清朝背景的外壳下讲述现代故事，其真正的满族文化一方面是被忽略的；另一方面作为点缀也缺少严格的考证，所以很多时候会带来阅听人对满族文化的误读。

---

① 董丽荣等：《新媒体语境下民族文化的扩散效应》，《贵州民族研究》2014 年第 6 期。

② 李金涛：《网络传媒对当代满族文化传承的影响》，《云南行政学院学报》2008 年第 6 期。

③ 孙激扬：《民俗史话》，大连海事大学出版社 2006 年版，第 175 页。

④ 柳湖：《满族命名纪念与"满族颁金节"》，《满族研究》1995 年第 2 期。

三　传统内容与新形式产生矛盾

在新媒体时代，用户体验最重要，新媒体传播内容需要能够吸引受众，最佳状态是能够与受众产生情感上的共鸣。随着新媒体传播技术的革新，其内容的呈现方式变得越来越丰富，形式也越来越新颖。但是，满族文化现代化程度较低，相对来说都是偏向传统的内容，其在新媒体上的呈现形式，也多是采用传统的手段，只是添加了新媒体的外壳，难免落入传统媒体的俗套。由于缺少和新媒体环境的有机融合，未体现出新媒体的优势。[1]

例如，2011 年 12 月 20 日，"满族在线"满洲语网络广播电台首播，[2]于 2012 年 5 月 21 日由满族在线、吉祥满族、满族文化网、满族儿女网共同承办，并且改名为阿苏满语广播电台，[3]但是到了 2013 年 1 月 20 日，播完第九期后就停止了更新。[4]应该说，这是一次非常有意义的尝试，但是由于传统满语并没有在新媒体中展示出其魅力所在，没有取得最终的成功。不过，值得欣喜的是，在满语歌手宋熙东的坚持下，不少节奏感强，带有现代气息的满语歌曲出现在新媒体平台上，宋熙东还将网络神曲《小苹果》用满语翻唱发布到网上，引起了网友的热议。看来，只要内容符合新媒体的要求，能够适应新媒体的传播特性，还是可以取得一定的传播效果。

四　传统内容和传播环境的矛盾

在新媒体环境下，信息量极大丰富、选择权充分自主，"眼球经济"成为各大新媒体平台关注的焦点，时时刻刻都在思考，如何吸引网民的注意力，黏住用户。因此，在大的新媒体传播环境中，传者更倾向于能够吸

---

[1]　张芝明等：《民族文化撞上新媒体，怎么破？》，百度文库。

[2]　电台首播成功，满族在线，http://www.manjusa.com/thread - 3425 - 1 - 1. html，2011 年 12 月 20 日。

[3]　阿苏满洲语广播电台通知，满族在线，http://www.manjusa.com/thread - 4594 - 1 - 1. html，2012 年 5 月 21 日。

[4]　阿苏满洲语网络广播电台第九期播送通知，满族在线，http://www.manjusa.com/thread - 7501 - 1 - 1. html，2013 年 1 月 20 日。

引网民眼球的包装精美的主流文化内容，而网民则完全从自己的喜好出发，自由选择阅听信息。而满族文化传播的主要是古老且边缘的文化内容，这就和主流的新媒体传播环境产生了矛盾，很多满族文化传播者都面临这一问题。

例如，葫芦岛松洛克公益满语教学中心主要负责人王旭初，2006 年在沈阳读大学时，筹备成立盛京满族文化研究发展会（筹），并专门为发展会开发了一个网站，由于王旭初本人是学计算机专业的，所以技术方面可以内部解决，资金是由两名企业家赞助的，最后由王旭初和其他三名同学共同完成了一个类似综合性门户的网站，该网站一直更新到 2010 年。他们在网站前期准备时花了很多精力搜集了大量的资料，起初访问量增长很快，活跃网友也很多，但慢慢的用户增长达到了一个瓶颈，总是那些固定的群体访问，满族文化圈落以外的网民根本没人关注。为了解决无法吸引圈外网民的注意力的问题，王旭初在家乡葫芦岛申请了一个域名为 hld118114 的网站，取名为 "葫芦岛 118114 信息网"，在网站醒目的地方排列满族文化的相关内容，其他版面放置一些类似于各地信息港的求职、二手交易、房屋租售等内容，应该说取得了一定的效果。但随即恰逢毕业工作等事情，网站最后也搁置了。

可见，虽然新媒体具有各种传播优势，如果不能让古老的满族文化适应新的传播形式和传播环境，新媒体不但无法助力满族文化传播，还有可能会给满族文化带来消解和边缘化影响。

五　强化内容建设，适应新媒体传播环境

前面提到，新媒体环境下满族文化传播内容不均衡、被误读，而且经常由于资金的原因无法实现可持续发展。其实最主要的原因就是新媒体传播环境中，优质的满族文化资源不足。因此，为了能够满足满族群体和全社会的需求，让更多优秀的满族文化登陆新媒体平台，必须加快满族文化数字化、产业化和传媒化进程。

（一）满族文化数字化

满族文化数字化就是采用各种数字技术将各类形态的满族文化资源转化成可以在新媒体平台共享的数字化形态，并以全新的视角进行分析，以

全新的方式进行保存，以全新的需求进行利用，力求将传统的满族文化输出到全社会，提供具有满族文化特色的产品和服务，使满族文化在较长的一段时间里得以保存和延续，将已经消失的文化形态传播和展示，对现在依然留存或濒临消失的文化给予保护。[①]

现阶段，我国对"文化承传体系"的"数字化"建构有两方面的需求。一方面，着眼于文化遗产的"历时性"保存和维护，让悠久的历史遗存得以延续；另一方面，则借数字化手段、着眼于中华文明的"共时性"传播，使文化传统在当代得以弘扬。[②] 因此满族文化的数字化，一方面，要考虑"历时性"的数字化保存，另一方面，还要思考"共时性"的数字化展示。

1. 满族文化的数字化保存

文化的数字化是一个长期而且复杂的程序，它并不是简单地对文化进行拷贝，而是需要进行数字化操作的人，通过自己的创意和想象力，再结合数字技术达到对文化资源给予新生的目的。这其中涉及多个领域，需要使用到图像处理、动画制作、多媒体数据库、虚拟现实、数字视音频制作、数字遥感测绘、数字航拍、光电扫描等多项技术。因此，满族文化数字化保存中要遵循以下原则。

(1) 由简单到复杂

满族文化数字化可以小到一本满文古籍、一首满语民歌，大到整座宫城建筑，两者的工程难度相差悬殊，因此，数字化的过程要从简单小处着手，而将相对复杂的、投入较大的工程列入长期规划。例如，满语满文学习是新媒体环境下满族文化传播热点，马旭东在研发太清输入法的时候就曾苦于没有满文古籍档案参阅，在这种情况下，就可以将满文古籍数字化作为首批项目，在保证不损伤古籍原件的情况下，尽可能高质量地完成影像扫描。扫描出来的古籍并不是孤立存在的，需要建立合适的数字化古籍数据库，便于资源的检索和重用。[③]

---

① 王耀希:《民族文化遗产数字化》，人民出版社 2009 年版，第 18 页。

② 姜申:《民族文化在展示传播中的新媒体应用前瞻——以贵州民族特色展示为例》，《贵州社会科学》2015 年第 8 期。

③ 谈国新:《民族文化资源数字化与产业化开发》，华中师范大学出版社 2012 年版，第 83 页。

（2）由非物质到物质

相对于满族物质文化遗产，满族非物质文化遗产是以人为载体的活态传承文化形式，随着传承人的消逝，非物质文化遗产随时面临消逝的危险，因此，相对于物质文化，非物质文化的数字化显得更加迫切。例如：2005 年，辽宁省抚顺市仅存的一位"火神"舞艺人以及辽宁省沈阳市法库县最后一位"萨满舞"艺人相继离世，这两门通过口传心授的传统技艺自此在当地消失。岫岩东北大鼓是一项流传了一百五十多年的满族民间艺术，目前从事这项民间艺术的艺人仅剩十余人，濒临灭绝。这些满族传统艺术遗产，随着老一代传承人过世，正在逐渐消失，利用数字化保存这些民间技艺相对迫切。满语保存最完好的黑龙江富裕县三家子屯，时至今日，精通满语的已不足三人，而且年事已高，迫切需要及时记录。另外，虽然由于金启孮老师的调查报告，让三家子屯成为中外满学学者争相探寻的调查点。但是作为想要了解三家子屯满族文化生活的普通满族群众，并不容易实现，但是数字化的手段可以将三家子的人、事、过程保存下来，以供后人研究和展示。在这一过程中，需要注意以下问题：要在大量文献阅读、现场调研、专家访谈的基础上，构建历史影像；避免过多创作，以客观的角度呈现过程，体现纪实色彩；去繁就简，用最简单的技术来满足记录要求，降低数字化的复杂程度；考虑充分，在未来传播过程中可能会用到的载体，保证数字化成果的跨平台性。

（3）由局部到整体

满族文化数字化保存是一个长期漫长的过程，但又是必须经历的过程。Google，作为全球最具影响力的互联网公司，近年来一直致力于地球信息数字化工程，并且将其作为公司的终极目标。2014 年 4 月，Google 街景中添加了"时光回溯"功能，借助这个功能，用户可以在 Google 街景中看到同一地点不同时期的状况，比如巴西世界杯主球场的建设历程，日本 2011 年海啸前后的灾区的鲜明对比。可以看到，无论从空间还是时间上，Google 正从多个维度记录现实，转化成服务器里存储的数据。[1] 从这个角度看，满族文化数字化是必然的趋势，但这一过程要像 Google 一样，从局部做起，从一个有代表性的地区做起，从一个有传承价值的工艺

---

[1]　孙静：《关于辽宁满族文化繁荣发展问题的研究》，南文渊主编：《东北民族研究》，辽宁民族出版社 2013 年版，第 141 页。

做起,从一个有文化记忆的人物做起,从一个有典型意义的仪式做起……最终,将整个满族文化各种元素整合到一起形成一个完整的数字化文化体系将是我们的终极目标。

2. 满族文化的数字化的展示

满族文化数字化展示是从满族文化"共时性"角度考虑,利用数字影像、虚拟现实、三维展示、交互设计等新媒体技术,使满族文化呈现出虚拟性、交互性、体验性,实现快速高效的传播与展示。满族文化数字化展示主要包含以下两个方面。

(1) 基于新媒体终端展示

目前的新媒体终端主要是 PC 和智能移动设备,除了常规利用文字、图片、视频、音频等多媒体形式,将满族的文字、音乐、历史、舞蹈等文化内容呈现在终端上外,还可以利用全景技术展示大型建筑和场所。例如,由故宫博物院推出的 360°紫禁城全景虚拟漫游,足不出户就可游览紫禁城全景,并且配有详细解读。

满族文化中也具有类似的大型景观,例如位于辽宁新宾的赫图阿拉城,在满族历史中意义重大,在中国历史中也是绝无仅有的,它是目前最后一座以山城式建造的都城,被看作清王朝的发祥地。通过三维全景技术,网民们可以突破时空限制,随时随地畅游赫图阿拉城,体验厚重的满族文化遗存。

另外,满族家庭最重要的生活空间就是宅院,这里有一句俗语:"口袋房,万字炕,烟囱出在地面上",它形象地反映了满族民居的特点,满族传统住宅普遍是三五间房,开门正对的一间被称作"堂屋";西面屋被称作"上屋",在上屋里面除东以外三面筑有土炕。家里一旦来了客人,首先请到炕上,在三面炕中西炕最为重要,一般不允许坐,因为在西炕墙上供奉着神圣的"窝萨库"——祖宗板。因此,平时绝对不许在西炕踩踏或存放物品,否则就是对祖宗的大不敬。[①] 民族文化普遍来源于日常生活,通过三维全景技术,让网民在新媒体终端切身体验这一极具满族生活氛围的场所,极大地弥补了图片视频这种常规做法的局限性,给观众更强的带入感。

---

① 韩晓时:《满族民居民俗》,沈阳出版社 2004 年版,第 19—21 页。

（2）基于实体场所展示

博物馆、美术馆等公共文化场所，除了传统的展示方式外，在数字化建设上也可以为文化的传播展示提供优质的平台。[①] 基于实体场所的数字化展示，重要的是激发观赏者兴趣，加深观赏者印象，提升观赏者体验效果，这就要求在展示过程中，注重交互设计。

例如，满语是满族文化最重要的载体，是满族先祖们集体智慧的结晶。很多人不知道有满语，或者以为满语已经消失了，还有人认为满语很难学。在传统展示上，我们只能通过录音、录像或者实物的形式展示满文满语，无法和参观者互动沟通。若观众在参观游览过程中，透过手机，IPAD 下载相关展示 APP 后，通过手机应用，对满语可以进行初步的了解，完成一句满语的学习，通过与虚拟人物进行满语对话，在手机上完成一个满文字母的书写，并可以投放到展厅的虚拟屏幕上，还可以将相关资料下载，待离开展厅后继续观看。这种个性化、多元化的交互体验一方面将传统的"浅参观"转化为深度参与；另一方面，为展览方提供了参观者的数据，为更新内容提供依据。

数字展示的终极目的在于提升观众在观赏过程中的参与意识，满族歌舞形式丰富多样，传统的展示是以表演为主，观赏者和演出活动是剥离的。在数字化展示过程中，可以使用三维虚拟技术，将歌舞和游览者结合起来，并进行数字化备份，做成纪念图片或视频。总之，提升网民和观众对满族文化的兴趣，加深对满族文化的理解，形成对满族文化完整的认识，这是满族文化"共时性"展示的主要目的。

（二）满族文化产业化

资金一直是制约满族文化传播的主要问题之一，在满族文化传播过程中，有多家新媒体平台因为缺少资金而下线，或者是停止更新，同样还有很多好的思路因为资金不足无法实施，实现新媒体环境下满族文化传播的可持续发展，必须推动满族文化产业化进程。

1. 凝练满族文化品牌

在现代社会，品牌意识是文化产业发展的核心，满族文化品牌的形成和发展是一个系统化的工程，不管是形成之初，还是不断发展壮大的过

---

① 张旭：《非物质文化遗产的数字化展示媒介研究》，《包装工程》2015 年第 10 期。

程，都需要大量的满族族人的关注。[①] 20 世纪 90 年代末之前，品牌文化的传播主要依靠传统媒体，传统媒体也的确创造了大量的品牌奇迹，新媒体出现之初也是依靠传统媒体为自己宣传，曾有人评价传统媒体正在为新媒体打工，随着新媒体的用户数量和应用范围迅速扩大，其影响力已经被越来越多的人认识到，时至今日，新媒体平台已经创造了无数的神话，在这里似乎没有不可能的事情。

就对满族群体内部的品牌传播来讲，满族文化的传播和宣传并不难，因为大多数传播对象都有着相同的民族身份和相似的文化背景，对满族文化品牌内涵的理解能够产生共鸣。但要想实现满族文化对外传播，走出本民族的文化圈，面对海内外的广阔舞台，难度巨大。在这一过程中，包括对满族文化最为精髓的内容进行深度挖掘，以此为传播基础，寻找具有较强代表性的人物和事件进行包装宣传，树立民族文化品牌，这是一个潜移默化且漫长的过程。[②] 值得欣喜的是，满族群体已经在品牌凝练方面迈出了坚实的一步，北京满洲记忆文化发展有限公司和长春市爱满文化传播有限公司，已经于 2015 年成功注册，无论是"满洲记忆"还是"爱满文化"都体现了品牌中对民族文化的热爱和崇敬。

2. 开拓满族文化产品

如今，已经进入全民淘宝时代，任何产业实体都不能忽略电子商务的存在，当在淘宝上以满族关键词搜索时，连续几十页，清一色的都是满族服饰，鲜有其他产品出现。这一点，反映了在新媒体商务平台上，满族文化产品形式过于单一，也容易让广大网民把满族文化简单化。其实满族文化内容丰富，可以用于产品加工的文化形式也很多，除了为人熟知的服饰外，还有剪纸、刺绣、弓箭、刀具、书法、乐器、祭祀用具、生活用具等，满族文化产业化，必须有足够多的产品类型予以支撑，在这方面，长春满语部落的淘宝店铺就将满文对联、满文书法作品、满族弓箭作为网店的主要商品，非常有特色，但是这类商品的需求面相对较窄，不要说其他民族的网民，就是满族网友也不一定对这些产品感兴趣。因此，不但要挖掘满族文化自身的产品形态，还要和现代生活相结合，使得满族文化元素

---

① 刘洋：《新媒体时代引发的民族文化传播思考》，《贵州民族大学学报（哲学社会科学版）》2013 年第 4 期。

② 同上。

产品既好看、又实用还有趣，在这方面，故宫淘宝做出了榜样。故宫网店将人们生活中经常会用到的各种物件，如：信封、红包、书签、折扇、手机壳、鼠标垫、笔筒、摆件、首饰盒等，全部和清朝宫廷中的各种形象结合起来，真正做到了形象、有趣、实用，得到了网民的认可。

网民在购买想要的商品时，都要通过搜索引擎来查找，在这一过程中，不自觉地就会了解一些相应的民族文化。对消费者而言，消费者在购买文化商品的同时也是受文化特色所吸引，而新媒体给了消费者寻找到这样文化商品的可能性，又在寻找的过程中无形强调了品牌化对商品质量保证的特色。对于满族文化商品而言，品牌化在新媒体所带来的影响，或许是显现在顾客购买结束后同顾客利用新媒体的持续互动中。

新媒体将满族文化特色，通过互联网传播出去，吸引对满族文化感兴趣的顾客，而满族文化产品的销售者在商品销售过程中，再次熟悉其民族文化，并因为本族人和外族人对于其文化的喜爱而发现自身文化的可贵，进而产生对自身文化的认同。因此，满族文化产品通过新媒体的销售过程，不仅开启了消费者对满族文化的认同，同时还影响满族族人对自身文化传承的重视与认同。

3. 借助新媒体完善满族文化产业价值链

完整的产业价值链可以使满族文化资源自身价值得到充分发挥，这样就可以为满族文化产业化带来更大的发展空间。新媒体与满族文化产业化有着密切的关系，在满族文化产业链的各个环节中，都需要借助新媒体的力量，丰富产品形态，扩大产业影响力。

在满族文化产品的早期创意阶段，核心内容要以满族文化资源为主，例如，题材、元素、人物等；但是在设计思路上，要充分考虑现代人的需求，例如，借助新媒体平台，设计一款网络游戏，以满族文化中极具特色的"骑射狩猎"为创意主体，利用现代化的信息技术完成游戏开发，并要考虑到电脑、手机、游戏终端等平台的通用性。用户在游戏休闲的过程中，逐渐感受满族文化元素。

在满族文化产品的生产阶段，要充分考虑到新媒体平台用户的需求，通过大数据来分析消费者的喜好，进而选择恰当的新媒体手段作为传播载体，根据所选载体来有针对性地进行生产，例如，针对固定终端和移动终端要采取不同的生产方式。在满族文化产品的发行阶段，新媒体平台可以将文化产品的信息迅速传送到全世界各地，无论是产品还是服务，都能以成本低、速度快的新媒体形式来传送。

在满族文化产品的消费阶段，新媒体起到了一个连接的作用，新媒体将整个社会信息组成了以网状结构，它将每个独立的网民连接起来，每个网民都可以看作潜在的消费者，他们都可以通过这张信息网来了解满族文化产品的信息，同时，当下的新媒体信息网，已经集成了完整消费流程所需一切服务，所以，整个消费过程都可以在新媒体平台上完成。①

近年来在国内，文化创意产业日益火热，但是真正取得的效果却不乐观，我们的文化产业之路还处于起步阶段，而满族文化的产业化发展更是一项艰难而长久的事业，这就更需要通过完善满族文化产业链各个环节中的合作机制，明确分工，各取所长，协调好各方面的利益划分，共同将满族文化产业做大做强。

（三）满族文化传媒化

文化传媒化是指将一种文化转化为能在大众媒介上传播的内容或产品的过程，本文指的是满族文化的上述过程。② 民族文化传媒化是边缘少数民族现代化过程中的一个命题——不可避免、不可逃逸的传媒化生存方式对民族文化及其主体的现实影响。③ 满族文化要进入现代社会公众的视野，要得到满族族人和其他民族族人的认同，必须加快传媒化的步伐。前文中提到，关于清朝题材的影视作品是近十几年来的热门，但是关于真正满族文化的传媒内容并不多，像满族文化相关的纪录片、广播、音乐、歌曲、报纸、杂志等很多处于真空状态，这一方面是满族文化传播者自身的原因；另一方面也是经济问题，经济是文化繁荣发展的基础，而文化又是经济腾飞不可或缺的有力支撑。根据民族文化特色拍摄和制作少数民族文化题材的电影、纪录片、动漫、网上体验空间等，不仅实现了文化传播和保护，而且还能获取经济效益。④

在新媒体时代，满族群体要强化文化资源的挖掘意识，在满族文化传媒化过程中发挥新媒体平台优势，准确把握满族文化内涵，打造文化代言

---

① 曾芸：《新媒体视角下民族文化资源保护与开发研究》，《大众文艺》2011 年第 21 期。
② 程郁儒：《民族文化传媒化》，中国社会科学出版社 2012 年版，第 28 页。
③ 同上书，第 3 页。
④ 李达：《新媒体时代少数民族文化传播的困境与策略》，《湖北民族学院学报（哲学社会科学版）》2015 年第 2 期。

人，实现多元化传播。

1. 把握满族文化内涵，营造文化认同感

少数民族文化传媒化，一方面可以扩大少数民族文化的影响力，另一方面，也是创新少数民族文化保护、传承的重要手段。在满族文化传媒化过程中，准确把握满族文化内涵是前提，只有明确了什么是真的满族文化，将最本真的内容呈现出来，才能获得满族群体的认同。例如，满语歌手宋熙东，为了创作出最正宗的满语歌曲，几乎踏遍全国所有的满族村落，寻找满族老人，搜集整理满族歌曲，积累了大量第一手资料。[①] 这样创作出来的满语歌曲，一定是能够打动听众、获得文化认同的。满族群体支持宋熙东，不仅仅是因为他创作了大量优秀的满语歌曲，更是对他行为的一种文化认同。

詹姆斯·凯瑞提出了"传播的仪式观"概念，把传播看作文化的一部分。媒体通过传播所塑造的世界向我们展示了一个完全不同的存在，它是社会共同体所创造的理想的投影。这种投影并不是提供一种信息，而是一种确认；不是为了改变态度或思想，而是为了代表事物的基本秩序；不是为了履行职能，而是为了表明一个正在进行仪式的社会过程。按照凯瑞的说法，满族文化传媒作品的社会意义就显得尤为重要。在对内传播方面，满族文化的传媒作品的传播塑造了一种拟态环境，提供一种对本民族文化的确认，代表当地的基本生活秩序，这是民族凝聚力和向心力的重要保证，也是对外传播的基础。[②]

一提到满族，大多数人就会联想到清朝，然后就是以清朝为背景的各种影视作品，但是真正的满族是什么样的？满语、满文、工艺、民俗、音乐等，大多数满族群体只是想当然的认为应该是什么样的，一旦深入谈下去，就发现大多数人都是处于一种模棱两可的状态，这种模棱两可是满族群体对自身文化了解的缺失，是满族文化认同的危机。因此，满族文化传播者一定要首先把握住满族文化的内涵，将真正的满族文化传媒产品带给广大网民。

---

① 吴迪等：《英雄的后代怎能将故乡遗忘》，《中国民族》2012 年第 11 期。

② 董浩烨等：《新媒体背景下湘鄂西少数民族影视传播对比研究》，《新媒体与社会》2015 年第 1 期。

2. 传统与现代相结合，实现满族文化现代演绎

前文提到少数民族文化传媒化，是处于亚文化圈的少数民族现代化的必然途径，在这样一个大的文化背景下，寻找将传统的文化意涵进行现代化的演绎的路径是当务之急。少数民族新奇的风情确实有较明显的审美价值，有较强的吸引力，但是这种表象的魅力缺乏了对少数民族深层心理、深层文化的剖析。因此，在创作少数民族传媒作品时，要充分利用现代传媒艺术形式来理解少数民族文化，将挖掘出的传统民族文化同现代传媒形式相结合。例如，满族说部是满族民间文学的重要组成部分，是第一个被列为国家级非物质文化遗产的满族文化遗存。满族说部，类似于汉人的说书，包含着上千年的社会文化变迁，但是，在评书已经逐渐失去听众的大环境下，满族说部如何从书本中走出来是值得思考的课题。青年作曲家朱赫，将古老的满族说部中著名的萨满史诗《乌布西奔妈妈》与现代交响乐相结合，创作了《乌布西奔之歌》，该交响乐将人声、西洋乐器、中国民乐和电子音乐融于一体，使现代音乐与满族传统文化交相辉映，这一创作形式为满族文化的回归与重现提供了新的传播路径，相信会有越来越多的满族族人，将自己的专业用在复兴满族文化上，必将实现满族文化的现代演绎。

3. 借助新媒体平台，塑造满族文化明星

满族特色是满族文化传媒作品的灵魂，要想体现满族特色，就需要有既熟悉了解满族文化的内涵，又具有文化艺术才能的艺术家，因此，必须塑造满族群体自己的文化明星，只有真正感受过满族最真实的文化生活，才能创作出真正具有满族特色的艺术作品。应该说，文艺界名人中有一大批是满族族人，例如：郎朗、赵忠祥、齐秦、关之琳、英达、那英、火风、胡军、吴京、沈傲君，但是很少人关注到他们是满族，他们所从事的艺术创作也大多和满族文化没有关系。因此，打造具有满族文化特色，致力于传播满族文化的艺术工作者是满族文化传媒化的基础。在这里，深切的满族身份认同感是前提，对满族文化的热爱是基础，熟悉所在领域的满族文化内涵是保障。例如，满语原创歌手宋熙东，是一直坚持创作和演唱的满语歌手，起初的经历非常坎坷，经常需要靠着在酒吧唱歌来维持自己的创作工作。吉祥满族网成立后，专门为宋熙东开设了一个版块，供网友讨论和展示满语歌曲，无形中推动了宋熙东的音乐创作和知名度。渐渐地，越来越多的人通过网络听到了宋熙东的歌曲，他也成为热爱满族文化

人士心目中的明星，无数人通过各种方式支持着他。2016 年 3 月，宋熙东团队开启了一场全国巡回演唱会，取名为"望·祭"，宋熙东表示，这次巡回演唱会是对全国支持他的族胞的一次汇报演出。笔者参加了首站在长春的演唱会，现场的观众不算太多，但是气氛热烈，座无虚席，现场演出的不但是纯正的满语歌曲，还有宋熙东自己制作的满族传统乐器。整个演唱会的宣传、策划、销售都是通过新媒体平台完成的，所以，宋熙东的坚持付出与新媒体平台的传播推广共同促成了满语歌曲的复苏。

从 2002 年开始，满族文化传播走进新媒体，经过十几年的发展，取得了值得肯定的成果，新媒体传播平台逐渐丰富，影响力日益提升，群体规模逐步扩大。但是与快速发展的新媒体传播环境相比，与全国范围内文化事业和文化产业的繁荣程度相比，满族文化传播依然处于低、小、弱、差的局面，满族文化的新媒体传播还存在方方面面的问题，面临各种各样的困境。而关于满族文化传播的研究多是从民族、历史、文学、社会等角度展看，关于新媒体传播的十分有限，这也从某种意义上影响了新媒体环境下满族文化传播的进程。这一现状从某种意义上，也是其他少数民族文化传播发展面临的问题。因此，本文从"媒介生态"的视角，分析了在其传播过程中的信息因子所面临的困境，以求从满族文化新媒体传播的整体环境考虑，提出内容发展的对策建议，同时希望能给其他少数民族文化新媒体传播提供些许思路。

Research on Content Innovation of Minority Culture New Media Diffusion

—Take the Manchu as an Example

Abstract：The paper focuses on the new media environment, and chooses the Manchu culture, which has a special significance in Chinese history as an example. From the information factor of "media ecology", we should think about the problem of the new media diffusion of the minority culture. The paper found that, in terms of content, the Manchu culture has an imbalance in the content diffusion, it is easy to be misread in the diffusion process, and there are some contradictions between the traditional content and the new form, and some contradictions between the traditional content and the diffusion environment. Based on the analysis of the current new media diffusion platform and environment of Manchu culture, this paper puts forward the content construction strategy, which are Manchu culture digitalization, industrialization and media.

Keywords: New Media; Minority; Culture; Manchu

（何江：大连民族大学文法学院新闻系副教授；王旭初：辽宁葫芦岛松洛克公益满语教学中心主任）

少数民族原始信仰文化及相关产业发展思考

——以白族金鸡崇拜为例

姜　芮

摘要：随着社会进步和时代发展，文化产业也日益成为社会经济的支柱产业。如何依托文化产业传承和发扬优秀文化？本文就白族金鸡崇拜这一原始信仰文化在某些领域的发展现状进行阐述，引发对少数民族原始信仰文化相关产业发展的思考，认为必须了解少数民族原始信仰文化，不断增强少数民族的文化自信心，提高自我传承意识。相关产业发展要秉承着传承与保护的原则，创新文化发展模式不断推动文化经济的增长。

关键词：少数民族　原始信仰文化　白族金鸡崇拜　文化产业发展

美国著名学者马斯洛的"需求层次论"提出人的需求分为五个层次：生理需求、安全需求、感情和归属上的需求、尊严需求和自我实现需求，这五个层次是由生理到心理，由低层次到高层次的不同阶段。党的十九大报告指出：中国特色主义社会已进入了新时代，我国的主要矛盾已转化为人民日益增长的美好生活需要和不平衡不充分的发展之间的矛盾。[①] 随着社会进步和时代发展，生产力水平不断提高，人们的生活水平也得到了提高。在基本物质需求得到满足的基础上，人们开始更多地追求文化的、精神的、心理的需要，这种需要已从物质转向到精神层面。在新的经济社会里，精神生产将成为主要的经济增长动力，而精神性需要或文化消费需求正成为生活消费的主流，文化产业也日益成为社会经济的支柱产业。[②] 人

---

① http://opinion.people.com.cn/n1/2017/1116/c1003 - 29648734.html，2017 年 11 月 16 日。

② 李向民等：《文化产业管理概论》，书海出版社 2006 年版，第 5 页。

类劳动的一般成果由两个必要因素构成：一是精神内容，一是物质形式。如何将文化和文化产业更好的结合在一起？如何依托文化产业传承和发扬优秀文化？这是值得我们深入思考和探讨的问题。

一　了解少数民族原始信仰文化，增强民族文化自信

1871 年在《原始文化》中，爱德华·泰勒提出："文化是一个复杂的总体，包括知识、信仰、艺术、道德、法律、风俗以及人类在社会里所得到的一切能力与习惯。"[①] 文化的哲学定义是智慧群族的一切群族社会现象与群族内在精神的既有、传承、创造、发展的总和，而文化产业则是对精神内容和意义的生产、交换、分配和消费活动的总和。[②]

（一）了解少数民族原始信仰文化，正确把握精神内容

白族是西南地区古老的少数民族，有着悠久的历史和文化，是经济文化发展程度较高的少数民族之一。白族已经成为少数民族中广为人知的一个民族，白族文化的盛名甚至闻名于海外。人人都对白族文化有或多或少的了解，但大多都是"知其然而不知其所以然"，甚至白族人对自己本民族的文化了解得也不是很全面。一个民族的文化来源于族群的智慧与思想，金鸡崇拜是白族的原始图腾崇拜之一，自早期白族社会就一直延续至今日。泰勒在其名著《原始文化》中提出："人们从对影子、水中的映像、回声、呼吸、睡眠，尤其是梦境等现象的感受，觉得在人的物质身体内有一种非物质的东西，使人具有生命。当这种东西离开身体不再复返时，身体便丧失了活动和生长的能力，呼吸也随之停止。这种东西就是'灵魂'。"[③] 他认为原始人由己及物，推论出一切具有生长或活动现象的东西都具有"灵魂"，这也就是"泛灵信仰"。正是这些"灵魂"促使了原始信仰的产生，原始人把一些超自然力量视为有灵性的对象，并通过一定的仪式祈求保护，从而产生了对自然的崇拜，动植物崇拜，甚至图腾崇

---

① ［英］爱德华·泰勒：《原始文化：神话、哲学、宗教、语言、艺术与习俗发展之研究》，广西师范大学出版社 2005 年版，第 1 页。
② 李向民等：《文化产业管理概论》，书海出版社 2006 年版，第 7 页。
③ 孙秋云主编：《文化人类学教程》，民族出版社 2004 年版，第 280 页。

拜等。泰勒认为泛灵信仰是人类宗教信仰的最早形式①，原始信仰是先民的精神寄托，后世的各种宗教信仰是在原始信仰的基础上产生的。可以说，原始信仰产生在前，而宗教信仰产生在后。就白族来说，在白族民众信奉的各种宗教信仰中最盛行也最有特色的莫过于本主崇拜，本主崇拜是白族区别于其他民族且独具特色的一种信仰。本主崇拜与原始信仰有着密不可分的联系，原始信仰于白族民众的精神领域处于不可忽视的重要位置。尽管在宗教发展的过程中，原始信仰已慢慢地淡出了人们的记忆，但其重要组成部分在一些地区仍留有踪迹。金鸡崇拜是白族原始信仰文化的组成部分，是白族群众共同的族群记忆，是值得我们关注和探究的宝贵精神财富。笔者家乡在昆明安宁市太平镇，因白族聚居这里被称为太平白族乡，是昆明市区仅有的三个白族乡之一。在这里，古老的金鸡崇拜已经世俗化，但凡遇到节日或是喜庆的事情人们总要杀鸡祈福祭祀，当问及原因时，大家却又说不出个缘由。当一种古老原始的信仰在人们的生活中慢慢世俗化，当人们不再关注这种文化背后的内涵和精神意义时，这种文化就会渐渐淡出人们的视野直至消失。金鸡崇拜融入了白族先民对于本民族的情感，是白族文化的重要组成部分，但随着时代发展，白族金鸡崇拜的传承形势严峻，古老的白族文化正面临失传危机。

（二）增强民族文化自信，提高自我传承意识

"文化自信，是一个国家、一个民族、一个政党对自身文化价值的充分肯定，对自身文化生命力的坚定信念。"② 当今时代，各民族文化竞相发展，形成了如此绚烂多彩的文化世界。在大民族的背景下，不同民族有着自己独特的文化，这些独特的文化汇聚在一起构成了今天博大精深的中华文化。语言，是我们交流沟通最根本的，也是最重要的方式。语言是民族的重要特征之一，特别是对少数民族来说，民族语言尤为重要。在笔者家乡，老一辈的白族人在语言交流上基本都是讲"白子"（白语），他们没有接受过正规的学习教育，会听方言但不会听说普通话；父母一辈的白族人出门在外基本是普通话和方言，他们担心在外说白语会被人看成是异

---

① 孙秋云主编：《文化人类学教程》，民族出版社 2004 年版，第 281 页。
② 云杉：《文化自觉文化自信文化自强——对繁荣发展中国特色社会主义文化的思考（中）》，《红旗文稿》2010 年第 16 期。

类，会被嘲笑，所以只有在家中或乡里才用白语交谈；到了年轻孩子一辈时，白语几乎不再说了，年轻人都只会说些简单的日常用语，平时基本是说方言和普通话。歌德说过："只懂一种语言的人，其实什么语言都不懂"[①]，多学习一门语言，看世界的眼界或许就大有不同。可如今的年轻人，连自己本民族的语言都掌握不好，不认真学习，甚至还有些不以为然。语言的传承必须依靠民族自信和民族自觉，父辈在外怕被人嘲笑是因为少了民族自信，而年轻一辈不主动学习民族语是缺乏民族自觉。语言是文化的一个组成部分，在文化的创建过程中语言起到了重要的作用，而在文化的传播和传承上语言也发挥着极其重要的作用。[②] 如今，无论国家政策还是学术领域都对少数民族文化加以重视，我们更应该对自己本民族文化持以骄傲和自豪的态度，自觉自信地去传承和发扬它。从语言的失传到文化失承，这是否会成为一种文化衰退现象？随时间推移，当白族渐渐失了本民族特色、文化面临着失传危机，我们又该何去何从？白族在历史上曾有过辉煌的时期，南诏和大理国时期给我们留下了丰富而宝贵的文化资源，形成了如今独具特色的白族文化。金鸡崇拜只是白族原始信仰文化中的一个部分，白族民族对本族金鸡崇拜文化的了解却不够深刻。只有深入了解自己民族的原始信仰文化，正确把握本民族的内在精神文化，才能更清楚地知道自己的定位，才能更好地推动相关文化产业发展。我们生长在中华文化的大背景下，五十六个民族各有特色，作为中华大家庭中的一员，我们必须树立起文化自信心，传承和发扬本民族优秀传统文化。

我国是一个多民族的国家，在经济迅速发展的今天，少数民族原始信仰文化被关注的一直很少，作为民族文化的重要组成部分，这也是在时代发展和文化变迁中不可忽视的重要内容。精神内容是文化产业的核心要素，只有正确把握文化的内在精神，增强少数民族的文化自信，才能更好地传承文化和发展文化产业。

二　不断更新文化发展模式，促进产业快速发展

1985 年，我国学者李向民先生首次提出"精神经济"的概念，认为

---

① 叶舒宪：《文学人类学教程》，中国社会科学出版社 2010 年版，第 3 页。
② 孙秋云主编：《文化人类学教程》，民族出版社 2004 年版，第 97 页。

传统经济理论着重于研究物质产品的生产和再生产问题，不能解释和说明经济的全部内容。随着社会生产力和人类需求等级不断提高，满足人们的精神需求将成为第一位的经济目标，从而导致经济的全面转型。① 随着经济转型，越来越多的文化产业不断壮大和发展起来，在带动经济发展的同时也形成了一个以文化产业为依托的文化圈。

（一）关注少数民族民间文学

少数民族文学是少数民族文化传承的重要渠道之一，民族文学体现的是民族文化的重要精神和深层内涵，它凝聚了民族的智慧与思想。如何更好地促进少数民族文化产业的发展，这就要求我们必须关注少数民族文学，特别是少数民族民间文学。民间文学既是一种文艺现象，又是一种民俗文化现象。② 在白族民间流传着很多有关于金鸡的民间故事，本文所说的民间故事指的是广义的民间故事，这些民间故事在白族聚居的地方广为流传，成为白族金鸡崇拜在民间传播的主要方式之一。在大理地区流传着一则传说，讲述的是大理崇圣寺三塔上金鸡的来历：云龙金鸡山的江里有一条黑龙危害黎民，还想移山造海，后被金鸡山的金鸡大仙制服，金鸡大仙飞到三塔的大塔顶上停驻下来。而昆明地区也一直有《金马碧鸡》的传说，位于昆明市中心的"金马碧鸡坊"如今已成为昆明的标志性建筑物之一，许多人慕名前来只为一睹"金马朝辉"与"碧鸡秋色"的风采。尽管被广为传颂的《金马碧鸡》故事追根溯源与金鸡并没有直接的联系，但是在后世的创作中，金马碧鸡的"碧鸡"就是"金鸡"。金马碧鸡源于白族先民的盐业生产及盐神文化，它体现的不仅是白族先民的劳动生产，背后还蕴含着白族人民对于原始图腾崇拜的追崇以及对美好生活的盼望。金鸡崇拜是民族信仰，是盘踞在白族人内心深处不可磨灭的记忆。关于金鸡的故事，在各个分布着白族人的土地上流传着，无论是有着久远历史的大理地区白族，还是由大理迁徙至昆明地区的白族，金鸡的民间故事一直在他们之间被讲述和传颂着。白族与金鸡的渊源不曾被地域所限制，哪里有白族人，哪里就有金鸡故事。金鸡崇拜在白族人民心中已根深蒂固，金鸡故事跟随时代变迁，在内容上虽有变化，但其背后的文化内涵却不曾改

---

① 李向民等：《文化产业管理概论》，书海出版社 2006 年版，第 5 页。
② 黄涛：《中国民间文学概论（第二版）》，中国人民大学出版社 2010 年版，第 1 页。

变。在白族聚居区长期流传着的关于金鸡崇拜的民间故事蕴含着白族民众的集体记忆，这些不断强化的集体记忆凝聚着强大的族群认同感，同时这种族群认同又推动了金鸡民间故事的传播和保存，是一种互相促进的关系。①

在相关文化产业发展的过程中，应该重视对于民间文学，特别是口传文学的运用。在民族文化产业的发展中，这些被人们在民间传颂的故事如果合理运用也可以成为一个亮点，这样既能传承民族文化，又能凸显产业特色。民间文学在文化旅游产业中被运用的最为广泛，但在大肆宣讲的同时很多景点的故事似乎已经"变了味"，丢失了原有的特色和风情，这些民间故事应该适当合理地被运用。而那些鲜为人知的古老的故事，也应当引起人们的关注和重视，对于这些故事在文化产业中的运用，将会是一个长期的值得深思的大工程。

（二）发展少数民族工艺

上文提到语言是民族的重要特征之一，民族服饰也是突出体现民族特色的重要特征之一。在日常生活中，我们能够很直观地从着装来辨别人们的少数民族身份。民族服饰是物质文明的结晶，又具有精神文明的内涵。人们将生活习俗、审美情趣、色彩爱好，以及种种文化心态、宗教观念，都沉淀于服饰之中。少数民族服饰体现的是少数民族文化的深层含义，透露着民族精神与信仰。此外，人们身体上的装饰还有助于界定文化传统中的特殊情况，它反映了特定社会的文化信息和内涵。② 就白族来说，白族崇尚白色，服饰以白色为主，白族姑娘头上戴的头饰有着"风花雪月"的含义：垂下的穗子代表下关的风，艳丽的花饰是上关的花，帽顶的洁白是苍山雪，弯弯的造型是洱海月。在白族服饰制作工艺中，白族刺绣和扎染工艺可谓受到了世界各国人民的青睐，白族扎染和刺绣体现的是白族淳朴自然的民族特性。2006年，大理扎染被文化部确定为全国第一批非物质文化遗产，白族扎染图案朴实健康，题材广泛。如今在白族民众的日常生活中，无论是人们日常穿着的服饰，或是家中的桌布装饰，都可寻得扎

---

① 万建中：《传说记忆与族群认同——以盘瓠传说为考察对象》，《广西民族学院学报（哲学社会科学版）》2004年第26期。
② 孙秋云主编：《文化人类学教程》，民族出版社2004年版，第110页。

染的踪迹。在扎染工艺的创作中，结合民族传统特色融入原始信仰文化的元素在其中也未尝不是一种新颖独特的方式。随着人们生活水平的提高，现代人对于服饰的追求也从一开始的保暖变成了美观时尚，而随着机械化时代的到来，很多传统手工业受到了冲击，白族刺绣也在其中。我们走在白族聚居的地方，很少能看到身着民族服饰的白族民众，那些带着民族特色和民族气息的服饰我们只能在年迈的老人中找寻到。随着手工制作的减少，现在民族服饰的制作价格越来越高，这让很多喜欢民族服饰的人望而却步，保留和发展白族刺绣工艺，也是文化产业发展中值得我们关注的一个部分。就白族原始信仰文化来说，在白族服饰上也可以被凸显和运用，例如人们信仰的"金鸡"可以运用到刺绣图案或者扎染图案中。

在白族民间，大理剑川的雕刻工艺也是享誉全国，剑川被誉为"民族木雕艺术之乡"。除了闻名遐迩的木雕，剑川县还有全国第一批重点文物保护单位——石钟山石窟和重点风景名胜区石宝山，带有历史文化气息的石钟山石窟凿于南诏时期，亲眼所见便觉石雕工艺精湛绝伦，仿佛身临其境。2017年10月，笔者到大理剑川县进行了田野调查，在走访调查的过程中，发现"金鸡"的身影出现在了雕刻工艺中，这是一个令笔者欣喜却又忧愁的发现。喜于"金鸡"融入了木雕工艺，更贴近当地民众的生活；忧于"金鸡"木雕只在很少的地方出现，它似乎也不是木雕图案中的"主角"，并不会引起人们的特别关注。在剑川民族博物馆的各建筑檐角下都有一只振翅欲飞的"金鸡"，"金鸡"在上，下有龙头、鸡头和象头，这种独特的现象在石宝山的宝相寺和石钟寺的屋檐下也都存在。而在白族民居中，我们只能在极少数民居的屋檐下看见"金鸡"。"金鸡"的背后蕴含着深刻的含义，它是原始信仰文化中的一个部分，是不可忽视的宝贵精神财富。在雕刻工艺的发展中，以"金鸡"为雕刻图案的产品是否能够更多地运用到人们的生活中去，成为白族特色民居的一部分，这或许需要众多的艺术家们共同努力来帮助我们实现金鸡原始信仰文化的传承。

文化产业是智慧产业，其核心是创意，属于知识、智力密集型的产业。[①] 文化产业的发展依托于文化，文化在进步的过程中也会面临着消亡危机，那么对文化的传承和保护也就显得尤为重要，特别对发展少数民族

---

① 李向民等：《文化产业管理概论》，书海出版社2006年版，第7页。

文化产业来说更是重中之重。秉承着文化产业管理的基本原则中民族文化艺术的传承与保护的原则，笔者认为在发展对少数民族原始信仰文化相关产业时，应该着重关注少数民族民间文学以及少数民族的传统工艺制作，结合自身特色不断创新，促进文化产品发展模式的多样化，推动文化经济的快速增长。

文化产品不仅包含经济价值，也承载着文化价值。在发展少数民族原始信仰文化相关产业时，我们除了关注产品带来的经济价值，还要正确认识产品所承载的文化价值。文化产业的发展以文化为基础，只有正确把握文化的内在精神才能更好地创建"精神经济"产业链，促进精神文化市场不断壮大。少数民族原始信仰文化作为民族文化的重要组成部分，无论是在远古时代或是现在，民族信仰都发挥着极其重要的作用。要想文化产业发展的好，就必须抓牢文化建设，紧跟时代脚步从文化入手，形成文化经济产业链。面向少数民族文化的相关产业发展，必须追寻有价值有意义的文化作为产业发展的核心内容，坚持文化创意为主要方法，传承保护与产业发展齐头并进的基本模式。就白族金鸡崇拜这一原始信仰文化的发展现状来看，少数民族原始信仰文化被关注的仍旧不多，这就要求我们必须了解少数民族原始文化，不断增强少数民族的文化自信心，提高自我传承的意识，秉承着传承与保护的原则，创新文化发展模式不断推动文化经济的增长。

Research on Primitive Belief Culture of Minority Nationalities and Related Industry Development

— A Specific Study on the Golden Rooster Worship of Bai Nationality

Abstract：The culture industry gradually become one of the social economy's main industry with the developed of society. Based on the argument of inherit and promote outstanding culture by relying on cultural industry, this thesis elaborates the present situation about the worship of the Bai nationality's golden rooster in some areas, and initiates the thinking on the development of the related industries of the primitive belief culture of ethnic minorities. The author believes in order to achieve progress that it is necessary to understand the primitive belief culture, enhance the cultural self-confidence of the ethnic minorities, and improve self-inherit consciousness. And the development of related industries should up hold the principles of inheritance and protection, and innovative cultural development model to continuously promote the growth of cultural economy.

Keywords：Primitive Belief of Minority Culture；Bai Nationality's Rooster Worship；Cultural Industry Development

（姜芮：云南师范大学汉藏语研究院研究生）

文化创意产业与特色小镇

栏目主编：王紫薇[①]

　　编者按：当前国家和各地政府出台多项政策支持特色小镇的建设，特色小镇在转变发展方式促进经济转型升级、传承优秀文化、推动新型城镇化、建设美丽中国、带动扶贫脱贫等方面发挥着重要的作用。在特色文化建设中，极易出现的一种情况是资源开发利用的简单化和表象化，只是将各种要素进行简单呈现和物理加和，而没有深入挖掘和融合，从而使得特色小镇不能形成"骨子里的特色"，缺乏深度，难以持久。在我国，"特色小镇"在党的十八大中被提出，2016 年的《国土资源"十三五"规划纲要》真正确立了"农业特色小镇"的概念。农业特色小镇是特色小镇非常重要的一种类型，是农业发展到较高阶段的必然产物，是农业发展走向科学化和集约化的重要途径。在世界范围内，德国、英国、韩国、美国、荷兰、澳大利亚等国家的农业特色小镇建设起步较快，其发展体系也相对

　　① 王紫薇：文化部民族民间文艺发展中心研究员。

较为成熟。当前阶段，我国农业发展面临着"农业＋互联网""乡村振兴""智慧农业"等大的社会语境，农业特色小镇建设是大势所趋。而我国有着悠久的农业文明，农业文化遗产是经济和文化发展的根基，应该得到广泛的保护。因此，建立成熟的农遗特色小镇模式既能够传承农遗文明，同时又是农业创新发展的重要方式。本栏目着眼于当前我国农业特色小镇建设过程中的主要趋势和突出问题，并力求通过建立小镇评估指标等途径完善我国农业特色小镇的发展模式，形成较为成熟的产业结构。

建立农遗特色小镇的必要性研究

沈　虹　任宇坤

摘要： 近几年，我国出台多项相关政策，鼓励特色小镇的发展建设。这对于推进供给侧结构性改革、拉动城镇周边地区就业、推动当地经济发展具有重要意义，但也出现了同质化现象严重、发展不均衡等问题。基于此，依托农业，建设农遗特色小镇不但具有现实的、经济的可行性，也会有很好的经济效益。一方面有利于填补农遗特色小镇市场的空缺，另一方面，有利于构建城乡协同发展共同体，推动第一、二、三产业融合发展，为小镇的持续发展注入活力。

关键词： 农业文化遗产　特色小镇　城乡融合发展

一　研究背景及意义

为贯彻党中央、国务院关于推动特色小镇、小城镇建立的精神，落实《国民经济和社会发展第十三个五年规划纲要》对于加快开展特色小镇的要求，住房和城乡建设部、国家发展和改革委员会、财政部（以下简称为三部委）于 2016 年 7 月 1 日联合下发《关于开展特色小镇培育工作的通知》，决定在全国范围内开展特色小镇培育工作。这对于推进供给侧结构性改革、拉动城镇周边地区就业、推动当地经济发展具有重要意义，但也出现了同质化现象严重、发展不均衡等问题。

（一）研究背景

在三部委的《关于开展特色小镇培育工作的通知》公布之后，特色小镇成为各市场创新建设的焦点，但是因为缺少正确的计划扶植，特色小镇仍然处于发展混乱阶段。因此，找到特色小镇发展存在的问题，对症下药，对于特色小镇的可持续发展具有重要意义。

首先，目前我国特色小镇发展存在区域水平不平衡问题。从全国特色小镇的规划来看，主要集中在东部江浙地带，发展类型以科技、时尚为主。比如基金小镇、酷玩小镇等。然而西部因受地区、交通、经济等条件所限，诸多业态目前并不成熟。

其次，多数特色小镇未基于本身既有的特色建立。许多地区盲目跟风，想要在这一浪潮中分一杯羹，但是并没有进行充分合理的设计研究，而是照搬其他发达地区发展模式，使得小镇定位模糊，同质化现象严重。

最后，一些地区过于追求经济效益，开发模式不符合政策要求。一般而言，特色小镇是以地区经济、社会发展、地方财力等因素为基础的模式，因地适宜奠定了其可持续发展的主基调，但目前一些地区贪功冒进，造成了后期特色小镇落地困难。

（二）研究意义

基于以上背景分析，我们发现依托农业，建设农遗特色小镇不仅具有现实的、经济的可行性，也会有很好的经济效益。

首先，建设农遗特色小镇具有更好的普适性和更强的可行性。我国被称为世界农业大国，拥有悠久的农耕文明，耕地面积广阔，农业人口基数大，发展农业特色小镇一方面具有良好的文化、地域和人力基础，另一方面也可以很好地解决城镇化进程过快造成的人口膨胀、交通拥挤、住房困难、环境恶化、资源短缺等问题。

其次，农业文化遗产地本身拥有优质的农业资源，定位清晰，不会因同质化造成恶性竞争，同时对于弘扬和传承我国优秀的农业文化也有一定的建设意义。

最后，建立农遗特色小镇对于打破城乡二元结构僵局也具有重要意义。一方面，农遗特色小镇在发展现代农业的同时，也注重打造优质的居住环境和基础设施，很好地满足了城市地区的住房需求，使得农遗特色小镇成为城市居民居住的选择之一。另一方面，城市居民回流农村，为特色小镇发展建设注入先进的知识经验，由此可见，通过建设农遗特色小镇，农业生产也可成为连接城市居民和农民，加强两者交流沟通的纽带。

二 农业文化遗产特色小镇的内涵及特征

(一) 农业文化遗产的内涵

所谓农业文化遗产，大致可分为大农业文化遗产概念和小农业文化遗产概念两种。前者指人类经过时间的洗礼，不断创新并沿用至今的农业生产和生活经验。它是我国农耕历史得以被传承的所有生产经验及生活经验的总和。比如农耕民族根据不同的时节进行耕种，从而演变出在不同节令的祭祀和占卜活动。而后者仅指农业生产经验。本文所提到的农业文化遗产即大农业文化遗产概念。

我国是农业大国，拥有丰厚的农业文化遗产。2013 年 5 月 21 日，我国农业部公布了第一批中国重要农业文化遗产，共 19 个传统农业系统。截止到 2017 年，我国共有 11 个农业文化遗产地被列入全球重要农业文化遗产保护名录，数量位居全球榜首。

(二) 农业文化遗产特色小镇的内涵

农业文化遗产特色小镇是指依赖农业文化遗产地独有的优质农业资源（如地域特色、生态特色、文化特色等），打造具有明确农业产业定位、农业文化内涵、农业旅游特征和一定社区功能的综合开发项目。它是将现代农业与城镇化联系在一起，构建产城一体，农旅双链，区域融合发展的农旅综合体。是旅游景区、消费产业聚集区、新型城镇化发展区三区合一，产城乡一体化的新型城镇化模式，涵盖了农业历史经典产业、非物质农业文化遗产保护、农耕文化、农家乐、创意休闲农业等多种特色。

(三) 农业文化遗产特色小镇的特征

1. 国家政策大力支持，PPP 模式成为特色小镇建设后盾。2016 年 12 月，国务院发布《关于进一步促进农产品加工业发展的意见》，该文件中将加快建设农产品加工特色小镇作为重点提出，根据该意见，农遗特色小镇成为各地市场创新发展的焦点。2017 年中央 1 号文件中指出，鼓励政府和社会资本合作，撬动金融和社会资本更多投向农业农村。其中农业PPP 投资成为传统农业转向现代化、促进农村生产要素关系变化、推动农业经济快速发展的坚强后盾。

首先，农业生产虽然前期投资大，但是却具有使用周期长、投资回报率高等特点，非常适合 PPP 项目。其次，我国农业市场前景不容限量，受众对农产品的消费需求属于刚需，且有巨大的潜在需求。另外，目前对于农业基础设施的投资资本并不多，主要原因在于之前较为混乱的土地确权制度，目前国家已经出台相关政策，该问题得到一定程度上的解决，土地资源稳定后，适合社会资本的进入。相信随着国家各种利好政策的颁布，农业 PPP 投资将迎来重大机遇，也将进一步助推农遗特色小镇的发展。

2. 依托农业特色产业，文旅成为主导产业，带动能力较强。以青田稻鱼共生系统为例，2017 年，青田发布《青田稻鱼共生系统保护与发展规划（2016—2025 年）》，该文件预计在十年内将青田稻鱼共生系统建设为中国最具影响力的农业文化遗产展示窗口、中国首个农业文化遗产特色小镇、特色鲜明的休闲农业发展示范基地、充满活力的生态农产品生产基地、富有吸引力的农业科普教育和社会实践基地。通过农业文化遗产的保护与发展带动遗产地农民增收致富、促进遗产地生态环境保护、维系遗产地社会稳定、推动遗产地传统知识、技术和文化的传承。

其他农遗特色小镇的发展模式与青田稻鱼共生系统具有异曲同工之妙。比如绍兴会稽山古香榧群，该农业文化遗产地突出"世界遗产、中华镇山、千年榧林、康养休闲"主题，建设当地特色生态休闲旅游地和民俗度假村等，取得了良好的经济和社会效应。除此之外，还有陕西榆林佳县古枣园、元阳哈尼梯田等农遗特色小镇。

3. 功能服务地方经济，经济文化资源成为链接城乡纽带。党的十九大报告指出，要坚持农业农村优先发展，按照产业兴旺、生态宜居、乡风文明、治理有效、生活富裕的总要求，建立健全城乡融合发展体制机制和政策体系，加快推进农业农村现代化。从近年来开展特色小镇建设的实践和经验来看，农遗特色小镇建设在推进我国城乡发展一体化进程中发挥着举足轻重的作用。

农遗特色小镇在建设过程中，一方面把重点落在现代农业的发展上，另一方面一切以服务地方经济为宗旨，加强公共基础设施建设和生态保护工作，拉动乡村及周边地区的就业，同时也成为连接城乡发展的重要纽带。

农业文化遗产地基于自身浓厚的文化底蕴进行突出特色打造，"千镇千色"是其主要特点。在弘扬传统文化的同时，推进生产生活生态"三产"融合发展，吸引大量城市人口回流，在解决城市就业困难、居住紧张、环境恶化等问题的同时，破解了城乡二元结构现象。

三 积极推动农业文化遗产特色小镇发展的必要性

（一）有利于弥补市场空缺

截至 2017 年，全国共有 20 个省份提出特色小镇创建计划，总计划数量已超过 1500 个，2017 年 7 月 27 日，住建部公布了第二批 276 个特色小镇名单，加上 2016 年住建部公布的第一批特色小镇 127 个，目前全国特色小镇一共有 403 个，结合剩余 14 个尚未公布计划的省份推算，全国至少将会出现 2000 多个省级特色小镇，都将成为国家千镇计划的后备军。

然而在众多特色小镇建设中，由房企转型的科技型服务小镇、农业小镇、文旅小镇成为主流，真正以农业文化遗产地为依托建立的特色小镇数量极少，并且绝大多数还正处于建设当中，并没有形成完善的特色小镇体系。比如青田稻鱼共生系统于 2016 年动工建设，预计 2025 年才能全部建设完毕。其他农遗特色小镇，如元阳哈尼梯田系统、侗藏红米种植系统等也都还处于建设阶段，基于此，将农遗特色小镇建设提上日程，有利于弥补该市场空缺，完善特色小镇体系。

（二）有利于构建城乡协同发展共同体

位于城镇周边的特色小镇可以扮演多重角色满足城市多层次的农业需求。而农遗特色小镇就可以扮演农产品货源地、物流配送起点、文化传承中心、特色休闲旅游中心等不同角色。

比如，农遗特色小镇可以种植时令的瓜果蔬菜或者就某一特色农产品进行精品种植，增加城镇农产品直供和特供的比例，依托发达的物流体系，解决传统农业供求在时间和空间上分离的问题。

农遗特色小镇通常拥有一定的文化优势和特色，实际上，文化也完全可以成为特色小镇的产业特色。在一些农业文化底蕴较为浓厚或者周边就有地理标志性产业的地区，可以通过开发附加值高的文化产品，塑造文化品牌形象，推动对农业文化遗产地的深度加工。

既然城市对于农业的需求是多层次的，农遗特色小镇也可以打造规范化的农业产业体系，打造农业服务"综合体"。比如，针对养老需求，农遗特色小镇可以打造天然的疗养地，针对城市休闲需求，可以建设农遗特色农庄、农家乐等。二者相辅相成，有利于构建城乡协同发展共同体。

（三）有利于推动第一、二、三产业深度融合

目前，农遗特色小镇旨在为消费者提供一站式服务，成为农业全产业链发展模式的有效载体。从种植、贸易、物流、包装、分销、品牌推广等，大大提高了农产品附加值，产生产品溢价，对于实现经济发展具有重要意义。

此外，农遗特色小镇除了经济、社会等方面的优势，有利的生态和文化条件也不容忽视。丰富的农遗特色小镇发展内容带来了农业结构的优化升级，可以实现农业优质发展，成为农业领域发展的新的增长点。同时这种新型的农业经营主体也推动着第一、二、三产业的融合发展，发挥农业文化遗产地的区域优势，加深城乡融合的深度与广度，以高效的现代化农业作为主导，让农民在产业融合过程中享有更多优惠，提高农业产业效益。

（四）有利于提升小镇持续发展活力

2012 年我国农业部下发《农业部关于开展中国重要农业文化遗产发掘工作的通知》并在全国范围内开始评选中国重要农业文化遗产，基于此，中国重要农业文化遗产的挖掘、保护、传承和利用，在全国各地蓬勃开展，"农业文化遗产"也被越来越多的人了解和重视。目前，对于保护农业文化遗产地的措施主要有以下几种：

一是不断加大搜集农业文化遗产地生态和农产品资源力度，维护并不断巩固遗产地生物多样性保护工作成果。二是挖掘农业文化遗产的深刻内涵，塑造文化品牌，扩大农业文化遗产的影响力。三是要让社会各方面积极参与。在当地开展教育培训活动，不断提高遗产地广大人民的遗产保护意识与生产技术水平。四是建立农遗特色小镇，全方位系统地对农业文化遗产地进行开发和保护。而就目前农遗特色小镇的建设成果来看，挖掘、保护和传承重要农业文化遗产，填补国家遗产保护在农业领域的空白，是传承弘扬传统文化、探寻农业可持续发展道路的有效途径。

Study on the Necessity to Establish
Agricultural Heritage Towns

Abstract：Over these years, a number of relevant policies has been issued to encourage the development of characteristic town, which helps to promote supply-side structural reform and boost employment in surrounding areas. It's of great significance to promote local economic development, yet the phenomenon of homogenization and unbalanced development has arisen. On this premise, relying on agriculture to establish agricultural heritage towns brings both economic benefits and economic viability. On the one hand, it is helpful to fill the vacancy of the market of agricultural heritage. On the other hand, it is conducive to the construction of a community of urban and rural cooperative development, which promotes the integration of both the three industries and injects vitality into the sustainable development of the town.

Keywords：Agricultural Heritage; Characteristic Town; Integration Development of Town and Country

（沈虹：中央民族大学文学与新闻传播学院硕士生导师；任宇坤：中央民族大学文学与新闻传播学院研究生）

农遗特色小镇评估体系创建研究

卢佳华　郭　嘉

摘要： 农业文化遗产的保护与传承是当前我国农业发展中的重要目标和任务，而建设农遗特色小镇是发展农业文化遗产的有效途径。为引导特色小镇健康有序发展，应当构建一个科学有效的评估体系。本文从农遗特色小镇的概念出发，在厘清其特点和要素的基础上，全面把握全国 13 家农业文化遗产项目建设中出现的问题，采用定性与定量相结合的方法构建了农遗特色小镇评估体系，力求以科学的产业模式提升农遗特色小镇发展的集聚度和长效性。

关键词： 农业文化遗产　特色小镇　评估体系

一　"农遗特色小镇"概述

联合国粮食及农业组织（简称"FAO"）将"农业文化遗产"定义为："农村与其所处环境长期协同进化和动态适应下所形成的独特的土地利用系统和农业景观，这种系统与景观具有丰富的生物多样性，而且可以满足当地社会经济与文化发展的需要，有利于促进区域可持续发展。"从 2005 年至今，FAO 公布的全球重要农业文化遗产中我国有 13 项，包括浙江青田稻鱼共生系统、云南哈尼稻作梯田系统、福建福州茉莉花种植与茶文化系统、浙江湖州桑基鱼塘系统等。丰富的生物多样性和人地和谐共生的可持续发展理念是农业文化遗产的典型特征。[①]

目前，尚未出现关于"农遗特色小镇"发展历程的系统梳理，而相关概念——"农业特色小镇"已经建立起一定的研究基础。在理论层面，

---

① 资料来源：GIAHS-Globally Important Agricultural Heritage Systems：SITES。

"农业特色小镇"的概念是基于1826年德国农业经济学家杜能提出的"农业区位理论"发展而来，该理论强调在农业地域分工的基础上形成一种或少数几种农产品占据区域种植绝大部分面积并形成规模效益，在市场上具有价格优势。[1] 19世纪末期，埃比尼泽·霍华德提出了"田园城市理论"，该理论旨在通过合理的规划来控制城市规模：一是使城市成为农村产品输出的广阔市场；二是在城市周围建设绿地系统以保持生态的平衡，在此基础上形成良性、有机、平衡的发展模式。[2]

在中国，"特色小镇"的概念在党的十八大中正式被提出，它是新型城镇化建设的重要目标和举措。2016年4月12日，国土资源部发布了《国土资源"十三五"规划纲要》，着力推进现代农业产业体系的形成，促进农业和乡村旅游业的结合，推动乡村第一、二、三产业的融合发展。农业特色小镇的发展需要依托一定的资源：独特的农业景观，农产品的生产、加工和贸易，农业民俗风情和历史文化等。在此纲要中，"农业特色小镇"的发展被正式提上日程。[3]

"农遗特色小镇"的定义是在"农业文化遗产"和"农业特色小镇"的基础上所建立的，农遗特色小镇指的是：以农业遗产为核心导向，集生产生活、观光旅游、经济和文化发展等多种功能为一体的产业空间集聚区。农遗特色小镇的概念较为宽泛，但在界定的过程中应具备以下四个要素：第一，以农业文化遗产为核心，依托农业资源禀赋形成极具特色的农业生态；第二，具有一定的空间和产业规模，对辐射区内乡村及城市的经济发展形成带动作用；第三，融入文化元素，兼具旅游功能，坚持自身独特的文化品牌，体现深厚的农耕文化底蕴，走"农业、经济、文化融合"的产业道路；第四，具备独特的绿色生态理念，以人与自然生态系统的和谐共生为产业发展目标。

二 评估体系创建基础依据及必要性

（一）评估机制的创建依据

本文以相关学者关于"特色小镇的评估机制创建"为基础，并着眼

---

[1] 石忆邵：《我国农业地域专业化的开发与管理初探：以陕西省为例》，《大自然探索》1996年第1期。

[2] 王英：《浅析霍华德的田园城市理论》，《潍坊学院学报》2011年第11期。

[3] 《农业特色小镇的六种类型及打造策略》，小镇动态前瞻产业研究院，2017年9月27日。

于"农遗特色小镇"这一概念，深入搜集全国 13 个农业文化遗产项目发展的相关资料，进行总结并分析。总体来看，13 个农业文化遗产项目在国家的政策制度、资金、人才等支持下发展得较为平稳，在基本的产业格局下能够产生一定的经济收益和文化影响力，但个别的农遗地区发展也存在许多不足，亟须政策制度的引导和科学规范的管理。

对 13 个农遗项目的资料进行统计、整理和分析后发现：从地域分布来看，全国农遗特色小镇发展水平不均衡，江浙一带在农遗特色小镇建立上占据地理、政策、资源、人才、技术等方面的优势；相比之下，西部内陆地区及云贵边境一带则明显落后于前者。同时，在个别农遗项目的发展中也存在一些问题，突出表现为以下几个方面：

1. 文化发展要素薄弱。文化元素是农遗特色小镇建设的重要构成，是农业产业化延伸的关键因素，文化产业的占比及对文化发展的重视程度直接影响农遗项目的可持续发展。在 13 个农业文化遗产项目中，除青田稻鱼共生系统、普洱古茶园与茶文化、敖汉旱作农业系统、福州茉莉花种植与茶文化系统、陕西佳县古枣园五个区域之外，其余的项目很难做到以当地特色农耕文化为核心进行文化活动及文化产品的拓展。其中，从江侗乡稻鱼鸭系统、宣化城市传统葡萄园和肃迭部扎尕那农林牧复合系统三个区域几乎只发展其种植业和农产品加工业，最基本的农业观光旅游业的基础设施建设也极为欠缺。

2. 产业联动效益低下。农遗特色小镇的发展是以农业为基础，以加工业、手工业、观光旅游业等第二、三产业为辅的融合发展模式。在 13 个农业文化遗产项目中，发展联动效应较好的是浙江青田稻鱼共生系统、普洱古茶园与茶文化、福州茉莉花种植与茶文化系统、陕西佳县古枣园。以"青田稻鱼共生系统"为代表，其孕育出来的"田鱼文化"成为当地农村生活的代表性标志，例如：鱼灯表演活动、田鱼（鱼种）做嫁妆等民间习俗、田鱼乡野烹饪大赛等活动，极大地丰富了当地居民的文化生活。同时，以"田鱼"为主题的青田石雕作品也进一步拓展了文化衍生品的形式，整体上促进了"田鱼文化"的发展。上述四个农遗项目能够利用特有的农耕文化 IP，开展具有特色的文化活动、打造独一无二的文化产品，使产品能够突显当地的民俗风情和地域文化。除此之外，其余九个农遗文化 IP 的发展形式单一，几乎只停留在农业观光旅游的层面，尚未建立依托文化品牌而发展的意识，导致当地的农遗特色失去应有的效力。

3. 区域发展意识模糊。农遗特色小镇的发展离不开"小镇"的概念，"小镇"强调的是以一种产业为核心所建立起来的集聚性发展的空间平台，整合农业、科技、文化等多种要素，以"产、城、人、文"四位一体的格局来建设农村及周边地区，推动其第一、二、三产业融合发展。而纵观全国13个农业遗产区域，大多不符合"小镇"的规范模式，主要表现为缺少整体的区域发展意识，内部的生产及运作较为独立。以从江侗乡稻鱼鸭系统为例，这一古老的农业耕作方式利用稻、鱼、鸭的生长节期和生长习性，在一个水生系统中培育养殖不同的农副产品。但是，该项目在对出产的农产品包装推广方面以及在利用独特的农业景观发展其他相关产业方面比较欠缺。特别是在产品研发、技术创新、旅游设计建设的整体区域规划方面均较为薄弱，区域统筹的发展意识不强，地域内的要素和资源没有形成统一合理的配置，严重制约了该项目的可持续发展。

（二）建立评估体系的必要性

从以上分析可得，农遗特色小镇发展中诸多问题的产生在于缺少系统的规划管理和科学合理的评价考核机制。因此，创建农遗特色小镇评估体系是未来发展的关键所在，其必要性体现在三个方面：

1. 促进城乡产业结合。一直以来，我国城乡发展便存在较大差距，这是我国经济发展中的紧要难题。要想打破这种二元对立的模式，必须转变农村的经济发展方式，推动农村经济结构转型升级。因此，农遗特色小镇评估体系的建立有利于将农业引入第三产业，引导农业特色小镇依托生态体系发展休闲农业和文化旅游业，使农业与第二、三产业之间形成联动效应。从长远的角度看，建立农遗特色小镇评估体系，也有利于健全乡村融合发展体制机制，缩小城乡发展差距，推动城乡一体化建设，促进城乡融合发展。

2. 打破资源短缺瓶颈。当前，我国市场经济发展处于转型升级阶段，农业发展也步入了现代化的轨道，"绿色农业""数字农业""创新农业"等概念不断兴起。但在农业领域快速发展的过程中，其自然资源和人文资源面临短缺的困难，农业用地面积、科技创新人才等要素都是制约农业进一步发展升级的阻力。因此，建立农遗特色小镇评估体系有助于推动集约型生态农业的发展，进而提高土地、资金、技术、人才等资源使用效率。

3. 保护农业文化遗产。我国是农业大国，自古以来有着丰厚的农业文化底蕴，农耕文明是伴随中华民族发展的精神根基。我国文化的发展离不开古老的农耕文明，它是中华文化的精髓。因此，保护农业文化遗产是新时期重要的文化使命。然而，农业文化遗产的传承不应只停留在保护的层面，应该使"保护"和"发展"共存，将农遗资源打造成重要的农业文化品牌，走文化产业的发展路径，在发展的过程中实现广泛的传承与保护。

三　评估体系的特点及制定原则

（一）评估体系的特点

1. 以突出"农遗"要素为基础。创建农遗特色小镇评估体系应把握概念中最核心的要素——农业文化遗产。以全国 13 家已命名的农业文化遗产基地为着眼点，形成农遗文化品牌。这 13 家农业文化遗产基地是由 FAO 评选命名，具有一定的权威性，基本上均具备深厚的农业文明底蕴和悠久的农业发展历史。我国是农业大国，古老的耕作文明需要保护和传承。因此，本评估体系意在通过建立一定的指标来强调农遗要素在特色小镇建立过程中的基础作用，引导小镇在产业发展的过程中把握好"传承农业文化遗产"的根本目标。

2. 以提升产业集聚度为核心。建立农遗特色小镇的目的在于在保护农业文化遗产的基础上形成科学高效的产业化模式，以提升发展的集聚效益。在调查中发现，全国 13 个农遗基地的多数产业形态模糊且散乱，不同产业间的协同发展能力较弱。虽然每个地区的特色优势明显，但在"小镇"模式的开发和建立方面实为薄弱。该评估体系的创建即以"小镇"的模式为基点，通过整合区域土地、人口、不同的资源，形成一定的发展格局，力求以科学的规范和标准的产业样态来引导农业文化遗产不断向前发展。

3. 以强化文化品牌意识为重点。创建农遗特色小镇评估体系应强调小镇的文化品牌理念。在以农、林、牧、副、渔等第一产业为基础的同时应强化农副产品加工业和文化旅游业的发展，尤其是小镇的文化品牌应作为发展的重中之重，这一点在构建该评估体系的指标选取过程中有明显的体现。例如社会文化效益维度中的公共文化基础设施面积占比、举办文化活动数量和农遗文化品牌知名度三个指标，旨在强调文化品牌在小镇发展中的重要性，使农遗文化品牌成为特色小镇未来发展的长效引擎。

（二）评估体系制定的原则

1. 科学性原则。本体系参考了《国家级文化产业示范（试验）园区评估机制》和多位专家学者关于农业特色小镇评估机制的研究，因此，在宏观上对农遗特色小镇的目标形态具备清晰的定位。同时采用了科学的分析和操作方法，减少了实际评估过程中的随机性和主观性。

2. 指导性原则。在对农遗特色小镇评估体系进行实际设计之前，笔者经过了详细的资料收集汇总和分析，对全国 13 家农业文化遗产基地进行了深入的了解，能够从整体上把握每个地区的发展优势和突出问题，从而针对不同农遗基地的实际发展状况设定具有针对性的评价指标。因此，该农遗特色小镇评估体系具有很强的指导性。

3. 可操作性原则。本体系采用定性与定量结合的评估方法。在定量评估方面选择了 C2GS2 效率分析模型和 DEAP VERSION2.1 工具，操作方式简便且科学；在定性评估方面，每个指标附有详细的说明和使用方法。同时，指标的选取也考虑到资料收集的可能性和便捷性，为实际的评分操作奠定良好的基础。

四　评估体系建构及应用说明

目前特色小镇评估体系大多采用多指标综合评价方法，包括加权法、向量排序法、理想点法、DSS 模型法等。本次农遗特色小镇评估体系的建构是基于数据包络分析中的 DEA 方法，在具体操作上采用 C2GS2 效率分析模型。

该体系整体上分为两个部分：定量评估和定性评估。定量评估采用综合评价法中的数据包络分析，通过 DEA 评价中的 C2GS2 有效值模型来反映农遗小镇整体发展的综合效益。定量评估是本体系的主体，定性评估是在定量评估的基础之上弥补其不能覆盖到的要素。本体系通过定量与定性方法的结合，力求较为全面地评估农遗特色小镇现阶段的发展状况。

（一）定量评估——基于 C2GS2 有效值模型的运用

第一步：指标选取

定量评估指标的选取分为 5 个维度：创建基础、经济效益、社会文化效益、生态效益和可持续发展能力。这 5 个指标力求从经济、社会、文化、生态等不同层面对农遗特色小镇的建立和管理做出系统的考核。在 5 个一级指标体系下共设定了 18 个二级指标。

一级指标	二级指标	单位	指标类型
创建基础	1.1 建设占地总面积	公顷	定量
	1.2 特色农遗企业数量	家	定量
	1.3 总就业人口数量	人	定量
	1.4 人均固定资产	万元/人	定量
经济效益	2.1 年营业额	亿元	定量
	2.2 年融资金额	亿元	定量
	2.3 特色文化项目营业额	亿元	定量
社会文化效益	3.1 人均收入	万元	定量
	3.2 生活基础设施面积	平方米	定量
	3.3 公共文化基础设施面积	平方米	定量
	3.4 举办文化活动数量	次	定量
生态效益	4.1 万元 GDP 耗能量	吨标准煤/万元	定量
	4.2 万元 GDP 耗水量	立方米/万元	定量
	4.3 人均绿化面积	公顷/人	定量
可持续发展能力	5.1 科技创意人才数量	人	定量
	5.2 农业文化遗产传承人数量	人	定量
	5.3 R&D 经费投入	亿元	定量
	5.4 专利拥有数量	个	定量

指标说明及操作方法：

1. 创建基础

1.1 建设占地总面积：衡量农遗特色小镇建设的总体规模。

1.2 特色农遗企业数量：该指标能够反映出小镇产业发展程度及企业发展水平。

1.3 总就业人口数量：从整体上衡量小镇人力资源占有情况以及小镇内企业的容纳力和吸引力，同时从侧面能够体现出小镇对当地居民就业的带动作用。

1.4 人均固定资产：反映小镇整体资产拥有量，取人均值意在从侧面衡量地区发展对居民的容纳程度以及能够给当地居民提供较高生活水平的能力。

2. 经济效益

2.1 年营业额：该指标直观反映小镇的总体经济发展能力，同时，从经济增长上可以看出近些年的发展变迁，在一定程度上可以预测小镇未来的经济发展趋势。

2.2 年融资金额：该指标衡量小镇的外部融资能力，融资状况能够从侧面反映出小镇整体的经济效益和发展前景。

2.3 特色文化项目营业额：该指标中的特色文化项目指的是与农业遗产相关的风俗文化活动和特色服务等，能够反映出小镇特色文化项目的创收能力。

3. 社会文化效益

3.1 人均收入：该指标直观反映小镇内农民及工人的收入状况和生活水平，从中可以看出小镇的整体经济效益水平和居民的生活质量。

3.2 生活基础设施面积：衡量小镇为当地居民带来生活便利的程度，一定程度上反映小镇发展所带来的社会效益。

3.3 公共文化基础设施面积：该指标与3.1指标的区别在于其侧重评估文化基础设施的建设情况，反映出小镇的文化产业发展程度及其所带来的文化效益。

3.4 举办文化活动数量：衡量小镇文化活跃度和当地居民的文化生活的丰富程度，反映小镇文化产业建设的水平。

4. 生态效益

4.1 万元GDP耗能量：该指标是指小镇在一年内每创造一万元的综合能源耗费量，计算公式为：综合能源年消耗量/GDP，能够从侧面反映出小镇从事生产活动对生态环境的影响。

4.2 万元GDP耗水量：该指标是计算小镇在一年内每创造一万元的耗水总量，计算公式为：年耗水总量/GDP，该指标从侧面反映了小镇从事生产活动对生态环境的影响。

4.3 人均绿化面积：测量小镇的绿化建设情况，一定程度上反映出小镇自然环境的质量。

5. 可持续发展能力

5.1 科技创意人才数量：测量小镇内从事研发、创意、设计等高层人员的投入，侧面反映出小镇的人才资源占有情况。

5.2 农业文化遗产传承人数量：衡量小镇内从事农业文化遗产传承人员的拥有状况，该指标从侧面体现小镇内农业文化遗产的持续传承能力。

5.3 R&D 经费投入：该指标指的是为提升小镇的技术研发及创新能力而投入的基础研究、应用研究、试验发展三类经费的支出总数，反映小镇在整体规划中对科研创新的重视程度。

5.4 专利拥有数量：反映小镇的技术研发能力。

第二步：输入和输出指标的确定

DEA 评价中的 C2GS2 模型是基于以下定理：

$$h_j = \frac{u^T y_i}{v^T x_j} = \frac{\sum_{r=1}^{s} u^r y_{rj}}{\sum_{i=1}^{mn} v^i x_{ij}}, j = 1, 2, \cdots, n$$

在使用 C2GS2 模型①分析工具时要先设定输入和输出的指标，操作分为五个步骤，即从五个评价维度分别进行。以"经济效益"为例，将建设占地总面积、特色农遗企业数量、总就业人口数量、人均固定资产作为四个输入指标 X_1、X_2、X_3、X_4，"经济效益"为输出指标 Y。具体操作中使用 DEAP VERSION2.1 软件进行，输入相应的自变量值 X，即可得出用于评估被测对象经济效益的结果。结果包含综合效益、技术效益、规模效益的具体数值，所得数据越靠近"1"，表示小镇的整体经济效益越好，当综合效益等于 1 时，则说明 DEA 有效。同理，社会文化效益、生态效益、可持续发展能力的评估遵循以上操作方式，最后得出 5 个小于"1"的数值。

（二）定性评估

该体系选取四个定性指标：农遗文化品牌知名度、污染排放及治理情况、发展规划和管理机制完善程度。其中农遗文化品牌知名度是反映小镇建设过程中的文化影响力，污染排放及治理情况是衡量小镇的生产生活对生态环境的影响，发展规划和管理机制完善程度是考量其科学管理水平及

---

① 刘丽莉：《评价指标选取方法研究》，《河北建筑工程学院学报》2004 年第 1 期。

可持续发展的能力。这四个指标是对定量评估的补充，弥补了定量评估未覆盖到的层面。在每个指标的操作上对具体评估对象实行优、良、差三个等级的评定。

指标名称	指标类型
1. 农遗文化品牌知名度	定性
2. 污染排放及治理情况	定性
3. 发展规划	定性
4. 管理机制完善程度	定性

指标说明及操作方法：

1. 农遗文化品牌知名度：在指标具体运用的过程中可以采用问卷、走访的形式，对某一小镇品牌的再现率、再认率和第一提及率进行测量，根据访问对象的认知对农遗小镇的文化品牌影响力进行评估。

2. 污染排放及治理情况：该指标测量小镇生产活动对环境所造成的污染程度和自行处理的状况。污染包括工业废水、废气排放和垃圾生成等方面；治理状况包括生产流程中是否采用低耗能低污染的生产工艺、废水废气排放达标率的高低、垃圾回收利用情况、是否采用先进的污染处理技术、是否具有成熟完善的污染处理系统等。

3. 发展规划：该指标是对小镇的长效发展机制进行评估，衡量小镇对未来的发展是否有明确的目标，从侧面评定其持续发展的能力和水平。指标具体包括小镇的空间结构规划、土地利用、模式设计、产业布局、投融资计划等方面。

4. 管理机制完善程度：该指标为定性指标，用于评估小镇在运营和管理的过程中是否具有较为完善的管理制度，包括基础设施管理、生产管理、人力资源管理、财政管理等，是否通过数字高新技术和互联网等方式提升管理的效率和科学性。该指标能够衡量小镇的运营及管理情况，侧面反映其未来的可持续发展能力。

本研究中评估体系的设计是针对农遗特色小镇创建之后的考核期，旨在通过建立一个科学的评价标准来测量农遗特色小镇发展的阶段性绩效，以此规范小镇的发展方向，引导其不断进行业态的调整，解决发展中的问题和难题，最终实现产业的联动和升级，走上科学、高效、可持续的发展道路。

Study on the Establishment of Evaluation System of Agricultural Heritage Town

Abstract：The protection and inheritance of cultural heritage of agriculture is an important goal and task in China's current agricultural development. Building an agricultural heritage town is an effective way to develop agricultural heritage. A scientific and effective evaluation system is needed in order to guide the healthy and orderly development of characteristic towns. This article starts with the concept of a town with characteristics of farm heritage, and on the basis of clarifying its characteristics and elements, it fully grasps the problems that emerged in the construction of 13 projects of cultural heritage of agriculture throughout the country, and adopts a combination of qualitative and quantitative methods to construct the evaluation system of agricultural heritage town. The town appraisal system strives to promote the concentration and long-term effectiveness of the development of townships featuring agricultural heritage with a scientific industrial model.

Keywords：Cultural Heritage of Agriculture；Characteristic Town；Evaluation System

（卢佳华：首都师范大学文学院影视文学研究生；郭嘉：首都师范大学文学院副教授，首都师范大学创意产业与传媒文化研究中心副主任）

场景理论视阈下的农业
特色小镇发展研究

王紫薇 江 宇

摘要： 近年来，农业特色小镇成为农业产业转型升级的重要路径。但作为新型培育试点，农业特色小镇因缺少文化积淀而面临发展阻碍。为解决这一问题，研究者从文化场景理论出发，发现文化场景中的文化产品、文化景观和文化活动三大要素将进一步完善农业特色小镇的文化体系，通过文化产品销售增加小镇的文化传播力；利用文化景观营造特色小镇的文化氛围；创造文化活动为小镇塑造动态文化体验。可以说，在文化场景视角下，农业特色小镇将解决现阶段小镇文化缺失问题，顺应时代发展，它将成为我国经济发展新引擎。

关键词： 农业特色小镇 场景理论 文化产品 文化景观 文化活动

随着新型城镇化的提出，以浙江省为首的特色小镇建设在全国得到推广。其中，农业特色小镇因能促进农业转型升级、实现农业供给侧结构性改革而成为特色小镇的重要形式之一。如今，特色小镇在政策与资金方面都得到了有力支持，一系列支持政策为农业特色小镇营造了良好的发展环境。

但由于农业特色小镇依托农业产业基础发展，没有形成以农业特色为主体的文化体系，缺少农业文化积淀，使农业特色小镇缺乏文化凝聚力而难以实现可持续发展。芝加哥大学特里·克拉克教授提出的文化场景理论为上述问题提供了一个新的视角，在这一理论的支撑下，农业特色小镇将有效发挥文化引领、渗透、辐射与凝聚作用，进一步促进农业特色小镇的发展。

一　从场景到文化场景

场景理论是特里·克拉克领衔的研究团队提出的城市研究新方向，他们在强调地方和强调文化的相对对立模型中找到了一种平衡，将地方、建筑与人文相融合，串联为一个以文化为主体的新的场景，根据不同建筑、餐厅、人和不同的活动等构成和结合产生不同的场景维度，进而带来城市与社区等增长与变化。[①]　这一逻辑思维具体如下图所示[②]：

都市设施与市民组织——组合——特定场景——孕育——价值取向——吸引——人力资本——进行——消费实践——驱动——城市发展

构建文化场景可从文化产品、文化活动、文化景观三个要素入手，三者的构建将顺应城市转型需求，为城市的发展提供持久动力，为文化价值观的生成和传播以及人才、功能再聚集制造了更具吸引力的发展空间，生成为一个更能满足现代生活需求的、具有内外统一文化内涵和共同文化价值的生活场景。文化场景的三个要素为农业特色小镇的文化建设提供强有力的理论基础和实践可能——文化产品增强农业特色小镇文化传播力和用户满意度，文化景观营造农业特色小镇文化氛围，文化活动提高农业特色小镇的文化参与度。它们将为农业特色小镇的多样化发展不断注入新活力，凝聚相关人才和企业机构并满足多样化的消费人群，有效解决现阶段农业特色小镇文化缺失的问题。

二　文化产品增强农业特色小镇文化传播力

作为文化场景的消费符号，文化产品贯穿了农业特色小镇前后期经济发展，增强小镇前期的文化传播力，提升用户的文化满意度。在前期宣传中，文化产品加强了农业特色小镇的识别度，为小镇打造突出的农业文化特色，实现较好的传播效果，带来一定的经济效益。在后期销售过程中，

[①]　Siler, Daniel and Terry, Clark. "The Power of Scenes: Quantities of Amenities and Qualities of Places". *Cultural Studies*, 2015, (13).

[②]　吴军、特里·N. 克拉克：《场景理论与城市公共政策——芝加哥学派城市研究最新动态》，《社会科学战线》2014 年第 1 期。

消费者更愿意购买具有小镇文化内涵的高识别度产品，这些产品为人们提供了与当地农业文化直观接触、了解的机会，有效提升了用户的文化体验感和文化满意度。

位于山东省泰安市的大汶口古镇在前期开发中较好地利用文化产品进行推广，为古镇后期发展奠定了深厚的基础。大汶口古镇是由多个传统的自然村落组成的特色小镇，物阜民丰，文化底蕴极其深厚，享誉世界的大汶口文化便发源于此。2012年起，中天伟路（北京）投资有限公司开始对大汶口古镇进行资源开发，欲打造集休闲度假、农业观光、儿童游学、艺术展示等多元业态于一体的现代乡村综合体。2017年下半年，大汶口镇一期正式对外营业，在营业前期的宣传中，公司利用大汶河与汶阳田等自然资源，开发出与古镇文化相适应的特色产品，通过优质文化产品的传播吸引用户的关注。

大汶口古镇利用自身农业优势，依托大汶河与汶阳田开发了"汶阳田品"系列文化产品，展现古镇最具特色的农业文化。通过对生态核桃、生态花生、农家小米和本地土鸡蛋等农产品的二次包装设计，利用公众号和官网进行传播和销售，将大汶口古镇的历史文化内涵与农产品相融，形成具有代表性的文化产品，满足城市消费者对原生态健康生活的品质需求。这些文化产品作为古镇的文化名片，不仅提高了古镇知名度，还将古镇的文化和价值观进行传播，使消费者对大汶口古镇产生较好印象，激发其旅游度假需求。

文化产品加大了特色小镇的前期宣传力度，有效增强了大汶口古镇的文化传播力，提升了大汶口古镇的知名度。而在文化产品日趋成熟的基础上，文化景观将有利于农业特色小镇的文化氛围的形成。

三　文化景观营造特色小镇文化氛围

如果说文化产品是将小镇的农业文化融入产品，为消费者提供持久的回味，那么文化景观则是以大型景观为载体传递小镇农业文化。在农业特色小镇中，文化景观主要由自然景观、便捷设施和消费体验设施三者组成，它营造了农业特色小镇整体文化氛围，保障了小镇的日常运作，为文化产品提供相对应的设施，为消费者提供良好的消费环境。浙江绍兴黄酒小镇就在文化景观方面建设得较为成功。

　　浙江绍兴黄酒小镇是浙江省首批 37 个特色小镇创建单位之一，由绍兴市越城区政府和精功集团有限公司合作共建，双方以"大绍兴、大黄酒、大文化、大旅游"为战略目标，在规划区约 4.6 平方公里范围内，共同进行文化旅游开发建设，围绕当地历史悠久的黄酒文化打造特色小镇，展现黄酒的历史渊源、制作过程、工艺技术。小镇以鉴湖水系的"酒乡古镇"东浦镇和"黄酒重镇"湖塘街道为建设中心，按照"一镇两区"创建模式，重点发展黄酒文化旅游产业与黄酒酿造两大板块。为配合板块建设，小镇精心打造了 12 个功能区块，各种便捷设施、自然景观、消费体验设施遍布其中，为小镇塑造了完整的文化景观，成功营造了小镇的黄酒文化氛围，具体景观如表 1 所示：

表 1　　　　　　　　　　黄酒小镇文化景观一览表

便捷设施	自然景观	消费体验设施
小镇邮局 （VIP）游客服务中心 绍兴市游客服务中心 乌篷船码头 画舫码头 停车场 品牌民宿聚落 河鲜集市 酒坊客栈街 入口综合服务区 医疗中心 ……	麦田农场 幻光森林	老酒厂 匠人艺术广场 水上八音盒 黄酒产业创意中心 黄酒历史中心 云集酒坊 文创商业街 草地婚礼 水上八音盒 酒踢馆 越剧水棚戏台 ……

　　黄酒小镇中的文化景观结合当地自然特点，围绕文化、历史、艺术等方面最大限度地展现了小镇的黄酒酿造文化，使消费者在文化体验和生活体验中均能获得较大满足。由这一案例可以看出，农业特色小镇在整体规划中可将小镇的特色文化融入文化景观，努力营造小镇的文化氛围，在视觉和触觉上满足人们对当地文化的需求，联合文化产品共同为用户提供满意的文化体验。而文化产品与文化景观的完善也将催生文化活动的生成，通过各类具有小镇特色的文化活动提升文化参与度与感知度。

四 文化活动提高农业特色小镇的文化参与度

相比文化产品和文化景观，文化活动能创造一种动态的文化体验。农业特色小镇的文化活动应在形式上更为新颖，在保留传统特色的基础上进行二次开发：对于地方特有的节日活动，要善于结合当地特色与消费者偏好，制定出参与度较高的传统文化活动；对于常见节日节气，则要开发出深层次内容，打造具有高识别度的文化活动，从挖掘地方特色、满足消费者需求两方面入手，共同提高特色小镇的文化活动质量。可以说，农业特色小镇的文化活动将为消费者提供近距离体验文化的机会，保证消费者在短时间内融入当地文化，参与其中，提高文化感知度。

贵州省西江千户苗寨所举办的文化活动较具鲜明的文化特点和高识别度，通过这一案例，我们也能看出文化活动对于农业特色小镇的重要性。西江千户苗寨是一个以民族历史文化为核心的特色小镇，小镇中保存了完整的苗族"原始生态"，是目前中国乃至全世界最大的苗族聚居村寨。苗寨保留下了不少原始建筑及生活设施，也有苗家人生活在其中。因此消费者在西江千户苗寨居住时不仅可以体验苗族的衣食住，还能与真正的苗家人交流，参加苗族特色活动，体验当地民俗文化。在苗寨中，最具特色的两个文化活动是长桌宴和苗年节。

苗族千人长桌宴有着几千年的历史，活动中，苗家人将餐桌沿着古街一字摆开，左主右客，对酒高歌。这是苗族宴席的最高形式与隆重礼仪，苗家人在接亲嫁女、村寨间联谊、欢迎远道而来的客人时都要摆上千桌宴以示庆贺。因为苗家人热情好客，长桌宴成为苗寨中最常见的文化活动，他们希望让每一位到西江苗寨的客人都能感受到苗家人的热情，爱上苗家人的传统民俗。在苗寨，能与长桌宴相较高低的节日便是苗年节，也就是苗族人的新年。与传统春节不同，苗年节往往在收谷子进仓后，即农历的九、十、十一月的辰日、卯日或丑日举行。这是苗族人过得最隆重的节日，千户苗寨每年都要为这一节日准备不少当地的特色食物，举办隆重的仪式去庆祝，其中消费者参与当地传统的"打糯米粑"和"酿米酒"等特色食物制作环节，让消费者近距离体验苗族人的生活。另外，苗年节过后几天就是苗乡男婚女嫁的时候，会举办吹笙、跳铜鼓舞、斗牛等一系列民族文化活动，当消费者融入苗家人的生活后，他们才能更进一步地体会苗族文化。

西江千户苗寨是一个以民族文化为特色的农业小镇,因此它在文化活动方面也将民族的传统节日作为文化活动的主体,通过节日活动展现文化特色、将消费者带入其中。千户苗寨利用文化活动使消费者体验了原汁原味的苗疆文化,成功提高了消费者的文化参与度。

基于文化场景理论,我们发现文化产品、文化景观和文化活动三大要素能够有效完善农业特色小镇的文化体系:文化产品是农业特色小镇文化内涵的集合,它通过实体化销售加大小镇的文化传播力;文化景观是小镇特色文化的实体化再现,它通过便捷设施、自然景观、消费体验设施共同营造了特色小镇的文化氛围,为消费者提供良好的消费环境;文化活动是小镇特色文化的无形凝结,它为消费者提供了近距离体验文化的机会,保证消费者在短时间内融入当地文化,参与其中,提高文化感知度,为小镇创造一种动态的文化体验。可以说,在文化场景视角下,农业特色小镇将改善现阶段文化缺失问题,满足多样化消费人群,同时它也将顺应时代发展,成为我国经济发展新引擎。

Study on Development of Agricultural Towns under the Scene Theory

Abstract: In recent years, agricultural towns have become an important path for the transformation and upgrading of the agricultural industries. However, as a new type of pilot for cultivation, agricultural towns lack cultural accumulation and lack cultural cohesion, which hinders its sustainable development. In order to solve this problem, the researchers started from the cultural scene theory and found that the three major elements of cultural products, cultural landscapes and cultural activities in the cultural scene will further improve the cultural system of the agricultural towns, and enhance cultural communication of towns through the sale of cultural products; use of cultural landscapes to create the cultural atmosphere of a characteristic town; create cultural activities to create a dynamic cultural experience for the town. It can be said that, in the perspective of cultural scenes, agricultural towns will solve the problem of the lack of township culture at the present stage and conform to the development of the times. It will become a new engine for China's economic development.

Keywords：Agricultural Towns；Scene Theory；Cultural Products；Cultural Landscapes；Cultural Activities

（王紫薇：文化部民族民间文艺发展中心研究员；江宇：2016 级首都师范大学文学院文化产业管理本科生）

全球重要农业文化遗产地的
文化产业发展概况

朱治衡　　王睿雅

摘要： 自 2002 年全球重要农业文化遗产项目提出以来，各国纷纷响应，对促进农遗地的生态保护和经济发展起到了推动作用，而文化产业在其中扮演的角色尤为重要，主要包括推广品牌及倡导休闲旅游等。本文在梳理基本情况的基础上，总结出文化产业在该项目中的运作特点，并以韩国农业文化遗产地为个案进行研究，探讨其优秀经验，最后针对全球重要农业文化遗产地的文化产业发展趋势作出展望，以期实现项目所倡导的可持续发展内涵。

关键词： 全球重要农业文化遗产　文化产业　发展趋势

一　全球重要农业文化遗产的基本情况

（一）概念及其产生背景

全球重要农业文化遗产（Globally Important Agricultural Heritage Systems，简称 GIAHS），是由联合国粮食及农业组织（The Food and Agriculture Organization of the United Nations，简称 FAO）在全球环境基金（GEF）的支持下评选出来的具有创造、维持和继承了卓越知识、杰出乡村景观、全球重要的农业生物多样性和独特文化等特质的农业产业地。根据查阅到的资料显示，截至目前，已经有 15 个国家地区的、共计 37 个农业生态系统被列入其中。早在 2002 年，FAO 就给出了关于全球重要农业文化遗产的明确定义——全球重要农业文化遗产是"农村与其所处环境长期协同进化和动态适应下所形成的独特的土地利用系统和农业景观，这些系统和景观具有丰富的生物多样性，而且可以满足当地社会经济与文化发展的需要，有利于促进区域可持续发展"。①

全球重要农业文化遗产这个项目的产生，也是由于从古至今，许多国家的一代又一代农民、渔民、牧民在实践的经验中，利用了物种多样性及其相互作用为基础，根据当地条件的独特的管理实践与技术，创造发展并保持着当地的一些专门的农业系统和景观，并且通过不断的尝试与试验以及调整，最终形成了适应当地农业发展状况的捕鱼、耕作和放牧方式。这样一来，经知识与经验的积累，这些系统已经适应了当地不断变化的环境和气候条件，最后获得了还原能力，不但让当地的农民、渔民、牧民从中得到了收益，也在一定程度上保护了生态环境。

（二）发展阶段

在"全球重要农业文化遗产"项目由 FAO 于 2002 年世界可持续高峰论坛上提出后，FAO 便与联合国开发计划署（UNDP）、全球环境基金（GEF）、联合国教科文组织（UNESCO）、国际自然与自然资源保护联合会（IUCN）和联合国大学（UNU）等十余家国际组织一同开始了该项目的准备工作。具体来看，该项目经历了以下三个发展阶段：

首先是筹备阶段，发生于 2002—2004 年，明确了 GIAHS 试点的评选标准及框架。

其次是申请阶段，发生于 2005—2008 年，在联合国开发计划署、联合国教科文组织等国际组织及荷兰政府等的支持下，确定了来自 6 个国家的、6 个传统农业生态系统为第一批 GIAHS 保护试点，分别是"中国浙江青田稻鱼共生系统""阿尔及利亚埃尔韦德绿洲农业系统""突尼斯加法萨绿洲农业系统""智利智鲁岛屿农业系统""秘鲁安第斯高原农业系统"和"菲律宾伊富高稻作梯田系统"，并在 2008 年获得了全球环境基金理事会的批准。

最后是实施阶段，发生于 2009 年至今，项目的评选标准和流程日臻完善，建立的指导委员会和科学委员会用于对项目在保护、评估和管理上的处理和实施，同时首批试点区域也尝试着进行了动态保护与可持续管理，并逐步对外推广。

---

① 闵庆文、史媛媛、何露、孙业红：《传承历史 守护未来——记联合国粮农组织—全球环境基金全球重要农业文化遗产项目（2009—2013）》，《世界农业》2014 年第 6 期。

二　全球重要农业文化遗产地的文化产业发展特点

（一）政府主导，制定规划纲要，凸显生态价值

自 FAO 提出全球重要农业文化遗产项目倡议以来，各个国家及地方政府便积极响应，以政府参与为主导，寻找地方性农业文化遗产保护地，希求在保护生态环境、彰显生态价值的基础之上，利用农遗地的文化内涵底蕴，创造经济效益，进而使人与自然的关系更加和谐亲密。这同时也是发展文化产业在全球重要农业文化遗产项目中的要义之所在。具体来看，政府的职能主要是设立相关管理机构、制定规划纲要和财政投资支持这三个方面。

第一，为使该项目能够顺利进行，进而保障可持续发展的、民俗性的生态资源得到合理的开发和使用，一些农业遗产地在政府的提议下建立了类似于指导兼管理功能的协调性组织机构，针对市场开发和环境保护问题给予相应的意见或建议。例如，智利政府特别针对 GIAHS 项目的申请和良性发展建立了指导委员会，协调地方政府、文化产业相关企业和农业遗产所在地农民三者间的关系，有力地推动了农遗地在文化产业运用上的进步。而韩国则注重成立社区性的参与组织，如针对"青山岛板石梯田农作系统"提出的"青山岛计划"——成立农业文化遗产保护协会，其成员主要是当地以传统生产方式为生的农民，为其在学校教育、遗产保护和统筹规划等方面提供指导。

第二，在成立承担管理及协调职能的机构的基础之上，政府制订了相关规章制度和规划纲要，在防止生态资源遭到不合理的利用和破坏的同时，也有助于实现对于全球重要农业文化遗产地文化发展的保驾护航。例如，阿尔及利亚政府下设的用于资讯和指导的研讨会，就其 GIAHS 项目中的"埃尔韦德绿洲农业系统"制订了全面的保护计划，禁止对绿洲生态资源的肆意使用和破坏；摩洛哥"阿特拉斯山脉绿洲农业系统"确立了农业文化遗产的保护计划，巧妙地将其融入国家发展战略——绿色摩洛哥计划中，从而将农业和文化产业中的保护和开发工作提升至国家级的事项之中。

第三，各国政府纷纷提供了强有力的财政支持，一方面扶持地方村民，解决生计问题，确保其紧密参与农遗地保护事宜；另一方面将固定的

资金定额赞助农遗地文化项目的推广和运营，使 GIAHS 计划超越其基础性的生态功能，向文化功能上迈进。例如日本成立了信托基金，用于 GI-AHS 项目；"智利农业部结合 GIAHS 保护的目标制定了调研、创新、市场调查等政策，承诺推动农村和当地土著居民在文化、经济各方面的发展"。①

由此可见，作为负责统筹规划的职能部门，政府在促进全球重要农业文化遗产的文化产业发展方面起到了一定的助力作用，不仅确保了基础设施上的需求，也在发展方向上进行了必要的引导。

（二）找准特色，打造品牌产品，创造经济价值

GIAHS 项目设立的全球重要农业文化遗产地多处于经济相对不发达的农村地区，因而确保当地村民可持续性的经济利益是文化产业的发展过程中必须去考虑的。如果说和谐稳定的生态环境是保障日常生活的基本，那么特色产品的开发和农业品牌的打造则是长久之计。例如安第斯通过诸如博览会的形式为天然彩色羊驼制品的销售提供了广阔的市场，国外游客也为之吸引，从而使该产品重新在市场中确立了地位。

农遗地中拥有各色有机食物和传统的耕作方式，可生产出营养丰富、有益健康的产品，而其中蕴含着的丰富的历史和文化内涵，经充分地挖掘和打造，则可为其添加品牌化标签，个性化定制产品属性，更好地在市场中崭露头角。像是位于智利的"智鲁岛屿农业系统"中推出的相关产品，均贴上了地域性的特色标签，从而提高了销量，促进了当地经济的发展。而对于主打产品如何确立代表性地位，我国农遗地给出了答案——以其名作为系统名称申请。"依托遗产地良好的生态环境，农产品质量得到重要保障，一些遗产地通过加强产品加工业发展和产品宣传，品牌效益扩大，如哈尼红米、从江香猪、青田鱼干、宣化葡萄等，有些产品已经是知名品牌，如安溪铁观音、云南普洱茶、福州茉莉花茶等。"② 由此足以看出推广特色产品对于农遗地经济及生态发展的重要性。

综上所述，全球农业文化遗产地拥有的众多的生物资源和独特的地方

---

① 白艳莹、闵庆文、刘某承：《全球重要农业文化遗产国外成功经验及对中国的启示》，《世界农业》2014 年第 6 期。

② 张灿强、沈贵银：《农业文化遗产的多功能价值及其产业融合发展途径探讨》，《中国农业大学学报（社会科学版）》2016 年第 2 期。

性风情，在文化产业的助力之下打造出了特色性产品，在发挥当地生态价值的基础上，增加了当地村民的收入，创造出了可观的经济价值。

(三) 体察民俗，发掘旅游资源，实现社会与文化价值

全球重要农业文化遗产地的可持续开发性不仅体现在物质资源上的独特性和多样性，还囊括了精神层面上的传统性和厚重感。处于遗产地系统中的村民，以一种适应自然、合理利用自然的生存方式，开拓了独一无二的民族风情，主要包括民间手工艺、风俗习惯和乡村重要仪式等，描绘出世界各民族在历史发展的长河中无尽的精神文明财富，使得自然与文化实现了完美的交汇和融合。

文化产业在上述内容中发挥出了深入发掘旅游文化资源的作用——通过对遗产地区乡村院落、风土人情和手工技术等文化遗产的考察和探索，明确了其中蕴含的社会与文化价值，再经过合理地开发和宣传，从而转化为农业旅游资源，实现系统资源的规范化利用和管理。最终，当地的民俗文化作为特色性旅游项目不仅得到了适当的推广，吸引更多游客前来观光，同时也带动了当地经济的发展，利用该经济效益更好地保护农遗地生态，实现良性循环。例如韩国采用"硬件"和"软件"建设合一的方式，共同促进旅游产业的发展。"硬件"措施指的是打造体验服务中心和农业文化遗产博物馆等，目前开放的可供游客参观的机构有锦山郡人参博物馆和济州岛海女文化博物馆等，而"软件"建设则重在无形文化方面，通过"锦山郡人参种植系统"的开参节、"济州岛海女渔业系统"的海女节、"济州岛石墙农业系统"的石墙文化节等特殊的节庆活动使得传统文化活动得以保留和发扬。

(四) 多方参与，多种途径宣传，打造科研与推广价值

伴随着 GIAHS 项目的逐步推进，全球重要农业文化遗产得到了越来越多机构的参与和重视，这其中不仅包括上文提及的政府推动，也包含着相关科研人员进行着研究工作和媒体对其进行的宣传和推广，多方参与已成常态。

在科研方面，为更好地利用文化产业发挥农遗地特色，地方文化企业尝试与大学或者研究机构展开合作，成立了科研示范基地，利用其工作人员的现有知识储备梳理诸如专业化农业技能及当地风俗人情之类的资料，

探索科学发展及保护的途径。同时，合作的范围并不仅仅局限于国内，而是尝试开展国与国之间的交流。例如，韩国曾邀请联合国大学和我国相关科研机构的成员前往韩国农遗地进行考察，希望提出建设性的意见。而在学科上，综合性和交叉性的研究格局的初步形成，也为项目的长期发展提供了保障。

在推广方面，媒体的适当宣传使全球重要农业文化遗产项目，特别是试点中的成功经验，得到了最大程度上的传播和认可，这也是文化产业在该计划中应该发挥的作用。我国在此方面受益良多。例如 2012 年播出的《美丽中国》是由中央电视台首次和英国广播公司合拍的自然人文纪录片，片中描绘了浙江"青田稻鱼共生系统"和云南"红河哈尼稻作梯田系统"这两个农遗项目；诸如《中国国家地理》《世界遗产》和《中华遗产》之类的杂志也多次针对我国项目开展专题报道，普及农遗知识，阐述保护意义。

从以上四个特点中，我们可以看出，国家和地方性政府为农遗地文化产业的发展起到了指导性作用，基础性生态功能得以保障；文化产业承担的品牌及特色产品推广的职能促进了农遗地在经济上的延续性发展；休闲旅游、体察风土人情中突出的社会及文化价值，作为灵魂般的存在，展示出了遗产地村民多年以来的劳动成果和智慧结晶；采用科研和多方宣传参与的形式，则为遗产地的长期可持续性发展提供了可能。这些既是农遗地文化产业的发展特色，也是文化产业在全球重要农业文化遗产项目中所承担的重要使命。

三　文化产业发展的典型代表——韩国

韩国是亚洲农业发展的重要地之一，其地理位置与中国接近，因此两国有着较为相似的农业发展历史。在 GIAHS 项目中，韩国目前已有两项，分别是"青山岛板石梯田农作系统"和"济州岛石墙农业系统"。虽然在数量上并不算多，但是当地的各级政府、农户社区、科研机构等都对于文化产业在项目中的运用给予了大力的支持。主要体现在以下几个方面：

首先是韩国各级政府对于该项目的高度重视。在政策层面，韩国政府颁布了一系列政策和法规，给农遗地提供了官方且有力的管理和保护。2012 年颁布了《韩国国家级重要农业和渔业遗产系统的管理方针和遴选标准》，并于 2015 年颁布了关于农业文化遗产认定的特别法令。在财政层面，由于传统农业地区经济并不富裕，施行必要的财政支持可以有效激励农业资源的发展，增强当地居民对于保护农遗地的积极性。2013 年，韩国启动了旨在保护及开发农业遗产的"农村多种资源综合利用项目"，给予了各农遗地为期 3 年共计 150 万美元的支持。

其次值得一提的是韩国对于其重要农业文化遗产地产品的品牌开发。在国家层面上，设计并注册了重要农业文化遗产标识，并要求地方政府依靠当地特色产品进行品牌塑造。例如锦山郡以人参为出发点，研发出了一系列周边产品，如人参糖、人参酒、人参洁面皂等，并有效地推广至国际。形成的这种品牌效应，不仅可以使国民对于本国的重要农业文化遗产形成认可，也可以让全世界更多的国家认识和了解韩国的重要农业文化遗产。

除此之外，韩国对于重要农业文化遗产地的知识进行了普及和教育。一方面，面向当地中小学生宣传农遗地基础知识，意图提高其对农遗地价值的重视；另一方面，各农遗地按照政府的要求配备了专业的遗产讲解员，用于向远道而来的外来参观游览者讲解农遗地传统文化及风俗习惯。

综上所述，在不断探索的基础上，韩国对其重要农业文化遗产地文化产业的发展力求创新与突破，在一定程度上保留了其传统文化，并通过品牌效应与旅游业增加了遗产地的知名度，促进了当地经济的发展。

四　全球重要农业文化遗产地的文化产业发展趋势

（一）政府层面，进一步加强引导和财政支持

作为一个兼具物质资源和文化资源的社会—经济—自然复合系统，全球重要农业文化遗产地的发展之路任重而道远，因此政府对于该项目的支持和帮助，在一定程度上能够实现系统的合理开发与和谐发展的相统一，从而确保对农业文化遗产的有效保护与当地经济的可持续发展。未来可重点从以下几个方面开展对项目的扶持工作：

一是完善农遗地保护规划与纲要，查缺补漏，并按照规划要求开展农遗地的文化产业发展工作，出台法律法规保护区域内的文化品牌。实行年度报告制度，展开评估调查，用于及时了解农业文化遗产所在地的实施情况。

二是确立多方参与机制，一方面吸引更多的文化企业进驻遗产地项目领域，开展资源的创意开发；一方面对当地农民进行技能培训，使之了解并乐于参与其中，真正地在 GIAHS 项目中获得经济利益。

三是给予实质性优惠，发挥财政的带头作用，对于传统的物质资源的保护，予以特殊扶持；针对与遗产地项目相关的文化企业，在产品开发和财政税收方面提供一定的优惠政策，使之能够更高效地确立品牌价值，在市场中尽快占据份额。

（二）农业资源层面，采取多种开发方式

根据农业资源类型的不同，未来对其开发方式的侧重点会略有不同，具体如下：

1. 针对文化遗产型资源，资源与市场联动。该类型资源又可划分为有形农业文化遗产和非物质农业文化遗产，前者主要包括具有悠久历史的建筑遗址群落、文物古迹和生态系统中的自然景观，后者则是指世代相传的、体现出当地居民生活面貌的文化形式，主要有生产活动、节日庆典和宗教仪式等。

对于有形农业文化遗产，因其具有较高的观赏价值，可作为一种旅游资源，对其进行适当的开发，重点突出文化创意，走品牌化开发之路，从而带动市场，促进可持续发展；对于非物质农业文化遗产资源，因其具有鲜明的地域特色，可将其与"历史商标""人文商标"进行巧妙的结合，在巩固现有市场的基础上，增加其文化附加值，促进资源推广。

2. 针对生产生活型资源，倡导体验型消费。生产生活型资源主要包含农遗地存在的农业产品和相关的农业劳动。除单一的生活必需品属性外，有必要通过文化产业进行功能上的拓展和开发。现有的开展方式大多是通过植入文化内涵使农产品在生产及加工的过程中实现形态、功能上的深化，未来可注重强调遗产地的体验型消费，以满足游客的猎奇心和差异化需求。对于远离农村生活的人们来说，以一种体验、娱乐、休闲的方式去感受农遗地生态系统，学习相关的农作物种植及采摘方式，参与劳动、体验农耕，能够放松身心、回归自然，在精神上得到一定的满足，同时也可以促进农遗地旅游业的进一步发展，提高当地村民的经济收入。

3. 针对生态休闲型资源，加强互动及细分。"文化产业发展中的农业资源开发尤其要突出互动性：经营者与消费者、消费者与消费者、信息资

讯与社会趋势之间互动。"① 通过这种互动形式，可促进生产者、营销者和消费者三者间的沟通和交流，使生产者能够更好地了解市场需求、营销者采取适当的推广策略、消费者获得更满意的旅游体验。同时，由于不同类型的人群对于生态休闲方式的选择并不相同，因此为避免大众化、没有特点的情况发生，将来有必要针对农遗地的生态休闲资源进行定位，依靠供给上的创新来创造大量需求，细分消费者群体，为其提供别样的旅游体验，以实现旅游价值的可持续性。

除上述两个方面外，农遗地文化产业的发展也将离不开技术的支持。通过建立农遗景区、打造特色产品等方式，有助于实现集品牌农产品生产销售、休闲观光、体验旅游等于一体的产业集群，再利用互联网、物联网和互联网金融等形式，可有效提高农遗地文化产业的发展水平，拓宽遗产地的价值增收链，最终实现全球重要农业文化遗产项目"政府推动、科技驱动、企业带动、社区主动、社会联动"的基本内涵。

Research on the Development of Culture Industry in Globally Important Agricultural Heritage Systems（GIAHS）

Abstract：Globally Important Agricultural Heritage Systems was chosen by the food and agriculture organization of the United Nations in 2002, and lots of countries have already answered the call and taken action positively, especially having influence on promoting the ecological protection and economic development. Up to now, 37 agricultural ecosystems in 15 countries have been included, according to the data. Moreover, the role played by the culture industry is particularly important, such as building brands and promoting leisure tourism. This paper sums up four characteristics of culture industry in the operation of the project on the basis of combing the basic situation, and selects South Korea's agricultural heritage site in GIAHS as a case study to discuss their excellent experience. Finally, the article makes expectations about the development tendency of the culture industry in the Globally Important Agricultural Heritage Systems, in order to realize the connotation of sustainable development advocated by this project.

---

① 张道政：《文化产业发展与农业资源开发》，《农业考古》2010 年第 3 期。

Keywords：GIAHS；Culture Industry；Development Tendency

（朱治衡：首都师范大学文学院文化产业专业研究生；王睿雅：首都师范大学文学院文化产业系学生）

文化创意产业与相关
产业融合发展

栏目主编：杨简茹[①]

编者按：当前，我国文化创意产业正在迈入融合发展、转型发展、数字化发展、时尚发展和国际发展的多元化发展时代。"文化创意产业+"这一新兴关键词也为各行各业提供了新的机遇。经过几年时间的发展，它最先与传统文化融合，助推传统文化实现"创造性转化，创新性发展"。从传统文化保护到资源价值再开发，从文化创意到设计服务，从数字创意到联网文创，从非物质文化遗产开发到书法国际传播，从禅宗美学到艺术介入，传统文化在文化创意产业的帮助下实现了新的发展，正如向勇教授所言，文化产业的观念、策略与手段已经全面引入社会资源开发与产业价值提升的全流程，开创了文化新经济的新范式。相信在文化创意产业助力下，传统文化将添加各种创新

---

① 杨简茹：广州美术学院讲师。

发展元素，融合互联网、新媒体、AR、VR 等高新技术手段，实现从传统的单一文化产品转变为多元生产要素，创造新的产品，开辟新的市场，增加传统产业附加值与竞争力。

价值与动力

——传统文化资源价值发现与市场推动

宗娅琮

摘要：党的十九大报告中"文化自信"① 的提出为文化事业发展带来良好契机，文化在综合国力竞争中的地位和作用越来越突出，文化产业对促进经济增长和经济发展方式转变的贡献越来越大。本文以传统文化资源价值发现与市场推动为探究视角，深入分析在新的时代发展背景下，推动传统文化价值发现与发展动力的重要条件与相应机制，在回溯传统文化发展的来源、特性以及产业支撑与要素市场的研究基础上进一步提出传统文化资源价值发现与市场推动的重要条件及合理性发展策略。

关键词：传统文化　资源价值　文化产业　文化市场

中国传统文化历史悠久，内涵丰富，作为中华民族的精神母体，其文化的精华和智慧一直以来释放着隽永的光芒。在经济全球化、文化多样化和信息多元化的宏阔时代发展背景下，在国家综合国力不断提升和文化强国的发展战略推动下，对中国传统文化价值意义的强调，以及对传统文化资源价值再发现的引导，既是世界文化"软实力"竞争日趋激烈的结果，又是当前中国经济发展，国家文化大发展大繁荣的时代机遇下的现实性选择。在浩瀚的历史发展进程中，中国传统文化的核心价值理念凝聚着对于生命价值和生命精神的理解与体味，即使发展至全球经济一体化、政治格局多元化的今天，中国传统文化中所积淀、提升与传承下来的文化价值观念及文化表现形态仍然具有经典性、传承性和稀有性。因为中国传统文化

---

① 习近平：《决胜全面建成小康社会　夺取新时代中国特色社会主义伟大胜利——在中国共产党第十九次全国代表大会上的报告》，央广网，http：//china. cnr. cn/news/20171028/t20171028_ 524003229. shtml，2017 年 10 月 28 日。

价值的意义根植于中国人的文化心灵，具有超越时空的特性，是中华民族宝贵的精神财富和走向现代化的重要精神支柱，同时也是走向未来发展的智慧源泉。

面对中国传统文化发展及价值判断的问题，我们越来越发现探寻传统文化价值判断，需要回溯到传统文化发展的本根，思考其文化价值的来源、特性，以及未来持续性发展的动力。由中国传统文化主体构成的传统文化资源，包含了人类由过去和现在所创造或继承的，具有文化价值和经济价值的，可以转化为某一产业或影响其他产业效率与效益的资源。面对中国传统文化发展，我们发现作为承载文化价值实现的文化市场的发展，尤其是在面对世界多元文化发展的大背景，更需要以中国传统文化的经典性作为文化价值溯源和文化市场价值实现的主体依据，即文化市场的发展要建立在传统文化资源深度挖掘与价值再发现的基础上，要建立在对中华传统文化独特价值意义的自觉坚守上，只有基于这种文化信念，传统文化的价值才会彰显出独特魅力和文化经济发展的意义。

与此同时，我们认识到中国传统文化是一个国家的重要凝聚力和内在精神支撑，正确认识中国传统文化，尤其是面对中国现代化发展的时代背景，更需深入了解中国传统文化资源以及资源价值对文化市场发展的意义和影响。然而，面对时代发展和文明的进步，在反观中国传统文化的发展意义及市场未来走向时却发现，中国传统文化的价值还未完全充分挖掘。在国家加快发展文化产业，推动文化产业成为国民经济支柱性产业[①]的时代要求下，大众对传统文化与文化市场发展的关注，资本在文化资源领域的聚集，已成为重要的文化经济现象。并且，文化市场及文化产业的发展升级成为大势所趋，尤其是受全球性经济影响和我国经济结构调整总体战略的实施，更加凸显了文化产业迎势而上的独特价值资源优势。在这样的背景下，如何从我国传统文化资源利用与开发的实际情况出发，寻找有效的路径来不断地培育、健全和规范文化市场和文化资源开发与利用的市场体系和文化市场发展走向，成为迫切而又重要的研究内容。

文化市场是文化资源价值发现、价值释放以及实现文化资源价值转化

[①] 　关于《中共中央关于深化文化体制改革推动社会主义文化大发展大繁荣若干重大问题的决定》的说明，人民网，http://politics.people.com.cn/GB/1024/16033350.html，2011 年 10 月 27 日。

的出口，是实现文化资源市场化、体系化运行，提供文化资源市场发展，文化价值转化为资源资本价值的运行平台。在讨论文化市场去向的时候，我们需要考虑到当代文化市场发展已经呈现出以新技术为载体，产业化为支柱，市场化为渠道的新的文化市场发展特征，文化市场成为资本寻求价值再发现、再创造的场所。尤其是针对当下经济发展和国家发展的转型期，文化市场的资本运行和资本转化更加促进文化经济发展的多样性。因此，文化市场是发现价值、推动价值、实现价值的场所，是实现文化资源市场化、产业化发展的选择。如何将传统文化资源转化成文化市场发展的主体资源，如何实现文化市场发展的合理化走向及未来持续性发展趋势，成为需要探讨和分析的重点。

一 尊重传统文化资源特性，实现文化资源价值再发现

当前，社会资金对传统文化资源开发与利用的兴趣日益高涨，越来越多的企业机构和个人参与到文化事业中来，传统文化资源作为一种"轻资产"资源与市场的融合越来越紧密。传统文化资源的市场化发展，其认知基础是明确的，它是在传统业态和新业态共同发展背景下文化资源与市场资源的强强结合，是以挖掘传统文化资源与市场资源的共同发展为业态基础，以传统文化资源市场化、产业化为业态发展目标，这是由传统文化资源特性及文化市场发展规律所决定的。传统文化资源与市场资源的融合，一旦形成文化经济业态的发展趋势，传统文化资源走向市场化、产业化这一发展路径就能顺利实现。而且，传统文化资源与市场资源融合具有资源创新独特性、价值链衔接独特性、成长机制独特性，以及业态聚合与发展前景高端性的特点，相信通过市场资源参与传统文化资源的创新与整合，会进一步发挥出传统文化资源的市场化特质，发挥市场资源资本在文化资源开发过程中的最大价值。传统文化资源只有与市场发展相融合时才能充分发挥出文化资源属性的最大效用，突破其发展的瓶颈，步入快速发展的进程。我们还需要注意到，在文化市场发展进程中的传统文化资源是一个动态的概念，因此不断地被赋予新的内涵，而其在文化市场的价值表现也将通过不断的市场实践而实现。因此，注重传统文化资源的价值再发现，对传统文化资源的市场属性加以保护与利用，开拓出多层次、多渠

道、多体制传统文化资源与文化市场发展的新路径，以传统文化资源价值发现—价值整合—价值实现的市场化发展理路逐步完成对传统文化资源市场发展的实践目标，成为当前文化市场发展之要务。

二　注重传统文化资源的市场价值转化力度

实现传统文化资源的市场价值需要针对传统文化资源市场化过程中的全局性和规律性问题进行系统化、体系性的探索与深化，需要从文化市场发展和文化产业全局出发，分析构成其传统文化资源市场发展各因素之间的关系，找出影响并决定其全局发展的因素或条件，这是实现文化市场中传统文化资源市场价值转化和路径选择的战略要点。文化市场发展是传统文化资源以物质财富内涵为主要内容的价值实现。传统文化资源作为人类文明的贡献都是有价值的，具体到对文化市场资源价值转化探讨的层面，它则体现出更多强调关于市场价值属性，也就是说传统文化资源的市场化发展实际上是价值转化的过程，是由文化资源的天然属性转化为实现经济价值、效益价值需求的过程，而且这一转化过程需要利用市场的作用加以实现。因而，实现传统文化资源市场化、产业化发展，应将着力点放在传统文化资源的市场价值转化力度上，并且积极争取国家财政政策支持、投入，以及引导社会资本的积极参与，最终为传统文化资源文化市场发展搭建起市场化、产业化平台，以及价值转化和路径实现平台。也就是说，在明确了传统文化资源市场化内在逻辑和市场逻辑的基础上，才能最终实现传统文化资源推动文化市场发展的目标，从而推动文化产业的全局发展。

三　不断完善传统文化资源的市场体系
建设，增强文化市场竞争力

文化资源市场化运作状况影响文化资源优势向文化经济优势的转化程度及效率。因此，重视文化市场体系建设和机制作用就要强调发挥市场在文化资源配置中积极作用的关键性。实现传统文化资源发展，应将战略措施的施力点首要放在不断完善传统文化市场体系建设上，重视发展战略研究规划，重视对传统文化资源市场化、产业化发展的政策支持与投入，重视文化市场体系建设中资源平台科学合理的搭建与机制运行。对于传统文化资源平台化搭建，尤其要注意体现在资源平台与合作渠道的平台构建与创设。我们知道，早期的传统文化市场发展的渠道单一，近年来随着文化体制改革和政策扶持，主要着力点在于释放国内市场微观主体的活力和发展动力，增加文化市场的供给能力，不断培养以高科技为载体、产业化为支柱、市场化为渠道的国际文化市场竞争将成为新的时代考验。

四　加强知识产权政策保障应用机制

2008 年国务院颁布《国家知识产权战略纲要》[①]，提出到 2020 年将把我国建设成为知识产权创造、运用、保护和管理水平较高国家。文化资源市场是建立在知识产权基础上的新兴产业，与传统产业相比，文化市场和文化产业发展更需要知识产权保障，可以说保护传统文化资源的知识产权保障机制是促进文化事业发展的关键。因此，要坚定不移地实施国家知识产权战略，提升知识产权的应用、保护和管理能力。其中，涉及文化产业核心元素及其所配置资源的产权问题、权利人合法权益等问题必须由知识产权及知识产权相关制度来予以规范和保护。而且，以文化产品为代表的传统文化资源是智慧和智力的成果，具有一定的不易控制性、易损性等特点，加强知识产权制度的保护尤为重要。

五　科技创新对传统文化资源开发与 文化市场发展的推动

科技创新是文化发展的重要引擎，面对当下科技发展趋势，要充分认识到科技进步对传统文化资源及文化市场发展的重要作用。文化产业发展本身就是科技与文化互相渗透的结晶，随着现代经济增长方式的变革，有机融合文化、创意与科技的文化产业成为国家文化市场发展的重要战略选择。现代科技开发进一步推动了传统文化资源市场化、产业化的发展趋势，因此要特别重视科技发展对文化资源的开发、生产和衍生的推动作用和创新作用；重视科技发展对文化资源消费方式和消费内涵的革新作用；

---

① 《国务院关于印发国家知识产权战略纲要的通知》，中央政府门户网站，http://www. gov. cn/zwgk/2008 – 06/10/content_ 1012269. htm，2008 年 6 月 10 日。

重视科技发展对文化资源收益化、资产化、金融化的催生作用。特别是针对当前文化资源与市场资源的大融合趋势，如面对市场需求，互联网技术支持文化资源市场化服务平台与文化资源产业化服务平台的搭建已成为当前文化市场发展的主力趋势，充分利用科技的创新能力将会深入推动文化市场发展进程的深度和价值转化的效率。就当下社会经济发展现状分析，传统文化资源走向市场化的发展轨迹需要经过科学技术的支撑和转化。传统文化资源与相关科技的基础要素相对接，经过产业化平台与市场发展体系的联合，进而与文化消费内容相对接，才有可能形成不同形式的文化市场产品或文化市场消费服务，最终形成能够参与市场运作的传统文化资源产品。

而且，优质的传统文化资源具有先天的"可复用性"[①]，随着文化资源的可复用性特点，借助科技创新力量可以逐渐构建发展出传统文化资源市场的文化市场业态圈，将进一步推进传统文化资源市场化发展的战略选择。传统文化资源与市场资源可否有效对接，是实现国家文化大繁荣与文化产业大发展的关键。而传统文化资源与市场资源的融合，一旦借助科技创新与新技术力量形成文化经济业态的发展新趋势，传统文化资源走向市场化、产业化这一发展路径就能更为顺利地实现。相信通过市场资源参与传统文化资源的创新与整合，会进一步发挥出传统文化资源产业化的特质，发挥市场资源力量在文化资源开发过程中的最大价值。

可以说，文化市场的"走向"是解决从哪里来，向何处去的发展问题，文化市场发展走向以传统文化的自信和传统文化的价值释放为前提。在市场经济以及文化产业发展的时代背景下，原有的传统意识、价值观念以及文化形态不时面临各种挑战，使传统文化在某种程度上面临着新的发展要求与发展诉求。任何一种文化的创新发展都需要具有宽广的文化视野和保障其健康发展的有效机制。因此，文化创新、科技创新、机制创新是推动文化市场可持续发展的关键，也是推动传统文化资源再发现与价值释放的动力所在。

---

① 西沐：《文化金融的根本是发现并整合价值》，中国经济网，http://www.ce.cn/culture/gd/201301/17/t20130117_ 24035628. shtml，2013 年 1 月 17 日。

Value and Incentives

—How to Discover and Market the Value of Traditional Culture

Abstract: The 19th National Congress of the Communist Party of China, which argued for increased confidence in the Chinese culture, points to an opportunity for the rapid growth of the cultural sector. Today culture plays an ever bigger role in international competition, and the cultural industry is a more significant contributor to economic growth and economic transformation. The paper studies the conditions and mechanism necessary to discover and market the value of traditional culture. By reviewing the development and characteristics of traditional culture, modern industrial support and production factors, the author offers sound approaches to this endeavor.

Keywords: Traditional Culture; Value; Cultural Industry; Cultural Market

（宗娅琮：中央财经大学副教授）

禅宗美学对日本平面设计的影响

曲国先　高鹏飞

摘要： 禅宗思想作为中华文明的重要组成部分，其包含着丰富的美学意蕴与美学价值，不断地渗入到当代的设计之中。日本设计师们吸收了禅宗美学中的特点，愈发注重中国传统文化在作品中的表现，呈现出寂、素、真、空等趋向，素雅不媚俗，简约却不失品味。

关键词： 禅宗　平面设计　田中一光　原研哉

一　禅宗的美学思想与美学意蕴

禅，意为寂静审虑，指将心专注于某一对象，达到极度寂静以详密思惟之定慧均等之状态。[①] 禅宗自佛教从印度传入中国以来，始于初祖达摩，盛于六祖慧能，南宗慧能法师为禅宗衣钵打开顿悟法门，使中国的禅宗走向成熟，更使南宗禅成为汉传本土佛教宗派的主流，建立了中国化、生活化、平民化的禅宗体系，并且使禅学思想成为中华文明的重要组成部分，其影响之广，对中国、亚洲乃至全世界的文化、哲学、艺术都产生了巨大的、不可磨灭的影响。

禅宗主要思想有三：其一，佛性本存。在禅宗著作《六祖坛经》中，佛性是六祖慧能法师的基本思想与核心理论。从字面上理解，佛性的意思是佛陀的本性，或成佛的可能性，是佛教徒所追求的修行目标和理想境界。所谓"佛性即无南北"，在六祖慧能法师眼里，无论愚人还是智人，人人皆有佛性；其二，无住生心。五祖弘忍法师在为慧能讲解《金刚经》时，慧能在一句"应无所住而生其心"当下开悟"一切万法不离自性，

_____

① 引自佛学大辞典。

自性本清静",弘忍法师知慧能已悟本性,说道如果能认识自己的本来心,见到自己的本来自性,即可成佛;而如何成佛,破除妄念,使世人从万千烦恼中获得般若清静,便成了禅宗的主要思想之三——顿悟法门。根据禅宗宗旨"不立文字,教别外传;直指人心,见性成佛"可见,禅宗思想强调自性开悟,众生即佛,禅宗思想将人作为主体,首先关注的是人的解脱,是对人的生命自由的关怀,使世人获得一种既于世间又出世间,达到涅槃般寂静的解脱境界,并称为"顿悟"。禅宗的这种抛开烦恼,寻求自由解脱,是具有其美学意蕴的:

第一,心性本空。在《六祖坛经》中,慧能法师在佛法真意的见解上,说道:"菩提本①无树,明镜亦无台。本来无一物,何处惹尘埃。"这四句谒子完全体现出了禅宗的"心性本空"的美学思想。禅宗把禅视为人人皆有的本性,它好像虚空一样没有边际,是遍布宇宙万有的法性,是天地万物之美的最高体现。缘起缘灭变化无常,它追求一种空寂虚无、随缘自然而又充满生机的自由境界。

第二,自性清静。所谓"一切法尽在自性,自性常清净,日月常明。只为云覆盖,上明下暗,不能了见日月星辰。忽遇慧风吹散,卷尽云雾,万象参罗,一时皆现。世人性净,犹如清天"②禅宗认为人自性成佛,自性本清静,因妄念覆盖迷失本性,如若顿悟,但无妄想,性自清静。其含义为扫除一切障蔽,顿者,破除妄念,悟者,悟无所得,这里体现出一种追求真正意义上的清静自由、宁静致远的美学思想。

第三,不立文字。佛法真如的真谛无关乎文字,禅宗美学的境界也同样如此。一切微妙法门的传递只依托文字与语言是无法做到的,它不是说不需要文字,或是摈弃文字,而是无需执着于文字,即无需把文字与形式视为束缚自由的绝对真理,继而才能产生浓浓的"禅意"。

二　禅宗美学在日本平面设计作品中的体现

(一)日本禅学溯源

禅宗早在南宋之时便传入日本,在日本进一步弘扬积淀,并迅速渗透

---

① (唐)释慧能:《六祖坛经》,岳麓书社 2011 年版。
② (唐)释慧能:《六祖坛经:敦煌读本》,辽宁教育出版社 2005 年版。

到日本民众的文化与生活中的方方面面,如茶道、武士道等。现如今,禅宗经日本得到西方国家的认可和传播,日本对中国禅宗美学的研究已具有举足轻重的影响力,并融于艺术中形成其特有的设计风格。禅宗,对中国艺术家及日本艺术家的思维方式、创作方法产生极为深远的影响,直接导致禅宗美学"意境"的诞生,使艺术作品中富含深刻的禅意。本文着重分析日本平面设计师作品当中的审美特征。

(二) 日本平面设计师作品浅析

1. 田中一光。提到日本的设计师,首先想到的便是享誉世界,被称为"无印良品之父"的日本设计大师田中一光。纵观世界现代设计史,日本的现代设计可称得上是一部传奇史,现代设计的迅速发展也令世界瞩目。20 世纪 50 年代初,结束朝鲜战争后才发展现代设计的日本,在短短几十年之间,便已走完西方近百年的发展历程,从最初的传统平面设计跨步到如今引领时代潮流的平面设计。作为日本平面设计协会、国际平面设计协会成员,现代日本平面设计的代表,田中一光对战后的日本平面设计的发展可谓贡献巨大,他的设计生涯完整地映射了日本战后的发展,为日本的现代平面设计指明了方向,从而使他登上了世界的设计舞台。

在田中一光的平面设计作品之中,感受最深的是一种深邃的感情与纯粹的美。比如 1986 年的平面设计作品《日本》中,田中一光以几何形状为基础,将图形与线条协调组合,作品中鹿的形象采用了琳派祖师爷宗达的插画进行现代化的处理,在去除了烦琐的装饰后,单纯简洁的艺术气质一览无遗,表现出一种原始的生命力。受到禅宗"无常观"的影响,这幅作品不但超越了简单事物的形式美,并且渗透了田中一光对客观事物的朴实无华的感情与"物我同一"的禅意之美。禅宗美学中的"无常观"在日本衍化出了独有的"物哀"审美意识,田中一光对于"物哀"的解释是: "以设计的手法,借助自然万物之形,表达自己对物的感动之情。"① 这种"物哀"审美意识对日本及其他国家的设计师造成了深远的影响。

《大阪水族馆》是田中一光为改建后的大阪水族馆设计的海报。在这

---

① 王海霞:《田中一光设计作品的视觉语言特征研究》,河北大学硕士论文,2011 年,第四章。

件作品里，不难发现令人熟悉的琳派风格，一条弯曲的线组成了鱼的身体，鱼的身体里有六个小圆点，使这条简单的鱼充满了张力；画面以两个不同的色块将画面分成上、下两部分，一个绿色色块对鱼形象的节奏加以丰富，如此简约大方的设计为整个画面增添了朴实清新的自然气息。禅宗的美学思想认为，艺术创作不应停留在对形式的执着上，而应当超越形式，体现出内在的真实意境，这种新颖又富含东方韵味的日本设计正呼应了禅宗的美学思想，促进了人与自然之间的情感共鸣，达到"言有形而意无穷"的境界，值得再三回味。

2. 原研哉。原研哉是与无印良品（MUJI）有着密切关系的设计师。这位国际级平面设计大师是日本设计的代表人物，武藏野美术大学教授，继田中一光之后，肩负着日本杂货品牌无印良品的艺术总监。在他的设计作品中，不难发现中国禅宗文化对他的深刻影响。他力求以最少、最简洁的设计，传达出美的意境的同时，去除雕饰，直指本心。

随着经济发展，现代社会眼花缭乱而又快速沉重的生活往往让人喘不过气。在这个时候，一股禅意总能使人心朗气清，一切烦恼随即抛诸脑后。"禅意"是日本设计师们心中所追求的最高境界。在原研哉眼中，一份好的设计作品并不是满目的图画和文字，适当留白反能令作品去繁存简，回归本源，突出主旨的同时给人以美的感受。日本设计师受到禅宗思想的影响，在平面设计上追求"空无"的设计，推崇简单的素色，质朴大气，美观简约。

在为朝日新闻社设计的《一册书》杂志系列封面设计里，原研哉运用了大面积的留白，在纯白的底色上手绘出一件日常生活中随处可见的物品，如雪糕、白色的石头、模糊的白色瓶子、褶皱的纸巾等，穿插着直线，仅仅依靠简单的视觉元素，便将现代生活中那种浮躁、喧闹等负面情绪一扫而尽。与充斥市场的美国诙谐幽默、德国冷峻理性的设计风格相比，吸取了中国禅宗美学的日本平面设计犹如一阵清风，这是自我本性的抒发，引导着人们走向清静平和、澄明澈亮的内心世界。

原研哉的诸多设计作品之中，白色是他使用频率非常高的颜色。他曾在专著中对他的"空"与"白"的设计理念做出了解释："什么都没有，其实其中充满了一个什么都有的可能性，它真正体现了可以容纳万物的潜在力量；在这种空之中，更包含了沟通和传达的力量""白是所有颜色的合成，也是所有颜色的缺失，它让其他颜色从中逃离。因为避开了颜色，它变成一种空的空间，含有'无'和'绝对零'的抽象概念。所以，我们是寻找一种感受白的感知方式。有了这种能力，我们才能意识到'白'，才能开始理解'静'和'空'，辨识出其中隐含的意义"。[1]

在这里，"白"不仅是指颜色，它还包含着对事物认知的宏观感受。日本传统文化在与禅宗"心性本空"的美学思想碰撞下，延伸到了"空"这个概念，创造出清静、素雅、纯简的至高审美准则。在他为 MORI 公司所做的一系列 VI 设计中，可以发现该设计简单到只存留 MORI 公司的 LOGO，纸张、信封与名片作品里，空白的构图给人们一种无限的想象去挖掘，去创造，视觉上表达出深刻的禅意。

2003 年，原研哉为无印良品 20 周年设计的名为《地平线》的四幅摄影海报里，可以看出原研哉对无印良品品牌的概念提案——虚无。在他的设计理念里，无印良品广告本身并没有向人们传达出商品信息，而是借着这四幅图，给生活在喧嚣纷杂的商品社会中的人们一种宁静致远的感同身受，透过四幅海报，人们仿佛可以嗅到大自然带给我们心旷神怡的空灵味道。这四张图都采用了一分为二的摄影横构图，色彩上采用了日式独特的素雅之风，用色彩的对比强化横平的地平线，加上"无印良品"的文字 LOGO 外，再无其他多余的元素，将作品推向禅宗"空无"的清静淡泊境界，巧妙地契合主题的同时，充分地表现出了一种挣脱繁复，追求自由，超脱世俗的静谧的氛围。原研哉从禅学里发现了"虚空"，并创造出这种虚无空灵的禅意美，使人沉浸其中，不由得审视自我的内心，从中获得超脱。

受到禅宗的影响，日本的平面设计表现出了"空"与"静"的美学意蕴。原研哉更是提出，"最美的设计就是虚无"。特征表现在极简约的设计、大面积的构图留白、对作品整体的把握、造型细腻的描写，以及与运用素色阐释有关"禅"的理念。何为虚无？在笔者的理解，虚无在设计作品当中并非单指形式的简单与逻辑的复杂。它包含着无穷尽的想象空间与向人传递出的信息，正如他的《地平线》海报设计，地平线上虽看似空无所有，但却包含万有，世界虚空，能包含万物种种色相，一切全都含藏在虚空之中，世人自性本空，含藏万法也是如此。

---

[1]　原研哉：《白》，广西师范大学出版社 2012 年版，第 32 页。

结 语

20 世纪 60 年代以后，日本设计凭借着"双轨并行体制"①，继德国、美国、斯堪的纳维亚等国家一跃而成为世界上的设计强国，并迅速在世界市场站稳脚跟。从传统的日本设计来看，它吸取了中国等东方国家的文化内涵；从现代设计来看，则追随美国、德国、意大利的设计，加上日本民族独有的传统文化特征，形成了它独一无二的日本设计风格，在国际上占有一席之地。日本设计中简约宁静、自然诗意、富有意境的平面设计作品中蕴含着中国禅宗美学的主要思想，这使得日本设计呈现出素雅灵动、单纯空寂、富有意境的特点，在国际设计舞台之上取得了巨大的成功。在现今的时代背景之下，文化显得极为重要，甚至成为国家的主要竞争力。中国发展设计三十余年已有所成就，知名设计师也代代辈出，但是在吸收国外优秀设计的同时，如何挖掘本民族文化之精髓成为重中之重。换言之，我们需从日本设计美学上汲取养分，更应该对本国传统文化思想作为研究发掘的着力点，搭建传统与现代的桥梁，从而向世界传达中国设计的声音。

The Influence of Zen Aesthetics on Japanese Graphic Design

Abstract：As an important part of Chinese civilization, Zen thought contains rich aesthetic implication and aesthetic value, and permeates into contemporary design. Japanese designers have absorbed the characteristics of Zen aesthetics, and increasingly pay attention to the performance of Chinese traditional culture in the works, showing the trend of silence, element, true, empty, elegant and not vulgar, simple but without losing taste.

Keywords：Zen；Graphic Design；Tanaka；Ikegumi

（曲国先：青岛科技大学艺术学院副院长、副教授、硕士生导师；高鹏飞：青岛科技大学艺术学院美术学硕士研究生）

---

① 王受之：《世界现代设计史》，中国青年出版社 2002 年版，第 89 页。

设计业的未来：对数字
服务化路径的思考

唐圣瀚

摘要：互联网背景下客户需求的变化，创意内容的规模化智能化生产与即时沟通，客户需求向企业数字服务化变革延伸，推动设计公司服务化的设计工具与技术、生产流程以及作业流程的变化与重构。跨行业、跨平台的服务意味着跨行业与跨平台的竞争，设计服务化公司应更快地利用数字技术，适应程序化创意的变革，并在 3D 打印技术的支持下，建立"设计即制造"的数字服务化创新商业模式。

关键词：设计　数字服务化　商业模式　经营模式　服务模式

在互联网背景下，传统设计公司基于垂直分工需求所提供的服务模式和经营模式逐渐失灵，并且面临来自营销服务产业链条上游的咨询公司与广告公司的跨行业竞争。同时，也在技术发展的背景下面临被互联网平台和自动化创意技术公司替代的危险。单一功能传统设计公司发展的前提是设计能够作为独立、专业的生产环节，从社会分工中分离出来。这里隐含的前提有二：一是在特定时代下的设计职能能够顺应时代需求，具有成为独立产业的市场空间；二是设计职能具有一定的专业门槛，要求社会具有专业设计部门。因此，要解决在互联网环境下设计公司是否具有持续发展的能力，必须厘清设计公司的专业价值问题。

根据前面的分析，笔者把设计公司的经营和服务模式的历史演进进行了总结（见表1）。可以看到，在不同历史环境中，社会或商业对设计有着不同的需求，导致了设计行业的业务内容不断进行调整，在不同的市场环境和传播环境中，形成了不同的服务模式和经营模式，但总体上可以概括为四个不同的历史阶段。

表 1　　　　　　　　　　设计公司的经营模式与服务模式演进①

年代	专业时期	整合时期	服务时期	数字时期
	1845—1970 年	1970—1990 年	1990 年至今	即将来临
设计的需求	物质化产品生产，标准化、廉价化	品牌价值，设计美感，情感消费	服务体验，服务交互，服务生态系统	个体满意度，3D 打印技术，设计即制造
业务内容	工业设计，产品设计，平面设计，空间设计	商业设计，营销推广，品牌设计，包装设计	无形的服务，商业模式创新，UI、UX 设计，交互设计，参与设计	运用智能化及数据分析结果生产产品，设计服务，服务设计
经营模式	人力：半熟练工人、工程师、设计师 收费：以个案收费 组织：金字塔式组织	人力：专业人员，专家 收费：以成功案例收费 组织：扁平式组织、大量外包	人力：通才、跨领域 收费：以销售成效收费 组织：平台、小组合作、协同作业	人力：专家、一般大众 收费：既收费又付费 组织：个人或企业、CMP 内容智能化管理平台、DSP 需求方平台、DMP 数据管理平台
服务模式	以产品为中心 为商品提供服务 标准化量产	以市场为中心 为价值提供服务 发明新的需求 批量化定制	以用户为中心 提供策略与洞见 跨领域、跨业种整体考量解决方案 个性化量产	以数据为中心 个性化多样设计产品即时化反馈与迭代 计划性规模化量产

　　总的来看，设计领域正从精小企业模式变成全业务商业模式。在设计机构中，也有一些专注于针对性的服务，如体验服务设计和组织变革。全业务数字化和"业务流程服务"提供商也参与进来，并为该领域带来了新的能力，如定量分析和商业分析。对传统设计公司来说产业环境越来越糟，客户对定性或定量服务的信任度更高，选择定量分析能力的服务公司看起来是比较安全而理性的，传统设计公司转型进行数字服务化大多缺乏分析能力，同时，单一功能的传统设计公司面对全功能专业竞争时积累不足，缺乏后劲，又没有资本市场的有力支持。

　　设计公司数量增加、从业人数增加、营收下降，证明盈利能力越来越

① 本研究根据相关材料整理。

差。传统设计公司在采用"全案式"作为服务内容，逐渐进行数字服务化转型的过程中，由于没有形成稳定明确的商业模式正在遭遇整体性的挑战。

一　传统设计服务价值衰退导致收入下降

对设计行业一个比较广泛的批评是设计行业的产业化很弱或者说没有完成产业化。这与设计行业的市场发展程度有关，但互联网技术的发展对设计业的产业化提出了更迫切的要求。联想集团设计总监李风朗表示："中国的设计公司太听话了，也没有产业链的概念，没有扶植或创造一个新的商业经济的能力，所以就变成甲方要设计公司做什么，设计公司就乖乖地做，对于甲方的开价或杀价，设计公司没有坚定的市场需求可以支撑议价，这是因为设计公司没去看整体的价值链，而还在作传统的设计表达，那对企业来说就没有价值。"[1]　为什么过去有商业价值的设计公司现在要有产业链的概念，追根究底还是互联网让使用者改变了、人的沟通方式与需求都发生剧烈的变化。

从客户需求的角度看服务作业流程：信息时代的客户对宣传与设计的效果评估的要求是基于数据，联想集团设计总监李风朗认为："社交媒体如何为传统产品创造海量的病毒式传播，这是我们创意人没有正式面对的问题，我们比较愿意用点击量、用成效付费，这些公司将来一定要这样收费，不是我一家企业这样想而已。"以效果收费的方式也已经形成新形态广告业界的正式经营模式，约翰·沃纳梅克的名言"我知道广告费有一半被浪费了，但我不知道被浪费的是哪一半"，现在被互联网技术打破了，一切都有数字、都有方法计算，客户对效果的需求当然更加严苛，因为所有的创意现在都能用数据来做检验，这是所有创意服务公司不能回避的问题。

二　技术发展对从业门槛的瓦解

同样，技术的演进也会造成传统设计公司被取代的可能性提高。2012

---

[1]　笔者对联想集团设计总监李风朗的访谈，2017 年 3 月 30 日。

年，北京大学陈刚教授出版了《创意传播管理》，该书基于长期对互联网的研究，形成了分析数字营销变化的框架，根据创意传播管理的理论，互联网最终改变的是生活形态，而不仅是广告业。如果从社会变革的角度，我们可以看到，互联网构建了全新的数字生活空间。在数字生活空间，原来构成广告产业的各个主体——媒体、消费者、广告主、广告公司必然发生重大变化。创意传播管理的框架同时也解释了设计公司数字服务化的出现是因应社会实际上的需求变化，当消费者变为生活者的时候，企业也改变了，企业改变了之后，对设计业的要求当然也随之改变，对设计公司而言，进行数字服务化转型既是客户需求也是生存考量。一方面，设计教育的普及和设计技术的智能化、易用化使得独立设计师和设计工作室进一步蚕食了设计公司的市场基础；另一方面，企业价值创造逻辑的变化所导致的数字化变革意味着咨询公司、广告公司、互联网平台和设计公司之间的边界消弭，企业需要一家公司提供原先所有的外包服务，去链接资源并控制质量，以完成自身的转型。在这样的变化之下，设计行业的竞争前所未有的激烈。

程序化技术和人工智能对劳动力的取代，从工业重复劳动发展到对一定程度的创造性活动的取代，人工智能与互联网技术目前已经发展到在数十秒内自动产生上千个网络广告，像筷子科技的图像广告还能分区块自动追踪点击效果并据此优化广告，人工智能设计助手在网站上 30 秒内能自动生成 3000 张海报，虽然目前还有很多可改进的空间，但对数以千万计的中小企业和电商来说充满巨大的吸引力，这意味着以后连 In-house 的设计师都不需要了，一切交给人工智能学习系统和云计算，设计成本几近于零，还有成千上万个广告设计成品可以选择，如果传统设计业现在不作服务升级与价值创造的转型，以图像设计为主的设计公司末日即将来临，行业中只会剩下最顶尖的设计师为需要独特品位的品牌作订制化服务。

三 跨界竞争者蚕食设计市场

跨界的服务即意味着跨界的竞争，北京聚曼思睿创办人王源就表示接洽创意案件时常遇见咨询公司的竞争①，太火鸟创办人雷海波也说："咨

---

① 笔者对北京聚曼思睿创办人王源的访谈，2017 年 3 月 16 日。

询公司在甲方源头的部分就把所有后续的工作都接完了,接了之后就切成几块,设计公司目前走到产业链比较下游的部分。"①

会计公司、咨询公司跨足到设计领域,甚至并购许多知名设计公司与数字营销公司,在 2010 年之前几乎是不可想象的情况,但是数据显示这几年持续在发生,并且规模还在扩大中。跨行业、跨平台的服务意味着跨行业与跨平台的竞争,数字服务化设计公司的理论架构尚未成熟,而在商业竞争上的红海已经来临,原先清晰的专业能力被来自各领域的公司取代。数字服务化的设计公司必须向营销的前后端延伸服务,从产品设计、生产、营销、渠道、销售到售后服务,提供一体化的咨询服务,如果对客户没有呈现最后效果的传播,对客户来说就没有合作的价值。设计服务化公司除了全案考量之外,还需要在预算之内找到价钱合适的最好资源,这对传统设计公司的结构与专业知识来说是最困难的挑战,但是这种跨领域的服务延伸,已经不是设计公司的选项而是必须要走的路。

四　设计公司数字服务化的两条路径

互联网技术对整个商业的冲击是替代性的,这就造成了目前市场发展过程中一个很重要的现象:界限模糊、跨界竞争。也就是说,很多传统产业面临的冲击和挑战往往不是来自产业内部,而是某一类新技术带动的新业态对传统产业的替代性威胁。

正在兴起的智能化技术正在成为变革的主要动力,程序化创意技术极有可能成为颠覆设计业的一种技术形态,对设计业形成一种从外部打破的力量。"2017 年,将是智能化创意、智能化内容生产以及智能化内容管理分析技术高速发展的一年。"②

以 3D 打印技术为主的个性化定制生产技术普及化,消费市场上的产品也常见运用 3D 打印或激光雕刻等技术为使用者量身定制,逐渐向工业 4.0 方向迈进,当行业界线消失,新模式与新创意将是设计业的另一条路径。

---

① 笔者对太火鸟设计创新孵化器创办人雷海波的访谈,2017 年 3 月 30 日。
② 陈刚:《智能化广告时代正全面到来》,《中国工商报》2017 年 1 月 10 日。

五　内容即数据：程序化创意改变内容生产逻辑

近年来，程序化广告的发展十分迅速，以腾讯社交广告系统、微博粉丝通、今日头条广告系统、京东京准通等为代表的互联网大数据平台均引入了程序化技术对数字广告投放进行升级，利用大数据技术，为客户提供此类程序化广告投放管理平台，方便客户通过 DSP 平台对广告创意、投放渠道和投放用户进行基于大数据技术的精准触达。

利用此类技术可以基于数字用户画像进行较为准确的触达，这在技术上已经较为普遍，但是如何面对不同的用户群甚至个体用户投放个性化的、定制化的广告内容，一直是此类平台关注和探索的方向。程序化创意技术正是对这一问题的回应。根据笔者的访谈和研究，在程序化创意的各类公司中，筷子科技公司是发展速度最快、技术发展处于前沿、商业化案例较为丰富的一家企业。因此笔者主要依托对其技术发展和商业化的研究和分析，对程序化创意的业务操作及其对设计公司的冲击进行阐释。

根据《2016 程序化创意行业指南》报告，"程序化创意是一种由数据和算法驱动，通过对广告创意内容进行智能制作和创意优化，从而整合互联网创意产业上下游的技术"。筷子科技 CEO 陈万锋认为："程序化创意是一种在云端整合创意工作流，并利用大数据和智能技术实现创意多样化制作管理及部署，创意实时决策以及大数据分析的系统和相应的运营方法。"[①] 根据这两个定义和笔者的思考，从作业流程的角度考量，有三个关键点需要特别注意：

第一，大数据是基础。程序化创意技术与传统的创意生产的工业化流程的根本不同之处在于数据驱动。一方面，内容的数据化是这一技术的基础，只有内容数据化才能对其进行智能化的生产；另一方面，内容的个性化生产与推送也必须与用户大数据进行匹配，才能达到预期的商业效果。

第二，智能化生产。目前的程序化创意技术从技术上已经可以实现"规模化的个性化"内容生产，但前提是有足够的内容生产的元素，而且这些内容元素在程序化创意平台里是数据化的。根据一定的需求进行算法

---

① 资料来源：筷子科技 CEO 陈万锋于 2017 年 4 月在北京大学《创意传播管理》课堂上的讲课内容。

的设计，然后不同的场景会触发不同的算法，内嵌了相应代码的内容元素可以进行实时的自动生产与推送。需要注意的是，目前的智能化生产还无法把内容元素的生产完全交给机器，也就是说，最初的内容元素还需要从人工设计的层面提供。

第三，创意优化。程序化创意的智能化最大的特点体现在基于人工智能的创意优化，智能化生产的内容推送出去之后，在一系列相关技术（如热力图）的支持下，云端内容管理平台会收回海量的反馈数据，反馈来的数据在一定算法的支持下又重新调整内容的生产逻辑，重新把内容投放出去，不断追求最优效果的内容。

客户对内容数据的价值越来越看重，有些企业甚至开始建立自有的内容数据库系统。企业可以在程序化创意平台基础上建立自有的数据系统，不同的创意内容的构成和各类数据都可以看到，进而形成一个有效的内容数据库，指导后续的内容生产，还可以利用这些数据进行市场研究。一个创意内容的不同元素的传播效果数据（如曝光数、点击数、点击率等）都可以在后台清楚地了解到。

怎么看待这种业态的兴起对设计行业的冲击？首先，技术对内容生产流程的优化是很明显的，通过技术极大提升了生产的效率。以往需要人工花费长时间重复劳动的工作可以被替代。

其次，内容的数据化意味着内容的效果可以量化，这在传统的作业过程中是很难实现的，对内容生产的把控往往是在设计总监或创意总监的经验在主导，而不是真实的效果数据来指导生产；另外，在传统的设计业务中，内容在传播过程中到底发挥了多大的作用始终是一个黑箱，无法证明。通过内容的数据化，不仅内容的效果可以基本证明，而且其带动的内容生产的逻辑与人工已经完全不同，传统的经验和理论的价值必然下滑严重。

再次，虽然目前在基础内容元素方面还没有实现技术的突破，但零星的案例已经证明，技术可以抓取互联网中海量的文字或图片进行实时的生产，一旦这类技术成熟，对设计师的替代将会是颠覆性的。

最后，基于内容数据的效果和反馈，对这类数据的汇总分析在某种程度上替代了市场调研的部分，因为这类内容的数据是在和用户数据结合后产生的数据，这类数据既不是样本性的，也不是预测性的，而是实实在在的即时性的全数据，可以立即用来指导生产，原先在市场调研的基础上进行头脑风暴和人工生产设计的故事在此类技术大规模商业化之后将很难讲下去。

在智能化技术的推动下，设计公司数字服务化的第一条路径，就是适应技术的变革，成为以内容数据化为基础的程序化创意公司。掌握最前沿的技术，根据设计的专业性和客户的需求，把智能化技术变为针对性的程序化创意产品工具，对现有的程序化技术进行优化和升级。在技术的变革中创造设计的价值。

六 设计即制造：3D 打印技术推动设计师个性化定制化产品生产

互联网技术的发展是促进整个商业模式转变的最重要的驱动力，但同时发生的消费升级和服务经济的发展，是整个设计业商业模式转型的重要基础。这从两个方面推动了个性化的商业需求的发展，但如何把个性化的供给规模化是商业模式设计的关键。工业化的生产流程和工具是无法满足这种变化的，目前制造业正在进行的柔性化生产是一种探索和尝试，但从理论推演的角度看，生产流程的柔性化只是一种过渡性的、阶段性的和探索性的改革，真正的质的变化关键在于 3D 打印技术的商业化。目前 3D 打印在技术上已经较为成熟了，商业化的主要阻力来自于生产材料的成本过于高昂。

当生产流程的时间性被新技术排除之后，整个企业与生活者接触的流程中，最重要的是确定个性化的需求、以产品为主的各种设计工作，其中，生产的工具没有门槛、物流没有门槛，主要的成本来自材料，所以真正核心的业务就是基于数据的需求挖掘和产品、服务设计，"3D 打印设计中最大的挑战是如何使人类设计师和计算机创造性地、无缝地协同工作"①。所以，从这个角度来讲：设计即制造。

数字服务化的设计公司可以根据生活者数据（即用户数据）进行分析和挖掘，找到圈层化的乃至个性化的需求，然后通过设计，包括产品的设计、形象的设计、服务流程的设计等，通过 3D 打印进行即时地生产产

---

① ［美］胡迪·利普森、梅尔芭·库曼：《3D 打印：从想象到现实》，中信出版社 2013 年版，第 268 页。

品满足消费者的需求。

以德国艺术家埃里克·凡·斯特拉滕（Eric van Straaten）为例，他运用 3D 电脑绘图与 3D 打印机，用数字技术制作雕塑作品，并且在网络上销售他的作品，当顾客在网站上对艺术家的 3D 绘图作品下单后，艺术家再以 3D 打印机单独印出他的雕塑作品。

3D 打印机的应用越来越普及，饼干、月饼、巧克力等食品都可以借由 3D 打印机制作，飞机、汽车、房屋也透过 3D 打印技术陆续问世，甚至连胎儿的复制品都可以用 3D 打印出来。而日常用品的设计，美国时尚工作室"Strvct"，即以一双超薄的未来派设计的鞋子为代表作，完全由 3D 打印机制造，鞋子的材质使用尼龙合成纤维打印、结构坚固耐用，并且在重量上较一般的皮鞋轻盈。

关于 3D 建模的资料库也逐渐形成规模，以网站（www.myminifactory.com）为例，现在可以免费下载 3D 打印雕塑的名作，"扫描世界"这个项目提供了来自世界各地博物馆近 8000 种著名雕塑，由 3D 摄影测量技术进行 3D 扫描。任何人都可以使用 3D 打印机来重现这些艺术史的标志性作品，在其中能找到各种世界著名的雕塑，网站中同时展示使用者运用金属或塑料打印出来的成品相片，未来像这样的 3D 建模资料库会越来越普遍，不具备设计能力的一般使用者下载后也能打印出各种产品，不再需要工厂与模具，真正脱离大量生产的时代来临了。

在未来的商业生活中，设计与制造完整的融合在一起，与工业逻辑下的制造完全不同，工业制造中必不可少的生产流水线、模具等大规模生产的基础，在个性化、小批量、即时性的智能制造中都不必要，且在技术迭代性失去了门槛，不再成为商业模式设计过程中的主要考量因素，反而在这种情况下，设计成为最重要的一种商业能力。

总结来讲，未来的数字服务化的设计，就是以数据为中心，进行程序化创意的内容生产；再进一步，运用智能化技术整理分析后形成创意，在3D 打印技术的支持下，建立"设计即制造"的商业模式。

七　设计公司数字服务化的发展模式建议

首先，设计服务化公司对内的管理需要建立数字管理平台，类似Google 协作平台的功能，同时还需要为服务设计公司的作业模式作订制。

接着是建立数字创意制作资源库。设计公司数字服务化的发展与互联网技术的发展息息相关，客户对设计的需求主要集中在面向生活者的服务产品设计与数字沟通内容设计，设计公司透过生活者洞察，充分运用数字创意制作资源库加上程序化创意，制作以数据为中心的传播素材。对外则要建立数字内容的管理平台，面对生活者需求的多样性与复杂性，客户在产品设计和数字沟通内容设计的规模化与个性化要求推动设计公司必须具有数字制作能力并建立社会化内容的管理平台、CMP 内容智能化管理平台、DSP 需求方平台、DMP 数据管理平台，有效的因应多平台的网络发布与管理内容。

设计公司为了顺应营销、制造与设计一体化的时代趋势，要脱离传统的行业加设计形态，与客户一起进行数字服务化转型，笔者对数字服务化设计公司的未来发展方案有以下六种经营模型建议：

第一，加入超大型跨国集团：跨国广告集团资本并购各类型传统或与互联网相关传播类服务公司，运用国外早已成熟的规模化媒介购买专业、集团化运作模式和资本运作经验，满足客户的营销传播需求和媒体的经营需求，并仍有较大的利润空间。

第二，成立跨产业联盟：中小型设计公司要提供跨领域的服务在人力、资本上均难以与跨国集团竞争，采用与各类创意服务公司联盟方式，交互持股互相支援，集设计、营销、公关、广告、数字媒体等数十家公司之力，既可发挥集团力量全方位服务，又不失机动力与灵活度，跨产业联盟是中小型设计公司的好选择。

第三，专注于互联网相关设计技术：交互设计与用户体验设计公司从互联网有比较明确的收益，互联网等于培养了一个新的行业，承接了完整的互联网红利，在过去十年发展得非常好，先用交互设计、用户体验设计切入客户，反过来再接平面设计和产品设计、空间设计，由于是近十年内成立，流程与架构有丰富的互联网相关技术支撑，没有转型问题。

第四，成为企业 In house 创意部门：客户面对数字生活空间的营销传播拥有更多的积极主动意识和自我掌控意识，原来很多由广告公司提供的服务，客户成立的 In house 创意部门已经可以自己解决，目前很多企业都有十几二十人的创意部门，其中的高管几乎都是来自广告、设计及公关公司的主管。

第五，设计师自创品牌：在互联网环境中，设计公司可以有自己的发声管道，社会化网站上有大群的粉丝，不一定要维持 B2B 模式经营，也可以运用众筹模式募集资金，直接转向 B2C 建立自我品牌，甚至有像太火鸟这类网路设计创新孵化器，专门面向设计公司提供资金、量产制作工厂与销售渠道的公司组织存在。

第六，精简人力的小型工作室：提供传统设计公司的专业服务，专注在一个最专精的专长上，如插画、封面装帧、字体设计等，市场上对艺术层次有要求、高端订制化的需求永远存在，只是未来人工智能产生图像设计，不需要现在这么多的设计师，只有顶尖的明星级设计师能够存活，没有低阶的设计师之后，这种专业的小型设计工作室利润反而会提高。

综上所述，设计公司的数字服务化可以解决面对数字时代转型的问题，提供设计公司面对数字技术的冲击进行转型调整的理论思路，强调设计公司与客户企业建立协同关系，基于生活者数据，应用智能化技术，以数据为中心，以客户与用户的个性化的服务关系为业务开展的起点，进行业务的重构，并由此重新建立数字服务化的设计公司的服务模式和经营模式。

The Future of Designing Industry：Thoughts on the Path of Digital Servitization

Abstract：The changes in customer demands with the internet being in the background；the economy of scale for creative contents, smart production and real-time communication；the evolution and extension of customer demand towards corporate digital services；the promotion design tools and technologies that enables design companies to deliver their services and the changes and reconstruction of production and operating processes. And as such, companies offering servitization of design ought to embrace relevant digital technologies and adapt to the revolutions in programmable creativity while relying on the support of 3D printing technologies to establish a new business model that focuses on "design as manufacturing".

Keywords：Design；Digital Servitization；Business Model；Management Model；Service Mode

（唐圣瀚：北京大学新媒体营销传播研究中心研究员，台湾北士设计负责人）

关于中国设计创意产业"繁荣"的反思

陆丹丹

摘要： 本文从设计产业的现状出发，通过阐述近年来中国设计产业在国家制度性政策的推动下，取得了五个方面的繁荣发展。但在一片繁荣中，由于设计产业自身发展的不完善，危机性问题凸显，如何在新的时代背景下使设计大放光彩是整个设计领域的设计师、设计研究人员、设计教育者都应该思考的问题。希望我们时刻保持清醒的发展思路，在危机面前应该努力寻找发展契机的可能。

关键词： 设计产业　设计繁荣　设计危机

一　引　言

"创意"成为我们这个时代最热门、最时髦的词汇，甚至我们几乎无法找到"创意产业"的边界在什么地方，特别是2015年，李克强总理提出"大众创业、万众创新"的号召之后，各行各业都在讲"创意"，似乎不讲"创意"就是不入世的"老古董"或不入流的"乡下人"。但对于设计行业来说，这些年，讲"创意"的人越来越少了，而事实上，在"创意"还没有变得那么时髦的时候，设计俨然是创意产业的重要组成部分，设计师是创意的构建者、实现者和推广者。

对于设计的理解，不同的人有不同的理解方式，对身处不同领域的人有不同的意义。比如，对于设计师或设计研究人员来说，设计可以成为一种文化，它兼挑艺术和科技两头，关注人们日常生活的方方面面，参与社会文化的构建，推动社会经济的发展；对于企业家或商业人士而言，设计可以美化其产品，对商品而言有非常有效的促销功能，显而易见，可以帮助他们赚钱，加速资本的运作和积累速度；对于政策层面的人士而言，设计可以是一种推动政治、社会、经济发展的产业。在我国当代设计飞速发展的过程中，以上三个领域的人员对设计创意产业的贡献都是不可低估的。可以说，我国当代设计的发展直接催生了我国近十年来创意产业的发展，同时，这十年创意产业的发展也推动着我国设计创意领域的繁荣。

二　我国设计产业的繁荣发展

（一）制度性外力推动我国设计创意产业的发展

从近十年的设计创意产业发展速度和规模来看，制度性的外力推动成为我国设计产业飞速发展的一个非常重要的因素，特别是在国家大力发展"文化产业"的政策推动下，设计产业也繁荣发展。从 2011 年 10 月中共第十七届中央委员会第六次全体会议提出"深化文化体制改革，推动社会主义文化大发展"开始，国务院及相关机构连续出台了多个政策文件，对文化产业给予各种支持。据不完全统计，2010—2014 年间，国务院及相关部委发布了明确支持设计产业发展的相关政策 6 个。① 2015 年，李克强总理在公开场合提出"大众创业、万众创新"的号召，设计所链接的创意产业更进一步蓬勃发展。

制度性、政策性的举措大大地推动了我国设计产业的快速发展。据《中国平面设计产业研究》一书的不完全统计，短短的几年时间里文化创意产业园在全国建设数量达上千家。大部分文化创意产业园中，有半数或以上的企业与设计产业相关。与此同时，设计教育蓬勃发展，我国拥有高等设计教育的高校超过 1700 所，每年所毕业的设计类本科毕业生有十万之多。据教育部艺术设计专业学位教育指导委员会数据指出，在近十年的艺术硕士教育发展历程中，艺术设计领域从最初的三十几所学校发展到 2017 年的 200 余所。中国成为世界上培养设计师最多的国家。从以上数据可以看出，我国的设计产业从人才培养到产业集群，其规模的发展在近几年间是速度飞快的。

---

① 石晨旭、祝帅：《中国平面设计产业研究》，清华大学出版社 2017 年版，第 308—312页。

(二) 我国设计行业水平和设计产业竞争力提高

我国设计产业良好的发展态势使设计行业的行业水平和我国设计产业的竞争力大大提高。视觉传达设计、产品（工业）设计、服装服饰设计、环境空间设计等各个设计领域的行业水平得到快速提升，设计产业结构在逐步改善，这使得我国设计产业经济也得到了良性的运行，这样的产业氛围使我国设计师的文化自信不断提高。

近十多年来，我国飞速的经济发展使设计的需求空间扩大，进一步打开的设计市场吸引了很多国外的设计师前来工作，为了适应中国的社会文化，促使这些国外的设计师了解和研究我国的社会、文化信息，这也使大量的中国元素被国外（特别是欧美）的设计师运用到国际化的设计产品中。这一现象使得我国的设计师不再盲目地追随西方的设计，开始理性地思考和挖掘本土文化中的精华因子。与20世纪90年代或21世纪初相比，近年来，对于中国设计如何发展的东西方二元争论渐渐消失，取而代之的是在众多新生代的设计师和他们的作品中所体现的一种站立在中华文明土地上具有世界视野的文化自信。这样的文化自信恰恰与国家所提出的站在"人类命运共同体"的角度是一致的。

同时，大量外国新锐设计师纷纷来我国从事设计。每年以独立设计师、跨国设计集团的驻场设计师、国内设计机构外聘设计师等身份在我国从业的设计人员数量明显呈上升趋势。而这些外国设计师在我国设计产业的发展中做出了贡献，值得一提的是，不同于20世纪末或21世纪初，近年来，外国设计师在我国国内的设计项目竞标中并没有太大的竞争优势。相反，在近年的国际性大型设计专业大赛中，我国设计师的获奖数量和等级却一直处于大幅度的上升阶段。

(三) 我国设计产业进入更新、升级阶段

经过近三十年的发展，我国的设计产业进入其更新、升级的阶段，设计领域的边界不断扩大，新兴设计门类不断出现，设计门类更新换代的速度加快。近十年来，随着社会文化、经济、技术的飞速发展，新的设计门类和设计领域不断增加，传统设计门类被边缘化现象凸显。交互设计、用户体验设计、游戏设计、UI设计等一些新兴媒介的设计兴起并得到飞速发展。传统的设计门类如染织设计、图案设计等领域设计研究人员和从业

人员越来越少。自 2012 年教育部《普通高校本科专业学科目录》调整以来，传统的染织艺术设计、图案设计、装潢设计等专业被调整入学科定位更广阔的视觉传达设计、产品设计、服装与服饰设计等专业目录下，很多高校因此也撤销或合并了很多专业方向。

与此同时，随着互联网技术的不断发展，从互联网到移动互联网到"互联网＋"，"界面"和"触点"成为设计师关注的焦点。人工智能、3D 打印、虚拟现实、大数据分析等技术被设计师膜拜，这些技术几乎成了所有大大小小的设计展览、论坛、年会等重要场所的必需话题。如果一个设计师不知道 UI、UX、IxD、VR 等名词几乎就是奇耻大辱，甚至无法被认同其设计师的身份。相反，如果能熟悉和掌握某种技术，立刻会变成行业的"大牛"，奔波在各大专业和非专业的会场，大讲特讲，风光无限。这样的"成功"往往会吸引很多追随者的眼球，于是，很多平面设计师、工业设计师、空间设计师实现了"身份"的转型，"跨界"到互联网领域，成为用户体验设计师。如被业界所关注的"阿里集团 UCAN 年度设计师大会"，到了 2017 年度，该大会的互联网平台首日直播峰值高达 8 万人次，成为该年度人气指数最高的设计大会之一，用户体验、人工智能、增强现实、大数据等话题成为该大会讨论最多的话题。

(四) 设计产业实现跨学科、跨领域合作

随着设计领域边界的不断模糊和扩大，跨学科、跨领域的合作也成为近年来设计产业突出的发展特征，而且合作范围不断扩大，合作形式和模式多样。跨学科性是现代设计具有的特性之一，从现代设计诞生之初开始，设计就承担着解决工业技术和艺术文化之间平衡关系的角色，横跨生产和消费两大领域，搭建工业化生产和大众消费之间的桥梁。在现代设计的历史推进过程中，科学技术的发展起到了不可低估的作用，跨技术和艺术之间的合作将一件又一件的设计作品推向了人们的日常生活，成为改变人类生活方式的重要物质呈现。基因工程、纳米科学、人工智能被认为是 21 世纪三大尖端技术。随着社会文化和经济的发展，设计的跨学科、跨领域的合作范围不断扩大，不再拘泥于设计学科内部的交叉，或仅仅只是和某一工业领域的融合。近年来，特别是设计与智能技术、生物技术等领域的合作，取得了革命性的成果。

设计与医疗、生物技术领域的合作成为近年来我国重要的设计合作领

域，大型医疗机构的合并成为我国医改的主要内容之一，而更合理地对医疗机构的环境、空间、导视、服务设计等问题的设计成为设计师关注的焦点。很多高校将这样的课题纳入设计专业的产学研协同合作项目来做，有成效的如上海交通大学设计学院韩挺团队与上海仁济医院合作的"医疗产品服务设计系统"，此设计将服务设计运用于医疗产品中，围绕医疗产品的整个系统流程进行组织和规划。①

人工智能在近三十年来获得了飞速的发展，现如今，"人工智能"也已经成为设计领域中到处可见的话题。越来越多的设计产品成为"人工智能"产品，换句话说，越来越多的设计人员参与到开发或生产"人工智能"产品的过程中。今天一些时髦的穿戴工具、手机等可以随时携带的移动设备俨然已经成为人类身体必不可少的某种可以更换的身体部件。而虚拟网络游戏中角色的互换与经营，使网络身份与真实自我之间的界限越来越混淆。更极端的是，虚拟身体甚至可以代替真实身体，例如一些网络游戏中虚拟的明星角色在现实生活中得到粉丝的追捧和崇拜，要知道，这些虚拟的明星角色仅仅只是在一定的编码程序下产生的虚拟影像，它们与现实生活中真人偶像所不同的在于其肉体的缺席，但这样的"缺席"并不妨碍其粉丝的追捧。设计领域和智能技术领域的合作还表现在设计的跨界思维对人机交互方式的影响，这样的影响使人与机器的关系开始发生变化，从原来的人是机器的主宰，而变成了与机器进行交互的一种"共同存在"。②

当然，这些产品在日常生活、专业工作、社会发展等层面都改变着人类原先的社会形态、文化形态和生活形态。我们不得不感叹计算机技术的日新月异，享用着人工智能所带来的种种便利和快捷。与此同时，人类对新生事物的天生"恐惧"使我们感到"不安"，在"人工智能"开始逐渐颠覆或解构人类原先建立在"人性""道德""灵魂""物质"上的价值体系时，对于未来社会人文伦理的担忧和对人工智能发展的批评声也越来越大。

（五）关于"设计"的话题讨论和研究范围不断扩大

"设计"作为一个"话题"被讨论的频率越来越高。设计的学术研究

① 韩挺、杨艳：《互联网＋时代下的医疗产品服务设计》，《美术观察》2016 年第 10 期。
② 陆丹丹：《后人类主义视域下人工智能时代的设计》，《美术观察》2017 年第 10 期。

规模开始越来越大，设计作为问题性话题被讨论的范围越来越广。一方面在设计研究学界，研究内容和涉及领域不断扩大，研究视角也在不断更新。笔者清晰地记得在笔者上大学的 90 年代末，即使是专业院校也很少有教设计史的老师。但随着设计学科的发展，特别是 2011 年教育部学科目录将设计学设为一级学科之后，设计史论的研究和教学更为广泛。据大数据分析，近些年来，设计学相关的研究在国家社科基金艺术学项目的立项数中均保持在 25% 左右，所涉及的领域有：设计史、设计批评、设计伦理、设计方法、传统工艺的当代运用、设计价值等方面的研究。而业内对于设计的研究视野和内容也在不断扩大，近年来，设计产业、设计管理、设计营销等方面的研究一度成为显学。

设计学研究的青年学者成长迅速，以南京艺术学院主办的"全国设计学青年论坛"为代表的青年设计学者学术交流平台越来越多，讨论内容逐渐从宽泛的领域性、行业性研究内容转向深度的主题性讨论。2009年 11 月，南京艺术学院举办了全国首届设计学青年论坛，该届论坛从设计历史研究、设计批评研究、设计方法研究与设计管理研究等视角出发，汇聚了国内设计学研究领域的青年学者，就当下中国设计学研究领域的新鲜话题进行了交流。从 2012 年开始，该论坛几乎每次都以主题论坛的形式推出当前最前沿的设计研究主题，如"设计与叙事""恋物""教与学"等，设计的学术研究从广度走向深度。①

值得关注的问题是，近些年来，"设计"不仅被业内人士关注，而且在设计研究领域闯入一些"不速之客"，这群其他领域的"入侵者"给21 世纪的设计发展带来了新的趋势和挑战。比如，在 2016 年年末，由中国工业设计协会发起的世界设计产业发展会议——首届"世界工业设计大会"在浙江良渚的梦栖小镇召开②，大会以"设计·生产力"为会议主旨，通过多个主题性论坛、展览环节，来自 30 多个国家和地区的设计组织、机构、高校、企业的代表共同讨论了在世界范围内设计创新发展的引导思想和发展模式，所讨论涉及设计理论、设计人才、设计投资、设计产业、设计平台等方面的内容。值得一提的是，这样一次看上去像是设计领

---

① 南京艺术学院举办的"全国青年设计学论坛"从 2010 年起已连续推出《设计学论坛》丛书 7 卷。

② 《2016 世界工业设计大会在中国·良渚召开》，《工业设计》2016 年第 12 期。

域盛会的活动，并没有看到一线"著名"设计师或设计学研究"大佬"的踪迹，大会聘请了中国工程院院士陈纯作为大会的首席科学家。科学家、企业管理或营销等人员在"不经意间"闯入了本该只属于"设计师"或"设计学术大佬"们的领地，而且来势汹汹，不容小觑。

（六）国际性设计行业交流平台增多

我国设计产业飞速发展还有一个表现就是国际性设计行业交流平台增多。自 2008 年以来，深圳、上海、北京、武汉陆续被联合国教科文组织全球创意城市网络分别授予"设计之都"称号，每年在深圳、上海、北京等地举办的设计周活动成为我国重要的国际性设计交流平台。与此同时，各种各类大中小型的设计展览、设计论坛、国际会议等交流活动也为设计产业的发展推波助澜。据《中国艺术年鉴 2012（设计卷）》记录，仅以 2012 年为例，不仅有北京设计周、上海设计周等大型的城市设计活动项目，及首届中国设计大展、北京国际设计三年展、深港建筑设计双年展等设计展览，还有"超过 100 种覆盖不同专业的设计竞赛被执行"[①]。同时，由于我国的国际影响力不断提升，很多西方大型的国际性设计展览、设计周纷纷独立开设中国专区，介绍和展示我国当代设计产品和设计现状。比如，每年一届的意大利米兰设计周，就在 2015 年和 2016 年特别开辟专场来展示中国的家具设计。

三　我国设计产业日益凸显的问题

以上几个方面的发展使设计创意领域看上去一片繁荣，热闹非凡，蓬勃生机。然而，在这样繁荣之下，我们却不得不反思日益凸显的种种设计问题。

随着数字高新技术快节奏地更新换代，新型设计领域的兴起和迅猛发展，设计媒介的不断更新，今天的设计不再像现代主义时期那样仅仅忠实地为工业社会提供工业设计产品。设计产品的概念在新时期发生了质的变化，它不再仅仅只是一种批量化的、工业化的物质形态，同时它可以是一种提供用户体验的服务或是一种跨学科、跨领域的设计思维。设计概念和

---

① 王文章主编：《中国艺术年鉴 2012（设计卷）》，文化艺术出版社 2014 年版，第 1539 页。

设计门类的不断扩大颠覆了工业时期人们对设计的理解，使工业时期发展起来的一些现代设计专业的市场受到严重的冲击，一时间，设计界充斥着各种对于职业身份的担忧、恐慌和骚动，正如在 2011 年出版的以设计师们自述、对话形式撰写的《平面设计死了吗?》①一书中所呈现和记录的那样。

与此同时，由于市场需求的推动，很多平面设计师、工业设计师、环境设计师纷纷在担忧中离开了自己从事了多年的本专业，而转向了新兴数字设计领域。大多数情况下，那些转型"成功"的设计师并没有为这种转型做好充分的准备，他们对于新兴设计领域专业知识的掌握还处于一知半解的学习状态，信息技术的日新月异向设计师的专业能力提出严峻的考验。假设一个出生于 20 世纪 70 年代末，求学于 20 世纪 90 年代末专业艺术院校设计专业的平面设计师要转向网页设计或 UI 界面设计，根据我国设计教育和设计行业的发展状况，这位设计师一直以来所接受的专业训练是在艺术学科模式下进行的，而对于数学、物理等自然科学学科的知识是非常欠缺的，甚至可以说对于编程语言等计算机知识一窍不通，非常简单的逻辑分析我们就可以想象这样的一个设计师在转型的过程中所经历的辛苦和冲击。而这样的例子并不在少数。于是，数码技术领域的人工智能、3D 打印、虚拟现实、大数据分析等技术被设计师所膜拜，各种先进的技术设备充斥在大大小小的设计展览中，包括在很多院校的本科生毕业展中都已经成了常用的配置。在笔者看来，这样的现象并不是在展示设计创意与高新技术相结合的前沿状态，更多的是一种如"暴发户"似的技术性炫耀，而它无不在表明设计在"创意"大行其道的时代失去了创作的动力和魅力，转而成为炫耀技术、膜拜工具的场所。

其次，近年来，跨界、融合等词汇成了设计界最热门的概念。跨界设计似乎逐渐发展成为一个与产品设计、平面设计、空间设计并列的设计方向，比如在 2012 年的首届中国大展中，跨界设计与其他三大设计门类的并列独立展出。于是，各种跨界模式被一夜间开启，设计师客串美食圈，电影明星客串服装设计界等现象比比皆是。本该属于高级别的设计交流和展示平台的设计周、创博会，变成了闹哄哄的生活集市。不可否认，相对绘画、雕塑等纯艺术性的专业而言，设计的文化属性更偏向于大众化，但这样的文化属性并不是在否认设计的学科性和专业性。当每个人都在打着

①　李德庚、蒋华等:《平面设计死了吗?》，文化艺术出版社 2011 年版。

"人人都是设计师"的旗号呐喊时，当设计成为一种无人不会的技能时，设计的本体价值也就渐渐消失了，设计的专业性、学科性开始变得模糊，甚至也就无法再谈了，这样的状态对于设计学科本身的发展是不利的。

再次，我国设计师文化自信心不断提升的同时也催生出一大片幼稚的民族主义分子。其最典型的表现在对于传统文化的过度消费，中国元素在设计中的滥用，使我国的设计作品同质化问题严重，原创性设计产品和观念缺失；一笔水墨、两件古玩、三行书法就成了"中国设计"的全部，并常常以"具有中国特色的设计"自居，贬低或无视西方设计，以抬高中国设计的方式将我国的设计发展独立于世界设计发展历史之外，画自己的"小圈子"。这种现象在设计展览和设计理论界并不少见。

这种表面繁荣下所呈现的种种混乱不得不让人深思。设计并不会在信息时代就停止发展的脚步，恰恰相反，这十多年的经验告诉我们，运用新技术、新发明，融合新兴领域的新成果将大大推动设计的飞速发展。那么如何在新兴科技领域使设计大放光彩是整个设计领域的设计师、设计研究人员、设计教育者都应该思考的问题。

结　语

在互联网迅猛发展的今天，设计已然作为一种先进的生产力推动着社会的发展，也使人与机器的关系日益紧密。高科技的强大通过"设计"渗透到人们日常生活的每个角落，将现实产品与虚拟世界相连，刺激并重组着人的听觉、视觉、触觉乃至嗅觉和味觉，创造出沉浸式的体验，从而使技术美学和艺术审美在感觉中得以体验。

随着设计概念和外延的不断扩大，设计教育改革势在必行，设计教育如何走出以仅传授设计专业知识和工艺技术为主要任务的教学模式成为非常值得探讨的问题。信息时代的发展对于设计理念与观点、设计意识与思维、设计管理等专业能力的需求是目前我国的设计教育所无法满足的。而这些需求恰恰是设计师所需要具备的基本专业能力和素养，它可以帮助设计师不轻易陷入技术主义和工具理性的漩涡，去寻找设计在信息时代的价值地位。

跨学科、跨领域的合作是整个社会经济、文化发展的方向和趋势。设计作为一门专业的学科领域，具有其特殊的学科属性，一端关联着艺术，另一端又与技术相关，它需要在视觉优雅和工程材料科技、数字媒体技术、用户需求、创意成本控制等方面做出全面的平衡，因此，具备横跨艺术学、社会学、工学等学科的先天跨学科特征，但不是一个大杂烩。设计学科的"跨界"应具有明确的学科或领域方向。必须强调的是，不是所有的"跨界"都被称为"跨界设计"，只有那些具有明确的学科方向、提出新问题、创造新形式、发展新方法、拓展新领域的设计实践才能是跨界的设计，这样的设计具有明确的学科倾向和创新性。

设计师的创新能力、思维方式、所具备的基本专业知识等都显示出他们的专业素养，设计学科与其他自然、人文、社会学科一样，具有其他学科无法替代的专业性，而这样的专业性需要依靠设计产业制度的完整性、设计教育理念的先进性、设计行业水准的高效性及设计研究的贡献度等方面来保障和展示，并通过设计产品来提升设计产业的竞争力，使设计在社会文化构建中发挥作用，提高我国综合国力，为实现伟大的民族复兴"中国梦"做出贡献。因此，保持设计学科的专业性高度是我国在设计创意产业发展过程中非常值得关注和思考的问题。

俗话说，前途是光明的，但道路是曲折的。现代设计的发展史告诉我们，政府的大力扶持和社会不断增加的需求是现代设计得以发展的两大主要推动力。在国家"文化强国"的战略方针政策指导下，我国的设计创意产业将会呈现更加繁荣的景象。但在"繁荣"下，我们应该时刻保持清醒的发展思路，在危机面前应该努力寻找发展契机的可能。笔者相信，经过今后十年的发展，我国的设计创意产业将是另一番新的景象。

Reflection on the Prosperity of Chinese Design Industry

Abstract：Starting from the current situation of design industry, this paper expounds that in recent years, China's design industry has achieved five prosperity and development under the promotion of national institutional policies. But in a boom, the imperfect development of the design industry is appeared, the crisis problem is highlighted. How to make the design have a healthy development in the new era is worth thinking for Chinese designers and educators in the whole design field.

Keywords：Design Industry；Prosperity of Design；Crisis of Design

(陆丹丹：苏州科技大学传媒与视觉艺术学院院长助理、副教授)

文化创意重构传统工艺的发展路径

林　力

摘要：传统工艺不仅需要通过"申遗"的方式得以传承和保护，更需要得到文化价值的提升和转化，将传统工艺转化为创意产业，创造产业价值，使手工艺介入当代物质财富的创造中。而文化创意产业作为战略性新兴产业，在驱动经济发展、加速传统产业转型升级方面具有重要作用。文化创意重新构建了传统工艺的传承和发展之路。

关键词：传统工艺　文化创意产业　文化创意　产业转型

一　关于文化创意产业

文化创意产业是 21 世纪兴起的知识密集型、智慧主导型战略产业，它承载了经济发展的新形式和新动力。作为战略性新兴产业，文化创意产业在近年来的发展态势"越来越凸显出经济新常态下推动传统产业转型和促进经济结构升级的重要性"。为鼓励文化创意产业在实践探索中能够不断突破创新，国家颁布了一系列的指导性文件、政策和意见。2009 年国务院在《文化产业振兴规划》中明确提出大力发展文化创意等九大重点产业。2011 年党的第十七届六中全会在《关于深化文化体制改革，推进社会主义文化大发展大繁荣的若干重大问题的决定》中提出加速发展文化创意产业等新文化产业，推动文化产业成为国民经济支柱性产业的战略目标。2012 年文化部在"十二五"规划中提出文化产业倍增计划。2016 年国务院印发《"十三五"国家战略性新兴产业发展规划》将文化列入"五大幸福产业"之一，对文化产业在促进消费增长和消费升级、拉动内需方面提出了更加务实的要求；提出推动更广领域新技术、新产品、新业态、新模式蓬勃发展，带动区域经济转型；促进优秀文化资源创造性转化，鼓励对非物质文化遗产等文化资源进行数字化转化和开发。在这些宏观政策的引导下，我国的文化创意产业更加蓬勃地发展起来。

(一) 文化创意产业释义

文化创意产业是一种利用人的创意和服务，通过产业化的组织形态，不断开发文化资源，大量提供文化产品和文化服务的经济形态，它也是一种与文化紧密联系、政府用来促进本地经济、文化、社会进步的产业政策。这一概念最早出现于 1998 年 11 月英国布莱尔政府发布的《创意产业图录报告》(Creative Industries Mapping Documents，CIMD) 中，这份报告正式提出了"创意产业"的概念，将创意产业定义为"起源于个体创意、技巧及才能，透过智慧财产权的生成与利用，而有潜力创造财富和就业机会的产业"。并把创意产业分成十三个类型，其中就包括工艺和设计。不同国家对此的称呼大不一样，包含的类型也不尽相同，总的来说，文化创意产业以文化要素为对象，以创意为产品核心内容，利用符号意义创造产品价值，知识产权成为企业的重要资产，并受法律保护。

(二) 文化创意产业特征

作为一种新型的产业形态，文化创意产业既有一般产业组织的共性，又有自身的个性化特征，主要表现在以下几个方面：

首先，创意产业是一种无边界产业，可以融合到任何产业中，并以一种新的思维方式提供新的发展模式，转变发展方式、实现产业创新。创意产业是以创意产品为主体，但它自身价值的实现却更多是以相关产业的产品为基础，如工业品、手工艺品，甚至农业品。文化创意产业促进了文化、艺术、信息、休闲、娱乐等不同行业和领域的重组与合作，形成了新的产业价值创造形态，推动了文化发展与经济发展的结合。不同业态的行业群相互交叉渗透，形成网络状产业结构，表现出跨产业部门的特性。

其次，无形资本成为创意产业的主要资本形态。文化创意产业的发展主要依赖于人类积累的知识、智慧、创造力等主体资源，以及由人类创造出来的一些非物质成就，如文化遗产、精神思想和技术成果等，而不是土地、矿藏等物质载体的客体资源。社会资本、信息资本、文化资本和思想资本等都可以成为推动产业发展的重要生产要素，创意产业的核心资本主要是知识和智慧，而非传统意义上劳动力与原材料。

此外，目标的多元化是创意产业区别于传统产业单一经济目标的显著特征，创意产业在经济、社会以及人本身发展上的多元目标是其在新发展格局下的真正魅力所在。创意产业不仅创造了财富、增加了就业机会，还对整个社会进行了改造和更新。创意产业在发展经济的同时发展社会，发展个人的创造力和潜能。

（三）文化创意产业的存在形式

文化创意产业强调无形资源和主体资源的开发和利用，其创意经济的存在形式主要呈现为"产业的创意化"和"创意的产业化"两种模式。根据张京成、刘光宇在《创意产业的特点及两种存在方式》中的论述，"产业的创意化"又叫作创意经济的"截层模型"，就是在已有的产业中加入创意元素从而实现产业升级；在"截层模型"中，创意切入传统产业链的环节大多位于产业链的中下游，即生产制造、推广营销阶段。"创意的产业化"也就是创意经济的"引信模型"，即一个创意催生出一个新产业；在"引信模型"中，创意在产业链的上游就开始发挥作用，从产品内容的策划、研发、设计开始，引导产品的生产和推广，并逐渐衍生出一条完整的产业链。因此，上述创意经济的两种存在形式代表了创意和传统产业结合的两种不同方式。

（四）文化创意产业的组织体系

构成文化创意产业组织体系的基本单位是创意社群，也就是与创意产业发展相关的各类资源形成的关系网络，它是一个有着生命力的群落，是不同层次的创意群体在创意研发、生产、销售、交流过程中形成的社会关系的总和。从实际情况来看，创意社群是一个能充分利用文化、艺术、产业和社区之间重要联系的群体。创意社群的形成也可以是跨越地域限制的，组成创意社群的人员可以来自全球的任何地方，组织结构是典型的松散型，网络是彼此相连的载体，创意社群的内部成员之间具有充分交流的自由空间，拥有能够及时反馈修正的畅通渠道。这个组织网络能够促使创意产业的良性发展。

二　传统工艺发展现状

(一) 传统工艺的价值与现状

作为非物质文化遗产的传统工艺,其价值在今天越来越被认可,它体现了一种悠久的人文精神和独特的文化品格。传统工艺所具有的社会价值、文化价值和艺术价值,使其成为区域性地方文化的象征。而传统手工艺品也体现了人性的温度,在讲求速度、效率和经济效应的现代社会折射出人文的光辉,这是大工业生产无法取代的。带有地域性、传统性的手工艺品被后工业时代的大众群体所喜爱,成为文化消费的主要对象之一,适时满足了人们不断增加的多元化的精神需求以及张扬个性的需要。传统工艺文化强调人、物、自然平衡发展的造物思想以及充满了人文精神的价值主张,是现代社会实现可持续发展的思想宝库。

在倡导从"中国制造"向"中国创造"转型的当代中国社会,传统工艺因其自身的技艺特点、文化性和艺术性而具有产业升级发展的创意价值。传统工艺不仅需要通过"申遗"的方式得以弘扬、保护和传承,还需要得到文化价值的提升和转化,将传统工艺转化为创意产业,创造产业价值,使其在当代社会被持续关注、生产和消费,"使手工艺介入到当代物质财富的创造中,而不仅仅是一种技艺表演"。通过创新让传统工艺焕发生机,使其融入大众的日常生活。从小众的"非遗"向大众化的创意产业转化,在保持其内在的文化与技艺内核的基础上,将传统工艺与时尚创意、先进技术、资本资金、创意营销等完美结合在一起,从而提升工艺的附加值。

(二) 传统工艺发展存在的问题

然而,不可否认的事实是目前传统工艺对社会和大众生活的影响依然十分有限。传统工艺的生产经营不成规模,能形成集聚式产业化发展的工艺种类比较有限;传统工艺同时代的审美和需求还存在着一定的距离,在向现代产业化发展转型时又遭遇人才储备不足、青黄不接的困境;一些传统工艺因循守旧、从业者视野狭窄,往往重工艺、轻设计,导致创新能力不足,产品样式陈旧,无法吸引年轻一代;精湛的工艺技巧制造的产品大多数沦为大众接触不到的奢侈品,朴素的民间工艺又经常产出粗放型的产品，一些地方的民间工艺还采用简单化、批量化生产，导致民间工艺品的艺术性、风格化、地域性和差异化缺失，低端供给较多、粗制滥造、千篇一律；有的传统工艺还面临着生产资源受限的问题，需要考虑生产转型，减少资源耗费；一些民间工艺存在于偏僻乡野，缺乏顺畅的销售渠道；大多数民间艺人知识产权意识薄弱，缺乏法律保障；地方政府的作用也十分有限，往往对传统工艺的扶持力度不大，缺乏相关的配套性政策法规；传统工艺的传承保护与发展创新之间也存在着割裂的矛盾。传统工艺的转型和发展正面临着各种有待解决的问题。

三　文化创意与传统工艺的融合

传统工艺面临的上述诸多问题，正是缺乏一个有效的组织网络，来帮助它转型，缺乏产品的创新、技术的更新和销售渠道的拓展等。传统工艺的创新发展，应该不仅仅只是创新工艺产品，而是要创新整个传统工艺的发展模式。而文化创意产业作为战略性新兴产业"以要素创新驱动业态创新、以产业转型拉动消费升级、以文化之力推动实现文化正义的动力转换和生成模式"，在驱动经济发展、加速产业升级等方面发挥着重要作用，文化创意对重新构建传统工艺的传承和发展路径有着重要作用。

（一）文化创意对传统工艺转型发展的作用

为了推进传统工艺行业转型升级，国家连续出台了一系列的政策、方针、文件。2006 年，《国家"十一五"时期文化发展规划纲要》明确将工艺美术发展列入文化产业中；2012 年，《文化部"十二五"时期文化产业倍增计划》将工艺美术列入十一大重点发展产业；2014 年，工业和信息化部出台《关于工艺美术行业发展的指导意见》提出全面推进行业转型升级；2016 年，国务院出台的《"十三五"国家战略性新兴产业发展规划》提出加强现代设计与传统工艺对接、促进融合创新。

文化创意与传统工艺的融合为传统工艺行业带来了活力。近年来能够突破地域限制、获得市场普遍认可的工艺品，基本上都在技艺传承的基础上融入了当代创意的内容。在国内外有影响力的设计大展上展出的那些时尚漂亮、现代感十足的手工艺品，颠覆了很多人对传统工艺的想象。正是将传统技艺与创意设计结合起来，才创造出了符合当下人审美情趣的创新产品，这应该是中国传统工艺的未来发展之路。因此，将文化融入传统工艺行业，在内容策划、产品研发、设计创意、生产工艺、销售模式等环节突出文化的引导和增值作用，不仅可以极大地提升传统工艺行业的竞争力，而且可以通过蕴含文化内涵的创意工艺产品的消费，把文化力转变为生产力和经济发展的动力。文化力是创意工艺产品参与市场竞争的软实力。

（二）产业融合形成创意工艺产业链

文化创意产业与传统工艺的融合能够形成新的创意工艺产业链，从而解决产品创新、技术更新、拓展销售渠道等问题。产业链是用来描述产业内各个产业主体之间内在的链条式关联关系，以及进一步形成的网络关系，也是用来分析产业要素构成、产业组织结构等问题的研究工具。创意工艺产业链描述了以某种工艺为基础，具有内在联系的主体群结构，包括了产品内容创意者、原材料供应商、创意工艺品生产者、创意营销机构以及创意工艺产品的最终消费者。

在这条产业链中，内容创意位于上游，内容的原创能力及内容资源的集成配置能力越来越成为产业链的核心。创意工艺产业在进行内容创意设定时，可以结合地方特色资源进行原创性构思。将好的构思转换成具体的创意产品，需要针对内容创意进行产品形态、功能等的研发设计。最终需要通过产业链上的不同创意主体运用特定的技艺资源和工具、通过恰当的生产手段，以有形的物质载体形式展现出来。营销推广环节需要创意企业能够借助于相关的媒介手段，扩展创新工艺品的传播范围，扩散文化产品的影响区域。

（三）创意产业内的文化消费与文化消费品

创意产业与传统工艺的融合，能够为大众提供具有文化价值和内涵的文化消费品。文化消费领域是经济改革转型升级的产业高端形态。2015年，国务院出台了《关于积极发挥新消费引领作用加快培育形成新供给新动力的指导意见》（以下简称《意见》），指出以传统消费提质升级、新兴消费蓬勃兴起为主要内容的新消费，蕴藏着巨大发展潜力和空间。《意见》明确了在新消费中，增加消费领域特别是服务领域有效供给是重点。对文化产业等六大产业相应出台了一系列措施，从顶层设计上指明了我国今后消费发展的方向和具体路径。

文化成为消费品已经成为目前的消费趋势，文化消费也是当前文化接受的主要形式之一。带有明显地域性、传统性的工艺品成为消费时代被青睐的消费对象，传统工艺适时满足了后工业时代人们不断增加的多元化精神需求，也为传统工艺的传播和创意手工艺品的发展提供了机会。然而对传统工艺的消费既要尊重市场规律、考虑经济效益，又不能简单用产值来评估其价值，还要考虑传统工艺的社会效益。

四　文化创意重构传统工艺的发展路径

传统工艺基本上都是手工生产，它们构成了传统的手工业。文化创意产业可以将传统工艺与现代设计、都市时尚、城市生活需求进行联结，形成新型的创意手工业。创意手工业是一种文化艺术含量高、附加值大的新业态，强调用创意思维和文化元素提升传统工艺行业的附加值，通过创意的投入使传统工艺行业转型升级，创造出新的市场空间和新价值，从而实现手工艺产业的增值。

从工艺生产的视角来看，创意手工业就是对传统工艺生产经营的过程、模式、技艺、工具、产品等进行创意、设计，从而实现产业升级；从创意产业的视角来看，创意手工业则不仅仅是要生产出创意产品，还要创新传统工艺的发展模式。通过构筑多层次的产业链，把传统技艺、创意产品、文化艺术活动以及市场需求等有机结合起来，形成彼此良性互动的产业价值体系，为传统工艺的发展开辟新的空间、实现工艺产业价值的最大化。

（一）创新传统工艺发展模式

"产业的创意化"模式在传统产业内融入创意资源，提高创意在传统产业中的贡献率，打破传统产业格局，通过重组促成不同行业和领域的合作，这种模式下创意更多地从产品的生产制造和宣传推广等产业链的中下游进入传统产业。"创意的产业化"模式让创意在产业链的上游即发挥作用，继而借助资本等其他生产要素的帮助进入产业化运作，衍生出完整的产业链，在此过程中创意产业具备了自己的从业群体、营销渠道、消费终端、利润分配方式等完备的产业组织和要素。传统工艺行业更应该在靠近价值链上游的核心内容设计、产品设计阶段与创意经济结合，从而使创意更有效地提升传统工艺的价值、创造新的价值空间，从产品内容的创意开始，引导创意产品的研发、设计、生产、推广，逐渐衍生出一条完整的创意工艺产业链。

（二）构建良好的创意产业链

构建创意产业链，打造全景产业价值体系。创意手工业的产业链包含核心内容创意、产品研发设计、生产制造、营销推广等几个环节，在这些环节适时加入文化内容和创意理念，打造良好的产业链条。全景产业价值体系包括核心产业、支持产业、配套产业和衍生产业四个层次的产业群。就创意手工业而言，核心产业是以特色创意手工艺品和手工艺社区为载体的手工业生产和文化创意活动；支持产业是直接支持创意产品的设计研发、生产加工，以及推介和销售创意产品的事业群体，如提供创意和策略的专业机构、高校及科研单位、产品原材料和生产设备供应商、展览展会等活动的策划单位、生产加工厂，以及金融、媒体等企业；配套产业则是为创意手工业提供良好环境和氛围的企业群，如旅游、餐饮、休闲、娱乐、体验中心等；衍生产业是以传统工艺和文化创意成果为要素投入的其他企业群。建立完备的创意产业链，打造全景产业价值体系，从而发掘创意手工业的最大价值。此外，创意手工业也可以利用与当地居民协作的方式来生产，重视当地居民因地制宜的设计智慧，采用低技术生产方式，借助"设计的成功与加工的机巧而产生产品魅力，使之增值"。

（三）建立创意社群、壮大创意阶层、打造创意生态系统

传统工艺行业的转型、手工艺的可持续发展，需要创意人才、传统手艺人、销售渠道、生产资源等各类资源共同组成的创意社群，集创意、设计、生产、销售、交流于一体。在这个社群中，创意阶层发挥了关键性的作用。美国卡内基梅隆大学的教授理查德·佛罗里达（Richard Florida）在其著作《创意阶层的兴起》（*The Rise of the Creative Class*）中指出 21 世纪是创意阶层的世纪，所谓创意阶层是指所有需要创意的职业中从业者的总称，这些人的生活方式以及价值取向会左右未来城市和社区的发展方向。文化创意产业的生产主体是创意阶层，根据在产业链上的作用和分工的不同，分为文化创意的生产者、文化创意活动的组织引导者以及文化创

意成果的经营者。传统工艺行业要实现产业转型升级，需要创意阶层的介入，只有壮大创意阶层，才能为创意手工业带来持续不断的发展动力。创意阶层的形成，一方面可以通过加强创意人士的培养；另一方面还可以借助于外来创意力量，加强与高校、研究机构及创意专业人士合作。

（四）现代科技与工艺生产深度融合

现代科技与工艺生产深度融合，利用高新科技拓展工艺产品创新发展空间。传统工艺的传承和发展，是一个应对"变"的局面的过程。用发展的眼光看待传统工艺的持续发展特性，不能一味的守旧、不变。在保持传统工艺核心技术、原有手工制作本色的基础上，利用现代科技整合原有的手工技艺、降低消耗、提高效率，采用先进科技完成辅助性工序。手工技艺与新技术的结合，可以更新原有的生产领域和生产方式，丰富产品形态。比如，中国民间纺织技艺生产的土布到了德国进口商手中，通过 400度高温的工序处理，土布的手感变得更加柔软，但原有的韧性仍然保持不变；经过加工技术改进后的土布，在欧洲市场上作为高档面料出售，售价是原来的 4 倍；传统布艺要发展，必须结合现代科技、努力提高科技创新能力，在此基础之上才能让传统土布焕发新的生机。现代科技与传统工艺的相互结合和共融共通，是工艺产品不可逆的发展趋势。现代社会只有更新观念，适时而变，跟上时代步伐，才能使传统工艺重现生机。

（五）转换传统工艺的功能与角色

传统工艺在原来农耕文明的文化语境下有着特定的功能性，进入现代社会这些原有的功能有的面临着解构和转换。传统手工艺品从实用性到装饰性、艺术性，从宗教信仰的精神性到娱乐性、观赏性，功能的改变反映出传统工艺面临的现实处境，另一方面也体现了人们的实际需求。手工艺品在失去了原有功能后，不得不调整自己在社会生活中扮演的角色，努力找到新的身份、发掘新的价值。比如现代都市群体对手工制造本身的热爱，各种可以让用户自己动手制作体验的陶艺作坊、银饰工作室、玻璃工坊、手工印染工作室相继涌现出来，体验经济大行其道。现代都市群体更加愿意体验代表了农业社会节奏的手工艺制作流程，体验手工劳作的乐趣，以此达到消解高速运转的都市生活带给人们的各种压力，从而达到手工产品本身达不到的休闲娱乐效果。这是传统工艺意想不到的创意价值。

（六）注重知识产权保护

文化创意产业是后工业社会的新型产业经济形态，相对于传统产业依靠土地、厂房、资源、机器等硬件要素驱动而言，人的创造力、文化、品牌、知识产权等软件要素是创意产业发展的主要驱动力。国家在颁布了一系列加强工艺美术保护的政策法规及管理办法外，2016 年国务院印发的《"十三五"国家战略性新兴产业发展规划》中指出，强化知识产权保护和运用；积极推进专利法、著作权法修订工作；跟踪新技术、新业态、新模式发展创新，完善商业模式知识产权保护、商业秘密保护、实用艺术品外观设计专利保护等相关法律法规。对知识产权的保护，有利于创意产业的培育。创意手工业发展的关键在于能够将创意转化为创新产品，并通过创意产业链形成新的产业群，这就更需要对创意产品所属的知识产权进行有力的保护。知识产权保护有利于创意源的涌动，有利于新创意的产业化和新产业群的形成，没有有效的知识产权保护就没有持续繁荣的创意产业。创意手工业的从业者们也应该提高知识产权保护意识，为创新产品申请专利，保障自己的合法权益，激励产业创新。

（七）打造品牌形象，进行品牌化发展

文化创意产业的竞争力来自知识创新、自主产权以及品牌价值的开发和运营。创意经济时代，软性资本成为获得竞争优势的主导要素，品牌就是一种软性资本，拥有品牌就能占有市场，品牌建设有助于提升产业价值。从传统工艺行业到创意手工业的转变，要求创意产业主体从原来单纯的工艺产品经营制造转变到品牌文化经营，产业发展要求更加多面化、立体化和综合化。以品牌拓展市场，通过视觉符号、理念、语言、行为等塑造品牌个性、增强品牌的识别性，引导消费者理解品牌的核心价值，挖掘品牌背后深层的文化要素，建立良好和稳固的品牌形象，才能创造出相应的品牌价值。创意手工业希望能适应时代要求、符合当代审美、满足消费者心理需求，就必须对与品牌关联的目标消费群体进行整体分析，对品牌进行准确定位，赋予品牌独特的形象和内涵，在品牌定位的基础上进行整合营销，在品牌和消费者之间建立起忠诚和信任。品牌是一种情感投资，只有在创意手工艺品牌与消费者之间建立起忠诚和信任、实现有效沟通、为消费群体带来美妙体验，才能提升创意手工业的价值。

（八）利用新兴技术，进行创意营销

文化创意产业的市场创新包括了创意产品营销推广和传播途径的创新。科技成为创意的核心，拓展了市场营销的渠道。"互联网＋"将互联网等先进通信技术与其他行业和应用结合，形成了一系列新服务、新产品、新业态，带来了新型营销模式。网络技术搭建了一个让创意直接面对终端消费者并实现交换的平台，为创意打通了市场终端，使得创意能够不受时空的限制，迅速走向市场。博客、微博、社交网络、微信公众号平台等自媒体的兴起，使每个人都有传媒的功能，创意手工业的经营主体们可以借助于自媒体进行营销。

不同于传统制造业大批量、流水线的生产方式，创意生产强调定制与体验。创意手工业可以将手工艺存在的社区或创意工艺产品生产园区作为文化消费和体验的场所，将体验与娱乐结合，顺应"娱乐至上"的当代社会群体性心理需求，以娱乐、体验的方式进行柔性营销。

结　语

创新能力强弱将成为区域经济水平高低的决定性因素，文化创意产业作为战略性新兴产业在提高国家和地方经济发展水平、帮助传统产业转型升级方面起到了重要作用。但是我们也必须意识到，对传统工艺行业进行文化创意产业的升级改造，这种策略很有可能也会是一把双刃剑，创意经济在激发了传统工艺行业活力的同时，也有可能促使传统工艺丢失其核心价值。用文化创意重构传统工艺的发展路径的前提是，保留传统工艺的核心技术和独有文化，这是传统工艺行业进行产业化转型升级的安全底线。用文化创意产业发展的思路来看待传统技艺的传承和发展问题，既要能抓住机会，又必须小心谨慎，避免产业化发展、科技、速度和效率对传统工艺可能带来的伤害。

传统工艺的传承和发展是一个不断应对变化的局面的过程，在这个过程中，我们也不能一味地因为强调传统性而忽略了其创新的可能性。传统从来都是一个不断接收、整合、吸纳新事物的过程，只有具有这种包容性，传统文化才能绵延长久、充满勃勃生机，传统工艺及工艺文化也是如此。在文化创意产业兴起的大格局下，传统工艺的传承和发展需要我们在

守护底线的基础上，大胆尝试让更多的创意元素加入到传统工艺中，才能让古老的文化遗产焕发生机。

Cultural Creativity Reconstructs the Way of Development of Traditional Craft

Abstract：Traditional craft not only need to be inherited and protected by applying to the list of Intangible Cultural Heritage, but also need its cultural value to be upgraded and transformed. It also should be turned into the creative industry and create industrial value, and participate in the creation of wealth. As a strategic emerging industry, the creative industry plays an important role in driving economic development and accelerating the transformation and upgrading of traditional industries. And cultural creativity is essential to reconstruct the way of development of traditional craft.

Keywords：Traditional Craft；Creative Industry；Cultural Creativity；Industrial Transformation

（林力：云南艺术学院讲师）

论非物质文化遗产的生活化保护

马　丽

摘要：非物质文化遗产生活化是指将非物质文化遗产的理念、技艺和产品融入民众生活。市场是供、求的产物，健康的市场应该是供求平衡的。现阶段我国非物质文化遗产保护的主导思想是生产性保护理念，侧重对文化供应的恢复，而生活化保护关注的是对文化需求的引导与满足。本文将从理念、技艺和产品三方面探讨非物质文化遗产生活化的问题。

关键词：非物质文化遗产　生活化　保护

"当优秀的艺术珍品和普通行业的产品之间保持密切联系的时候，艺术珍品才能获得最普遍和最深刻赞赏，而文人雅士眼中的艺术珍品，由于远远脱离广大群众，高不可攀，因此，对广大群众说来，这些珍品就会显得苍白无力。这时，对美的渴望，很可能转为对低级庸俗东西的追求。"[①] "当人们的自我文化价值判断出现了盲从和偏差，一些文化快餐的生产和批量复制便悄然盛行，具备较高艺术价值的文化产品和服务便失去了应有的市场份额。"[②] 面对这种情况，中国非物质文化遗产（以下简称非遗）保护在经历了抢救性、整体性和生产性保护后，接下来将要处理的是非遗生活化的问题。

非遗生活化是指将非遗的理念、技艺和产品融入民众生活，此非遗保护理念的提出旨在弥补非遗生产性保护偏重文化供应而忽视文化需求的缺陷，将非遗保护的重点引向对文化需求的引导与满足，最终扩大非遗在百姓生活中的存在感，增加非遗的使用率。

---

① [美]约翰·杜威：《活生生的人》，蒋孔明主编：《二十世纪西方美学名著选》上卷，复旦大学出版社1987年版，第335页。

② 伟杰：《文化产业开发过程中的文化价值冲突与选择问题研究》，华中师范大学2014年博士学位论文，第18页。

非遗生活化可从理念、技艺和产品三方面入手。非遗理念的生活化，是指引导群众形成深度欣赏、热爱传统的审美倾向。非遗技艺生活化，是指让消费者有机会了解非遗技艺，并有亲身体验的渠道。非遗产品生活化，是指把握文化消费市场需求，生产让群众买得起、用得上、喜欢看的非遗文化产品。非遗理念和技艺的生活化是修复非遗文化场域的基础，因此本文将从非遗理念和技艺的生活化谈起，最后探讨非遗产品生活化的问题。

一　理念生活化

打开智能设备，数以万计的图片摆在面前，用户会不假思索地做出选择。软件开发者发现了商机，生产出了可以归纳消费者审美取向的软件，定期推送广告。审美取向是不能忽视的，它影响的不仅是文化消费，还有整个社会的文化面貌。要让非遗理念融入社会生活，对民众审美取向的引导刻不容缓。

美学经济兴起后，"设计师们对美都有一个十分明确的看法，在他们看来事物的审美价值是完全可以量化的。设计师们通过社会调查、民意测验、计算机数据处理获得美的标准，然后再按照美的标准进行设计，最终生产出完全符合美的标准的产品，从而将整个社会从表到里都彻底地标准美化"[1]。我们将这种美称为"平均美"。

"当某一种美学感受能被企业所掌握、某一套美学符号被社会上大多数人规律化的使用，这也差不多是这一美学消亡的时刻。"[2] 在这个信息化的时代里，"一套美学符号"的消亡速度是惊人的，消费者已习惯于此，他们清楚地知道除了"这个"还有"那个"，即使"那个"还没出现，应该很快就会来的。于是"平均美"培养的是浅尝辄止的审美，引发的是追求短时刺激、浅层体验的审美取向。而现代工艺设计作为"平均美"的"培养皿"，经历了工艺美术运动、新艺术运动和德意志工作联盟，成熟于包豪斯，是西方文明的现代产物，带给人们的第二个审美取向无疑是追求现代感、热衷舶来品。

---

① 彭锋：《西方美学与艺术》，北京大学出版社 2005 年版，第 301 页。
② 廖伟雄：《美学的经济》，中信出版社 2012 年版，第 45 页。

非物质文化遗产具有的却是一种"独特美",它蕴藏着深刻的历史文化内涵,散发着传统的民族个性,它激发着世人的文化自觉,构筑着民族和国家的文化自信。利于非遗推广的审美取向应该是与非遗的历史性和传统性相契合的:习惯深度欣赏、热爱传统的审美取向。深度欣赏是历时的、深刻的,民众通过对非遗历史文化知识的积累,减少和非遗的历史隔膜感。历史文化教育可以担当协助民众积累非遗历史文化知识的重任。要让群众热爱传统则需要建立起群众与非遗传统性的情感联系,这就需要在文化服务中加大非遗审美体验的容量。

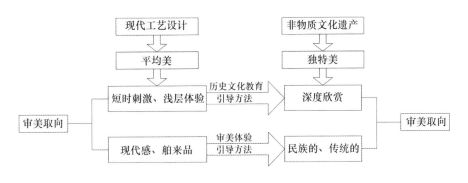

图 1 审美取向引导模型

对公众审美取向的引导可以从两方面入手,下面分别加以论述:

(一)处理好历史与审美的关系

非遗历史教育与审美体验互为表里,做到均衡发展,则可以很好地平衡人的自然冲动与理性冲动,实现审美教育对健康人性的培养,但在实际操作中却出现了问题:历史教育与审美体验没有得到兼顾。"遗产保护"的概念源起于欧洲博物馆的兴起,前述问题可以在欧洲博物馆史中找到源头:18世纪下半叶以前,欧洲博物馆多为皇家和贵族私人收藏,藏品依据美学原则分类悬挂,只供具有一定艺术修养的特定人群参观。18世纪下半叶以后,欧洲博物馆面向大众开放,逐渐形成了博物馆史上的两种展览模式。"在教育模式中,艺术品被视为艺术史框架中的材料,在博物馆中实现了可视的艺术史和人类文明史;而在审美模式中,艺术品的独特和超验性成为表现的重点，博物馆则是一个欣赏和沉思的场所。"①

　　教育模式源起于 18 世纪晚期兴起的历史主义浪潮，旨在帮助参观者了解艺术发展的历史脉络，适合面向艺术修养参差不齐的大众。审美模式则注重启发参观者的审美体验，产生于私人博物馆时期。当时的参观者都具有很好的艺术修养，这成为教育模式支持者怀疑审美模式无法运用于公共博物馆的依据。现在，博物馆展览经常将两种模式融合，从中国的整体情况来看，历史模式仍然占据博物馆展览的主流。这种历史观从博物馆领域延伸到了文化服务的诸多领域，而审美体验往往是被忽视的。

　　要解决历史教育与审美体验的冲突问题，我们不妨从美学研究中寻找答案。苏珊·朗格在《艺术问题》中写道："艺术中使用的符号是一种暗喻，一种包含着公开的或隐藏的真实意义的形象；而艺术符号却是一种终极的意象——一种非理性的和不可用言语表达的意向，一种诉诸于直接的知觉的意象，一种充满了情感、生命和富有个性的意向，一种诉诸于感受的活的东西。"② 当代美国著名的比较哲学家和美学家多伊奇则将艺术的符号价值，艺术中意义的最基础载体，分为自然符号价值、因袭符号价值和本质符号价值。

　　自然符号价值（natural symbolic values）源于人对自然中某些规律的直接观察（如用"太阳"象征"热"）和原始的无意识的联想（如用"明亮的光"象征"精神光辉"）；因袭符号价值（conventional symbolic values）是后天学习的，分为环境的、文化的和个人的三种。"环境符号价值立足于客体本身的暗示性（如'柳树'象征'悲哀'），文化符号价值有赖于特殊文化信仰或宗教—历史事件（如'十字架'象征'苦难'），个人价值符号则根据的是艺术家特殊的、主观的选择（如里科［Rike］的'天使'）。"③

　　自然符号价值和因袭符号价值指的是苏珊·朗格提到的"艺术中使用的符号"，可以用语言文字加以解释、传播，通过历史教育加以普及。

---

① 薛军伟：《审美与历史之间 西方美术博物馆史上的两种展览模式》，《新美术》2016 年第 7 期。

② ［美］苏珊·朗格：《艺术问题》，滕守尧译，中国社会科学出版社 1983 年版，第 134 页。

③ ［美］埃利奥特·多伊奇：《勃鲁盖尔与马远：从哲学角度探索比较批评的可能性》，载《二十世纪西方美学名著选》下卷，复旦大学出版社 1988 年版，第 537 页。

本质符号价值（essential symbolic values）"是艺术作品的意义，就是一个以绚丽的形式出现的艺术作品自身的形式"①。对应的是苏珊·朗格符号论美学中的核心理念"艺术符号"，它表现的是"真实的生命感受，那些互相交织和不时地改变其强弱程度的张力，那些一会儿流动、一会儿又凝固的东西，那些时而爆发、时而消失的欲望，那些有节奏的自我连续"②，这些纯粹的情感是无法用语言表达的，只有观者自身才能体会，而这种体会是生命的、人类的、共通的，即使没有艺术修养、历史教育的积累也可以实现。

　　论述到这里我们便找到了问题的答案：审美体验在没有历史知识的前提下也可进行，但需要审美主体亲自完成，无法通过教育间接实现，它跨越时代、民族、国家，是人类共通的生命体验。因此在引导公众审美取向，处理历史教育与审美体验的关系时，应考虑到：文化消费过程通常非常短暂，审美体验和历史教育要有先有后，同时进行只会适得其反。提供对非遗传统美的审美体验应成为文化供应的重点，在这个思路引导下我们首先建立起公众对非遗传统性的情感联系，让公众在普遍的生命体验中感受到非遗的审美魅力，激发起公众对进一步了解非遗历史文化内涵的兴趣，从而主动参与到历时地、深入地掌握非遗历史文化知识的活动中去。学校和社会教育工作者应做好衔接，将非遗历史文化知识的学校和社会教育做长期的、可持续的规划与实施，教育的内容可以借鉴多伊奇自然符号价值和因袭符号价值的思路，一方面对历史文化内容加以细化；另一方面将对历史文化知识的阐述上升到符号论的高度，让人们意识到符号的"所指"，以便深入细致地推行非遗历史文化教育。

（二）注重对非遗精神的传播

　　非遗是人的创造，它承载的核心价值是人的精神。在非遗语境下，非遗人历代传承的优良品质可以统称为"非遗精神"。说到这里，首先要提的是非遗的工匠精神，"踏实专注""认真敬业""一丝不苟"都在形容它的宝贵，它抵制浮躁、激发创造，不仅是国家制造的精髓，也是公民应

---

　　① ［美］埃利奥特·多伊奇：《勃鲁盖尔与马远：从哲学角度探索比较批评的可能性》，载《二十世纪西方美学名著选》下卷，复旦大学出版社1988年版，第538页。

　　② ［美］苏珊·朗格：《艺术问题》，滕守尧译，中国社会科学出版社1983年版，第128页。

具备的自我修养，杨剑坤精巧地概括了这种自我修炼的状态：“做任何事都要做到心到、神到，就能达到登峰造极、出神入化的境界。工匠在劳动中体悟修行的乐趣，像打磨自己的身体和灵魂一样工作。”① 还要提到的是非遗取法自然的传统精神：非遗的制作材料多从自然界中获取，应时令而动，从不竭泽而渔。在制作技法上，多能根据自然材料的特性加以创造发挥，体现着中国人对自然的圆融理解。一件非遗作品是千锤百炼的、是自然生动的，而非遗传承人举手投足间体现的都是对天人合一思想的超凡演绎。对非遗精神的解释交给历史教育，对非遗精神的切身体会交给审美体验，非遗精神应贯穿引导大众审美取向的始终，作为联系历史教育与审美教育的桥梁。

二　技艺融入

向云驹以非遗的身体性为逻辑起点将非物质文化遗产分为五级：“一级身体遗产：直接由身体承载的物质文化遗产。”“二级身体遗产：服饰与体饰为保护和美化身体并以身体表现、展示和呈现的非物质文化遗产。”“三级身体遗产：以身体为象征或者象征身体的非物质文化遗产。”“四级身体遗产：以身体演唱、表演、制作并成为被欣赏乃至自我欣赏的身体的非物质文化遗产。”“五级身体遗产：以身体行为和身体图示建构的非物质文化遗产。”② 这种分类方法将庞杂的非物质文化遗产体系统摄起来，也将身体美学、身体人类学、身体哲学引入非物质文化遗产研究的视野。

身体成为人文社会科学的研究主体是比较晚近的事情。首先是福柯（Foucault）、特纳（Turner B. S.）的秩序化身体的社会建构论，布迪厄（Bourdieu）、吉登斯（Giddens）结构化理论中的身体观念，将社会结构的“身体观”引入研究领域。随着知觉现象学的兴起，一部分研究者将研究目光引向“身体感”，强调“社会行动者活生生的体验对于探讨人与世界的关系是十分必要的”。③ 这种对身体的重视，打破了视觉中心论，

---

① 　杨剑坤：《像打磨自己的灵魂一样工作》，《中国周刊》2016 年总 198 期。
② 　向云驹：《非物质文化遗产学博士课程录》，中华书局 2013 年版，第 17、18 页。
③ 　张连海：《感官民族志：理论、实践与表征》，《民族研究》2015 年第 2 期。

"强调了具身的、具地的、感官的和移情性的学习过程"。[1] 非遗技艺是人身体的创造，传播技艺即是传播人的身体体验。体验工坊与非遗技艺的传播规律相契合，可以将人的身体感官做最大限度地调动，是非遗技艺传播的有效途径。我国非遗体验工坊多实行公益运营模式，分散于博物馆、文化馆、学校课程之中，开放时间短，受众群体小，且多采用教者展示、学生观看的模式，民众体验非遗技艺的渠道非常有限，已有体验对非遗身体性的运用还远远不够，长此以往，民众对非遗技艺的体验需求便无法得到满足。

企业化运营的体验工坊可以实现非遗技艺体验的规模化生产，是非遗技艺实现大众化传播，最终融入民众生活的有效途径。当家长不再把学钢琴、练芭蕾作为教育投资的主流，将目光转向非遗技艺体验时；当沉迷于网络的人们在技艺学习中，感受物我合一的宁静时，非遗技艺无论在经济资本还是精神资本上的增值都非常可观。但单一的体验工坊无法聚集资源优势，在行业联系日益紧密的今天，将体验工坊镶嵌入文化旅游中可以延伸非遗产业链，最大限度地打开非遗技艺生活化的产业渠道。

巨大的市场空间已吸引了一些企业的注意。北京看我文化创意有限公司创立的"如象·国际艺术"已将非遗体验传承基地作为重要经营板块之一，从"体验、传承中国传统文化"理念出发，开发出了少儿"泥塑彩绘""姓氏图腾""活字印刷"三大体验传承课程，"在全国不同区域拥有多个体验传承中心，并与国内知名景区及全球顶尖酒店品牌喜来登、凯宾斯基、皇冠假日合作，入驻下属酒店，开展全方位合作"[2]。"如象·国际艺术"对非遗技艺传承的商业运作，融教育、培训、旅游于一体，打通了非遗技艺融入民众生活的多产业渠道，实现了非遗产业链的成功搭建，是非遗技艺生活化的有益尝试。

三　产品融入

非物质文化遗产发端于人对效用的追求，大都与过去的生活紧密相连。现在，非遗的实用性随原生文化场域的退化而日渐消逝，加之无法实

---

[1]　张连海：《感官民族志：理论、实践与表征》，《民族研究》2015 年第 2 期。

[2]　http://www.kwruxiang.com/，2017 年 12 月 18 日。

现规模化标准生产，因此在生活化的路途上困难重重。

如果说非遗生产性保护理念侧重的是对非遗文化产品的供应，那么非遗生活化侧重的是对非遗产品市场需求的把控，它要求文化工作者在充分保护非遗原真性的基础上，做出适应文化市场需求的调整。"大众时代的生产和消费完成了从质量、价格向形象意义的转变，因此大众时代的游戏规则，就不能依据自然科学（考察质量）、经济科学（考察价格）来确定，而应该根据美学（考察符号能指的意义及其如何实现交换）来确定。"① 非物质文化遗产承载着丰富的艺术符号资源，它们大多具有宝贵的美学欣赏价值，是能指美学经济的重要创作来源，可以将这些艺术符号充分利用起来，开发非遗衍生产品。

然而只有漂亮的外观是不够的，要让非遗衍生品快速融入社会生活，还要开发非遗衍生品的实用性，这方面的工作可以从两方面开展：首先要借助现代科技的力量，从制作原料、制作工艺等方面入手开发出适应日常生活、价廉物美的、具有使用介入感的产品，故宫的"翡翠白菜 USB""朕知道了胶带"是这种遗产衍生品开发的典范；其次要注重对非遗文化场域的恢复，当民众普遍热爱非遗，开始主动接近、体验非遗，最终在日常生活中践行非遗的时候，一件非遗衍生品即使只具有观赏性，消费者也将趋之若鹜。前文中非遗理念和技艺的生活化便是恢复非遗文化场域的基础。

如按上文思路，一件非遗衍生品现在便拥有了：体现非遗文化符号能指的外观和日常实用性。它仍是不深刻的。非遗的所指，深刻的历史文化内涵仍未得到体现。对非遗所指的忽视所带来的损失首先是文化的，未对非遗文化内涵进行认真挖掘，而进行的盲目衍生是对非遗文化资源的破坏；再次是经济的，未向消费者阐明的非遗文化内涵如空气一般透明，无法为产品增值。因此对非遗能指，即历史文化内涵的传播是极为重要的，前文中非遗理念融入部分已多次提到非遗历史文化教育，是非遗能指传播的重要途径，但它是一个历时而缓慢的过程，要在激烈的产品竞争中助非遗衍生品一臂之力还要靠营销、传媒、产品互动设计者，在产品广告、包装等方面将非遗衍生品的内涵推介出去。总结以上思路，现将非遗衍生品生活化规划模型呈现如图 2。

---

① 彭锋：《西方美学与艺术》，北京大学出版社 2005 年版，第 291 页。

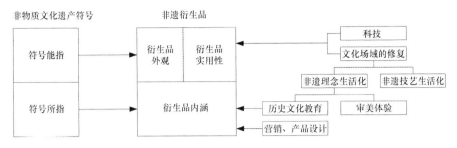

图 2 非遗衍生品生活化规划模型

总 结

市场是供、求的产物，健康的市场应该是供求平衡的。现阶段我国非物质文化遗产保护的主导思想是生产性保护理念，侧重对文化供应的恢复，而生活化保护关注的是对文化需求的引导与满足。本文从理念、技艺和产品三方面探讨非遗生活化的问题。非遗理念生活化重点是对民众审美取向的引导，在历史与审美之间做好规划，并大力推广非遗精神。非遗技艺的生活化则依据身体理论的引导，开展体验工坊，以文化旅游为依托产业，搭建非遗产业链。非遗产品生活化需以非遗理念和技艺的生活化为基础，在营销和产品设计等方式的助力下，将非遗衍生品作为突破口将非遗产品融入公众生活。

Life Oriented Conservation of Intangible Cultural Heritage

Abstract：Market is balanced by demand and supply. Intangible heritage conservation of China is following productive conservation theory which recovers the supply. However, life oriented conservation guides and fulfills cultural demands, could be carried out from three aspects of intangible cultural heritage, idea, skill and product.

Keywords：Intangible Cultural Heritage；Life Oriented；Conservation

（马丽：首都师范大学文学院博士研究生）

中国书法艺术的国际传播方式创新研究

裴华秀

摘要：作为中国传统文化的重要载体，书法拥有实用和审美的双重价值。任何一门艺术都要依靠传播得以生存，书法的传播方式也应与时俱进，才能持续焕发生命力。从文化输出的层面来看，书法的国际传播有助于增强中华文化的凝聚力和认同感，是塑造中国形象的重要策略之一。但囿于语言障碍与文化差异的影响，中国书法在国际传播过程中始终面临着重重障碍。如今媒介信息时代的到来，也为书法的国际传播带来了更多机遇，衍生出了新的、丰富的传播方式。在此前提下，本文将着重剖析目前中国书法的国际传播现状及问题，并就传播方式的创新提出可行性策略。时代在发展，书法的国际传播唯有在教育、时尚设计、跨界融合等全方位创新，才能突破传统传播方式的桎梏，产生显著的传播效应。

关键词：书法艺术　传统文化　国际传播

书法反映着中国各个时代的历史文化特征，蕴含着中国自古以来便崇尚的刚柔并济、和谐统一、"和为贵"等哲学精神，折射出创作者的家国情怀与品德追求，是中华传统文化的重要载体。就视觉艺术感而言，中国书法俨然超越了世界其他民族的文字书法的工艺化程度，进而达到了艺术化的审美高度。从文化的对外传播层面来看，书法的国际传播有助于增强中华文化的凝聚力和认同感，突破中国以往被贴上的诸如大熊猫、京剧、武术等固化标签，塑造更生动、更立体的国家形象。

这样一种凝聚着中国传统文化精髓的高雅艺术，却在"走出去"的过程中遭遇了瓶颈。书法艺术的准入门槛较高，对书写技艺和文化涵养的要求远远高于其他艺术门类。精通书法者，不仅要具备独特的审美能力和运笔思维，同时也要对中国传统文化有所涉猎甚至精通。这对于本国人来说也有一定难度，更何况是脱离中华文化土壤的海外人士。他们对于书法艺术的理解和接受程度显然不如油画、雕塑等西方艺术，这就造成了书法艺术在国际传播中的巨大障碍。因此，中国书法的国际传播如何推陈出新，形成异域文化之间的交流与融合，是新媒体语境下亟待思考的重大课题。

随着媒介信息时代的来临，互联网和新媒体技术的发展为书法艺术的国际传播带来了新的机遇。2010 年，上海世博会的 3D 版《清明上河图》展览，以及《中国诗词大会》《见字如面》等文化类节目的不断涌现，使得中国传统文化的传播与弘扬呈现出新气象。从中可以看到，除了教育和出版等传统传播方式以外，书法的国际传播也有了更多的可能性。

一　中国书法国际传播面临的困境

（一）书法国际教育的"三教"问题

书法是以汉字为载体，通过生动的线条和多变的笔墨层次而形成的一门造型艺术，因此书法的传播与国际汉语教育密不可分。政府有意识地在世界各国设立孔子学院，截至 2017 年 12 月，全球已有 146 个国家（地区）建立了 525 所孔子学院和 1113 个中小学孔子课堂。各国孔子学院和课堂各类学员总数 232 万人，举办各类文化活动受众 1272 万人，成为覆盖面最广、包容性最强、影响力最大的全球语言文化共同体之一。①

孔子学院的建设仍处于不断完善与发展的阶段，其课程体系急需充实与改进，关键在于"三教"问题的权衡：教材、教师和教法。书法教材语言的单一性是孔子学院的学生学习书法的首要障碍，目前还并未针对不同国家的孔子学院教学情况，译出不同语言版本的教材。目前中国师资力量雄厚，但研究书法的专业教师却很少能够熟练地使用外语教学，教学中的交流不畅必然直接影响到教学效果。而且不同于西方的写实艺术风格，书法主要强调写意和运笔手法，如果继续沿用传统的教法，往往会导致学生在理解层面上出现分歧。

（二）书法出版物的受众定位不准

目前国内外发行的书法国际出版物主要包括书法通论和书法教材两大

---

① 孔子学院总部/国家汉办：《第十二届孔子学院大会圆满落幕》，http：//www. hanban. edu. cn/article/2017 – 12/13/content_ 711520. htm。

类，这两者都重点在于传授书法的基础技法和书画历史，却较少涉及理论和美学层面的内容，适合书法初学者使用。从书法传播的效度层面来看，这类国际出版物充分发挥了普及教育的功能。例如蒋彝先生以全英文出版的《中国书法》（*Chinese Calligraphy*），将汉字与英文作简单对比，结合绘画介绍汉字的造字方法，讲解方式深入浅出，从而降低了西方人学习中国书画的门槛和顾虑。

要想进行书法外交，首先要让书法这门艺术呈现在更多国家、更多的受众面前。但目前书法出版物的对外翻译发展滞后，大多是中、英译本；地域覆盖不全面，便无法满足不同文化地域群体的文化需求。此外，书法国际出版物的受众定位较为单一，内容深度不够。而国外受众若要深度了解书法文化，理论研究与审美培养恰恰是必由之路，须对书法文化的理论体系进行健全和完善。

（三）语言障碍与文化差异

中国书法无论在使用工具还是书写内容方面，至今都未受到太多异质文化的影响，可以说是一门非常纯粹的中国艺术，由此也决定了它的普适性不强。绘画、雕塑始终有自然参照物，音乐也会受到各种音调、音色的参照与启发，而书法以汉字为载体，自诞生之际就与其自身形体的关联不大，在创作中抽象思维占较大比重。汉字这门语言对于西方国家来说，学习起来有很大难度，语言障碍导致了书法传播的困境。

此外，书法艺术也是植根于博大精深的中华文化的一门艺术。目前，中国书法在日本、朝鲜半岛、越南、新加坡等亚洲国家得到了广泛传播。这是由于这些国家自隋唐以来，便与中国形成了密切的文化交流，受中国文化影响较深，因此对书法文化的接受程度较高。但对以美国、英国为首的众多西方国家而言，书法更像是一门技艺，而并未建立起崇高的文化地位。尽管中西书法交流日渐频繁，在欧美国家，书法依旧很难跨越语言障碍，仅凭其外在的形式难以唤起异国文化的共鸣。书法赖以产生和发展的其实是中国文化土壤本身，脱离"汉字文化圈"的书法传播面临巨大挑战。

二　书法国际传播方式的创新策略

（一）对外教育改革

前文已经提到，以孔子学院为代表的对外教育关键在于"三教"问题。其中教材的问题主要依赖书法界的学者们不断发力，结合各国学生的语言、文化习惯等实际情况来编撰高质量的教材。此外，除了传统的纸质教材，也可以充分利用专业性质的书法类网站、论坛等渠道，发布书法理论文章、艺术评论等前沿信息。

同时，互联网技术的发达使人与人之间的交流与联系更为便利。因此，可以借助网络渠道来加强书法艺术的民间交流和国际交流，并有效开发各国孔子学院和留学人员的潜力，通过网络传播、人际传播与大众传播相结合的多样化渠道，将书法艺术的影响力扩散到最大。

在书法教育的具体教法上，教学者可以利用视频、录像、图片或 PPT 等展示形式，或者采用 MOOC、YY 直播等现代化技术手段来进行教学。如此一来，传统的一对一、小规模的师徒传授模式便逐渐转变成大众化的"公开课"。学生既可以在线上进行即时问询和交流，也能在课后反复观摩与练习。

（二）书法元素融入现代设计

近年来，京剧、水墨画、陶瓷、十二生肖等中国元素在国际大牌的时尚设计中崭露锋芒，在全球范围内刮起了一阵狂热的"中国风"。凝聚中图独特的民族文化神韵的书法艺术，定能为当代时尚设计注入源源不断的生命力，同时展现出一个全新的、富有创造力的中国形象。

1. 标识性设计。识别功能是最为重要的一个设计准则。一个不具备识别功能的字体设计，是不能够让观者正确阅读的，因而文字的传播意义也就不复存在。① 书法元素很难运用到标识性设计当中，首先是由汉字的辨识度决定的。目前我们公认的汉字字体主要有篆书、隶书、草书、楷书、行书等，其形式多变并且与西方文字的书写习惯有巨大差异。随着汉字文化圈逐渐去汉化，目前世界上能够准确辨识汉字的国外人士更是少之

---

① 凡鸿、荣梅娟、孙学瑛：《字体设计原理》，北京理工大学出版社 2014 年版。

又少——这就能解释为何目前国际大牌的 logo 基本上没有汉字出现的情况了。

书法元素在与国际品牌的 logo 设计的融合中遇到了瓶颈，但在影片海报的制作中却得到了广泛的运用。篆书和隶书是最富装饰性的字体，由于其秀丽和庄重，往往在重大场合上使用；又因为在实际使用时书写不方便，所以被楷书、行书、草书取而代之。[①] 隶书、楷书和行书较为易识，因而被多数电影选为宣传海报中电影片名的字体。比如电影《大唐玄奘》《唐人街探案》就选用了楷体作为影片片名的字体，显得丰腴厚重、气势恢宏；电影《英雄》《夜宴》则采用了行书作为影片片名的字体，遒劲刚健，凸显豪迈气概。装饰性较强的字体，会使画面文字不显单调的同时辅助文字信息的传达，使版面更具美感。[②] 优秀的电影海报能够在电影和观者之间架起一座桥梁，而一部优秀的电影能够令观众留下深刻印象，书法文化在影片的国际传播过程中也能得到同步传播。

2. 观赏物设计。书法艺术自身的权威化、神秘化特质古来有之，延续到今天，人们对字纸的旧有尊崇依然非常普遍。这就赋予了书法除观赏性之外的另一价值——祈愿祝福。大家熟知的春联、喜联、挽联，古代宗祠、官邸等建筑特有的匾额，以及亲朋之间互赠的屏风、折扇等，无不象征着百姓对于美好生活的向往和祝愿，是中华民族独特的民俗文化。书法艺术从本质上是为人提供一个诗意的存在，一种精神家园，让人能够在快节奏、物欲横流的市场经济时代寻求一处安静的心灵港湾。[③] 在现代，则进一步演化为亲人、同事、知己之间题赠字画的交往载体，以及文房四宝、装饰品等关联产业。

目前，书法元素在装饰物中的表达与应用还较为欠缺，在这方面具有很大的发展前景。以往国际大牌对于中国元素的置换设计，一贯追求形式上的中国化，并不能引起文化共鸣。因此，将书法元素运用到装饰物的设计当中，首先要注重字体和笔墨对审美层次上的创新，才能让人们体会到中国书法的境界和内涵。例如，在制作首饰的过程中，可以将书法与中国古老的玉文化联系起来，再根据玉块的质地、颜色和形状来设计字体的大

---

① 路云亭：《书法的人文传播》，上海交通大学出版社 2016 年版。

② 李刚、艾欢：《字体形态设计》，人民邮电出版社 2017 年版。

③ 赵立春：《中国书法艺术的当代传播及其策略》，《当代艺术观察》2015 年第 10 期。

小和粗细。在家居装饰物的设计风格方面，对欧美国家而言，把纸质字画或屏风放置在原有的欧式家具中可能显得格格不入，可以考虑把书法元素嵌入陶器或瓷器、木器当中，以达到美观效果。

3. 大牌服饰设计。随着"中国热"席卷全球，中国元素也越来越频繁地呈现于 Dior、Chanel、Cartier 等国际大牌的设计当中。法国语言与艺术研究所研究员幽兰曾说："西方当代艺术不能使我满足，他们几乎没有什么办法了。希望看到中国书法艺术家的新作，他们应该给世界艺术带来希望。"书法独特的表意之法亦给西方视觉艺术提供新的启迪。①

中国元素在西方服装、首饰设计界的运用屡见不鲜。Chanel 曾在 2010 年上海世博会期间推出了一系列中国元素的配饰珠宝，采用龙、中国娃娃等造型设计。Oscar de la Renta 在春夏新款设计中加入中国工笔画风的花鸟鱼虫图案印花，凸显中国一贯的清丽、古典气质，灵动而不乏奢华感。Louis Vuitton 2016 男装春夏秀场上的中国风仙鹤图案令人着迷，LV、MCM、Piaget 在 2017 年纷纷推出了生肖鸡系列，无不反映了西方设计师对中国元素的独特诠释。但目前，真正将书法元素运用到设计当中的国际大牌还未出现，这将是一个非常有前景的设计元素。

（三）书法艺术的跨界融合

"跨界"是个舶来词，指两个或多个不同领域的合作，例如谈及演员的"演而优则唱，唱而优则演"便是一个典型的跨界现象。那么对于艺术的跨界融合，更多定义为多个独立的艺术元素经过交流碰撞、彼此渗透而呈现出新的表现形式。随着时代变迁，书法的艺术性已逐渐被其实用性取代，书法艺术与展览、影视节目、舞台表演等形式相结合将成为常态。

1. 书法与影视。书法艺术在影视作品中的呈现已十分普遍。中国教育电视台自 2014 年开播的《水墨丹青》栏目以"弘扬中国传统文化，传承水墨艺术精髓"为宗旨，每期节目都邀请嘉宾为观众深入浅出地讲解书画作品，北京书法家协会副主席胡滨、北京书法家董廷超、著名画家胡一然、篆体书法家刘承俭等皆在受邀之列。大型电视互动访谈加纪录片栏目《品文化》、CCTV 纪录片《中国记忆》、科教频道的大型演播室季播

---

① 邱振中：《我们的传统与人类的传统——关于中国书法在西方传播的若干问题》，《美术研究》2000 年第 2 期。

节目《中国诗词大会》等传统文化类节目纷纷获得观众赞赏。虽然中国的许多文化类节目都或多或少涉及书法艺术的传播，但以书画文化为主要传播内容的专业类节目少之又少，应该加以突破和发展。

京剧、太极、武术等中国传统文化在影片中的呈现数不胜数，比如《卧虎藏龙》《一代宗师》《十面埋伏》等享誉国际的影片。相比之下，中国书法艺术在动感和张力表现上可能稍有逊色，不适合在节奏紧张的武打片中呈现。可以尝试在艺术电影和电视剧的片头和片尾部分中加入中国书法元素，或是通过运笔的轻重、顿挫来体现画面的节奏与韵律，或是用笔墨层次来表现悠远的意境，从而营造出一种"虚实相生"的观影空间。

2. 书法与舞台表演。在中国传统的绘画、雕刻艺术中，乃至国粹京剧的舞台表演当中，都依稀可见书法艺术的痕迹和元素。台湾现代舞团"云门"推出的《行草三部曲》，通过舞蹈者的形体语言结合音乐节奏的变化，将王羲之、怀素、张旭等书法大家的作品演绎得淋漓尽致。舞者的服装与舞台的布局恰到好处，以及选择的灯光、音乐都将书法艺术生动化、柔美化，堪称书法与舞台表演融合的经典之作，值得借鉴和创新。

2008 年北京奥运会上，人体水墨画的表演惊艳全场，使得中国传统书法在世界舞台大放光彩。中国画卷打开，黑衣舞者用身体作为笔触，将水墨画的黑白基调及其意蕴展现出来。自此，国际受众对书法、水墨画等传统文化元素的关注度日益加深。此外，美女艺术家露莎独创的"书画舞"将中国古典雅乐、舞蹈、书法和绘画多种元素完美融合，目前已在全球十多个国家演出，得到法国、迪拜、毛里求斯、巴基斯坦等世界各地观众的热烈追捧。将书法文化与其他文化元素巧妙融合，让书法艺术在世界舞台上熠熠生辉。

3. 书法与 VR/AR 技术。在当今新媒体语境下，书法的展示传播方式运用得比以往任何时候都要广泛。首先，书法界的"展览体制"已全面形成。创作者从最初的自娱自乐式书写，发展到在展厅里争胜；参展者从单调的驻足观赏，到如今新奇的互动体验——这一切既适应了时代的快速发展，也符合当代书法崭新的审美需求。2010 年上海世博会上亮相的 3D 版《清明上河图》，就是通过动画影像、投影、触屏打造一个观众与展品互动的空间，全方位展现了北宋繁华的都市风貌。VR、AR 观展将成博物馆互动新趋势，为观众提供沉浸式体验。

除了书画展览以外，AR、VR 互动技术也为人们线上观赏书画作品提供了便利。2015 年，娱乐平台 Steam 发布了一款 APP《夜间咖啡馆：用虚拟现实致敬梵高》，开发者试图通过虚拟现实技术，让人们从一个全新的视角来观赏画家梵高的绘画作品。目前在国内类似的应用软件还很少见，可以大力开发书法创作相关的 APP 或游戏，让受众在临摹书法的同时，也体验作者创作作品时的心境，兼具娱乐性与文化传承功能。

结　语

中国传统书法的发展与演进与各个时期的社会风俗、礼仪形态密切相关，因此书法的传播具有其历史性、文化性和特殊性。演变至今，由于中国国际地位的不断提升，如何让凝聚中国传统文化的书法"走出去"成为一个亟待解决的重大课题。书法国际传播的传统途径不外乎教育和出版两种，但由于语言和文化习惯的差异，这两种传播方式均遭遇瓶颈。在互联网与新媒体技术不断发展的今天，书法的国际传播也迎来了无限机遇。除了对外教育面临的最为关键的"三教"问题能够得到有效解决之外，书法元素在现代设计的领域中的融合有了新的突破，书法艺术、影视、舞台表演等跨界融合也成为趋势。此外，AR、VR 互动技术广泛运用于书法展览以及线上临摹，提供互动体验。书法传播越来越趋于平民化与数字化，书法艺术的影响力在全球范围内不断提升，相信在不远的将来终能实现书法"国际化"。

An Innovation Research on the International Communication Methods of Chinese Calligraphy

Abstract：As the important carrier of Chinese traditional culture, calligraphy owns both practical and aesthetic value. Any kind of art relies on communication to survive, the communication ways for calligraphy also need to keep pace with the times. From the perspective of culture export, the international communication of calligraphy helps to enhance the cohesion and identity of Chinese culture, which is one of the important strategies to build China's image. Due to the language barrier and cultural diversity, calligraphy always faces many obstacles in the process of international communication. The arrival of the age of media information also brings more opportunities for the international communication of calligraphy. Under this premise, this paper will analyze the current situation and problems of international communication of Chinese calligraphy, then propose a feasible strategy for the innovation of communication methods. Time is developing and the society is progressing, The international communication of calligraphy can only be improved through the omni-directional innovation of education, stylish design and cross-border integration.

Keywords：Calligraphy；Traditional Culture；International Communication

（裴华秀：首都师范大学文学院文化产业系研究生）

移动游戏可持续发展的思路

——以《王者荣耀》为例

闫　烁

摘要： 在移动游戏市场日益火爆、其所引发的社会影响愈加强烈的背景下，如何权衡好经济效益和社会效益之间的关系，成为决定产业能否持续发展的关键。与此同时政府监管与大众媒介素养更是移动游戏产业健康发展所不可或缺的。本文以《王者荣耀》为例，通过分析企业应该如何制作和运营移动游戏来达到"双效统一"，梳理政府对游戏产业的监管政策，阐明移动互联网时代媒介素养的重要性，来理清移动游戏产业未来向好发展的思路，从而更好地满足大众的文化娱乐需求，推动产业健康有序发展。

关键词： 移动游戏　双效统一　媒介素养

21 世纪以来互联网技术飞速发展，同时也建构起了人们日常生活中不可或缺的虚拟世界。随着苹果公司引领的智能手机革命，移动智能设备得到普及，应运而生的移动游戏成为深受社会各阶层喜爱的娱乐休闲的重要方式之一，极大丰富了人们的精神文化生活，促进了我国数字经济新发展。近些年，作为中国游戏市场的主要驱动力，移动游戏产业发展迅猛。2017 年，移动游戏总营收约 1161.2 亿元，同比增长 41.7%，占中国游戏市场份额高达 57%。其中最为显眼的当属创造营收神话、为全民所追捧的《王者荣耀》。美国市场研究公司 SuperData 的报告显示，《王者荣耀》2017 年的创收达到了 19 亿美元（约合 125 亿人民币）。其产生的高额利润用来反哺自身，可以优化产业链，扩大商业布局，进一步增强产品竞争力。

但是与此同时，移动游戏触发的社会问题也更加突出——扭曲历史、未成年人沉迷游戏等事件频出，引起社会各界的广泛关注。2017 年 7 月，人民网、新华社在短时间内相继发文评论《王者荣耀》，对其不断释放出的负能量提出批评，并为其如何在经济效益与社会效应之间做出平衡给出了意见和建议。文章指出，《王者荣耀》成为现象级的游戏无疑是成功的，但游戏出品方应树立起责任意识，尽力消除对社会产生的不良影响。政府也应该强化监管，避免监管的滞后性。同时未成年人的监护人也要担负起家长的责任，以免他们沉溺于游戏，耽误自身健康成长。

在这种情况下，移动游戏产业要做到可持续发展，一方面需要企业自身进行反思、积极做出改变；另一方面也给政府监管和大众媒介素养提出了更高的要求。

一　移动游戏企业脚下的"平衡木"

移动游戏企业要做到可持续发展，必须秉持经济效益与社会效益相统一的原则。头部市场的竞争可谓"千军万马过独木桥"，再加上当前技术发展和产品更新的速度如此之快，一个游戏企业要想长久立足于大众的视野之内，就必须要明确"双效统一"的理念，走好脚下的"平衡木"。"双效统一"是指文化企业的发展要把社会效益放在首位，实现社会效益和经济效益相统一。正确处理社会效益和经济效益、社会价值和市场价值的关系，当两个效益、两种价值发生矛盾时，经济效益要服从社会效益，市场价值要服从社会价值。对于移动游戏的制作和运营势必要在"双效统一"的语境下展开，盈利作为企业经营的目标这毋庸置疑，但一定要基于良好的文化建构之上，这样才不至于跌下"平衡木"。

从手游市场里杀出的一匹黑马，到今天腾讯旗下的"台柱子"，《王者荣耀》这款全民游戏取得了史无前例的社会关注度。这一方面是由于它乘了移动游戏井喷式发展的大潮，随着互联网的发展和智能移动设备的普及，移动游戏业迎来了春天。根据《2017 年中国游戏产业报告》中的内容，国家新闻出版广电总局（现国家广播电视总局）全年批准出版游戏约 9800 款，其中国产游戏约 9310 款，国产游戏中移动游戏约占 96%。

另一方面也是因为其对大众心理与流行文化的敏锐洞察。首先，这款游戏操作简单，易于上手，降低了用户的学习成本，缩短了进入门槛的时间，大大拓宽了其受众空间。在这个时间成本极度奢侈的时代，这无疑是该游戏短时间内几何级爆发的关键因素。其次是《王者荣耀》为用户提供了公平的游戏环境。赫伊津哈在《游戏的人》一书中就指出"游戏的一个重要的特征：它创造秩序，它就是秩序。它把一种暂时而有限的完美带入不完善的世界和混乱的生活当中"，而公平的游戏环境正是秩序的化身。再次，游戏社交产生的黏性。坐拥 QQ 和微信两大社交平台的腾讯，《王者荣耀》一注册就要绑定社交账号，而同样玩这款游戏的社交好友会自动出现在游戏好友列表中。在日常生活中常常可以用它来代替社交，消除代际或性别隔阂，缓解社交焦虑。它还形成了游戏社交圈，其话题性给圈外人带来社交压力，迫使其加入。通过社交的传播达到游戏传播的效果。最后，通过借鉴成熟网游的排位机制，也就是根据个人胜率将玩家排列等级，分成高低不同的段位，这种做法大大刺激了玩家的好胜心和荣誉感，玩游戏不仅是娱乐，而且变成了一种竞争或者竞技，玩家需要大量练习才能获得更高段位，大幅增加了潜在游戏时间。

当然，移动游戏本身具有的优势，即可移动性，结合着《王者荣耀》15—20 分钟的平均游戏时长，充分利用了用户的碎片化时间，以至于吃饭、坐车、等人的间歇就可以玩一局。通过耗费时间获取快感也使其成为一款不折不扣的时间游戏。正是游戏制作方的精准定位，以及对时代变奏的捕捉，让《王者荣耀》成为行业翘楚。

在《王者荣耀》繁荣的背后，隐伏的危机开始显现。由于其产生的社会问题，被推到了舆论的风口浪尖。其中备受诟病的就是扭曲历史人物形象，比如荆轲被改造成女性，李白是一个持剑的刺客，刘备使着一杆火枪，高渐离拿起了吉他等。另外，未成年人在面对《王者荣耀》时的沉迷表现让家长和老师担忧，小学生盗刷父母银行卡为游戏充值，甚至因为家长没收手机而跳楼的案例时有发生，引起社会各方面的强烈关注。

为了消除影响，游戏制作方迅速作出反应。2017 年 7 月 2 日，腾讯游戏发布"将推出最严防沉迷措施：12 岁以下的未成年人每天限玩一小时"的消息，并表示接下来将以《王者荣耀》为试点，启动健康游戏防沉迷系统的"三板斧"。积极传播中华优秀传统文化，深入打造适合青少年群体的价值世界，让移动游戏不仅是一种休闲娱乐方式，也要真正成为人们获取知识和塑造价值观的理想空间。

针对历史人物形象的负面影响，游戏出品方对《王者荣耀》进行了版本更新。更新后的游戏中，每一个游戏角色都会有对应的相关背景介绍，描述的是角色在虚拟游戏世界里的故事，人物姓名下面写着："本故事纯属虚构"这样的提示。同时在故事旁边，则写着"查看历史上的TA"，这里面记录的则是历史上真正发生的故事。例如，游戏人物"扁鹊"背景故事讲述的是一个怀抱救世热情、醉心医术的医者变成了一个冷酷无情的非法怪医。"查看历史上的TA"则介绍：扁鹊一生四处行医，救人无数，最终却遇刺于小人之手。2017 年 5 月推出的文化衍生栏目《王者历史课》通过视频栏目向玩家普及历史常识，得到比较多用户的认同。移动游戏的存在不仅是让人在紧张的工作学习之余放松身心，还在潜移默化中影响着受众的思想内涵和价值判断。所以，怎样才能赋予游戏内容以社会价值考验着游戏企业的智慧。

随着人们文化消费水平的提高，中国已经超越美国成为全球第一大游戏市场。但与持续上涨的消费相比，作为供给端的游戏企业在内容制作上却存在许多不足，消费历史、粗制滥造、同质化泛滥等问题层出不穷，与此同时健全的行业规范也未确立，在游戏生产方面没有形成一个完善的标准。肩负起社会责任应该是每一个游戏企业或游戏制作团队的理想信念，通过游戏引导正确的价值观、弘扬中华民族优良传统，用精品丰富大众的精神文化生活。只顾及眼前利益而忽视长远发展的行为，既不利于企业自身发展，也会对社会造成不良的影响。

二　游戏监管要做到有的放矢

目前，我国游戏产品良莠不齐，许多游戏正是利用了监管的漏洞，传播负能量，扭曲历史、混淆常识，影响到未成年人的价值判断，对社会造成了一定程度上的负面影响。在这种情况下，不但不能因噎废食，而且要保证负面社会影响的减少。因此，游戏监管如何做到有的放矢就成为重中之重。

由于未成年人面对网络游戏时缺乏自制力，容易沉溺游戏而无法自拔，严重危害了其正常发展。《王者荣耀》等游戏的横空出世带来了各种社会问题，这引起了政府的高度重视。2016 年 12 月，文化部发布《关于规范网络游戏运营加强事中事后监管工作的通知》，加强对网络游戏用户的权益保护措施，同时加大了对未成年人上网的保护力度，这也是移动游戏首次被纳入政策监管的范围。2017 年伊始，国家网信办起草《未成年人网络保护条例（送审稿）》，要求网络游戏服务提供商采取技术措施限制未成年人的游戏使用时长，政府开始从游戏源头出发与厂商共同采取行动，维护健康的游戏环境。2017 年底，中宣部联合广电总局等八个部门公布了《关于严格规范网络游戏市场管理的意见》，要求严格查处网络游戏的违法违规行为，全面整改低俗不良内容。

接连出台的意见规定不仅体现了我国政府对游戏产业发展的高度重视，把它视作传播正确价值观不容忽视的领域，而且反应之迅速、把脉之准确都很好地说明了监管部门有的放矢、直中要害，避免了政策的盲目性，丝毫没有影响游戏用户的体验，也不损害企业的利益，而且为社会营造了一个良好的游戏空间。

网络信息技术持续进步的同时，也使得未知的疆域不断被开辟，出现的问题和隐患并不会受到大众的及时关注。此时，政府这只"看得见的手"就需要承担应有的责任，发挥宏观调控和引导的作用。当前，我国对移动游戏领域出台的相关法律法规立法层级普遍不高，约束力有限。行业内灰色地带尚且存在，监管也存在不少空白，亟待新的规范补充。与此同时，对移动游戏的监管也应当与时俱进，找准着力点。一方面，不能忽视或抵制技术带来的种种变化，及时地捕捉新兴事物的发展规律，做到"对症下药"；另一方面，在加强事中事后监管的同时，要以一种更加开放的机制，积极与企业、学校、家长进行配合，全方位构建防范机制，使政策渗透到每一个人，防止可能出现的监管漏洞。

三　娱乐至死：大众媒介素养升级的迫切性

20 世纪 30 年代，大众传媒裹挟着流行文化对欧洲传统的社会生态造成了极大的影响，英国学者利维斯和汤普森在著作《文化和环境：批判意识的培养》中首次提出"媒介素养"一词，提倡通过"媒介素养"教育来抵御广播、电视对青少年的"毒害"。进入 21 世纪之后，媒介素养问题越来越受到学术界的重视，2005 年美国新媒介联合会发布的《全球性趋势：21 世纪素养峰会报告》为新媒介素养作出了以下定义："由听觉、视觉及数字素养相互交叉共同构成的一整套能力与技巧，包括对视觉、听觉信息的理解能力，对这种信息的识别与使用能力，对数字媒介的控制与转换能力，对数字内容的普遍性传播能力，以及对数字内容进行再加工的能力。"可以看到，这种概念的出现并不是一种拒绝和排斥新生事物的姿态，而是以更加合理和包容的方式来帮助人们去理解和利用它，规避额外的风险。

随着商业的繁荣、技术的进步和信息爆炸的冲击，尼尔·波兹曼口中"娱乐至死的时代"已经成为当今社会重要的隐喻。前文所述的《王者荣耀》引发的各种社会问题，多是由于大众的媒介素养尚未形成，难以意识到虚拟文化的侵入及其后果。因此，在这个时间节点上培育和提升大众媒介素养的任务迫在眉睫。

针对未成年人沉溺游戏的现象，对他们的媒介教育理应提上日程。未成年人媒介素养的形成更多需要依托于家庭教育，父母应当树立现代的家庭媒介素养教育理念，形成良好的家庭氛围，以免孩子因疏于关心而沉溺于虚拟世界。同时，辅助未成年人形成分析批判能力至关重要，在互联网信息膨胀的今天，是被媒介所奴役，还是有效地利用媒介，这很大程度上取决于人的自主意识。值得注意的是，过分地要求未成年人戒断媒介使用也是一大误区，一来会使其产生逆反心理放纵自我，恶化代际关系，二来阻断了其对新生事物的使用和理解能力，影响他们真正意义上的成长。所以，媒介素养的关键是合理地利用媒介，并借助它完成更全面的自我发展。

作为新生经济重要的一环，移动游戏产业的发展潜力不容小觑，但是如何做到可持续发展，事关每一个人。游戏生产企业既要看到眼前利益，也要顾全大局，担负起社会责任。政府监管要有针对性，做好事前事后监管，明确每一阶段自身的定位，帮助移动游戏产业有序发展。对于社会大众而言，培养现代媒介素养更是关乎自身的未来，使其引导人们在这个充斥着媒介的时代走好每一步。

Research on Sustainable Development of Mobile Games
—A Case Study of "King of Glory"

Abstract：Under the background that the mobile game market has become increasingly popular and its social influence has become increasingly strong, how to weigh the relationship between good economic and social benefits has become the key to determining whether the industry can continue to develop. Meanwhile, government regulation and mass media literacy are indispensable to the healthy development of mobile game industry. This article takes "King of Glory" as an example to achieve "double-effect unification" by analyzing how companies should create and operate mobile games. And it sorts out the government's regulatory policy on the game industry. This article clarifies the importance of media literacy in the era of mobile internet to clarify the future development of the mobile game industry, so as to better meet the needs of the public's culture and entertainment, and promoting the healthy and orderly development of the industry.

Keywords: Mobile Game; Double-Effect Unification; Media Literacy

（闫烁：首都师范大学文学院文化产业系研究生）

媒介融合发展视域中的经济报道

栏目主编：李杰琼[①]

编者按："十三五"期间，媒体融合业已被视为新形势下提高党的新闻舆论的传播力、引导力、影响力、公信力的重要基础，在国家政策的扶持下，成为媒体转型的主流方向。在媒介融合的变革浪潮中，专注经济报道领域的新闻媒体也需要发挥科技创新的引领作用，推动传统的、单向度的经济新闻报道向新型的、多元的经济信息服务转型，实现供给侧结构性改革，满足各类使用者日益多元的信息需求。本栏目的四篇文章在问题意识的引领下，着力从生产要素、生产手段、生产流程、盈利模式、战略发展等重要方面梳理、总结国内外经济媒体的创新实践与创新趋势，以期多维度地展现、记录经济报道领域正在发生的时代性变革。

[①] 李杰琼：北京工商大学艺术与传媒学院副教授，经济新闻研究中心副主任。

互联网时代经济新闻生产的流程再造[①]

王　擎　任　超

摘要： 经济新闻作为市场经济条件下非常重要的新闻类型，随着移动互联网的迅猛发展，传统的新闻生产流程出现巨大挑战，流程再造成为新形势下经济新闻媒体首先要面对的时代课题。

关键词： 移动互联网　新闻生产　流程再造

绪　论

新闻生产包括新闻从采集、制作到传播的全过程，是传播者对新闻事实进行选择、加工和发布的过程，其生产的主体包括消息来源提供者、媒介组织、新闻从业者等。[②] 路透社亚太地区首席经济记者艾伦（Alan Wheatly）提出，路透社新闻产品的生产流程基本环节包括：采集—加工—发布—反馈。这也是一般传统经济媒体的新闻生产流程。

随着互联网的飞速发展，媒介环境发生深刻变革，智能手机、平板电脑、电子阅读器等新兴移动终端和4G通信技术的普及，推动融媒体时代的到来。新闻媒介组织为应对竞争和环境变化，对新闻生产的结构重组和流程再造进行了许多尝试。

流程再造最早兴起于20世纪90年代的美国，其核心的概念是"对组织的作业流程进行根本的再思考和彻底的再设计"，媒体机构以一种首尾相接、完整的整合性过程改变过去被不同介质割裂、不同部门管理造成的

① 【基金项目】北京市教委科研专项项目"科技创新服务能力建设—科研基地—科技创新平台—基于数据处理技术的财经新闻生产模式创新研究"（项目编号19005757038）阶段性研究成果。

② 张志安：《编辑部场域中的新闻生产》，复旦大学博士论文，2006年，第16页。

支离破碎的局面。

市场经济确立后，党的工作重心转为经济建设，我国新闻媒体都加强了经济新闻报道。随着报道范围的扩大和内容的丰富，经济新闻的重要性越来越凸显。经济新闻具有传递经济信息，提供决策依据；传播经济知识，剖析经济现象；解读经济政策，推进制度创新；守望经济环境，监督经济行为等重要功能①，以其专业性强、隐含理论多、涵盖领域广等特点，以及充满政府信源、专家信源、西方话语、成功人士利益关注而越来越凸显的"精英化"趋势，在强调去中心化、人人皆媒体的移动互联网变革中首当其冲。移动互联网的出现，对经济媒体内部原有的新闻生产形成了巨大的挑战。为了适应多渠道、多平台的呈现，满足融合时代受众的需求，必须改造传统的生产流程，重塑信息采集和新闻表达的方式，适应新媒体时代的发展要求。

一　技术推动下的经济新闻采编流程再造

（一）从"专业生产"到"专业生产 + 机器人生产"

在日益全球化的今天，一个地区、国家某个经济因素的变动，都可能影响其他地区、国家相应的经济因素的变动，一个行业的某个经济因素的变动则可能影响其他行业的经济走势。经济的高度关联性导致经济新闻生产必须保持专业化，发挥其指导和预测作用。过去只有具有专业背景接受过经济新闻专业训练的人才能承担新闻报道工作，在新技术的推动下，该工作开始部分转移到了计算机甚至智能机器人身上。

早在 2006 年 3 月，美国汤姆森公司就已经使用电脑程序自动生成经济方面的新闻；2014 年 7 月，美联社开始使用该公司的 WORDSMITH 软件批量生产财经新闻。过去，每季度美联社仅出产约 300 篇财报新闻，现在不知疲倦的机器人每季度可出产 4400 篇，产量大幅增加；路透社也推出一款名为 Open Calais 的智能方案用于高能高效编稿。

国内也开始了相关尝试。2015 年 9 月，腾讯财经推出了自动化新闻写作机器人 Dreamwriter，用时一分钟写出了第一篇关于我国 2015 年 8 月 CPI 数据的宏观经济数据报道；同年 11 月，新华社写稿机器人"快笔小

---

① 李道荣：《论经济新闻的变化和功能诉求》，《中南财经政法大学学报》2010 年第 3 期。

新"正式上岗，可以写财经信息稿，除快讯外，机器人还推出智能评论、热点民生报道等多种题材新闻作品。

目前机器人新闻多应用于以数据为基础的经济新闻报道，与传统新闻生产相比，最大的不同在于新闻的生产流程。机器人新闻生产的流程，实际上是通过编订程序采集并加工有效数据而自动生成新闻稿的智能化过程，主要由数据采集、数据加工、自动写稿和编辑签发四个部分构成。在新闻采集上，传统记者需要通过新闻采访、现场查勘、参加会议、开调查会、出席记者招待会和阅读文字资料获取新闻素材资料，是传统新闻生产的前期准备工作。而在信息大爆炸的时代，智能捕捉海量信息中有价值的部分以发现新闻线索成为刚需。机器人搜集信息资料更加强调自动化和智能化，基于海量数据库，依托数据抽取和挖掘技术，抽取关键性信息，形成结构化数据，通过智能语义技术从而形成新闻写作所需要的素材。新闻制作上，机器人运用算法将系统智能搜集和抓取来的数据资料套用既定模板自动生成符合语言规范和行业规范且具有原创性的新闻稿件，过程几乎不需要人工参与就可以形成一篇具有文字、图表、视频等多种展现形式的新闻稿件，效率大大提升。机器人生成的稿件一键发布，与互联网之间是没有距离的，可以克服人类客观生理条件的限制，实现全天候、不间断的工作。

国外财经媒体很早就使用网络机器人对网站、数据库进行监控，一旦出现更新或异常，机器人就会做出反应。另外，依赖大数据分技术、智能语义系统和算法生成文本更保障了新闻生产的专业化和精确化。以腾讯财经为代表的经济新闻媒体用新闻机器人快速、批量地生产出大量标准化、专业化新闻，不仅能加速传统新闻生产技术、流程、方式的升级换代，还能有力推进广播、电视、报刊等传统媒体的互联网化转型及与新兴媒体的融合发展。另外，新闻主体的转变将人从纷繁复杂的信息收集和编稿、撰稿的低端采编过程中解放出来，节省人力成本。

尽管机器人新闻具有速度快、效率高等优势，但我们还应看到机器人在新闻生产过程中只能发挥补充作用，无法取代专业生产。新闻的"把关人"作用要求生产过程中的最后一步必须由人来完成，新闻价值、新闻真实性、新闻深度、新闻语言的感染力、新闻内容的趣味性和思想性都需要人工参与审核、把关。机器人新闻基于数据而进行，决定了它只能从事某些特定领域的新闻生产，适用范围窄、内容格式模板化、语言呆板、缺乏思想深度和人文关怀。这更加说明了机器人参与新闻生产无法替代传统经济新闻生产挖掘性、解释性、前瞻性的专业报道。

（二）从封闭式的精英生产到开放式的大众生产

传统的新闻生产方式是一个链态的线性模式。在整个新闻生产过程中，新闻从业者的采集、写作、编排都是在新闻机构内部进行的，受众无法看到新闻是如何生产的，更无法参与到新闻的生产过程中。以智能手机为代表的移动互联网，正颠覆着新闻的生产方式。社会化媒体盛行，人人都是发声筒。时效性最强的新闻来自"在现场"的人，而非"到现场"的记者。

经济新闻也不例外。笔者的一项研究发现，我国现阶段经济新闻话语体系表现出非常明显的精英主义倾向，这种倾向在一定的历史阶段有其必然性，也有其独特的贡献，经济新闻报道话语的精英化体现了现实社会的需求，也在实践中反哺了一个新精英阶层的成长。[①] 在长期实践中建立的稳固的话语体系中，经济媒体在生产规范的指引下设置公众议程，影响舆论进展，精英式生产过程形成闭合回路。但是随着移动互联网的发展，封闭式的生产方式被挑战，经济新闻、财经资讯的发布已经不再是媒体人的专利，以用户为中心的社交媒体通过提供原创资讯及观点进行多样化生产。这就要求经济媒体要对新闻生产流程重新思考，而流程再造强调"开放、兼容、多元"的自我革新。

国内在此方面的经典当以界面新闻为例。界面新闻是上海报业集团推出的以商业等经济内容为主的新媒体集群，上线三年，其移动客户端用户数量及融资额度稳步提升，成为全球范围内估值蹿升速度最快的新媒体公司。界面坚持提供 7 × 24 小时实时更新全球商业动态服务，引入了自媒体联盟和用户生产等模式提高内容生产速度和扩大传播范围，开创了"自有采编团队 + 自媒体联盟 + 用户供稿"的模式。新闻生产中，让受众参与到新闻制作的过程中，在线参与选题会讨论、投稿乃至成为高级行业观察员。界面发展"选题聊天室"模块，每个聊天室里都有一个界面的编辑主持。聊天室有一个题目，受众觉得自己对该题目颇为了解或是有过经验的，可以进入该聊天室进行讨论。当编辑发现某些受众对该题目确有很

[①]　王擎：《全球化背景下经济新闻报道观念的更新》，《新闻战线》2017 年第 11 期。

深了解，会邀请他进入更高一级的私密聊天室，进行信息沟通。每天晚上，编辑会将这些信息重新整理，确定稿件的报道方向迅速推出。这篇报道可能是署名为受众的报道，受众也可以选择是否署名。每天有五六个聊天室同时开张，而且未来，有可能聊天室主持者都不是界面的专职人员，而是经过审核的外部作者，最后出炉的文章可以直接供稿，打破传统新闻生产流程，以受众参与带动新闻生产规模。

除此之外，受众反馈在不同媒介之间流转、互动，掌握着移动互联网这个语境框架下的话语权，他们可以通过选择对新闻的意见倾向，而每一次的选择既标志着这一次传播行为的完成，又可以作为新的事实被媒体加以传播，循环反复形成意见群，会在一定程度上影响到传播者的传播意向与行为。2014 年在百度新闻的财经频道中，百度根据文章的点击率在"热点评论"对相关新闻评论进行排行并置顶，并同时优先收集相关新闻的延伸信息。而类似的做法在财经类媒体和网站也被广泛使用。比如英国著名经济媒体《经济学人》从 2013 年起就依靠大数据提供的经济热点话题而规划自己的新闻报道方向。受众的反馈决定了经济新闻报道的走向、风格、重点、传播形态。

（三）从生产—消费的线性序列到多维传播形态

传统媒体是以大众传播为中心节点向非中心节点传播。而数字技术下的新媒体传播环境，使得个人对个人、个人对多人、多人对多人的精准化传播网络、多平台同时传播信息的多维传播格局已经形成。

以受众关系为纽带的社交化新媒体使得"传者"与"受者"的界限更加模糊，并可随时互动与替换。媒介与外部之间的樊篱逐渐消除，给非专业生产者创造了生产、发布的自由平台，使得原本清晰区隔的生产、流通和消费各个环节可以同时展开，丰富了新闻线索，并且越来越依赖于受众的分享式传播。美国纽约大学教授克莱·舍基在《未来是湿的——无组织的组织力量》一书中认为：未来社会是"湿"的，是依靠"湿件"（如社会性、意志力、理解场）力量和借助计算机轻易地在互联网上组建各类型群体，从事某个项目、某种运动。①

---

① 参见［美］克莱·舍基《未来是湿的——无组织的组织力量》，中国人民大学出版社 2009 年版。

财新传媒从创办伊始,就主推全媒体的媒介架构,力图用多层次的业务平台传播准确、全面、深入的财经新闻和资讯信息服务。财新的中央厨房即新闻中心,下设金融、公司、经济、综合、国际、评论六大部门,以中央厨房的模式,同时向杂志、财新网、财新视频、财新会议和图书等编辑部提供主菜,各编辑部自配辅菜。杂志主编兼中心主任,财新《新世纪》周刊为主打产品,重点突出,兼顾各方。网络、视频、杂志合作生产,以"网站速度先行,杂志深度解读"为原则,强调内容的无缝对接。以"7·23 动车事故"为例。当天,财新网发布第一条新闻,随后 7 大共刊发 98 篇稿件,《新世纪》周刊进行了封面报道,其后视频等多个频道紧跟而上,充分展现了多维传播形态。

二 融合背景下的经济新闻生产组织重塑

媒介融合达到渠道、组织、内容、终端融合,实现集约化、数字化、多元化的融合新闻生产,其中最重要的改变发生在编辑室,由原来功能单一、对象单一转变为现在进行全面数据收集、梳理、整合,负责多媒体平台报道的新型编辑室模式。就像技术推动下的经济新闻采编流程需要再造,经济新闻生产的组织结构也要进行相应的改造,以体现出更高效、更灵活的特点。

(一) 协同合作生产模式

媒介融合首先触及的一个层面是业务形态的融合,包含文字、图片、音频、视频的多媒体素材进入数据库,深加工后集成于一个报道,调动各种形态产品、传播渠道而打造的所有媒体手段和平台构建大的报道体系,报纸、广播、电视、网络都是其组成部分。不同于传统单一平台承担所有流程的工作坊式生产,协同合作生产模式在新闻信息采集发布上联合行动,由独立经营转向多种媒介联合运作,利用媒介类型的介质差异,生产出形态各异的新闻产品,是一种组织内部战略上、文化上的联盟式生产模式。

成立百年的美国道琼斯公司是拥有报纸、杂志、网站等多媒介平台的专业财经媒体集团。在新的媒介环境下,如何打通不同媒介平台,实现资源利用最大化,成为面对的最大挑战。2015 年,道琼斯对新闻出版部门重组，转向数字媒体业务，积极实现自我转型。在新闻生产流程方面，形成同一信息在不同平台传播的"波纹式"协同合作生产模式。公司在新闻事件发生时，信息资源通过数字化编辑平台，从道琼斯通讯社开始，依次在《华尔街日报》网络版、CNBC电视频道、道琼斯广播、《华尔街日报》等7种不同的媒体发布，实现新闻产品的即时滚动播报，使新闻从"第一时间采写"向"第一时间发布"波纹扩散式信息传播转变。媒介在传播的过程中对信息进行筛选、加工、处理，最终形成一个完整的报道群。例如：欧洲《华尔街日报》30%—50%的内容都来源于道琼斯通讯社，重大事件发生时，通讯社和日报都会委派记者，前者负责实时财经动态报道，后者侧重深度解析；CNBC电视台有一些固定专为道琼斯通讯社设置的栏目，比如每小时有一个新闻综述，道琼斯通讯社的编辑、记者或者财经专家会在此做专门节目。道琼斯公司还建立了全球融合模式项目，建立全球统一的编辑部。道琼斯公司在纽约、伦敦和中国香港同样建立了数字网络中心，分时区协同处理全球信息资源，实现了时间上的无缝对接。

（二）"新闻钻石模型"成为亮点

当下正处于移动互联网时代，对新闻生产提出同时兼顾速度和深度的要求。伯明翰城市大学的美国学者保罗·布拉德肖提出了一个不同于传统媒体的21世纪新闻编辑室的"新闻钻石模型"。[①] 依据此模型，新闻生产将包括快讯、草稿、报道、分析/反思、背景、互动、定制七步骤，先以快讯、草稿实现"快传播"，再以报道、分析和背景提供"深解析"，同时要在新闻生产全过程考虑让公众参与、为用户定制信息。在此过程中，记者在快速反应的基础上，不断逼近事实的真相，既发挥了移动互联网即时的特点，又满足了用户对于深度内容的需求，实现了新闻的迭代生产。生产角色由记者扩展到了公众、生产结构由线性变成了多线程并进、生产结果由单一发布变成了循环演进。

以全球三大财经资讯提供商之一彭博社为例。当事件发生时，彭博社先以"快传播"的方式，将新闻最基本的信息以简讯的形式进行传播，

---

① Paul Bradshaw: A Model for the 21st Century Newsroom, 来源：http://onlinejournal-ismblog.com.

接下来会以解释性报道的形式，对新闻事实的来龙去脉进行报道和分析，之后再辅以背景、延展性内容以及反思等内容的深度报道形式展示对于整个事件的全景式传播。这种对事实的不断更新、叠加的生产方式不仅缩小了新闻采集与发布之间的时间间隔，满足了用户对经济信息及时性的需求，同时也实现了从"快传播"到"深解析"的有效对接，满足了用户对经济信息实用性的诉求。

结　语

新技术带来了新媒介，新媒介要求新的生产流程。在移动互联网时代，新闻生产各个环节在互联网上展开，流程再造是传统经济媒体以最低成本获取最高效度的自我更新之道。从技术推动下流程的改变到媒介融合背景下编辑室的重组，带给我们更多思考的是全媒体转型也好，数据驱动新闻登场也罢，经济新闻媒体不仅要关注内部改变，更重要的是生产理念的再造，从传统受众接收到用户本位，从封闭生产到借力融合，坚持专业生产的同时不断创新，在不断变化的外部环境中保持活力。美国总统林肯曾说："过去平静日子的规则已不足以应对今天的风雨如晦。如今困难重重，我们应该应时而动。"

The Production Process Reengineering of
Business News in Mobile Internet Era

Abstract：The business news is a significant news type under the background of social market economic system. With the rapid development of mobile internet, the traditional news production is faced with quite a number of challenges, and process engineering become absolute top priority of business news media in this new situation.

Keywords：Mobile Internet Era；News Production；Process Engineering

（王擎：北京工商大学艺术与传媒学院经济新闻研究中心主任、教授；任超：北京工商大学艺术与传媒学院新闻传播学研究生）

《经济学人》杂志媒介融合
新产品开发模式分析①

汤莉萍

摘要：本文主要分析《经济学人》杂志近五年在媒介融合新产品开发方面的模式。从媒介融合新产品开发类型、设计及团队组织方式、盈利模式三个角度进行分析。最后对我国财经杂志媒介融合新产品开发提出相应建议：应该注重提高订阅用户附加值或者吸引新用户；改变传统的自上而下创新格局，实行团队组织方式；逐步降低对广告的依赖性。

关键词：《经济学人》杂志　媒介融合　新产品开发模式

《经济学人》杂志作为财经类杂志领头羊，在媒介融合方面，也走在全球财经杂志前沿。2015 年 2 月，《经济学人》首任女总编贝德斯（Beddoes）上任，她对该杂志媒介融合进程极为关心。在其上任前后，《经济学人》在新媒体拓展方面大举推进，陆续推出了系列媒介融合新产品。这份拥有 170 多年历史的老牌杂志与时俱进，焕发出越来越年轻的活力。

从 2017 年经济学人集团公布的年报来看，2013—2017 年，集团收入在 2015 年经历小低谷以后开始回暖，2017 年创造了 5 年来的新高，略高于 2013 年水平（见图 1）。而集团收入明细可以看出，2017 年订阅和发行创了 205 百万英镑的大幅度新高。前四年的数据为 2013 年 174 百万英镑，2014 年 167 百万英镑，2015 年 166 百万英镑，2016 年 176 百万英镑（见图 2）。而发行毛利润也在持续增长（见图 3）。由此可见该杂志在新媒体方面的推动成效越来越明显。该杂志对广告的依赖度持续下降，发行占比越来越大。

① 【基金项目】北京市教委社科计划一般项目"新形势下北京市属媒体经济信息传播面临的挑战及应对策略研究"（项目编号：SQSM201710011001）阶段性研究成果；北京市教委科研专项项目"科技创新服务能力建设—科研基地—科技创新平台—基于数据处理技术的财经新闻生产模式创新研究"（项目编号 19005757038）的阶段性研究成果。

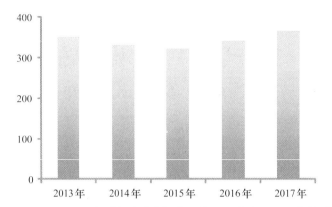

图 1　2013—2017 年《经济学人》集团收入（单位：百万英镑）①

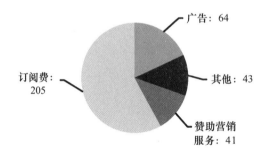

图 2　2017 年《经济学人》集团收入明细（单位：百万英镑）②

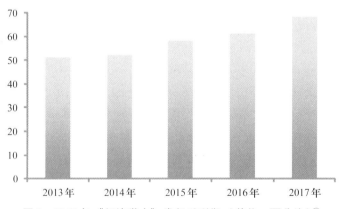

图 3　2017 年《经济学人》发行毛利润（单位：百分比）③

①　经济学人集团官网，2017 年年报。
②　同上。
③　同上。

本文主要分析该杂志近五年在媒介融合新产品开发方面的模式。

一 媒介融合新产品开发类型

该杂志的数字化主编汤姆·斯坦迪奇（Tom Standage）谈道："考察已有的产品或者平台是否应该存续、新的产品或者平台是否值得被发展，需要通过两方面的考量，一是能否提升订户们所订阅的产品包的价值，二是能否带来现有订户外的新读者，二者至少居其一。"[1] 所以其新产品开发不外乎以下三种类型。

（一）带来订阅用户附加值的新产品

Economist.com 和《经济学人》有声版，免费提供给周刊订阅用户，方便用户不方便阅读时候收听。提高订阅用户的附加值，有利于订户的留存。

（二）吸引新读者的新产品

1. Economist Film APP。2015 年推出的该 APP 主要是提供免费的视频内容，同时会放在 Sound Cloud 或者 Facebook 这些社交平台。视频是网络化发展的趋势。特色视频迎合了年轻化的视频爱好者，更能吸引眼球和接触到更多潜在用户。截至 2017 年 9 月 30 日，其栏目有本周看点（Daily Watch This Week）、海洋（Sea）、全球指南（Global Compass）、议程（The Agenda）、争端（The Disrupters）、护照（Passport）、未来职业（Future Works）。本周看点主要是每周要闻，视频数量 184 个。海洋栏目是关于解决海洋危机的科学和激进思想及实践，有《拯救珊瑚》和《深海是地球的最后一道防线》两个视频，栏目赞助商是 Blancpain（宝珀，瑞士高级机械制表的典范，始创于 1735 年）。全球指南栏目主要是发现解决生存与死亡或之间问题的激进思想和有力的性格，有 6 个视频，如《没有经济支持的健康》《药物：战争还是商店？》《地球圈》《24 和准备死亡》等，赞助商是 Business and sustainable development commission（商业和可

---

① 刘颖杰、曹斯、张纯：《英国媒体数字化转型：案例与模式》，南方日报出版社 2017 年版，第 22 页。

持续发展委员会）。议程栏目是发现用新方法打破常规的经验，用于解决现代社会的基础争端，会见思想和行动的引领者，也有 6 个视频，如《人民的力量》《Minouche Shafik 关于教育》《Chistine Lagarde 关于全球化》等，赞助商是 Credit Suisse。护照和未来职业各有 5 个视频。后者的赞助商是 Salesforce。总的说来，Economist Film 的内容不侧重时效性，注重思想深度和前瞻性。不足之处在于，本周看点（Daily Watch This Week）无法按照时间顺序查阅，首页只能看到最近的三个视频。在本周看点的总页面中，时间顺序比较乱，不知道是否按照视频点击量排序的。视频平台起步不久，仍需要不断完善。

2. Facebook、Twitter、YouTube 等社交网络设立公共主页平台。Facebook 有超过 600 万关注，Twitter 有 1100 万关注。通常这些社交媒体平台能带来 30% 的页面访问量。该杂志还在 Facebook 上推送即时新闻报道。这些平台不能带来直接收益，是为了更多的人了解杂志的内容，从而培养和吸引更多潜在用户。

3.《经济学人·商论》（Global Business Review，简称 GBR）APP。《经济学人·商论》是《经济学人》于 2015 年 5 月推出的旗下中英双语产品。主要为了吸引中国的潜在用户。中国具有巨大的读者市场潜力。但一部分人因为英文水平有限，与该杂志一直保持距离。该 APP 精选文章，以双语方式呈现，为部分中国读者打破了语言障碍。可以说《经济学人·商论》是中国读者逐步过渡到原版阅读的很好桥梁。其中包含免费和收费内容。以 2017 年 9 月为例，免费报道比重见表 1。

表 1　　《经济学人·商论》手机客户端免费报道比重（2017 年 9 月期）

栏目	报道总数量	免费报道数量	免费报道比重
"最新"	35	12	34%
"商业"	12	4	33%
"金融"	16	4	25%
"科技"	7	4	57%

内容容量偏小，价格也更容易接受。三个月订阅 118 元，全年价格 388 元。

内容方面，这款基于移动端 APP 的电子杂志萃取《经济学人》在商业、金融、科技等领域的精华文章，一键轻松切换双语浏览，为中国读者呈现全球视角的深度分析，并鼓励中国的读者批判性地思考中国和全球重大议题。该 APP 同时支持 IOS 和安卓平台免费下载。点击页面右上端的语言选择按钮，该 APP 的内容可以中英文自由切换。APP 内每月首日发布新月刊（例如，5 月 1 日、6 月 1 日），订阅用户可在每月首日阅读十篇文章，并在接下来的每周一到周六各收到一篇更新的精选文章。非订阅用户可在每月首日阅读三篇免费文章，每周五免费阅读一篇最新文章或样刊。

页面非常简洁。APP 文章自 2015 年 4 月开始，首页按照月份来切分。下载以后，进入该月界面。该界面上半部分是三篇文章，可以横向滑动。中间是四个栏目的词语"最新""商业""金融""科技"。四个词语把下半部分分为四列，可以手动滑动往下看。页面上方大图片的报道是"商业"和"金融"板块的重要文章。最近板块的内容就是后面三个板块内容的汇总。

20 年前，《经济学人》的报道主要关注的是发达国家，而近 15 年来，它的关注重心逐渐转移至发展中国家，报道网络也努力向这些国家延伸，已经在中国香港、印度、南非、开罗、巴西、墨西哥等地建立了报道网络，分别负责东亚、南亚、非洲、中东、南美洲、中美洲等地的报道。[①] 2012 年，该杂志开辟了中国专栏，更加拉近了与中国读者的距离。而《经济学人·商论》更是成为吸引和培养中国读者的很好平台。

（三）既能带来订阅用户附加值又能吸引新读者的新产品

1. 《经济学人》Espresso APP。Espresso 免费提供给订阅用户，提高了订户附加值。同时可以吸引到那些觉得杂志太贵或者觉得内容太多的潜在用户。他们乐于看到每日推送摘要，以后或许能成为杂志订户。该 APP 于 2014 年 11 月 6 日上线，意为浓缩咖啡，《经济学人》浓缩版。这是由经济学人发布的早晨简报，每天通过邮箱、IPhone APP 和安卓手机 APP 进行发送。这是《经济学人》170 多年历史上首个以 24 小时为周期的新闻产品。"其主题部分仅由 5 篇文章组成，且每篇不超过 150 个单词，对读者当天必须要知道的事情进行精辟的解释。第二部分提供前夜发生的新闻集合，但方式更加简洁。第三部分提供股票市场的数据。每个工作日早上推送，用户在每天早餐之前，可以通过这款应用或者邮件服务来掌握全

---

① 刘滢：《英国经济学人集团的品牌拓展与新媒体战略》，《中国记者》2013 年第 10 期。

球政治经济生活的最新趋势，正如一杯早餐时的浓缩咖啡。"① 此外还有未来一日的全球日程表，方便洞悉先机，运筹帷幄。该 APP 推出了美国、欧洲和亚洲三个版本，可以在苹果和安卓应用市场下载。非订阅用户可以享受首月免费试用的优惠，随后每月的费用是 3.99 美元（2.49 英镑）。

2. 《经济学人》官方微信公众号。作为吸引中国读者的重要移动平台，该微信公众号有不少免费内容，也有部分内容只对《经济学人·商论》年度订阅用户提供增值服务。

微信公众号首页最下端一排是内容导航，分为三栏，"内容精选""学习社区"和"APP 订阅"。"内容精选"又细分为"商论热读""封面文章""书评新知"和"智库报告"。"商论热读"直接导航到了下载商论APP 页面。"封面文章"字样点击进去，一共有六篇推送文章，里面配有英文音频。每篇文章点击下面"阅读原文"，可以看到中英双语版。"书评新知"部分，是关于"书评"和"新知"栏目的精选文章，也可以看到双语版。"智库报告"，包括投资创新、精神健康与社会融入等内容。点击某一篇报告，进入报告的概述，再点击下面的"阅读原文"，填写一些基本个人信息，就可以免费发到电子邮箱。

学习社区是围绕《经济学人·商论》年度订阅用户提供增值服务的线上线下平台，通过主编专栏、嘉宾讨论、线下沙龙，梳理经济、商业、金融、科技等领域的趋势，共同探讨全球话题。学习社区的主讲人吴晨，目前担任《经济学人·商论》主编兼《经济学人》中国编务主任。此前他担任英国经济学人集团欧洲金融（亚太区）总编辑。2005—2009 年，他担任经济学人集团旗下《财务总监》杂志主编。在记者生涯中，他曾在新华社国际部、彭博新闻社新加坡分社和《商业周刊》香港记者站工作。吴先生的研究范围广泛，涵盖国内最新监管领域的变化，人民币国际化的趋势，企业管理创新最佳实践，以及中国新型城镇化过程中机会与挑战等。学习社区的内容有：

专栏一：英语学习专栏。针对《经济学人·商论》年度订户。包括以下三部分。（1）每日一词：每天清晨一个中高级英语词汇及其详解，包括官方精选例句、词源解读、释义与同义词。每天三分钟，循序渐进掌握

---

① 刘颂杰、曹斯、张纯：《英国媒体数字化转型：案例与模式》，南方日报出版社 2017 年版，第 21 页。

《经济学人》的常用词汇。《经济学人》杂志精选例句朗读版，由 BBC 播音员官方原音呈现。读者可以免费分享当日内容给 10 位好友，共同学习，用新词在评论区造句，有机会得到《经济学人·商论》官方译者的评论指导。（2）学人习语：每周讲解一个常用习语或短语，辅以《经济学人》精选例句，学习地道生动的英文表达。（3）原文精析直播课堂：由《经济学人·商论》官方翻译团队甄选原文写作中的技术亮点，资深译者结合文章语境与写作背景，带读者精读《经济学人》各板块文章。

专栏二：深度解析专栏。该专栏可免费浏览，也包括三部分。（1）每周晨读：每周一的清晨主编吴晨以音频形式梳理《经济学人·商论》近期推出的重点话题与系列文章。每周 5 分钟，助读者掌握《经济学人》对全球重大议题的洞察和前瞻。截至 10 月 14 日，每周晨读有 7 篇语音，每篇还配有文字版本。但是到 9 月 17 日就没有更新了。（2）每月直播：吴主编将通过在线直播等形式，每月围绕一个主题展开分享，打通一系列重点话题下的不同文章与论点，结合中国语境和历史背景作出评析，帮助中国读者更加了解《经济学人》对全球重大议题的核心观点。读者可以在社区内与主编互动问答。（3）观点感想与活动回顾：吴主编会不定期地以文字形式与大家分享自己的日常观点和感想。此外，部分线下活动的精彩回顾视频也会上传至该专栏。线下活动有 4 个音频和视频，这些讲座、研讨会及国际性会议都是《经济学人·商论》主办或者参与的。

二　媒介融合新产品设计及团队组织方式

（一）全员创意提案方式

《经济学人》内容创新成为杂志所有成员的工作。一个新产品设计理念的提出可能来自主编，也可能来自记者或者市场部的销售人员。"Standage 是《经济学人》数字化策略团队主管，各个新产品的设计与开发往往是由他牵头实施。这个团队每年至少要提出十项关于新产品和新平台的创意。Espresso 的创意确由 Standage 提出，而 GBR 则是由经济学人集团亚洲分部的一些员工提出的想法。"①

---

①　刘颂杰、曹斯、张纯：《英国媒体数字化转型：案例与模式》，南方日报出版社 2017 年版，第 22—23 页。

（二）团队制组织结构

《经济学人》杂志没有设立单独的新媒体或者数字化部门，而是实行团队制，如，社交媒体团队、封面设计团队、全媒体团队等。其实都是同一群人不同的组合方式。比如，Espresso 团队中，有来自技术开发部门的人，一些人负责内容编辑，设计出内容模型以后，就内容用邮件进行交流和征求意见。然后由商业产品主管负责搭建内容管理系统和开发应用。还有市场销售部分销售人员监督产品的发行，负责定价，确保商业模型能运转。接近正式发行的时候，任命华盛顿和新加坡的两名记者作为编辑，确保其能 24 小时运转。从设想到真正发行，经历了六七个月时间。

三　媒介融合新产品盈利模式

该杂志的商业模式是不依赖于广告，而是以提升订阅量为目标，即发行/订阅为主导，多元经营。《经济学人》的理念是：读者付钱给我们，以节省他们的时间。该杂志的高质量内容支撑了其高订阅费，使得读者觉得物有所值，甚至物超所值。从前面图 2 可以看出，2017 年，该杂志发行/订阅占集团收入比达到 58%，广告进一步下降到 18%。例如《经济学人·商论》APP，主要为了吸引中国的潜在读者。一部分读者读了免费内容，或许愿意付费阅读其双语版的收费内容，甚至进一步订阅英文版。该杂志不断减少对广告的依赖，基于三点原因：第一，从全球来看，平面媒体广告在不断萎缩。预期到 2025 年，杂志将基本失去展示广告。第二，一旦金融危机到来，媒体广告也会遭受重创，进一步削减了媒体的抗风险能力。第三，不受广告客户牵制，更能保持杂志观点的独立性。

四　对我国财经类杂志媒介融合
新产品开发之路的启示

进入 21 世纪以来，我国平面财经媒体不断涌现。近些年，在数字化转型方面也遭遇不少困境。《经济学人》杂志带来的启示有：

第一，在媒介融合新产品开发方面，应该注重提高订阅用户附加值或者吸引新用户，两者兼具则最佳。前者是为了留住老客户，后者是为了开发新受众市场。作为我国一流的经济类杂志，《财经》杂志的微信公众号在一定程度上起到了吸引新客户的作用。它每周二下午4点过推送。杂志是每周一出版。每期的推送格式都是固定的，一共5篇文章，头条是杂志的封面文章。2017年10月13日，《直面大病致贫》这篇微信推送出现了2分15秒的视频，意味着多媒体平台内容和平面内容的差异化开始出现。每篇推送，头条文章里面，在中部和尾部都有这期杂志的销售界面。点击"加入购物车"，可以直接20元包邮购买当期杂志。下面还可以订阅一年刊、二年刊和三年刊。但是其APP却起不到相应作用，既不能提高订阅用户附加值也不能吸引新用户来订阅杂志。《财经》APP在2017年进行了全面升级。APP主页导航条分为头条、原创、财经、时政、科技、生活、评论、美图、专题、杂志、瓶酒、中车、汽车、视频。这些文章不全是财经杂志原创的，摘自很多媒体。如，中新网、《人民日报》《中国经济周刊》《国际金融报》《21世纪经济报道》《新京报》《证券日报》《深圳特区报》、新华社、《北京商报》《第一财经日报》等。还有来自新华头条、中央纪委监察部网站、TechWeb、腾讯科技等。视频栏目为原创。

　　第二，改变传统的自上而下创新格局，实行全员创新和团队组织方式。我国媒体的创新几乎都是自上而下的。数字化新产品开发不应该是领导层或者新媒体部门的事情，而应该是全员互动。有时候，好的创意，往往来自基层的记者。项目性的团队制，可以保证灵活性及所有内容产品观点、风格的一致性。

　　第三，盈利模式方面，应该逐步减少对广告的依赖。只有高质量的内容才能保证发行或者订阅为主的收入模式。我国财经媒体市场潜力巨大，财经媒体起步时间不长，以发行或订阅收入方式为主导的模式还有很长的路要走。多元化收入方面，学习《日本经济新闻》的数据库开发，也是一种选择。

The Economist's New Media Products Model Analysis

Abstract：This article mainly analyzes The Economist's new media products model in the past five years. The analysis is based on three aspects：the new media types, team organization mode, profit model to carry on the. Finally, it gives some suggestions for China's financial magazines new media development. We should focus on improving subscribers' added value or attracting new users, changing the traditional pattern of innovation, implementing team organizing mode, and gradually decreasing the dependence on advertisements.

　　Keywords：The Economist Magazine； Media Integration； New Product Development Model

（汤莉萍：北京工商大学副教授）

深化与拓展：新技术条件下数据在经济新闻报道中的应用①

李杰琼

摘要：本文聚焦经济新闻这一具有天然数据优势、同时也是数据处理技术渗透程度相对较深的新闻生产领域，着重梳理在新技术条件下数据在经济新闻报道的深化应用与拓展应用。通过总结国内外经济媒体内容生产的创新趋势，为推动中国经济媒体在传统媒体和新兴媒体融合发展方面提供借鉴。

关键词：数据　可视化　数据驱动报道

2016 年 2 月 19 日，习近平总书记在北京主持召开党的新闻舆论工作座谈会并发表重要讲话。他在讲话中强调，党的新闻舆论工作是党的一项重要工作，是治国理政、定国安邦的大事，指出党领导下的新闻舆论工作要坚持以人民为中心的工作导向，尊重新闻传播规律，创新方法手段，切实提高党的新闻舆论的传播力、引导力、影响力、公信力。

"十三五"期间，媒体融合业已被视为新形势下提高党的新闻舆论的传播力、引导力、影响力、公信力的重要基础，在国家政策的扶持下，成为媒体转型的主流方向。根据行业预测，在经历终端融合、形态融合两个阶段后，媒体融合在可预见的五年里将朝向用户、终端、内容与服务的智能化深度融合继续进化。

本文聚焦经济新闻这一具有天然数据优势，同时也是数据处理技术渗透程度相对较深的新闻生产领域，着重梳理在新技术条件下数据在国内外

---

①　【基金项目】2018 年度北京市属高校高水平教师队伍建设支持计划青年拔尖人才培育计划项目"新中国经济报道的观念嬗变与发展策略研究"（项目编号 CIT&TCD20180420）阶段性研究成果。

经济新闻报道的深化应用与拓展应用,以期为推动中国经济媒体在传统媒体和新兴媒体融合发展方面提供借鉴。

一 数据在新闻报道中的既有应用及其内涵的延展

基于对数据的分析,来描述现象或预测趋势,从而为公众提供信息服务,这种报道思路在经济新闻等报道领域并不陌生。在对《政府工作报告》的词频统计、对公司财务报表和业绩表现的关系分析中,这些新闻报道中的"数据"和其他事实素材同等重要。

(一)数据构成了新闻事实的重要组成部分

数据在新闻报道中的应用由来已久。1810 年,《北卡罗来纳州明星报》的两位编辑针对北卡罗来纳州多个不同郡的民众,进行了一项问卷调查,以期探寻有关农产品及民生福祉方面的问题。这是目前可以追溯到的最早将数据应用于新闻报道的实践。1821 年 5 月 5 日,《卫报》的前身《曼彻斯特卫报》在创刊号头版上刊登了一张数字表格,公布了关于曼彻斯特和索尔福德地区每所学校的学生人数和年均学费的统计数据。这张表格让读者一目了然地掌握了有关接受免费教育的学生人数以及当地贫困儿童的数量。

《华尔街日报》资深编辑威廉·E. 布隆代尔说过:"在许多新闻故事中,数据为整个新闻定性,有时候数据本身就是新闻。"① 作为一类重要的新闻事实,数据可以为读者提供清晰的说明、确凿的证据,数据运用恰当可以使新闻报道显得简单明了。通过准确、具体的数据揭示新闻事实的价值,帮助读者更好地理解新闻的内容和含义。

(二)"数据"概念的延展

伴随着科技的进步,人们的一举一动、一言一语都可以用数据的形式被呈现出来,人们每天也在源源不断地产生大量的数据。2012 年 2 月,美国《纽约时报》网站上刊登了一篇题为《大数据时代降临》的文章,

---

① 戴劲松:《为数据注入新闻活力——兼谈财经报道的基本素养》,《新闻前哨》2016 年第 6 期。

文章指出，"大数据"（Big Data）正在对每个领域都造成影响。商业、经济及其他领域的决策行为将日益基于数据和分析做出，而非基于经验和直觉；"大数据"的预见能力在公共卫生、经济发展和经济预测等领域中也已崭露头角。牛津大学教授维克托·迈尔－舍恩伯格认为，不可抗拒的"大数据"趋势的深层原因，在于海量数据的存在以及越来越多的事物是以数据形式存在的。①

前路透社香港分社数据新闻编辑 Irene Liu 在第二届亚洲深度报道大会上谈及新闻的未来时，指出近年来很多新工具不断涌现，这些工具能令记者们的工作更加便利，帮助他们发掘以前接触不到的数据资源。这使得人们对"数据"概念的理解也发生了巨大变化。人们曾经认为只有电子表单上那些数值型信息，才可以被称为"数据"；但是现在，"数据"可以是网络上任何非结构化的信息。

20 世纪 90 年代以来，随着计算机技术的发展，尤其是互联网的发展，使计算机辅助报道不仅能对数据，也能对其他类型的信息进行采集和处理，还能制作和发布信息。与传统的新闻报道方式相比，计算机辅助报道能够开发更丰富的新闻资源，更迅速地获得新闻资源，能够对原始数据进行更深入的发掘，能更及时地得到用户对新闻的反馈。随着新的技术手段和报道形式的发展，数据在经济新闻报道中的应用正在朝着纵向、横向两个维度发展。

二　数据在经济新闻报道中的深化应用

从纵向维度来看，通过数据分析和数据挖掘，记者将有机会找到更好的新闻角度，增加报道的深度。

（一）利用数据分析的结果，寻找新闻报道的线索、角度与方向

熟悉财经资讯领域的人，对彭博新闻社（Bloomberg News）的名字一定不陌生。彭博新闻社目前是全球最大的财经资讯公司。与很多大型国际媒体不同，彭博新闻社一开始从事的是数据服务，之后才将业务拓展到新

① ［英］维克托·迈尔－舍恩伯格、肯尼思·库克耶：《大数据时代：生活、工作与思维的大变革》，盛杨燕、周涛译，浙江人民出版社 2013 年版，第 94 页。

闻领域。

彭博新闻社主编裴忻认为，彭博社之所以可以为客户提供全新视角的世界金融新闻和信息，根本原因在于专业记者可以用专业的视角快速接近事情的真相，通过数据挖掘产生新闻线索，进而去发现值得关注的新闻议题。①

数据在彭博的财经新闻生产中的一个重要功用就是发现新闻点。彭博的记者曾根据对 2009—2014 年 6 月间亚洲股票市场表现的分析，发现五年间业绩表现最好的是一家香烟公司，最差的则是中国的一家煤矿公司。为什么烟草公司业绩突出，而煤矿公司表现不佳？记者据此采访行业内外相关的专家，试图分析现象背后的原因。经过调查、采访与分析，发现为了遏制污染，政府正大力支持新能源产业，相应地影响了煤矿公司的业绩表现。②

2015 年希腊发生了严重的债务危机。在世界各国的经济学家们都在唱衰希腊经济、预言崩盘即将来临的时候，彭博新闻社通过数据分析发现希腊国债利率相对稳定，并没有急速提升，从而得出市场对希腊主权债务并非普遍看空，而是信心尚存的结论。记者进而通过对重要债权人的采访，推断出希腊经济较为平稳，短期不会出现崩盘。事实也证明了这一推断——希腊经济日趋平稳，在希腊经济崩盘传言最为兴盛时期购进希腊国债的投资者，半年收益率超过了 100%。

数据并不天然地比其他事实更具有公信力和说服力。只有正确地使用数据、解读数据，对数据进行必要的整理和分析，才能更好地表现事物发展变化的状况，达到信息完备的彼岸目标。

（二）立足社会背景，挖掘数据背后的意义，深刻反映事物变化的趋势

2014 年的两会报道中，中央电视台推出了"两会大数据""数说两会"等数据新闻板块，选取百度、腾讯微博、亿赞普三家公司作为数据合作方，通过对大数据的收集、挖掘、分析及可视化呈现来了解民生，传

---

① 《听彭博社主编裴忻讲数据背后的故事》，2016 年 12 月 16 日，经济传播研究微信公众号，http://mp.weixin.qq.com/s/3vuP2mtp7sFGmiWpxt-sKQ。

② 杭敏、John Liu：《财经新闻报道中数据的功用——以彭博新闻社财经报道为例》，《新闻记者》2015 年第 2 期。

达民意，给观众带来了收看两会的全新视角与体验。

上述报道通过对海量数据的深度挖掘，涌现出一些新鲜有趣的发现。比如《两会脉搏　全球跳动》中列举了 10 个最关心中国两会的国家，其中印度尼西亚位列第一，美国排名第四，排在第七位的是南美国家秘鲁。节目还进一步解释了这些国家的上榜理由，如近年来印度尼西亚的年轻人对中国的关注度直线上升，他们最关心的话题是到中国来留学；而秘鲁则是因为要出口牛油果到中国进而关注两会动态。①

2015 年 2 月 11 日，央视晚间新闻《"据"说过年》中，从春运的大数据中挖掘出了铁路新规催生的"囤票族"。据节目介绍，2015 年通过网络购票的人群当中，11% 的人买了三张或者是三张以上的火车票。"囤票族"产生了很多连锁反应，在广东佛山，只开了一个买票取票的窗口，可是却有 3 个退票、改签的窗口。同年 2 月 18 日《"据"说过年》关注了"年夜饭"。据节目介绍，"年夜饭菜单""年夜饭菜谱""年夜饭作文"是年夜饭搜索的前三名。节目还通过数据挖掘制作了"口味迁徙图"，反映了东北菜在南下、川菜在东进北上的趋势，菜系的迁徙一定程度上反映了人口的迁徙变化。②

三　数据在经济新闻报道中的拓展应用

斯坦福大学的杰夫·麦吉（Geoff McGhee）教授认为，越来越多的新闻和数据有关，媒体的责任在于如何向公众解释复杂难懂的数据——既给予足够信息，又不至于危言耸听。③ 从横向维度看，利用计算机技术实现数据的"跨界"融合与可视化叙事，有利于新闻报道更好地动员公众对宏观政策与公共议题的关注。

（一）开发新闻应用，更好阐释宏观政策对个人的影响

通过解释复杂新闻事件与个人的关联，数据可以让受众了解复杂背景

---

① 刘双、文卫华、王向宁：《央视两会报道中的数据新闻探索——以"两会大数据"、"数说两会"为例》，《青年记者》2014 年 6 月下。

② 白玛央金、王晓晔：《传统议题的大数据突破策略——以央视春节报道的〈"据"说过年〉系列报道为例》，《新闻研究导刊》2015 年 8 月。

③ 郭晓科主编：《大数据》，清华大学出版社 2013 年版，第 30 页。

下的新闻事件和个人之间的关联，认识到公共政策对个人的影响，使新闻更加人性化，更具贴近性。

由 BBC、毕马威会计师事务所携手制作的《财政预算计算器：2012 年财政预算将如何影响你？》入围了世界首届数据新闻奖。众所周知，政府财政预算专业、复杂，BBC 希望用简易的"计算器"形式，让读者将自己的收入、日常消费信息等输入"计算器"中，通过计算，明了政府财政预算对自己生活的影响。在本书撰写过程中，BBC 的"财政预算计算器"已经于 2017 年 3 月 8 日做了更新，读者可以根据自身情况来判断"2017—2018 年财政预算中的税收变化会让你变得更好还是更糟"。[①]

（二）结合地理数据，更直观全面地阐释公共议题

2014 年春运期间，百度公司推出了一个产品"百度迁徙"，首次启用百度地图定位可视化大数据播报了国内春节人口迁徙情况。该产品基于 3.5 亿部智能手机，通过对百度地图 LBS 开放平台每天响应 100 亿次定位请求数据挖掘分析，并采用创新的可视化呈现方式，在业界首次实现了全程、动态、即时、直观地展现中国春节前后人口大迁徙的轨迹与特征。

在春运高峰期，每天都有数亿人次在全国各个城市之间迁徙，并随之产生各种各样的相关数据：哪条返乡之路最热？从北京回到哪个城市的人最多？哪个旅游城市今年最受欢迎？这些公众关心的话题都可以通过数据反映出来。2014 年春运期间，央视晚间新闻栏目敏锐地抓住了这一选题，并联合百度 LBS 定位大数据，恰逢其时地推出了"据说春运"特别节目，引起了社会的巨大关注。

近两年，不少欧美国家的民众都在抱怨大量涌入的难民冲击了现有社会秩序，但这些国家果真在全球难民问题上"承担了过多义务"吗？美国卡耐基梅隆大学 CREATE Lab 的数据可视化项目 Explorables 利用联合国难民署提供的公开数据，绘制出了世界难民移动地图。

该项目用数据可视化的方式说明，实际上，世界上大约 90% 的难民都由发展中国家接收，却极少得到媒体关注。例如，美国在 2015 年安置了约 6.9 万别国难民，而人口规模只有美国九分之一的非洲国家乌干达则

---

① Budget Calculator: How will the Budget Affect you? 网页链接：http://www.bbc.com/news/business–17442946.

在同一年接收了超过 10 万难民。截至 2015 年，叙利亚是最大的难民输出国，而包括南苏丹在内的非洲国家也仍有大批难民持续涌出。绝大多数难民前往的是同为发展中国家的邻国而非欧美。比如，数据图显示，2006 年有大量斯里兰卡难民涌向印度，2007 年哥伦比亚武装冲突恶化导致难民逃往附近的委内瑞拉等国。

（三）建立公开数据库，更广泛持久地发挥公共服务的作用

此外，现在越来越多的新闻机构会将新闻报道中收集的数据建设成公开的数据库，以便更多的记者和社会公众使用，从而更好地扩大报道的影响并推动更多人参与到对公共议题的讨论中。

2017 年，"艾伦·纽哈斯创新调查报道奖"（The Al Neuharth Innovation Investigative Journalism）中型及小型媒体的最佳报道，分别授予了地区性媒体、《俄勒冈人报》（The Oregonian）揭露国民警卫队军械库铅污染的"Toxic Armories"，及非盈利新闻调查组织、公共诚信中心（The Center for Public Integrity）针对保险业的调查"Drinks, Dinners, Junkets and Jobs"。调查新闻网站（The Intercept）则斩获小型媒体组别的"调查性数据报道奖"。

这三篇获奖报道都利用了公开信息或信息自由法（Freedom of Information Act）获取大量数据，并基于数据分析发掘线索与证据，揭露了关乎公众切身利益，却被长久隐藏或忽视的问题。更巧合的是，这些报道都建立了公开数据库，对调查过程中所收集到的数据进行更好的清理、分类、归纳与可视化，便于读者理解、搜索、查证甚至为报道提供线索，使报道影响力得以持续扩大。

结　语

结合国内外新闻媒体转型的既有现实，会发现技术创新是媒体融合发展的核心驱动力。数据处理技术将逐渐渗透进未来新闻生产的全部流程，成为机构间竞争的利器。

在推动传统媒体和新兴媒体融合发展的变革浪潮中，中国的经济新闻报道正在积极发挥科技创新的引领作用，尝试推动传统的、单向度的经济新闻报道向新型的、多元的经济信息服务转型，实现供给侧结构性改革，

满足各类使用者日益多元的信息需求。

从纵向维度看，中国的经济新闻报道正在探索通过数据分析、数据挖掘等新兴技术进一步提高报道的深度，更好地发挥经济报道和经济信息传播的服务功能。从横向维度看，中国的经济新闻报道还可进一步挖掘"数据"与"技术"结合带来的各种可能性，通过新闻应用、新闻数据库等形式，增强新闻报道与信息服务在移动化、个性化、场景化方面的竞争能力。

Deepness and Expansion：The Application of Data in Economics Journalism and Business Journalism under the New Technology Condition

Abstract：This essay is to sum up the latest tendency of data-driven reports with focus on the economics journalism and business Journalism. There are two questions to be mainly discussed. One is in what degree the new application of data can help the news reporters to deepen their analysis；the other is to what extent it can help them to create the new form of story-telling.

Keywords：Data；Visualization；Data-Driven Report

(李杰琼：北京工商大学艺术与传媒学院副教授，经济新闻研究中心副主任)

从财新全面收费看财经报刊内容收费模式发展①

刘　超

摘要： 财新传媒于 2017 年 11 月启动的网站全面收费制度，是国内财经媒体对盈利模式的一次大胆尝试。20 年来，以《华尔街日报》《金融时报》《经济学人》等为代表的财经报刊巨头纷纷筑起"付费墙"，其间经过了多次探索，形成了与自身定位和特色相适应的收费模式，表明内容收费对于专业化的财经媒体具有一定可行性。财新传媒的此次改革能否成功，值得业界与学界拭目以待。

关键词： 财新　财经媒体　报刊　付费墙　华尔街日报

2017 年 10 月 16 日，财新网发布收费升级公告，宣布将于 11 月 6 日（周一）起，正式启动财经新闻全面收费。这项重大政策的出台，表明成立八年的财新传媒在内容收费的探索之路上进入了新阶段。从欧美《华尔街日报》《金融时报》《经济学人》等老牌财经报刊 20 年来的不断尝试，到近年来以知乎 Live、分答、得到等"知识付费"在我国互联网上掀起的热潮，都折射出全球资讯市场对优质内容的期望与需求。许多传统媒体在网络时代正经历着数字化转型的阵痛，通过分析财经报刊在内容收费模式上的成败得失，可为其提供有益借鉴。

一　财新从部分收费转向全面收费

财新传媒由知名媒体人胡舒立于 2009 年 12 月创办，是一家提供财经新闻

---

①　【基金项目】北京市教委社科计划一般项目"新形势下北京市属媒体经济信息传播面临的挑战及应对策略研究"（项目编号：SQSM201710011001）的阶段性研究成果。

及资讯服务的全媒体集团。财新成立以来，除了通过旗下期刊和财新网以广告模式盈利外，一直试图探索更加多元的网络盈利模式，但效果并不好。

2010 年 11 月，财新在淘宝商城上线了官方网店，销售旗下的《新世纪》周刊（2015 年 4 月更名为《财新周刊》）、《中国改革》月刊、财新丛书及订阅套餐，这种简单的电子商务平台销售模式持续不久就下线了。

2016 年 8 月，财新网官方微信开始在"财新直营微店"里卖鲜花，推送《中秋与其送月饼，莫如送鲜花，财新微店给你提供最佳选择》一文，并打出广告语——"花花世界中，要持久、独特、高雅而且周到之花，惟有财新高贵鲜切花"。该微店主营杂志、图书、鲜花以及会议培训的线上报名，但除了图书的订单数稍高外，鲜花、杂志的销量都较低，目前该微店已下线。

2016 年 9 月，财新上线了付费订阅内容《王烁学习报告》，售价 199 元/年，截至 2017 年 12 月，财新商城显示其销量仅 1200 多份。2016 年 12 月，付费知识产品"财新私房课"在财新网微信公众号上线。2017 年 6 月，财新商城推出了新课程《谢平互联网金融九讲》，定价仍为 199 元/年，截至 2017 年 12 月，其销量仅 380 多份。

在 2017 年 11 月启动的全面收费计划中，财新基于不同的用户需求，推出了"四通"产品优惠订阅专享计划。"四通"即周刊通、财新通、数据通和英文通，产品具体包括内容及订阅价格如表 1。如果再加上《财新周刊》的印刷版（价格 698 元/年），可以看出，财新已经建立了从 298 元至 1998 元，包括 5 个梯度的全媒体产品定价体系。这也是财新在经历了电商售货、付费专栏后，聚焦于其自身核心生产领域的一次内容价格系统调整。

表 1　　　　　　　　　　**财新全面收费计划产品定价表**

付费订阅产品	产品内容	订阅价格
周刊通	《财新周刊》数字版	298 元/年
财新通	《财新周刊》数字版 财新网	498 元/年
数据通	《财新周刊》数字版 财新网 财新特色数据库、财新 PMI 指数报告等	1998 元/年
英文通	《财新周刊》数字版 财新网 财新英文平台 Caixin Global	199 美元/年（普通版） 49.99 美元/年（学生版）

由于过去几次不太成功的尝试，财新此次启动的内容全面收费，被视为是一次大胆的尝试。有媒体称为"胡舒立的激进改革"，也有媒体形容"财新传媒逆流而上"，并引用了财新传媒总编辑胡舒立的话——"中国读者享受免费的幸福程度太高了"。

财新表示拓展收费的目的在于聚焦精准用户，倾力提供高质量原创财经新闻内容。通过此次全面收费政策的调整，财新将从过往原创新闻为主、报道质量较好、缺乏完善自有数据、播音效果不够理想的半免费新闻网，转型为原创新闻为主、报道质量持续提升、全面嵌入数据、声音质量达标的收费新闻数据网。

财新网此前已属于"半收费"网站。其线上《财新周刊》、财新"数据＋"和"财新英文"系收费产品，而发稿量最大的财新网则可免费阅读。而从 2017 年 9 月下旬以来，财新网部分网稿已经开始收费或定时收费，10 月初以来该网站已陆续推出每日收费稿件。

在收费升级后，财新网主要新闻设为收费或分时收费（即 48 小时内免费，然后转入收费）。此外，财新网仍将有相当一部分内容免费，主要为常规性新闻、视频、图片、博客以及部分观点评论等。不同的新闻类型将会在财新网页面进行标识，方便读者了解。

二 全球财经报刊二十年筑起"付费墙"

从 1997 年 1 月《华尔街日报》正式启动网络收费模式开始，20 年来，以《华尔街日报》《金融时报》《经济学人》杂志等为代表的财经报刊巨头，通过不断尝试，已纷纷筑起了"付费墙"。"付费墙"（Pay Walls）意即付费用户可以随意浏览网站内容，不支付费用的用户则将被"付费墙"这样一道屏障与内容隔离开。在互联网时代，传统报业受制于高昂的生产和发行成本，加之读者在网络海量免费内容的侵蚀下忠诚度不断下降，促使许多传统纸媒转战互联网，通过建立网上付费模式，寻找新的盈利增长点。

（一）《华尔街日报》

《华尔街日报》作为全球最成功的付费数字新闻网站之一，在长达 20 多年的探索中，其付费模式进行过多次调整。

该报早在 1993 年就开始限制网络内容的访问，1997 年 1 月起"华尔街日报在线"对个人用户开始收取年费。《华尔街日报》专业权威的内容吸引了大批经济、政治、教育领域人士，囊括了大部分的"财富 500 强"企业经理人，其在线订户每年以 5 万户的速度递增。2007 年，华尔街日报网站已经成为世界上最大的付费订阅新闻网站，拥有 93.1 万在线付费用户。①

2007 年被默多克新闻集团收购后的《华尔街日报》网站制定了更加灵活的收费模式：普通读者可免费获取部分新闻，为数字订户提供更为详细的新闻资讯，为额外付费的用户提供高端定制的财经新闻。这种将用户进行分层的收费策略吸引了更广的用户群和广告商。

2009 年，《华尔街日报》对特定文章和高级订阅内容启动小额支付战略，不久其数字版付费用户数量超过 100 万，居财经类网络报纸榜首。

2010 年 3 月，《华尔街日报》开始在苹果公司的 iPad 平板电脑平台提供网络版订阅服务，月订阅费为 17.99 美元。另外，《华尔街日报》还可以通过亚马逊 Kindle 电子书阅读器订阅，订阅费为 14.99 美元。

2012 年，《华尔街日报》对其订阅报价进行了调整，由过去数字 + 印刷、数字版、网络版三种报价变为数字、印刷捆绑价和数字版两种订阅价。

通过这种逐步推进、稳扎稳打的发展策略，近年来《华尔街日报》版的读者数量基本维持稳定，而各种数字版用户则在不断增加，其日平均发行量中约五分之一来自数字版的订阅。

为了帮助《华尔街日报》和其他道琼斯公司旗下产品的订阅用户数量达到 300 万的目标，《华尔街日报》从 2016 年 8 月开始对"付费墙"政策进行了一系列调整，如普通读者通过提供电子邮箱，在 24 小时内可以浏览《华尔街日报》网站上的一些文章样本，而不需要一开始就去购买全部付费服务；允许付费用户在社交媒体上分享链接，非订阅者通过社交媒体可以免费浏览。

媒体网站一般会统一在网站商城或销售页面销售数字版内容，里面有各种级别的权限和价格对比。但《华尔街日报》的策略，是在每篇会员或记者分享的文章里——不管是邮箱还是社交网站推送，都放进付费订阅

① 杨容、何宏颖：《〈华尔街日报〉的报网互动研究》，《编辑之友》2010 年第 11 期。

申请。这种无孔不入的销售模式有效促进了付费用户的增长。

2016 年，在美国第 58 届总统竞选过程中，《纽约时报》《华盛顿邮报》《洛杉矶时报》都临时拆掉了"付费墙"，而《华尔街日报》依然坚持"付费墙"政策，以推动更多的数字订阅。在 11 月的选举结束后，《华尔街日报》新增的数字订阅用户超过平时的两倍多，付费用户总数达到 110 万。① 这表明，只要保证新闻品质，重大事件报道中不拆"付费墙"也不会让用户流失，有时还能吸引更多的用户。

2017 年，《华尔街日报》对其付费墙进行了更严格的限制。过去，谷歌（Google）新闻搜索用户通过搜索链接，可以免费阅读到《华尔街日报》"付费墙"之内的新闻，但从 2017 年 2 月开始，《华尔街日报》取消了这一特权。这一方面使得《华尔街日报》网站的付费订阅业务急速增长，普通访问者转化成付费订户的比率翻了 4 倍。另一方面，谷歌（Google）贡献给《华尔街日报》网站的流量下跌了近 44%。② 《华尔街日报》表示所有免费渠道完全关闭这是一个实验，不确定会维持多久。

（二）《金融时报》

《金融时报》也是较早启动内容收费模式的财经报纸，其网站早在 2002 年就开始对部分内容进行收费，2007 年 10 月在英国率先建立计量式"付费墙"，一般用户可免费阅读文章，有特殊需要的、更具价值的文章则需付费。《金融时报》凭借扎实高质量的经济商业信息以及深入的经济分析评论，拥有大量的忠实的精英阶层读者，这是其数字化变革能够取得成功的重要原因之一。

2009 年 8 月，《金融时报》引入了微量付费模式，即为每篇文章付费，这样读者就可以不用为不需要的内容付费。《金融时报》针对某一篇文章直接向用户收取小额的服务费用，如为用户提供搜索服务、下载音乐、视频、试用版软件等，所涉及的支付费用很小。微支付这种小额支付模式突破了传统的收入模式，产生薄利多销的效果，这也是对固有收费模式的一种补充。目前《金融时报》电子版付费用户超过 50 万，纸质版付

---

① http：//dy.163.com/v2/article/detail/CD60GC4V05118VJ5.html，2017 年 12 月 24 日。
② http：//www.tmtpost.com/2628986.html，2017 年 12 月 24 日。

费读者约 22 万人，电子版付费订阅读者的数量甚至超过纸质版读者。①

2015 年日经新闻收购《金融时报》后，两家的电子版付费总用户数达到 93 万人②，数字化的优势凸显。与日经以往的电子付费用户几乎 100% 限于日本国内的构成相比，《金融时报》的付费用户超过三分之二属于英国以外的地区，在英语文化圈精英阶层和知识分子中拥有广泛读者和巨大影响力，对日经的付费用户结构形成了很好的补充，这也是日经收购《金融时报》的一个重要影响因素。

（三）《经济学人》杂志

《经济学人》一直对推出数字版收费模式比较谨慎，2007 年才推出了免费和付费的分层网络系统。从用户定位来看，《经济学人》杂志与《华尔街日报》等专业财经媒体有所不同，这也是其在内容付费策略上与其他财经报刊有所区别的重要原因。经济学人集团媒体业务总裁保罗·罗西对此做了形象的描述："如果把杂志的 100 位订户关在一个房间里，你会发现他们看起来非常与众不同。他们中既有比尔·盖茨这样的世界大富豪，也有刚满 16 岁的青涩少年，将他们吸引在一起的是杂志的主张：丰富的阅历、相信进步并保持前瞻性。"③《经济学人》在数字内容收费方面采取的是稳步推进的策略。

2009 年 10 月，《经济学人》杂志开始对网络版读者可免费阅读的文章数量进行限制，免费用户浏览《经济学人》网络版的内容时限从 12 个月缩短为最近 90 天，并且只有付费用户才能查看"本周出版"栏目中的内容。该栏目使用户能浏览《经济学人》印刷版中的内容，并提供与印刷版类似的阅读方式。同时，《经济学人》将数字版的订阅价格定为 50 英镑/年，印刷版的订阅价格为 127 英镑/年，印刷版订阅者可以获取数字版从 1997 年 1 月开始的全部内容。

2007—2011 年，经济学人集团的运营利润以平均每年 10% 的速度增

---

① 宫伟健、宫丽颖：《从日经收购〈金融时报〉探析网络时代媒体的发展》，《出版参考》2015 年第 15 期。

② 何奎：《国际传媒业跨国并购的四大新兴功能——以英国〈金融时报〉的出售和并购为例》，《出版广角》2016 年第 3 期。

③ Minonline 著：《〈经济学人〉的多平台战略》，高海芳译，《中国出版传媒商报》2016 年 5 月 27 日。

长。即使受到金融危机冲击后的 2009 年，甚至在 iPad、iPhone 等移动阅读终端爆炸性普及的 2010 年也是如此。2011 年 10 月，《经济学人》杂志宣布其数字版付费订阅用户首次超过 10 万。

2014 年，《经济学人》推出了移动应用 Economist Espresso（经济学人"浓缩咖啡"），每个工作日早上推送 5 篇精华文章（非付费订阅用户只能阅读一篇），订阅费为 3.99 美元/月。

2015 年 8 月 12 日，培生集团（Pearson）宣布以 4.69 亿英镑的价格将其所持的《经济学人》股份出售给意大利阿涅利家族旗下的投资公司 Exor。Exor 本身持有 4.7% 的经济学人股份，交易之后股份将增至 43.4%，成为经济学人集团内的最大单一股东。这笔交易成为自 1957 年以来经济学人集团最大的所有权变动。

目前，《经济学人》有 15 万数字版订户，其数字版与印刷版的订阅价格均为 225 欧元/年，数字版除提供印刷版的所有内容外，还提供《经济学人》音频版、经济学人网、经济学人"浓缩咖啡"以及 1997 年以来《经济学人》数字版的历史文章。从《经济学人》的订阅结构来看，纯印刷版的订阅用户经过近几年的下滑，只占所有订户的 25%，纯数字订阅用户达到了 25%，而 50% 的订户都是印刷版和数字版捆绑订阅。[1]

三　财经报刊内容收费的启示

根据美国互动广告局（IAB）发布的报告显示，2016 年美国数字广告收入达到创纪录的 725 亿美元，同比增长 20% 以上，但谷歌（Google）和脸谱（Facebook）这两家公司占据了美国数字广告市场四分之三以上份额。少数社交媒体和科技类公司形成寡头垄断，以海量用户和流量的优势主导数字广告市场，而数量众多的传统媒体很难通过免费服务、广告创收的模式获得收入，他们依然希望读者为优秀的新闻内容付费。

在这样的背景下，是否采用数字内容收费制度，对传统报刊而言是一个两难选择。内容收费肯定会带来网络流量的下降，进而影响到网络广告收入，而内容免费只会进一步丧失自身在网络时代的话语权，对纸质产品

---

[1]　Minonline：《〈经济学人〉的多平台战略》，高海芳译，《中国出版传媒商报》2016 年 5 月 27 日。

发行也会带来影响。《纽约时报》就曾因受众流失在关闭、重启新闻付费业务之间数度徘徊。财新掌门人胡舒立也曾表示"培育一个收费市场是非常难的事"。2007—2010 年，许多报纸网站都曾推出"付费墙"，但由于在线用户数量大幅下跌、电子版收益甚微等原因而无疾而终。

《华尔街日报》《金融时报》《经济学人》等财经报刊的成功，表明"付费墙"计划在专业性领域更具有可行性。收费模式只适合那些能够提供专业化、不可替代的内容产品和产生高附加值的报刊网站，用户不会为了易于找到的、无差异化的新闻信息付费。财经媒体只有挖掘新闻内容的深度和广度，打造自我价值的不可替代性，才能吸引高质量的读者群体为内容和服务付费。

保罗·泽格齐（Paul Zagaeski）在《对数字内容收费》（*Monetizing Digital Content*）中，对于内容收费的调查报告中提出了 7 种内容收费的模式：付费墙/订阅模式（Paywall/subscription model），辛迪加（联合供稿）模式（Syndication model），计量体系收费模式（Metered usage model），微支付模式（Micropayment model），免费增值模式（Freemium model），增量收费模式（Add-on paid content model），为招揽顾客的低价模式（Loss leader model）等。[①]

财经媒体在内容收费模式对以上 7 种模式或多或少都有尝试，重要的是找到适合自身定位与资源优势的收费模式。《华尔街日报》20 年来一直在对其收费政策进行调整，近年来还组建了专门的分析部门，通过多组 A/B 实验进行对比，分析用户的行为习惯，如用户是通过社交分享还是其他入口产生购买、阅读多少文章后会选择订阅等，以此作为其数字内容收费政策的制定依据。

财新传媒经过多年在财经报道领域的深耕细作，已经形成了明显的品牌效应，聚集了一批高质量用户，此次网站转向全面收费模式有其充分必要的理由。据艾瑞咨询发布的《2016 年中国网络新媒体用户研究报告》显示，2015 年有 33.8% 的用户对新媒体内容付过费，15.6% 的用户有付费意愿但没有实际行动。付费阅读在近两年的国内市场已获较大发展，也扩大到了专业内容的知识分享和严肃新闻的付费阅读。在海量的网络信息环境下，时间成本成为高价值用户获取信息的重要阻碍，通过财经新闻＋

---

① 段悦：《报纸网站内容收费模式初探》，汕头大学 2011 年硕士学位论文，第 15 页。

数据的收费模式，可以让用户不必筛选就可以读到真实、准确、深入的新闻，获取需要的关键数据，让优质的内容直达用户。对于财经媒体而言，构建起合适的"付费墙"，也能对内容版权进行有效保护，避免商业网站任意抓取，针对核心用户展开更有针对性的服务。财新传媒的此次改革能否成功，值得业界与学界拭目以待。

The Development of Paid-content Model of Financial and Economics Newspapers and Periodicals：A Case Study of Caixin Media Launching Comprehensive Paywall

Abstract：The comprehensive paywall of Caixin Media website, which was launched in November 2017, is a bold attempt for financial media to make a profit model. In 20 years, financial media giants such as The Wall Street Journal, Financial Times and The economist have built the paywalls adapt to their location and characteristics after many explorations. Those show the feasibility of paid-content model for financial media. Whether Caixin Media will success should be worth of waiting for the press industry and the academic community.

Keywords：Caixin；Financial and Economics Media；Newspapers and Periodicals；Paywall；The Wall Street Journal

（刘超：北京工商大学艺术与传媒学院新闻系讲师）

时代变革与影视、文学生产

栏目主编：杨慧[①]

编者按：新兴媒体的发展挑战着传统电视业的媒介环境，塑造着新的竞争格局。传播者求新求变的同时，受众的影视媒介使用行为也变得更加多元和主动，了解、掌握并理解当前受众的影视消费行为和文化的新特征，也将对影视行业良性发展提供助益。电影行业作为我国文化产业中市场化程度最高、发展最为成熟的分类，在新语境下也仍然有许多问题亟待探索和剖析。电影的本土化与全球化，电影的社会效应与经济效益，电影的艺术性与商业性，都是在我国电影行业高速发展中浮现出的重要二元关系。

伴随国家对文化产业的大力扶持，阅读推广人群体的持续努力，我国童书出版尤其是本土原创童书出版近年来快速发展，取得可喜成绩，但仍与欧美发达国家还有一定差距，我们需提升我国童书的整体质量，实现均衡发展，从而进一步提升文化

---

① 杨慧：首都师范大学文学院文化产业系讲师。

自信。

　　本栏目的八篇文章，即是关注着上述这些时代变革中我国影视、文学产业重要的发展问题，其中既有电视的传者与受众视野，也有电影的作品、节展和影院聚焦，既有个案分析，也有理论升华，以期对我国影视行业的现状把握，提供一定的洞见与思考。

新兴媒体时代的媒介变革与
传统电视的精准传播[①]

摘要： 新兴媒体的快速发展正在改变整个电视业的媒介环境与竞争格局，也带来了前所未有的挑战与机遇。在传统电视领域，节目与渠道是两个关键要素，也是融合发展与创新变革的两个着力点。相比节目领域相对温和的竞争态势，开路电视、有线电视、卫星电视等渠道领域正面临网络电视等新兴媒体的挑战，也正是因为这个原因，传统电视被认为已处在穷途末路。当前，传统电视应对竞争的核心策略在于精准传播，充分满足市场变化和受众需求。具体而言，传统电视要在节目选题、内容形态、信号传输、平台分发、播出终端等方面进行精准定位，以提高针对性、贴近性。经营理念、管理方式、运营模式等方面都要同步进行全面改革，为精准传播提供有力支撑。

关键词： 新兴媒体　传统电视　媒介变革　精准传播

在新兴媒体时代，媒介变革是传媒领域发展的关键，也是传统电视转型的必由之路。传统电视从兴盛至今已逾半个世纪，新兴媒体发展带来的不仅是挑战，更是求新求变的动力和转型升级的机遇。当前，传统电视面临的一个主要挑战是网络电视的同业竞争和受众媒介使用行为的变化。按照波特竞争五力模型，新兴媒体作为新进入者，自然会威胁到传统电视的已有市场和利益，但仍然遵循市场竞争逻辑。相比之下，受众媒介使用行为的变化则更具挑战性。电视的基本功能是传播信息、传承文化、提供娱乐、提供教育，但它所面对和服务的是"大众"，要形成精细清晰的目标

① 本文系国家社科基金重大课题"一带一路背景下中国价值观的国际传播研究"（项目号17ZDA285）的研究成果。

和准确到位的路径并非易事。相比之下，新兴媒体在大数据等技术的支撑下可以较好地定位作为个体的受众，对其特定偏好作出数据化的统计，据此对个体受众的媒介习惯及其偏好满足程度进行数据排序，从而确定内容的推送标准，具备了偏好满足能力。[①] 在传统传播模式下，传统电视难以精准掌握受众需求，也就难以构建起坚固的关系。鉴于此，当前传统电视变革的核心策略之一是精准传播，通过构建新型内容生产、传输和分发模式，锁定特定受众。

一 精准传播的市场逻辑与受众需求

随着新兴媒体的发展，电视所处的媒介环境和竞争格局都在悄然改变，其发展前景变得扑朔迷离。不过，目前西方主流媒体研究分析报告仍看好电视的发展前景，毕竟电视与视频在技术上属性相同，在经营上相通，只是发展模式需要针对新的技术发展和受众需求进行调整、改进、完善。2017 年，一份市场研究报告预测未来全球视频市场六大发展趋势，即用户将更加注重与节目内容进行深度互动；全球基于 IP 的视频业务将推动内容产业的大幅发展；传统直播电视难以消亡；联网设备将日趋重要；用户将更为期待新的、类型多样的节目内容；人工智能在未来视频业务中将扮演关键角色。从这份预测中可以看出，电视面临诸多挑战，但发展前景向好。对于电视而言，首先就是要调整市场理念，要运用精准传播的市场逻辑对接和满足受众的需求。

电视首先要在内容上满足受众的需求。任何市场的基本逻辑都是产销对路、供需平衡，电视业也是如此。电视需要根据自身发展定位生产内容、提供服务，但重中之重在于找准和锁定目标受众。换言之，要根据用户特征进行受众细分，有针对性地制作和推送节目，然后运营网络电视等新兴媒体平台进行分众传输。当然，这并不是说传统的电视频道没有存在的价值。相反，在新的媒介环境中，互联网上的视频内容汗牛充栋，传统电视频道的品牌优势有助于脱颖而出。以英国为例，传统线性频道等直播类节目在互联网上的视频播放中占据了 60% 的份额。除此之外，录制的

[①] 陈接峰：《有用才王道：媒介融合时代的媒体生存法则》，科学出版社 2016 年版，第 85 页。

电视节目占 10.8% 的份额，电视台的视频点播节目占 3.9%，网络平台的视频点播节目占 4.1%，优图网占 6.4%，其他视频来源占 10.6%。[①] 可见，传统电视频道及其栏目、视频即使在网络视频平台上仍占据重要地位。但传统电视频道播出模式也要有所调整和优化，尤其要在频道、栏目和视频的统分关系上做足、做好文章，充分利用互联网碎片化传播特点将频道内容分发范围、深度、广度最大化。当然，万变不离其宗，电视的竞争归根到底是内容品质的竞争，尤其要让内容在可看性、有用性、必看性等方面形成优势。

除了内容上要满足受众需求，电视节目的服务方式也要尽量满足受众需求，尤其要在便捷性、经济性等方面形成独特优势。随着网络电视的发展，付费网络电视业务推出了有别于传统付费电视业务的"小"套餐，针对性更强，价格也更实惠。整个付费电视业的市场环境和生态正在变得复杂。基于商业模式的不同，付费网络电视业务从每个频道的营利效果更为可观。根据 2017 年数据，传统付费电视每个月从单个频道获取的平均订费收入为 0.23 美元。相比之下，付费网络电视（也被称为"虚拟多系统运营商"，即 vMSOs）为 0.59 美元。[②] 可见，运营模式精准不仅可以赢得受众，也可以取得可观的经济效益。

二　精准传播与模式重构

媒介技术变革为电视传播提供了新的渠道、平台和模式。在电视发展初期，电视节目按照"一对多"模式通过模拟信号进行"广播"，观众能接收到的频道数量很有限。有线电视是电视传播方式的一次重要变革，大大拓展了电视传播的渠道规模，观众由此有了更多选择。有线电视的发展有效推动了电视传播的精准化，但有线电视系统的传输成本仍然相对高昂，一个频道仅对一个用户传播一定会亏本，因此仍然是"一对多"模式。在网络电视时代，精准传播模式第一次具备了技术条件和操作基础。理论上，频道数量可以无限多，而且每个频道可以实现"一对一"的精

---

① 参见：www.broadbandtvnews.com/2017/09/13/subscriber – age – shows – how – long – theyll – stay – with – your – pay – tv – service.

② 参见：www.broadbandtvnews.com/2017/08/10/ampere – analysis – skinny – bundles – equal – fat – profits.

准传播。也正是基于传播渠道和内容分发方式的分析，很多人认为传统电视已是"穷途末路"。实际上，这是一种以偏概全的结论，并没有准确把握问题的实质。

对于所有媒体类型而言，节目和渠道都是两个核心元素，如同报纸与邮递系统（报摊等）、电影与院线（后来的录影带及租赁业务）即是如此。作为电子媒体，电视的传播过程相对复杂，但节目与渠道仍是核心要素，终端也是必不可少的一个要素。电视频道、栏目、视频等是内容（或者说内容形态），开路信号、有线电视、卫星电视、互联网等是渠道，电视机、智能手机、平板电脑、个人电脑等都是终端。相比网络电视，电视传播的传统渠道不够精准，在移动化、碎片化、个性化等方面存在不足。毋庸置疑，传统电视正在大力推进融合发展，对网络电视进行取长补短，必然会有效构建"内容—受众"精准传播模式。正因为如此，美国 21 世纪福克斯公司的执行总裁拉克兰·默多克（Lachlan Murdoch）在 2017 年表示，网络电视平台的直播流媒体业务为传统电视提供了新的发展机会，尤其在开拓市场空间、优化收看方式和增加用户价值等方面颇为显著。21 世纪福克斯公司已经在美国推出了名为"福克斯＋"（FOX Plus）的付费网络视频业务，节目内容包括福克斯公司的原创影视剧、节目等。该业务通过康卡斯特公司的"无极限"平台销售，每月订费为 5.99 美元。而且，传统电视有效融合网络电视平台之后，还能有效拓展传播渠道和市场空间。例如，福克斯公司将在欧洲、拉美和亚洲等推出名为"福克斯＋"（FOX ＋）或"福克斯精选"（FOX Premium）的付费网络视频业务。

三　节目与渠道的精准传播策略

精准传播的关键要素是节目和渠道，传统电视需要在这两个方面积极变革。

在节目层面上，传统电视的精准传播策略主要侧重点是节目内容和节目形态。节目内容基本上与传统电视时代没有太大差异，但不同类型节目的受欢迎程度呈现一些新特点。2017 年，一份针对瑞典观众收视特点的研究报告显示，瑞典观众在互联网上观看的视频中最青睐的是：影视剧和用户自制视频，其中影视剧主要在奈飞（Netflix）和家庭影院北欧平台

（HBO Nordic）上观看，而用户自制视频主要在优酷（YouTube）和推特（Twitter）平台上。① 另一方面，节目形态的变化相对较大。根据 2017 年《全球视频指数》（*Global Video Index*），在各类播出终端上，20 分钟以上的长视频是主流视频类型。其中，在智能电视机上，长视频所占观看时间比例为 96%；在平板电脑上，长视频所占观看时间比例为 82%；在个人电脑和手机上，长视频所占观看时间比例都为 53%。② 可以看出，传统电视为了应对新兴媒体挑战，需要在内容制作上提高针对性，尤其在节目内容、节目形态等方面要深度契合网络传播的特点和受众的需求。

当前，传统电视变革的首要目标是构建融合型、精准化的内容分发渠道。一方面，传统电视可以运用网络电视构建"直销"的网络传播平台，开展网络视频点播业务等。2017 年 8 月，美国沃尔特迪斯尼公司（The Walt Disney Company）宣布，将在 2018 年推出体育类的网络视频点播业务，随后在 2019 年推出以迪斯尼为品牌的网络视频点播业务。由此，迪斯尼公司成为奈飞或亚马逊等网络视频业务平台的直接竞争对手。此前，迪斯尼公司在英国曾推出了名为"迪斯尼生活"（Disney Life）的网络视频点播业务。迪斯尼公司总裁和首席执行官罗伯特·艾格（Bob Iger）表示，媒体业态正在被内容制作者与消费者之间的直接关系重新定义。他表示，迪斯尼公司推出网络视频点播业务将面向全球市场，而且是公司整体发展战略的一部分。

基于精准的内容定位和渠道体系，传统电视还要在品牌营销、内容推介、节目推送方面提高精准化。在这方面，大数据可以发挥积极的作用。基于大数据分析，受众图景得以有效构建，由此实现精准的定位，从而提升内容传播的针对性、有效性和吸引力。③ 此外，搜索引擎是精准传播的重要工具。研究搜索引擎优化有助于理解用户的内容偏好和需求，发现新的机会，增强内容的针对性，优化内容传播效果。在这方面，美国《赫芬顿邮报》的经验值得借鉴。该报享有"美国互联网第一大报"的美誉，

---

① 参见：www.broadbandtvnews.com/2017/11/13/young – swedes – choosing – netflix – and – youtube.

② 参见：www.rapidtvnews.com/2017091448817/long – form – content – continues – flow – to – mobile.

③ 谭贤：《APP 运营推广：抢占移动互联网入口、引爆下载量、留住用户》，人民邮电出版社 2016 年版，第 219 页。

号称用 6 年时间战胜了百年大报《纽约时报》。《赫芬顿邮报》制胜的一个重要技术就是搜索引擎优化：时刻紧盯搜索引擎上关键词的变化情况，最大限度地满足用户的新闻关注需求。《赫芬顿邮报》专门安排一部分工作人员密切注视谷歌搜索关键词的变化情况，找到最受关注的搜索关键词，并依据这些搜索关键词撰写新闻报道，及时发布出去。关键词意味着用户对新闻的关注，找到那些最受关注的关键词，采写并及时发布相关新闻报道，是一种尊重和满足用户新闻需求的有效做法，也为用户提供了一种精准新闻服务。① 对于电视而言，视频同样可以实现搜索引擎优化，由此大大提升内容制作和分发的精准度。

四　结语与展望

新兴媒体时代，媒介变革势在必行。另外，媒介变革要考虑的要素更多，涉及的产业领域也更复杂。除了传统的传媒产业环节，现在媒介变革还要充分考虑内容运营商、网络运营商、终端设备商以及应用软件生产商等。当然，分工越细、越专业，媒体市场也就越成熟，这也为传统电视的转型升级提供了条件。传统电视变革的核心战略在于精准传播，而精准传播的关键在于节目和渠道，尤其要在节目制作、内容分化、渠道与平台建设、播出终端等环节集中发力，同时要在推广、运营等方面加大创新力度。当然，组织架构、管理理念、运营方式、人才结构等也都是电视媒体变革不可或缺的内容和保证。概言之，传统电视首先要实现精准传播，才具备与新兴媒体竞争的基本条件。而要赢得竞争优势，传统电视则在经营理念、管理方式、运营模式等方面都要进行全面改革，以适应新的媒介环境和竞争特点，为精准传播提供有力支撑。

The Media Revolution in the New Media Age and the Accurate Propagation of Traditional Television

Abstract：The rapid development of so called "new media" is changing the media environment and competition pattern of the whole television industry, and it also brings unprecedented challenges and opportunities. In the field of

---

① 刘冰：《融合新闻》，清华大学出版社 2017 年版，第 140 页。

traditional television, programs and channels (or platforms) are two key elements, and are also the two focus points for integration and innovation. Compared with the relatively moderate competition in the field of programs, FTA, cable TV, satellite TV is facing challenges from new media, such as OTT. For this reason, the traditional TV was thought to be near the end. At present, the core strategy of traditional television to cope with competition lies in the precision communication, fully meeting the market changes and the audience's needs. Specifically, traditional TV should precisely locate in the aspects of program selection, content form, signal transmission, distribution platform, and broadcast terminal, so as to improve pertinence and closeness. The management concept, business mode, operation mode and so on should be carried out in a comprehensive way to provide a strong support for accurate communication.

Keywords: new media; traditional TV; media revolution; precision communication

（李宇：中央电视台海外传播中心综合部副主任、主任编辑）

本土电影节对电影文化发展的
作用机制研究

——以西宁 FIRST 青年电影展为例

罗　贇

摘要： 人们熟知的欧洲三大电影节对电影文化发展有着重要意义。我国的本土电影节是近十几年才发展起来的新鲜事物，但是对电影文化发展的作用也越来越大。2011 年落地西宁的 FIRST 青年电影展在发掘优秀电影人才、丰富电影艺术类型、推广电影文化、提升城市文明等方面做出了开创性的贡献。本文通过西宁 FIRST 青年电影展，来探索本土电影节对电影文化发展的作用机制。

关键词： 电影节　处女作电影　电影文化

电影节一词带有极强的异域属性，人们熟知的三大国际 A 类电影节都在欧洲，有影响力的电影节作品多为舶来品。从第五代导演走红欧洲开始，中国的电影创作者也走出了一段"墙内开花墙外香"的成功路径。1932 年 8 月 6 日，世界上第一个电影节在意大利威尼斯诞生，其主要是为了提高电影艺术水平，通过奖励世界各地有价值的、有创造性的、并且适合进行国际发行放映的优秀影片，促进世界各地电影工作者交流合作，为发展电影贸易提供便利。电影节对电影文化发展的作用不容小觑，但是本土电影节最近十几年才开始发挥作用。

1993 年，上海国际电影节创办，把电影节这种观影模式和生活方式带入国人的视野，这是中国唯一获得国际电影制片人协会认可的国际 A 类电影节。2010 年，北京国际电影节创办，因北京集中了大规模的观影人群，以及电影行业和学术资源，使得公众对电影节的关注度持续上升。2011 年，落地西宁的 FIRST 青年电影展则在发掘优秀电影人才、丰富电影艺术类型等方面做出了开创性的贡献。可以说，本土电影节对于我国电影文化发展的作用越来越大。本文试图通过西宁 FIRST 青年电影展，来探索本土电影节对电影文化发展的作用机制。

一　发现：电影处女作与青年电影人

西宁 FIRST 青年电影展前身是 2006 年创立于中国传媒大学的大学生影像节，其初衷是发现与推选青年电影人首作及早期电影作品。2011 年，影展落地西宁，由西宁市人民政府、中国电影评论学会主办，正式更名为西宁 FIRST 青年电影展，举办时间为每年 7 月下旬。FIRST 要求参赛剧情长片必须是导演的前三部作品，它关注现实主义题材影片，关注在电影叙事、美学表达上具有创造性、创新性的青年作品。

世界上有很多电影节都把发掘有潜力的年轻人作为重要目的。1984 年创办的美国的圣丹斯电影节（Sundance Film Festival）的参展影片就以新人的处女作为主，圣丹斯电影节被认为具有 90 年代美国独立电影复兴的气质，也成为挖掘和发展人才的希望之地。它构建了一个平台，很多电影公司和发行商都可以在这里找到自己想要的电影，观察下一个能成为明日之星的年轻导演。举办了十一届的 FIRST 电影节也开始凸显出这样的功能。从 "FIRST" 这个名字就可以得知，自由（Freedom）、灵感（Inspiration）、复苏（Renaissance）、锋利（Sharpness）、真诚（Truthfulness）是它推崇的作品品质。"处女作" 电影，通常代表了导演纯粹的自我表达和影像探索，充满实验性、独特性和艺术性，这是当下繁荣而商业意味极强的电影市场最稀缺和最宝贵的。

从 2012 年开始，FIRST 发掘的电影作品和青年电影创作者被行业关注，并多次入围柏林电影节、威尼斯电影节、台湾金马影展、鹿特丹电影节等国内外知名电影节。2014 年，忻钰坤导演的《心迷宫》从 FIRST 获奖之后获得威尼斯电影节影评人单元最佳导演奖；2015 年王一淳导演的《黑处有什么》后入围柏林电影节；2016 年张大磊导演的《八月》获得台湾电影金马奖最佳剧情奖；2017 年蔡成杰导演的《北方一片苍茫》（后改名《小寡妇成仙记》）获鹿特丹电影节金虎奖。这些电影通过 FIRST 走到了国际电影节评委和观众面前，打上了 FIRST 烙印。忻钰坤导演曾表示："电影史上有很多电影力量，意大利新现实主义、法国新浪潮、美国新好莱坞，我们应该自信，在未来若干年后，中国电影史上会有这么一笔记载，在中国西宁，出现了一支非常新锐的电影力量，它打破了中国电影创作的格局，带来了切实的关注和思考。"

　　这些优质电影和有才华的电影人之所以选择 FIRST 电影展作为自己亮相的第一个舞台，与 FIRST 严格、公正的评选系统不无关系。王家卫导演在评价 FIRST 的时候说："创作者选择把作品交给 FIRST，最重要是因为它的标准。他是一个有独立思维和思考的影展，一切评判的标准既不是因为裙带关系，也不是因为长官的意志。而是电影表达本身。"①

　　FIRST 选片方式有全球选片人选片、官方合作机构选片、官方网站直投三种。评审过程则由初审、复审和终审三级构成。初审评委通过影展组委会在社会上进行招聘、考核，最终通过严格筛选，由具有高素质和巨大阅片量的青年电影爱好者担任。复审委员会由电影专业研究员及知名影评人组成，他们对入围影片分别进行观看和打分，并集中讨论，最终依据打分情况甄选出提名影片及提名奖项。终审评选邀请行业内各自领域的顶尖大师担任评委，包括导演、编剧、演员、摄影、剪辑等各领域的重要代表。比如，第九届终审评委，姜文是导演，张震是演员，鲍德熹是摄影摄像，严歌苓是编剧作家，戴锦华是学者，霍廷霄是美术师，杜媛是剪辑师。这样的组合搭配，使得评审过程更加权威全面、客观公正。这样的评审组成基本能对一部作品的创作、导演、摄制、后期、评论等多方面角度进行全面评价。从 2006 年第六届以来，影展力邀徐枫、许鞍华、谢飞、姜文、王家卫、娄烨等知名电影人担任影展评委会主席，从评审环节对影片进行质量把控，保证了最终获奖影片符合 FIRST 一贯气质，体现当代青年电影人个性的电影表达和深刻的社会思考。这种稳定的标准，给了青年电影人极大的信心，在他们中间形成口碑，使其影片质量进入良性循环，也保证 FIRST 拿到当年最好的青年电影作品的世界首映。

　　为了培育青年电影人，影展还设置了青年电影人训练营(简称"青训营")，邀请国际知名电影人为甄选出的青年电影人带来免费课程。在青训营上，不仅有"电影的叙事结构""如何推销一部电影"等经典好莱坞式体系的课程。也有一些实操性的训练。例如《哭声》导演罗泓轸担

---

① 《12 位电影人寄语 2017：FIRST 不只是开始》，优酷，http://v.youku.com/v_show/id_XMTg5MDg2MzQ5Mg = = . html? spm = a2h0j. 11185381. listitem_ page1. 5! 41 ~ A&f = 26937525&from = yl. 2 - 3. 4. 41.

任了 2017 年影展青训营的导师。他在来训练营之前留下一个课题，让学生们写五分钟无台词的剧本，他审过之后拍成一个短片。在青训营上，再对这些短片进行逐一分析和建议。这些来自世界前沿大师的电影观念和运作方式，帮助青年电影人从理论过渡到实践。

为了全面帮助有潜力的电影人走上职业道路，影展还建立起"FIRST创投会"，帮助他们建立低成本影片与产业的对话沟通机制。FIRST 定位精准，电影公司也都是来寻找一些独特的故事和不一样的电影表达，因此签约成功率非常之高。2015 年项目签约率达到 70%。刚刚落幕的 2017 年 FIRST 青年电影展，单影展期间的"创投会"环节就接到了 697 个电影计划，投资方报名达到 116 家。[①] 在 2015 年第九届 FIRST 创投会结束之后，百年影业确定投资开发《暴雪将至》，最终在 2017 年东京电影节拿出这部电影的世界首映。2016 年第十届 FIRST 创投会后，《老兽》获得了当年的"阿里影业 A 计划剧本发展金"，最后通过冬春影业拍摄制作，2017年进入院线播放。创投会为青年电影创作者和电影产业提供了开放对话的平台，以剧本和故事为根本切入点，让青年电影创作和优质产业资源、良性资本达成有效的沟通链接。

可以说，清晰的定位、专业化的运作和持续稳定高质量的输出，使得 FIRST 青年电影展建立起一个高壁垒的优秀导演和作品孵化平台。

二 推广：自由独立的电影文化

独立电影展，尤其是像 FIRST 这样的关注早期作品的电影节，与其说是向市场上推电影，不如说更多的是往电影史上推送电影。这些电影很少有类型片，通常也并不娱乐，无法立即与大众形成对话，如果不是电影节，很难进入影院播放。电影节举办的意义就是让更多的人静下心来，在电影展期间通过看电影，形成观影和思考的习惯，让多样性进入观影者的视野。青年导演的早期电影，最需要的不是钱，而是观众，它们走进电影院的机会实在是太少了。即使这些小众的影片，也需要卖票，需要听到口碑，不能以资本逻辑取代文化差异性逻辑，这正是电影节存在的重要意义

---

① 《FIRST 青年电影展缘何成为青年电影人的福地》，搜狐网，http://www.sohu.com/a/161721609_505774。

之一。FIRST 通过放映体系对这些作品进行传播和推广，让更加多元化的电影能够与观众见面。

理查德·桑内特（Richard Sennett）在《公共人的衰落》中说道："我们用艺术来补偿伴随着陌生人在街头上、在现代城市的公共领域中出现的死寂与冷漠。"① 在现代社会，人们对于社会变革、传统解体和道德失落有了更多的体察，现实世界挤压人性、抛离真情，作为个体的人总是处于漂泊无依和孤独无助的状态，艺术则引发无助的、孤独的个体产生共鸣。与当下中国院线电影现实主义表达的疲软无力不同，这些作品虽然在技术上、制作上还有不足，但是都充满了反映当下真实的勇气和真诚。它们有的关注从城市快速过渡到城市的迷惘，有的关注传统价值的丢失，有的关注个体成长过程中的困惑，任何一部作品，都是关于时代的观察和表达，是一种具有个人风格的诠释。区别于其他的电影节，这样的表达是新鲜的，是纯粹的。虽然每一部作品都是很单独、很微弱的声音，但是集合起来，就形成了合力，也形成了 FIRST 独立自由的风格。FIRST 则通过它全年的放映体系，把这种电影文化推广开来。

因为能到西宁观影的毕竟是少数，除了在每年的 7 月底在西宁集中评奖和展映外，FIRST 在全年都有大规模放映，其体系包括：商业电影院放映、艺术机构放映、FIRST 青年电影中国巡展放映、露天放映、FIRST 青年电影馆放映、FIRST 青年电影国际巡展等。其中最具规模的是中国巡展"主动放映"，即由申请者（以高校学生为主）主动和影展取得联系，对接好场地、片源，组织好观众进行主动申请式放映活动。其资源依托是全国各个高校的学生组织和社团，放映场地多为校园礼堂、报告厅、阶梯教室、艺术厅等。"主动放映"影响的这些观影人群，既是电影爱好者，也是具有审美和思考能力的未来电影文化主流人群。

戴锦华教授评价 FIRST 时说，近年来电影节之间的区别越来越小，倒是 FIRST 青年影展非常特殊，从组织者到参与者，他们都保持了一种朝向电影的激情状态。FIRST 影展瞩目的是电影工业体制边缘的青年导演和处女作，它保有某种不同于主流电影业的意趣。② 对于这种意趣的推广，FIRST 拓宽了电影的边界，让电影文化更加多元，为青年人提供了公

---

① ［美］理查德·桑内特：《公共人的衰落》，李继宏译，上海译文出版社 2014 年版。
② 戴锦华：《别对单一的审美趣味洋洋自得》，澎湃新闻网。

共艺术启蒙，而依靠电影节电影展映所形成的新的公共空间，也孕育着价值碰撞和文化探讨。

三 创造：一个有电影节的城市

美国城市规划家和理论家芒福德在他享誉世界的代表作《城市文化》中阐述了一个核心理论和观点：城市的文化运行产生出人类文明，因而城市是文明社会的孕育所。文化则是城市和新人类间的介质，不同质量的城市产生不同文化，而不同文化最终培育出不同的人类。[①] 电影节是一场精神聚会，是在特定的时间、特定城市，以一种节事和聚众方式举行的艺术活动。因为明确的举办宗旨、固定的负责机构和放映时间和地点，电影节深深烙入举办城市的性格中。无论是威尼斯、柏林还是戛纳，都因为电影节的举办而呈现了不一样的城市性格。

大体上，电影节有两种不同的主流类型，一种是柏林电影节这样的，本身文化基础好，观影人群规模较大，很多电影节的观众都是本城市的居民，电影已经成为城市生活的一部分。另外一种类似戛纳电影节和洛迦诺电影节，城市本身人口少，但是电影节成为城市的名片，每年电影节，成为来自世界各地的影迷和行业内人士的狂欢。FIRST 更趋向成为后者，与北京、上海相比，在西宁举办的电影展，更是一个偏安一隅、纯粹的电影狂欢。北京、上海的优势是有大量的观影人群，但是城市太大，文化活动太丰富，所以电影节会淹没在整个城市的喧嚣当中，无法形成浓厚的电影节气氛。

电影节与一般电影活动最大的不同就在于创造出了一种仪式活动特有的形式与氛围，从而与真实生活产生一定的区隔与分离。在西宁，每年7月的电影节期间，城市仿佛跟电影融合在一起，街道到处是彩旗，很多站牌都有电影节的宣传。城市成为电影的城市，成为影迷和电影业从业者找到归属感的地方。在一个脱离原来生活环境的地方，过几天电影的生活，正是这些人所追求的电影文化和生活方式。新兴的、有原始生命力的电影节和西宁淳朴的、多文化融合的城市文化合二为一。五年来，FIRST 累计在电影节期间放映 632 场，场均观影人数 269 人，露天放映观影人次逾 5

---

① ［美］刘易斯·芒福德：《城市文化》，宋俊岭等译，中国建筑工业出版社 2009 年版，第 13 页。

万人次，总计逾 17 万的观众群中，游客比例占到了 30%，电影节已经成为游客到达西宁的新选择。"西宁影展"的百度搜索率提升 20 倍。西宁城市举办影展五年的综合服务经验的延续与传承，已逐步成为城市影展的样本。①

与欧洲三大电影节相比，本土电影节的历史还非常短，其影响力和美誉度都还有很大的提升空间，但是其作用已经慢慢显现出来。从西宁 FIRST 青年电影展的经验，本土电影节要想发展电影文化，需要在以下三方面有所突破。第一，能够挖掘符合电影节自身定位的好作品以及有潜力的电影人；第二，能够推广电影节文化，丰富电影艺术类型，培养电影受众的多样性审美，形成公共文化空间；第三，能够创造出一种仪式性的文化现象，提升城市的文化气质，从而带来文化生活和消费方式的变革。

The Function Mechanism of Local Film Festival on the Development of Film Culture

Abstract：The three most famous European film festivals are of great significance to the development of film culture. China's local film festival is a new thing that has only developed over the past decade, but it plays a more important role in the development of film culture. In 2011, The FIRST International Film Festival started to hold in the city of Xining, it made a pioneering contribution to the exploration of excellent film talents, the type of film art, the promotion of film culture, and the promotion of urban civilization. This article explores the role mechanism of the local film festival on the development of film culture through the FIRST International Film Festival in Xining.

Keywords：Film Festival；Debut Film；Film Culture

（罗赟：首都师范大学文学院文化产业系教师）

---

① 《电影展：西宁与世界互通的窗口》，《西宁晚报》2016 年 7 月 12 日。

从文化消费到文化生产

——以互联网语境下《三国》电视剧的文本再创造行为为例

杨　慧

摘要：就学界而言，对受众在文化消费中的能动性的研究经历了一个从消极到积极的认识过程。从没有还手之力的接受，到可以通过"编码解码"进行对抗，再到通过"盗猎"进行文本的再创造，受众的能动性逐渐被重视。而在后现代文化的影响和数字与网络技术的日渐成熟中，受众的文化消费的能动性，又出现了更多的可能。"文本盗猎"等再创造行为进一步扩大，而这些再创造出的文本，同时也就孕育了与之相关的新的文化。本文以网络空间中《三国》电视剧的文本再创造行为为例，来探究一部影视作品从文化消费到文化创造的具体表现，及其背后的文化内涵。

关键词：文化消费　三国　亚文化

一　文本"盗猎"：前所未有的主动受众

约翰·史都瑞在其《文化消费与日常生活》一书中提出："文化消费是一项社会活动，也是一种日常实践。"① 论及文化消费作为一种实践，就必须谈到这种实践的主体——文化的消费者。作为文化消费或者更确切地说是媒介文化消费的消费者，基本上可以等同于传播学意义上的受众。对受众的媒介文化消费的认识，经历过一个从消极到积极、从悲观到乐观

---

① ［英］约翰·史都瑞：《文化消费与日常生活》，张君玫译，巨流图书出版有限公司2005年版，第 xiii 页。

的大致发展取向。

20 世纪的前叶和中叶，以法兰克福学派和利维斯学派为典型代表，他们对媒介消费有一种精英主义的批判取向，认为文化工业的各个分支都受到商品原则的支配，是一种合谋，在欺骗和麻痹着大众，本质上来说是一场反启蒙。"大众文明就是商业化的大众文化，它是低劣和庸俗的代名词，比如电影、广播、流行小说、流行出版物、广告，等等，它们被缺欠教育的大众不假思索地大量消费。"① 此时受众的文化消费行为被认为是全盘接收、无力还击的。

进入到 20 世纪 60 年代，随着英国伯明翰学派的诞生，出现了一种更为宽容的研究取向。雷蒙·威廉斯在其著作《文化与社会》中，进一步否定了所谓的精英文化和大众文化的二分法，认为人和人形成了社会这个共同体，而文化也是一个共同体。汤普森则在《英国工人阶级的形成》一书中，认为大众文化的出现使得广泛的大众传播成为可能，从而与英国工人阶级及其阶级意识形态的形成联系到了一起。总的来说，伯明翰学派的看法较之法兰克福学派等疾言厉色的批判态度要明显温和得多，一方面保持着对大众文化弊端的警觉，另一方面则又相信其可能的大众启蒙作用。此时的受众，被认为具备一定的可以正面利用文化消费的能力。

70 年代的文化研究，有一个很重要的转折点，被称为"转向葛兰西"，即利用葛兰西的文化霸权理论，来理解大众文化。大众不再是研究者眼中被动而消极的群体，不再是皮下注射般地被单向度灌输。大众文化，成为各种力量的交战场所，是各种力量博弈与妥协的发生地。"文化消费成为了一种沟通"②。

自"转向葛兰西"之后，受众的积极性和主动性得到了较为广泛的关注和认可。费斯克的积极受众观，霍尔的"编码解码"理论，都是在以一种更乐观的眼光看待文化消费。阅读和观看媒介文本的这些消费行为本身，其实是一种意义的生产。消费也就从传统的"只进不出"的消耗性名词，转变到了某种消耗且同时创造的身份。

而这并不是终点，研究者们发现，除了符号学意义上的解构重构，受

---

① 陶东风主编：《大众文化教程》，广西师范大学出版社 2008 年版，第 32 页。
② ［英］约翰·史都瑞：《文化消费与日常生活》，张君玫译，巨流图书出版有限公司 2005 年版，第 49 页。

众还会从行为层面，把文本当作素材，来创建自己新的文化消费品。这种行为最初在文学研究中被洞见，被德赛都称为"盗猎"，是"对文学猎禁区的僭越性袭击，仅仅掠走那些对读者有用或愉悦的东西"，这一比喻"将读者和作者的关系概括为一种争夺文本所有权和意义控制的持续斗争"①，德赛都在"盗猎"的概念基础上，进一步地提出了"游牧"的看法，即读者除了对一个文本进行掠夺，还会向其他文本前进，文本的消费不再是仅对单一文本的消费。研究罗曼史的学者珍妮丝·罗德薇也观察到，"观众……的位置关系到一组孤立文本，这些文本早已被归类为不同范畴的客体"②。文化消费不再是一个人和一个对象之间的孤立关系了。"盗猎"这一概念更是被亨利·詹金斯在其著作《文本盗猎者》中所引用，用于讨论更广泛的对媒介的参与式消费。

从没有还手之力的被操纵的文化消费，到可以通过编码解码进行对抗，再到通过"盗猎"进行文本的再创造，受众的能动性在逐渐地被重视。

"传播媒介的嬗变是文化突飞猛进的直接动因。"③回首过去，我们会看到，随着媒介形态的发展，对媒介的使用和对应的媒介文化有着新的变化。而在后现代文化的影响和数字与网络技术的日渐成熟中，受众的文化消费的能动性，又出现了更多的可能。不管是文字还是影像的文本变得空前易得，改造文本变得前所未有的低门槛，于是在文化消费中，文本的"盗猎"的程度更加深重，深重到原作的地位和内涵变得空前的模糊和轻忽，而这些再创造出的文本，由其衍生出新的文化外延，同时也就创造了新的与之相关的文化。

在下文中，将以《三国》电视剧的互联网上的文化消费行为，来探究从文化消费到文化创造的具体表现，及其背后更大的文化意涵。

二 《三国》：网络传播语境下的历史剧

历史题材电视剧，是当代中国电视剧的一大重要类型。就全球华语

---

① ［美］亨利·詹金斯：《"干点正事吧！"——粉丝、盗猎者、游牧民》，杨玲译，陶东风主编：《粉丝文化读本》，北京大学出版社 2009 年版，第 41 页。

② 转引自［英］约翰·史都瑞《文化消费与日常生活》，张君玫译，巨流图书有限公司 2005 年版，第 168 页。

③ 聂庆璞：《传播媒介的嬗变与网络文学的发展》，《贵州社会科学》2008 年第 10 期。

市场而言，"中国大陆的王朝剧（dynasty drama serials），中国台湾的偶像剧（idol drama），中国香港的武打剧（martial arts sagas）和现代社会变迁剧（contemporary social mobility dramas）是全球华语媒介市场中电视剧的三驾马车"①。"自从上世纪的 80 年代以来，历史题材的电视剧已经成为中国电视荧屏上独领风骚的一朵奇葩。身份不同、品德各异、花团锦簇的各类古代历史人物的粉墨登场，覆盖和取代了对社会生活与人们思想具有影响力的现实典范，取代了对社会道德和思想生活具有榜样性的现实楷模。"②

　　而《三国》（2010）无疑是近几年的历史剧中重要的一部，它取材于中国人民耳熟能详的三国故事，以《三国演义》和《三国志》为主要素材进行创作，同时融合了制作者的理念和当代历史理解，不乏重写历史的剧情。此剧构思历时 6 年，摄制耗费 1 年，耗资 1.5 亿人民币。根据索福瑞媒介研究有限公司数据，《三国》是 2010 年全国电视剧的收视冠军，在多个省级卫视如江苏卫视、安徽卫视等播出时，收视率都突破了 1%。此外，该剧还陆续出口到东亚、东南亚播出，亦在国内外的电视节上获得了不少重要奖项。

　　《三国》作为网络时代诞生的电视剧，其文化消费则面对了一些网络时代的技术与文化带来的可能性。就技术而言，网络技术和数字技术，使得对影像作品的消费不再是线性，消费者可以完全不按照创作者意图的顺序进行观看，甚至反复观看；另一方面，影视剧的影像文本下载的极度便捷，使得影像文本较之传统的 DVD、VCD 和录像带时代变得空前易得，这也使得再创造变得可能。就文化而言，网络文化的一大特征便是后现代主义，后现代主义虽然是一个逻辑较为复杂的文化概念，但基本上它有着"中心性、同一性的消失，没有深度、没有历史感，碎片化，拼贴，颠覆"等特点，而这样的文化氛围和取向，使原作的地位不再权威，这一定程度上对再创造的多元文化给予了鼓励。

　　①　Ying Zhu，"Transnational Circulation of Chinese Language Television Dramas"，*Global Media and Communication*，2008（4）.

　　②　村夫：《历史的"真实"与艺术的"虚构"——探究中国历史题材电视剧的价值取向》，《当代电视》2007 年第 7 期。

三 对《三国》的文本再创造实践的行为分析

网络语境下对《三国》的文化消费，可按照消费的时间，分为对影像文本的观看行为，以及对影像文本的后观看或者观看的衍生行为，亦可称为对影像文本的再创造行为。本文主要关注的，是更加具有创造力和生产力的后者。

再创造行为，则可以依据体裁，分为文、图、音、影四种类型。文字类再创造包括多种基于影视原作的文学体裁创作，其中同人小说的影响力最甚。同人小说，"多为利用原有的文学作品、漫画动画、影视剧、电脑游戏等之中的人物角色、故事情节、背景设定等元素进行二次创作的小说作品"①，简而言之，就是对原作进行续写、补充、改写或者恶搞等的小说创作。就图而言，基于原作的图画创作和对影视截图用图像软件加工是两大常见分类。就音而言，既有歌曲创作，也有音频剪辑，前者多是对作品和角色的情感抒发，而后者多用于将台词删减排列再创造出新情节。就影而言，最常见的是对影视文本进行二次剪辑，来满足受众的不同心理需求。

就消费的对象，即文本层面来看，这种对作品的再创造可以分为横向和纵向两个维度的延伸。

从横向来说，这种对影像文本的再创造从来都不会拘泥于原著的单个文本本身，它以各种方式关联上其他的文本，形成一个横向的文本联合体。这种联合，可以是同题材之间的互文，比如将《三国》（2010）与以往存在的三国题材的文化作品进行参照和拼贴，如与罗贯中的《三国演义》、陈寿的《三国志》、电视剧《三国演义》（1994）、电影《赤壁》（2008）等的互动；也可以是本身与三国完全没有关联的文本之间的随意组合，比如用现代流行歌曲为《三国》的片段配上新的插曲，或者用其他的影视题材如《加勒比海盗》（2011）、《还珠格格》（1998）等与《三国》进行混搭，构建出新的叙事作品。

就纵向来说，这种影像文本的再创造拓展了对文本的深度挖掘。比如

①　薛媛元：《视角转换：论同人小说与原著的"对话"策略》，《江汉大学学报（人文科学版）》2012年第31卷第1期。

将刘备与诸葛亮、孙策与周瑜、曹丕与司马懿之间的情节进行对比归类，从而得出君臣关系的新诠释；或者将文本中没有提到的情节或者弱化的情节进行合理想象的创作，"使原著的价值在附议、商讨、争执的过程中得到了极大的发挥和升华"①。

就消费的主体，即受众层面来说，这种对作品的再创造既有个人层面的使用与满足，也有群体层面的认同与狂欢。

读者和原作作者必然有着不同的世界观和价值观，所以在面对文本的时候，读者可能会对故事或者角色产生原作文本无法给与的心理渴求，所以将文本用再创造的方式来消费，是一种出于自我心理的使用与满足。而另一方面，传统影视业是"'作者霸权'、'精英话语'，制片人、摄影师、导演、演员等少数媒介精英组成了霸权机构"②，而在前文已经提到，数字技术与网络传播已经使得传统的影视门槛低到空前，而以往只能服从于影视机构提供产品的受众，虽不能完全独立自主创作符合自己口味的作品，但较之以前，已经可以把影视业提供的作品进行很大程度的改良以满足自己的需求。对影像进行再创造，一定程度上是对影视生产的霸权的一种对抗。

而更重要的一点，是网络语境中的这种影视消费的行为，往往是一种具有高互动性的群体行为。他们的再创造不是孤芳自赏，他们的再创造虽然大多没有商业的功利性，但是他们往往借由这种再创造来进行互相的沟通和身份的确认。而这种群体的圈子的形成，就产生了某种更大的场域和氛围，那就是可以被称为亚文化的东西。

四　对《三国》的文本再创造实践的文化分析

从中国互联网络信息中心（CNNIC）2017 年 7 月发布的《第 40 次中国互联网络发展状况统计报告》观之，截止到 2017 年 6 月，中国网民规模达到 7.51 亿，呈稳定增长态势，而其中，20—29 岁、10—19 岁的人群仍然占据着网民年龄构成的前两位，分别为总网民人数的 29.7% 和

---

① 薛媛元：《视角转换：论同人小说与原著的"对话"策略》，《江汉大学学报（人文科学版）》2012 年第 31 卷第 1 期。

② 董天策、昌道励：《数字短片的青年亚文化特征解读——以优酷网和 56 网的原创数字短片为例》，《中国地质大学学报（社会科学版）》2010 年第 10 卷第 6 期。

19.4%。网络依然是一个由青年网民占据了大半壁河山的世界。正如美国学者埃里克森所说，"在任何时期，青少年首先意味着各民族喧闹的和更为引人注目的部分"①。网络上的青年，因为网络赋予的高自由度，更积极地创制着自己的文化，而文本再创造，就是这种文化活力的呈现之一。可以说，网络语境下的文化消费行为，一方面受到了青年亚文化的影响，另一方面又在制造着青年亚文化。从《三国》再生产出的文本，便可窥见一斑。

首先，这些再创造的文本具有迷文化的特质。迷，"其意涵大致如下：专注且投入地着迷于特定的明星、名流、电影、电视节目、流行乐团；对于着迷的对象，可以说出一大串就算是枝节细末的资讯……而对于自己喜爱的对白、歌词、片段更是朗朗上口、引用无碍"②。在对《三国》的文化消费中，可以非常明晰地看到这样的情况。比如通过截图来对比孙权在不同时期服装的细节，比如为喜爱的角色撰写非常感性的文字，并通过网友的回复，互相把感性的情绪确认和加深。这些都和其他粉丝群体的迷文化行为极为类似。

其次，这些文本再创造具有反权威的青年亚文化特质。这种反权威，基本上是基于后现代文化的一种祛魅。"当新的一代掌握着更为先进的知识和技术，他们便认为是被赋予了构建合乎自己理想世界的权利，于是维系着旧有世界的种种神话首当其冲面临被肢解、被抛弃的危险。"③ 传统的三国在人们的印象中，有着很多符号化和刻板化的印象，比如诸葛亮的智绝、曹操的奸绝，以及关羽的义绝。但是在网络语境下的文化消费中，网民完全按照自己的想法，重新解读和拼贴这些历史人物，使得这些角色有了不同的文化内涵。比如曹操在各种再创造中被称为"斯基瞒""人妻控"，被认为是"爱吃零食的欢乐大叔"和"喜欢别人的夫人的人"；刘备被称为"面瘫刘"，从仁厚之主变为城府极深的代表；孙权被称为"渣权"，被戏谑为"父兄早亡的失足青年"。青年亚文化的反权威，并不重在对历史的翻案或者重新解读，而只是以一种游乐的心态，对神圣和权威进行对抗。

---

① 转引自陶东风、胡疆锋主编《亚文化读本》，北京大学出版社 2011 年版，第 3 页。
② ［英］Matt Hills 著：《迷文化》，朱华瑄译，韦伯文化国际出版公司 2005 年版，第 V 页。
③ 芦何秋、徐琳：《网络"恶搞"视频的文化考量》，《电影艺术》2008 年第 1 期。

再次，一些文本再创造还具有女性主义的亚文化气质。对影视消费的一大重要的亚文化生产，就是耽美文化。耽美其词本源来自日本，而在欧美，则把这种文化称为"斜线"（Slash），意为"关于同性之间的罗曼史的想象"①。更有研究者发现，"耽美已经成为一种亚文化的流行指标"②。而这一种亚文化，带有很强的女性主义的倾向，"接受并喜爱耽美文学的女性读者，她们受教育程度比较高，经济独立，具备网络操作的技术支持和物质支持，这些读者的独立意识和寻求自我认同的意识特别强烈。她们厌倦了传统小说中的女性的形象，不愿意女性总是'被看'和'被评价'，而是希望也能同男性看女性一样具有心理强势"③。而在对《三国》的创造性观看中，耽美化地看待人物关系并不少见，把三国人物之间的惺惺相惜解读为某种男性与男性之间的爱恋关系，比如曹操和刘备的青梅煮酒被写为是青梅竹马般的情谊，吕蒙白衣渡江偷袭荆州也不过是为了实现周瑜未尽的夙愿。对耽美这种女性主义抱持爱好的消费者，与"同性恋亚文化"并不相同，她们自身大多是异性恋，且自身也是清楚她们进行的是想象而非事实。关于耽美的心理原因学术界讨论不少，有人认为是某种猎奇，有人认为是满足自身性心理，有人则认为是对自主平等的诉求。

五　意义与前景：与主流文化的对抗与收编

上文只是列出了网络语境下的文化消费所产生的亚文化中的几种，亚文化的种类还涉及很多，且界限模糊。以《三国》为例，我们可以看到，文化消费这一过程受到一些亚文化趣味的导向，同时，也生产或者强化着某些亚文化。

一方面，这种亚文化，彰显着某种抵抗性，他"与更广泛的文化（主导文化和父辈文化）发生了'具体矛盾'，呈现出异端、越轨的倾向"④。但是需要说明的是，抵抗只是一个结果，而非他们的动机。他们

① 维基百科：Slash fiction：http：//en. wikipedia. org/wiki/Slash_ fiction。
② 田旭：《价值观的沦丧抑或是社会文化的缺失——当"耽美"成为一种亚文化的流行指标》，《时代文学（下半月）》2008 年第 5 期。
③ 郑雪梅：《大众传媒文化之网络文化现象解析——网络耽美文学流行现象中的社会心态》，《文学界》2010 年第 7 期。
④ 陶东风、胡疆锋主编：《亚文化读本》，北京大学出版社 2011 年版，第 3 页。

的动机，还是基于文本进行的消费行为给予的体验和快感。

另一方面，这种亚文化，如同以前的朋克、摇滚等亚文化类型一样，可能还是会逐渐地被主流文化收编。"随着亚文化开始摆出明显的畅销姿态，随着亚文化语汇（视觉和言辞上的）变得越来越耳熟能详，产生它的参照语境可以毫不费力地被发现，也日渐清晰。最后，摩登族、朋克、华丽摇滚被收编了，向（主导意识形态）看齐。"亚文化往往产生于主流文化的对面，最后却为主流文化提供营养。

比如耽美文化，就已经被专业影视圈所觉察，并有所内化。一个典型的例子就是所谓的影视卖"腐"（腐基本可理解为耽美文化），即影视作品原作自身为了迎合受众营造出男性之间暧昧氛围，比如《战国》（2011）中的庞涓与孙膑，《关云长》（2011）中的曹操与关羽，不用受众经过再创造，本身就带有强烈的耽美化倾向。国内专业的影视网站时光网甚至撰写专题文章来评论这种基于女性观众的耽美口味而出现的电影文化。本来"被认为是专门服务于女性情感，涵盖了一部分人群生理、心理上的变向需求……逐渐成为了一场亚文化元素的张扬和摇摆。……影迷们逐渐发现，现在的所谓'卖腐'成为了一种噱头，'腐情'成了一场秀，演变成一种奇诡的文化变异"①。

主流文化通过收编亚文化产生新的主流，但是新的主流文化，又会产生新的亚文化与之对立。而这种动态的延续，文化消费的生产意义在其中起到了不小的作用。

From Cultural Consumption to Cultural Production

—A case on the Text Recreating Behavior of the "Three Kingdoms" TV Drama in the Context of the Internet

Abstract：In terms of academia, the audience's initiative in cultural consumption experienced a negative to positive understanding process. From the stage of no fighting back, the period of encoding and decoding, to the reproduction by textual poaching, the audience's initiative was gradually being valued. With the effect of postmodernity and mature of digital and network technology,

---

① 时光网：《当 Bromance 成风成秀　卖腐电影你买单吗?》，http://news.mtime.com/2012/01/11/1479704.html。

the initiative of the audience's cultural consumption has shown more possibilities. Reproduction such as textual poaching has further expansion, at the same time it has created a new culture associated with it. This article would take a popular TV drama Three Kingdoms in China for instance to find out how audiences make media consumption into culture production within a network context, and the culture behind the behavior.

Keywords：Culture Consumption；Three Kingdoms；Subculture

（杨慧：首都师范大学文学院文化产业系讲师）

社会大历史语境下中国电影产业的发展路径研究

——以《沂蒙六姐妹》为例①

邢　崇　张　勇

摘要：中国电影产业发展虽然呈现出快速增长的态势，但也存在制约产业发展的诸多问题。本文以电影《沂蒙六姐妹》为例，从历史、文化和美学等视角，探讨革命时期女性主体意识问题，并结合电影的艺术审美性，分析主流影片的市场适应性，探析中国电影产业的未来发展。同时从电影文本的角度探寻电影产业的发展路径，以提升中华民族的文化自信，反哺电影本身的内生性发展。

关键词：社会历史语境　中国电影产业　《沂蒙六姐妹》

电影产业的发展战略研究是我国文化强国战略中重要组成部分，其战略合理性和科学性对于我国综合实力发展具有极为重要而又深远的意义；也是我国推动文化大发展与大繁荣的迫切需求，是文化力提升的内在必然选择；更是我国当前经济发展的迫切需要，是信息时代经济转型增长方式的新路径。目前，我国正进入文化产业的战略转型时期，分析中国电影产业发展的特点，把握电影产业发展总体趋势，是选择和制定电影产业发展战略的重要前提。

一　中国电影产业现状分析

2017 年，在我国《电影产业促进法》正式实施并大力扶持电影产业

① 【基金项目】山东省社会科学规划研究项目：影视文化传播中沂蒙精神的主体形象研究（17CYMJ13）阶段性成果。

下，我国电影产业保持高速增长的态势。"据国家新闻出版广电总局电影局发布的数据，截至 11 月 20 日，2017 年全国电影票房首次突破 500 亿元大关，观影人次达到 14.48 亿，同比增长 19%。"① 面对如此快速的增长态势，我国的学者和业界人士保持着清醒而又冷静的认知，分析当下我国电影产业现状，寻找其存在的问题及发展路径。近年来，我国电影产品的制作呈现出三种趋势：

一是过于追求大投资大制作。大投资大制作，却很难取得相应的回报，是中国电影行业存在的问题。这种现象在张艺谋导演的《英雄》大获成功之后开始被跟风，这类电影大多剧情混乱，缺乏完美的剧本支撑，形式和内容差异明显，仅仅为了给观众呈现视觉上的享受，并不能给人精神上的满足，拘泥于形式和画面的统一。视觉上的审美感受和艺术上的审美价值两者不能兼顾，受众会在同质化的电影模式中形成趋同的审美趣味。纵观好莱坞电影市场，在制片厂制度的加持下，票房成为其衡量商业价值的唯一标准，而其本身具备模式化的电影制作方式和成熟的技术条件。反观中国的电影产业起步晚、产业链不完善，如果一味地以好莱坞的标准制作中国式的电影，并不能满足国人独特的审美价值。2016 年张艺谋导演的电影《长城》被观众称为"张艺谋电影导演生涯的败笔之作"，尽管这部电影的票房高达 11.7 亿人民币，但与 1.5 亿美元的投入相比，这部电影至少亏损 6 亿人民币。中国的电影受众更注重内容的完整性和主题的鲜明性，用粉丝效应或者导演的品牌效应吸引观众的注意力，只会形成观众的抵触感。

二是电影产业 IP 化热潮。将 IP 转化为影视作品是近年来电影行业的主流趋向，内容生产商对文本的二次开发是看中了其背后潜在的经济价值和商业空间。把 IP 作品的粉丝基础转换为粉丝的消费行为，可以实现 IP 的价值变现。而各种形态 IP 的影视作品转化可以降低投资的风险，依托粉丝对用户需求和注意力的开发，对已经具备稳定受众群体的产品在其有影响力的基础上进行二次文本生产。能够被改编为影视的文学作品、动漫游戏以及其他类型的 IP，对于这些产品本身而言，它不只是换了一种包装形式，而是依托电影的放映实现作品的二次传播过程，构成裂变式的口碑营销策略。而转化为影视的作品往往在某些层面上迎合了社会需求，其内容可以缓解大众现实生活中的焦虑。但 IP 的转化可能会使电影产业畸

---

① http://www.chinanews.com/yl/2017/11 - 25/8385130.shtml, 2017 年 12 月 26 日。

形发展，如《欢乐喜剧人》《极限挑战》这类由综艺改编为电影的 IP，利用综艺节目的热度获取票房的收益。这种 IP 的开发形式会导致电影制作方不愿意承担制作具有艺术内涵的电影的风险，转而投资已经成型的作品，造成电影市场上影视作品的同质化。电影本身是一种艺术，以娱乐化的形式消解电影的艺术形态，会给电影市场带来恶性循环。

三是小制作成本取胜。随着电影市场需求多元化和观众鉴赏品味的不断提升，靠着大投资大制作只追求场面的奢华而缺乏故事情节和创意的影片，越来越不受市场的追捧，而相对来说小制作以创意和情节取胜的影片更容易受到青睐。2006 年是国内小制作影片取得辉煌成就的一年，其中《疯狂的石头》以 350 万制作成本获得 2350 万的票房收入。之后，《人在囧途》以区区的 400 万制作成本，最终获得 5000 万的票房。《失恋 33 天》以 3000 万—5000 万的制作成本，收获 3 亿多票房。《夏洛特烦恼》以 2000 万—3000 万的制作成本，最终达到 14.41 亿票房，成为 2015 年票房的黑马。2017 年国庆档期《羞羞的铁拳》再以 7000 万投资，20 亿的票房收入获胜。以上小制作的影片虽然获得了可观的票房收入，但是部分影片在艺术性和审美性上还有待提升。

二　中国电影产业存在问题分析

随着我国电影产业市场行为日益规范化，以电影产业为核心的文化创意产业将成为文化产业发展的重地。近年来，中国电影产业高速发展，取得了巨大成绩。但在其发展过程中，也呈现出很多制约电影产业发展的问题。

（一）电影产业链不完善

电影产业持续长久的发展源头和动力在于上游的内容制造，即影视的制作生产。2016 年全国银幕数冲至世界第一的位置，而中国电影产业收入"虽然仍保持了一定速度的成长，但大幅低于自 2003 年以来年均逾 30% 的增速"[①]。其背后是电影产品的质量与人民日益增长的美好生活需要之间的矛盾。影视文本的生产方式存在商业化的运行机制，叙事模式上遵循不同商业片的公式化表达，内容生产商根据一段时间内受众的社会需

---

① 王丹主编：《2017 中国电影产业研究报告》，中国电影出版社 2017 年版，第 11—12 页。

求确定某一类型影片的开发，以达到个体利益的最大化，这种内容生产的方式造就了电影行业"高产低效"的病态发展。中国电影的制作、发行和放映分别处于三个独立的区间，不同部分的利益矛盾难以协调。以中国电影为首的电影公司已经形成了"制片＋发行＋放映＋服务"的完整产业链的发展模式，但这种横跨全产业链的发展模式备受国内学者的质疑。具备这种条件的电影公司在上游实现优质的内容供应，中游整合资源宣发影片，下游提升影院服务质量，并进一步实行横向联合的方式推动院线的扩张。但大部分的电影公司专注于某一个或两个领域的业务拓展，并且围绕电影的周边产品开发、产品价值链延伸还没有形成完整的体系。而作为下游产业链的电影衍生品，在国外的电影体系中却是主要的收入来源，电影本身的价值创造只是占总体收益的一部分，后续电影产品的开发，可以带动电影行业的良性发展。

（二）电影人文精神缺失

当今电影作品大多缺乏大历史叙事纵深感，缺失人文精神和价值关怀。优秀的电影文本应是历史的文本，是历时和共时统一的文本，重新张扬历史化、意识形态化，以此对抗后现代平面化，抵御主体精神扭曲和历史虚无主义。电影产业要以内容为着力点，回归故事的本质，运用影视文本跨越历史的局限，借以现代的工匠精神打磨艺术的审美性。当受众审美理性回归，具备人文精神的优质影片会在"休眠"效果的影响下取得应有的回报。

（三）电影创意不足

中国电影产业发展呈现出热捧 IP 的现象，引起了许多以原创为主编剧的不满和指斥，也使一些专业人士陷入对于未来中国电影产业的担忧。在中国的电影产业发展中，IP 与原创并不应该形成对峙的局面，而是应融合和互利互惠。正如中国电影家协会秘书长饶曙光所说："我们不仅需要爆款，还需要更高质量的作品，要加强对现实主义的创作，要讲格调、讲责任、讲品位，只有提高电影原创力，才能提高生产力，从而推动中国电影的发展。"①

---

①　http://www.chinanews.com/yl/2017/11 - 25/8385130.shtml，2017 年 12 月 26 日。

（四）编剧自主地位欠缺

在我国电影产业创作链中创作机制仍然处于导演中心制和制片人中心制，近些年来，虽然随着我国电影产业的不断发展和成熟，编剧的地位逐渐提高，但是无论对于编剧生存的外部环境和编剧内部自身创作的自主意识等各个方面仍然存在着制约其发展的种种因素，对于编剧身份地位的重视以及对其话语权的认可仍然没有得到应有的重视。目前国家对电影审批力度的收紧，电影的质量成为制片商不可回避的问题，当资本涌入电影市场的乱象不断得到改善，编剧的主体创作意识也会使影片拥有更多的艺术感染力。

除此之外，还存在其他影响整个电影产业发展的瓶颈需要完善和解决，才能使得中国电影产业走向更高、更远的发展道路。

三 从社会大历史语境中探寻中国电影产业发展路径

电影作品应该关注历史问题，对人类本体存在进行深刻的反思。电影作品历史叙事应成为当代话语体系的一部分，从历史的对抗中把握文化精神的主动权。电影不仅仅是大众娱乐休闲的工具，也成为"历史与意识形态、权力话语"传达的手段。影视作品应成为历史与现实、主流意识形态与其他意识形态平等的对话，集政治、历史、文学、哲学等为一体的多元表意的象征符号，具有无限的魅力。

（一）中国电影要立足于本土文化，构成民族与世界的统一

中国的传统文化元素要充分运用到电影中去，而不应该是披着传统文化的外衣，包装空洞的故事内容。把中国元素融入完整的叙事结构中，适应普通的中国百姓的文化需求，同时可以让中国的文化走出国门，利用影视文化为构建中国的国家整体形象服务，向全球讲述中国故事。《功夫熊猫》这类具有中国传统文化特色的电影却并非中国出品，文化传播尤其是影视传播是传递东方文化的重要途径，现在中国的形象多是由好莱坞的影片所传递，它们以不了解中国的方式传达中国的文化，使中国的形象被曲解。而中国的影视每年产量几百部，可是质量良莠不齐，能够被出口的

更是少之又少。中国的邻国日本立足于动漫文化，以文化出口为战略向其他国家辐射，拉动本国其他产业的发展。中国亦要积极布局文化创意产业，坚持中国电影"走出去"战略。

（二）电影的社会效益与经济效益的统一

"电影的艺术、宣传品、娱乐性产品三重功能通常是融为一体的，只是在不同的作品中表现出不同的倾向和侧重点，亦即在宣传教育为主的作品中也不能没有艺术的含量。"[①] 中国的影视文化产业想要健康的发展，就必须考虑电影的社会性和经济性问题。电影不能只着眼于票房的收益，要把电影的票房、口碑和获奖情况三者有机的统一，充分考虑社会效益在文化层面的作用，给观众正确的价值观引领方式。现代市场机制中，也不能只讲电影的艺术性，电影的表达方式要为不同年龄层次的受众建构一种基于群体和文化的身份认同感，不同类型的影片在社会效益和经济效益的着力点上应有主次之分。

（三）电影的艺术性和商业性的结合

电影的内容生产者要从传统的"创作者思维"向"用户思维"转变，遵循商业类型片的基本创作规律，把握市场的主流审美取向，调和电影产品与观众之间的供需平衡关系。同时电影产品应表现出对人性的思考，创作者在思想层面上要具备较高的现实敏感度。电影类型多元化带来的是内容产出的单一化，以盈利为目的的单部电影形成对市场的妥协，电影本身的艺术性变成了商业叙事的模式化，协调电影的艺术性和商业性是中国电影有别于好莱坞电影的独特之处。由公安部发起的《湄公河行动》是主旋律与犯罪类型相结合的影片，电影采用了商业片的拍摄手法，但故事的内核是宣扬中华民族精神，这样的主旋律电影是在平衡电影的商业性和艺术性，试图建构主旋律电影与年轻观众的新型关系。具备艺术特质的电影要把商业元素和观众的审美需求结合起来，才能使艺术具有平民化的特征，满足观众对于电影文化的需求。

---

① 田川流：《新中国初期电影政策的历史启示》，《浙江师范大学学报（社会科学版）》2009 年 11 月 15 日。

四 历史诗学和文化诗学的结合：
以《沂蒙六姐妹》为例分析

根据革命战争年代沂蒙山区著名红嫂的事迹创作的文学艺术作品较多，先后创作有小说《红嫂》、京剧现代戏《红嫂》、芭蕾舞剧《沂蒙颂》、电影《红云岗》与《红嫂》、电视连续剧《沂蒙》、电影《沂蒙六姐妹》等系列艺术作品，在国内产生了巨大而深远的影响，"红嫂"因而成为 20 世纪主流意识形态着力打造的最能体现沂蒙精神的女性主体形象之一。《沂蒙六姐妹》是一部向中华人民共和国成立六十周年献礼的重点影片，入选了第十一届精神文明建设"五个一工程"，是近些年红色影片中比较优秀的作品之一。

（一）女性主体意识的觉醒

长期以来女性在中国传统社会中处于弱势地位，传统女性形象基于儒家所倡导的伦理道德，构建出男女双方主从地位的形象表征。革命时代的女性形象颠覆了传统社会三纲五常的认知，这个时期的特殊历史情景建构了新的形象主体，男性作为战场英雄的主体地位没有改变，只是战场后方的女性颠覆了传统认知中的"弱势群体"形象。把女性放在整个历史脉络中，其身心上的束缚在男权主义革命时期呈削弱的状态，女性在战争面前表现为主体意识的觉醒，也可以从"客体"的形象转化为"主体"意识，在战场的后方推动革命的进程，在意识形态上坚持正确的舆论导向。这个时代的女性开始占据部分的话语权，个性鲜明的人物性格的碰撞，体现了传统思想与现实社会的冲突。"通过一些逸闻趣事、意外插曲、奇异话题，去修正、改写、打破在特定的历史语境中居支配地位的主要文化代码（社会的、政治的、文艺的、心理的等），以这种政治解码性、意识形态性和反主流性，实现去中心和重写文学史的新的权力角色认同，以及对文学史思想史的全新改写的目的。"[①] 这种文学批评的方法带有明显的后现代文化的解构主义特征，把文化诗学的概念从文学文本移植到影视文本中来，可以说是对当代影视文本主体形象的解构。历史从某种意义上说是

---

① 朱立元：《当代西方文艺理论》，华东师范大学出版社 2002 年版，第 398 页。

男性创造的历史，历史习惯于塑造战争中男性的英雄的形象，在艺术作品中，女性对于历史的贡献会被男性所取代，女性话语权的丧失，即便是在以女性为主角的影视文本中，依然是处于烘托男性的存在。战争中女性的形象在历史的笔下从来都是处于次要的位置，以沂蒙山六姐妹为代表的沂蒙女性，是民众对于女性固有意识的反抗，个体与国家的不可分割性生成了女性的独立思考方式。

(二) 电影的艺术审美性

电影既是主体又是客体，电影的存在基于受众的群体认同。电影本身不具备情感力量，人们在观赏电影的过程中会无意识地赋予其某种情感，这是移情作用在电影领域的具体体现。艺术上的审美也不同于常态美，它不是世间万物的共同体，是独立于共性之外的个性。影视文本的创作是基于主观意识的真实，故事的情节和内容不拘泥于历史的真实，艺术反映现实生活，却又具有思想上的创造性。电影会以动态画面和艺术表现手法引起受众注意力，使人惊叹美的力量，这就是艺术美感，评判美与丑的界限都可以从这个意义上看。而中国传统的主旋律电影说教成分大于故事内容的饱满程度，意识形态的宣传意味过于浓厚。主旋律电影具有政策上的导向性，导演一般会用战争的场面表达作品的主题，穿插的生硬的意识形态的教化作用不能适应大众的审美价值诉求。《沂蒙六姐妹》从女性主义视角出发，把镜头对准战争中小人物的命运，在宏大的历史背景的烘托下，创作者选取了沂蒙山的女性作为叙事的主角，颇有种"以小见大"的意味。

艺术境界必须是虚与实的辩证统一，电影的艺术性也要从虚与实角度切入，可以从故事的内容表现主题的内在意义，叙事过程做到虚与实的统一。从单纯的艺术的角度上看就是主观的生活体验与客观的影像呈现交融渗透，导演创造"实"的影像画面，带给观众"虚"的人性的思考。一部电影相当于一件艺术品，电影要通过逼真的形象表现出内在的精神，用具体的拍摄手法表现抽象的艺术境界，一旦没有调动欣赏者想象力的活跃，这部影片就不能称为艺术。之所以说《沂蒙六姐妹》这部影片具有较高的艺术审美性，就是从虚实结合的角度来说的，主旋律电影的战争场面在影片中完全被弱化，单纯从人物性格的鲜明性，人与人之间的关联性，把这些真实的人物表现融入革命的历史场景中去，演员通过神情、动作、交谈以及布景表现出逼真的形象特征，更重要的是结合着表现了内在意义，受众会融入影片所传递的精神世界中去。"那么艺术意境之表现于作品，就是要透过秩序的网幕，使鸿蒙之理闪闪发光。这秩序的网幕是由各个艺术家的意匠组织线、点、光、色、形体、声音或文字成为有机谐和的艺术形式，以表出意境。"① 以《沂蒙六姐妹》分析，影视作品塑造了六个个性鲜明的人物形象，完全凸现了女性的责任意识。多角度人物内心情感的刻画展现出普通女性的革命"女英雄"形象，把不同女性的人物性格特征放在大荧幕上。通过艺术上的真实，展现了革命时期沂蒙女性形象的真实，导演从革命的主题出发表现出艺术的美感。

电影文化传播中以"红嫂"为典型代表的沂蒙精神流传至今，这不仅仅是主流意识形态推动的结果，更是由于电影文化传播中沂蒙精神的女性主体形象的艺术感染力，也是其内在的审美机制获得民众自觉的"认同"的结果。

（三）影片的人文关怀

影片把镜头聚焦于革命战争环境中女性的形象，创作者以普通的沂蒙女性为切入点，关注战争环境下女性本身的情感与命运，展现出战争中经典的家属形象，整部影片洋溢着人文关怀的气息。这部影片表现了电影应有的艺术性，注重电影的质感、人物的情感、画面的美感和细节的表现，把女性质朴的人物特征用不同的形式表现出来。电影作为一种媒介形态，受众就是要从中获得某种需求的满足，而影片表现出来的人文关怀能让观众产生情感上的认同感，达到艺术与受众结合的状态。

构建了普通老百姓在战争面前的行为模式。影片没有过分渲染战争的场面，叙事结构跳脱了革命电影的思维定式，拔高了整部电影的艺术审美性。通过对每个人不同生活境遇的描写，向观众展现出战争年代普通人的生存状态。《沂蒙六姐妹》看似平淡，却饱含着对人性的思考。不同的个体悲剧组合成独特的审美体验，电影独有的人文关怀是电影在精神层面上打动观众主要因素。主旋律战争影片中鲜少提及的爱情和人性被放大到了观众面前，体现了中国传统女性对爱情的向往。革命时期女性爱情的悲惨，小女人的情怀与战争时的大义构成了同一时期不同的行为方式。

---

① 宗白华：《美学散步》，上海人民出版社 2017 年版，第 79 页。

（四）沂蒙山人民对党的认同感

沂蒙山革命根据地开辟于抗日战争初期，自建立以来党在巩固红色政权的同时在沂蒙山开展减租减息和大生产运动，这些措施巩固了党在人民心中的地位。对土地的革命很好地解决了农民生存的问题与民主问题，这种不受压迫的生活状态使党在人民的心目中处于一定的高度。革命战争期间人民群众对党形成了虔诚的信仰，在思想上受到了马克思主义理论的洗礼。《沂蒙六姐妹》的人物形象是主流意识形态的缩影，表现出人民群众对共产党的强烈认同感，反映了革命时期社会的主流文化价值观。现代人应从电影中革命女性体现出的精神特质重塑新时代的价值观念，把中华民族精神中的沂蒙精神赋予新的时代内涵，革命时代与现实社会应在不同时空秉承同一种精神。沂蒙地区特有的精神品质是实现全面建成小康社会的重要利器，这种品质源于军民一家坚实的群众基础。

（五）《沂蒙六姐妹》的不足

影片破除了受众对传统的主旋律电影的偏见，但电影本身存在不少硬伤。首先是内容的延续性不足。故事采用非线性叙事结构，但女性形象的建构并没有完全展开，悲剧性的结局与中国观众大团圆式的审美体验背离，带给观众精神上的缺憾。其次故事情节存在明显的意识形态性。某些故事情节只是为了渲染主题，在内容的连贯性上略显突兀。这部影片虽然用人物情感的变化暗含主流意识形态，但生硬表达意识形态的部分会剥离观众与影片建立的情感基础，把电影归于一般的主旋律影片行列。最后主旋律电影的通病是不适合市场化的需求，观众对该类影片缺乏认同感，电影作品要与大众文化相适应，电影的艺术性与商业性要相协调。《战狼2》的成功可以说是艺术性和商业化成功结合的典型案例，故事向观众传达了民族精神的内核，电影体现了大众对英雄主义的审美需求。中国的电影市场出现的趋势是艺术价值高的电影和以市场为导向的商业性电影在票房上出现差异化的对比，受众的评价是两极分化的状态。电影市场的"泛娱乐化"抹杀了观众个性化的审美价值观，同质化的电影类型压制了个体的审美创造力，电影的"粉丝经济"带来的群体压力使观众的个体性审美变成了群体性审美。

结　语

　　最后，以冯小刚导演的《芳华》和陈凯歌导演的《妖猫传》两部大制作的影片再来总结上面探讨的问题。作为年终的总结篇，《芳华》唤起老一代人重温那个青春岁月，也让年轻一代为影片的悲情故事而感动，票房成绩也不错，但是影片在叙事中还是有很多存在质疑的地方，尤其是对宏大历史的叙述和人物悲剧的挖掘上。《妖猫传》以场面的宏伟壮观、人物装束的精美和演员表演的精湛取胜，但是对于作为爱情的象征符号杨贵妃的刻画，却是太薄弱了。她仅仅成为大唐繁荣、权力和威严的象征，在爱情面前她是失语和被动的。中国电影作品的创作应该结合当前文化接受者审美趣味，将社会性与经济性、审美性与教育性、民族性与国际性、历史性与当代性等多个方面进行完美的融合，塑造出一系列具有历史和当代精神气质的主体形象。

　　中国电影产业要把握电影的内在质量，针对受众的市场需求，开辟中国电影融合创新的新模式。《沂蒙六姐妹》的艺术表现形式可以运用到主流影片的表达中来，以艺术的审美特性铸造中国电影发展的新态势，同时各种类型电影表现手法的融合可以塑造中国电影的文化品牌，以此建构中国在国际电影市场新的话语体系。中国电影产业要把握文化进口对国产电影带来的冲击，将带有中国标志的历史文本融入影视文本的创作中，用中国的文化价值观念创作出具备中国意义的电影。

Research on the Development Path of Chinese Film Industry in the Social and Historical Context

—The Case Study of *Yimeng Six Sisters*

Abstract：Although the development of Chinese film industry has shown a rapid growth trend，there are also many problems that restrict the development of the industry. This paper，taking *Yimeng six sisters* as an example，discusses the problem of female subject consciousness in the revolutionary period from the perspective of history，culture and aesthetics. Combined with the artistic aesthetic of the film，it also analyzes the market adaptability of the mainstream film and the future development of the Chinese film industry. At the same time，from the perspective of the film text, it explores the development path of the film industry, in order to enhance the cultural confidence of the Chinese nation and to feed the endogenetic development of the film itself.

Keywords：Social and Historical Context；Chinese Film Industry；*Yimeng Six Sisters*

（邢崇：青岛科技大学副教授；张勇：青岛科技大学出版专业研究生）

我国本土原创童书发展态势及动因分析

——以中国童书榜为例

张贵勇

摘要： 伴随国家对文化产业的大力扶持，阅读推广人群体的持续努力，加上二孩政策和国际出版风向的影响，我国童书出版尤其是本土原创童书出版近年来快速发展，取得可喜成绩。本文以中国童书榜为例，阐释我国童书出版的现状与特点，并分析了背后的深层原因。在此基础上，本文梳理了近六届中国童书榜的最佳童书和优秀童书榜单，揭示了本土原创童书存在发展不平衡不充分的问题，与欧美发达国家还有一定差距，急需从加快国际合作，营造鼓励本土原创童书出版环境，尽快弥补营销方式单一、出版形式过于局限等途径，提升我国童书的整体质量，实现均衡发展，从而进一步提升文化自信。

关键词： 本土原创　童书　文化产业　国际合作

2010年，以《数字化生存》一书闻名的美国麻省理工学院教授尼葛洛庞帝，在一次会议上预言，"纸质书会在五年内消亡"。然而8年过去，纸质书依然随处可见。尤其是以儿童为阅读主体的图书市场，更是给业界带来不小的惊喜。

作为"供儿童阅读的图书"[①]，基于幼儿及儿童阶段生理心理发育特点、编辑、审订、发行的纸质或电子版文化读物，童书自2005年以来逐渐从少人问津到受到读者普遍认可，形成了可观的市场规模。目前，全国范围内的570多家出版社已有540多家出版童书，即95%以上的出版社涉足童书市场，如读库开办小读库、中信出版社设立小中信童书、接力出版社设立婴幼儿分社。许多以出版教材为主的高校出版社也新设童书部

---

① 余皓明：《统论视域下的童书出版与阅读疗法》，《编辑之友》2011年第4期。

门，开发童书产品。有着多年童书出版经验的 33 家少儿出版社更是和蒲公英、步印、耕林、禹田等民营童书出版机构一起，着力打造自己的童书品牌。

近五年来我国童书出版规模不断扩大，在中国图书市场销量整体下滑的形势下逆势上扬，年增长率达 9%，占整个图书市场 16% 的份额。国际儿童读物联盟中国分会（CBBY）主席海飞曾指出："中国少儿出版已经连续 17 年保持两位数增长，仅在 2014 年至 2017 年的 4 年间，童书总销售量平均增速就达 50% 以上。"[①] 天猫童书类的数据显示，2016 年童书以 120 亿元的支付宝成交额占据了线上图书市场的半壁江山，且保持了 60% 的增速。2018 年年初发布的《2017 年中国图书零售市场报告》显示，2017 年中国图书零售市场总规模为 803.2 亿元，其中童书占整个图书零售市场的码洋比达到 24.64%，贡献了三分之一以上的销售额。[②]

红火的童书市场背后，有一股力量在悄然崛起，那就是我国本土原创童书不断发展壮大。透过近五届中国童书榜选出的 117 本经典童书，结合入榜的 500 本最终书目，能一窥我国原创童书的发展态势。中国童书榜是由国内专业的阅读公益研究机构新阅读研究所组织评选的专业童书榜单，是目前国内最权威的童书榜单之一。2013 年至今，中国童书榜每年从一年内全国出版的 4 万种童书新书中选出 100 种图书，再按照"低幼及图画书组""儿童文学组""知识及科普组"三大类，从 100 种童书中选取 20 种作为"最佳图书"和"优秀童书"。2016 年的第四届中国童书榜稍作改革，将"最佳图书"和"优秀童书"分别扩至 12 本，2017 年又在此基础上增加"儿童特别推荐奖""父母特别推荐奖""老师特别推荐奖"共 9 本童书。

一　我国本土原创童书升温

2013 年 1 月，首届中国童书榜在京发布，评选出 5 本原创作品（《羽毛》《最美最美的中国童话》《给女孩的 15 封信》《童年河》《我的山居

---

① 谭旭东：《童书出版，真的进入"黄金期"吗？》，《出版广角》2017 年 5 月。
② 崔巍：《童书出版大市场不掩老问题　未来在本土原创》，《中国青年报》2018 年 1 月 14 日。

动物同伴们》）；其余 15 本均为引进版图书，占比 75%。2014 年第二届中国童书榜，原创童书有 10 本（《周末与米兰聊天》《小顾聊绘画》《上厕所》《新学堂歌》《少年与海》《我讨厌宝弟》《好神奇的小石头》《神奇科学》《写给儿童的中国历史》《小太阳》），与引进童书数量持平，各占 50% 的比例。2015 年第三届中国童书榜获奖作品中，原创童书依然为 10 本，分别是《跑跑镇》《会说话的手》《我们去钓鱼》《南京那一年》《寻找鱼王》《棉婆婆睡不着》《一只小鸡去天国》《我有一只霸王龙》《酷虫学校科普漫画》《少年读马克思》。第四届中国童书榜选出的原创作品有 12 本，依然占比 50%，它们分别为《独生小孩》《走出森林的小红帽》《澡堂子》《盘中餐》《野芒坡》《荷花姑娘模样好》《我要飞》《永远的琴声》《水中的光亮》《我的第一本地理书》《一个姐姐和两个弟弟》《魔法星星海》。第五届中国童书榜原创童书增至 19 本，它们分别是《少年中国说》《红菇娘》《小黑和小白》《豆腐》《献给母亲的花环》《孩子们的诗》《柠檬蝶》《海错图笔记》《永不消逝的凝望》《给孩子讲量子力学》《纸飞机》《乌干菜，白米饭》《叼狼·疾风》《我家有巫婆》《当宇南遇上巧心》《诸神的踪迹》《班长打擂台》《门兽》《我是中国的孩子：青山处，放歌声》，在获奖的 33 本优秀童书占比 58%，原创图画书迅速增加，较前几届有了明显提高。2017 年甚至可以称为原创图画书的井喷之年。

原创童书数量逐年增加，离不开诸多机构背后的推动。从 2011 年以来，书香中国·北京阅读季以"联结社会力量，创变阅读价值"为主线，不间断地推出 3 万场各类富有特色的阅读活动，一次又一次掀起阅读热潮。"北京儿童阅读周·中国童书博览会"作为书香中国·北京阅读季的重点活动之一，针对青少年儿童组织开展，已发展为全民儿童、家庭阅读的典范，成为中国儿童阅读的重要文化活动。在发现和培育原创图画书作者方面，"丰子恺儿童图画书奖"（2009 年设立，每两年评选一次）、"信谊图画书奖"（2010 年设立，每年评选一次）持续发力；2016 年 4 月，"张乐平绘本奖"设立，意在挖掘更多优秀的绘本作者，真正做到"为孩子创作"。加上众多阅读推广人的努力，优秀童书作家作品越来越被读者了解、认可，阅读童书的整体社会氛围已经形成。有业界人士表示，当下已经进入童书的黄金时代，原创童书的创作高峰已经到来。

二　本土原创童书快速发展动因分析

阅读推广的不断深入。我国原创童书的崛起，与众多国家机构、社会组织，尤其是阅读推广人的工作密不可分。从 2000 年左右即开始推广童书的各位专家朱永新、阿甲老师、萝卜探长、朱自强、梅子涵、方卫平、王林、王泉根、樊发稼、李东华、袁晓峰、孙云晓，到如今颇受家长们欢迎的李一慢、王志庚、"童书妈妈三川玲""爱读童书妈妈晓莉"，一批批阅读推广人在不同的阅读场合推荐童书，呼吁阅读的作用，使童书的价值逐渐被广大家长认可，使公众对阅读之于童年的作用得到了广泛共识。除此之外，出版社的用心经营、编辑团队专业水平的提升，以及国家相关政策的出台也推动了原创童书实现跨越式发展。

一是二胎"国策"驱动。我国于 2015 年 10 月公布二孩政策，2016 年 1 月 1 日开始全面实施。数据显示，全面二孩政策落地以来，二孩出生数量明显增加。"2013 年以前，二孩出生比重在全年出生人口占比始终保持在 30% 左右。2014 年、2015 年提升幅度明显，到 2016 年二孩及以上超过了 45%，提高了十几个百分点。"[①]　"2017 年全年出生人口 1723 万人，人口出生率为 12.43‰。此前在全面二孩政策施行的第一年，2016 年全年出生人口 1786 万人，比 2015 年多增 131 万人，人口出生率为 12.95‰。"[②] 尽管 2017 年相对 2016 年新生儿人口有所下降，但出生人口一直徘徊在 1800 万左右。人口政策的红利，加上家长对孩子教育的重视程度不断提高，童书需求热度升温。在北上广等一线城市，越来越多的家庭认识到阅读之于孩子成长的重要性，绘本馆、读书会的数量持续增长，线上的阅读分享、名家童书课等几乎成为常态。台湾童书出版机构、阅读推广人也看好大陆童书市场，纷纷与大陆合作策划、推广优秀童书。

二是中华传统文化热发挥带动效应。2017 年 1 月，中共中央办公厅、国务院办公厅印发的《关于实施中华优秀传统文化传承发展工程的意见》，从整体上对中华优秀传统文化的传承发展作出了重大战略部署，提

---

① 李丹丹：《国家卫计委：2016 年二孩占全年出生人口逾 45%》，《新京报》2017 年 1 月 22 日。

② 李丹丹：《"全面二孩"第二年：2017 年出生人口下降》，《新京报》2018 年 1 月 18 日。

出了一系列重大战略举措，并指出"实施中华优秀传统文化传承发展工程，是建设社会主义文化强国的重大战略任务"。① 近年来，中华传统文化不断升温，与政府将其上升为国家战略密不可分。教育部也发布了《完善中华优秀传统文化教育指导纲要》和推荐书目，其中一个重要指导精神就是传承弘扬中华优秀传统文化。2017 年 9 月，全国新入学的中小学生开始使用"教育部编义务教育语文教科书"，俗称"部编本"教材。据义务教育语文统编教材总主编、山东大学文科一级教授温儒敏介绍，"此次'部编本'语文教材编写的创新之处，首先就在于重视优秀传统文化，增加了教材中古诗文的比例，'既吸取古代智慧，感受汉语之美；还坚持面向未来，理解多元文化'"。② 随着中华传统文化热逐渐升温，出版社加强了对于传统文化题材童书的策划和投入力度，推出了如"中国汉字听写大会·我的趣味汉字世界"系列、《给孩子的古诗词》《给孩子读诗》《给孩子的 12 堂诗歌课》等既叫好又叫座的童书，《中国成语大会》《朗读者》《见字如面》等节目的热播也带来相关童书热销。

三是出版政策带来童书出版利好。2017 年年初，国家新闻出版广电总局发布当年工作重点，决定推出"九大出版工程"，其中就有原创儿童文学和少儿绘本出版工程、中国经典民间故事动漫出版工程等。扶持原创作家作品。2017 年 3 月 13 日，国家新闻出版广电总局下发《关于开展 2017 年向全国青少年推荐百种优秀出版物活动的通知》，其中申报要求第二条明确写道："申报的出版物应为国产原创首次出版的出版物，引进版类出版物不作推荐。"这些重大工程和政策成为童书市场供给侧改革的重要推动力，带动出版社调整图书选题重心，使我国原创童书无论在数量还是质量上，都得到大幅提升。

四是出版社精心打造原创童书。2014 年 2 月，步印文化推出《写给儿童的中国历史》。该书上市以来，连续多年蝉联当当童书畅销榜首位，累计销售近 1000 万册，给业界带来很大震动，原创童书的市场效益、口碑效应得到广泛认可。受一个个"原创销售神话"的影响，全国 540 多家出版社和多家民营童书公司在不断引进国外优秀童书的同时，也注意开发本土原创作家作品。以专业少儿社为首的童书出版机构顺势而为，纷纷

---

① 中国政府网官网，http://www.gov.cn/zhengce/2017-01/25/content_5163472.htm。
② 王睿：《童书出版，这一年经历了什么？》，《出版人》2017 年第 11 期。

联合已有的一线儿童文学作家成立工作室，以便在激烈的市场竞争中率先抢占源头优势。2015 年，湖南少儿出版社成立了汤素兰工作室，新蕾出版社启动了王一梅工作室；2016 年，江苏少儿出版社成立了黄蓓佳工作室，浙江少儿出版社则成立了汤汤工作室和沈石溪工作室，辽宁少儿出版社成立了冰波工作室；2017 年 4 月，江苏少儿出版社宣布设立"曹文轩儿童文学奖"，并发布首届文学奖征稿启事；2017 年 5 月，接力出版社举行新闻发布会宣布推出接力杯金波幼儿文学奖、接力杯曹文轩儿童小说奖。

随着中国童书在国际上影响越来越大，各大童书出版社开始重视职业版权经纪人的作用，许多出版机构着手或已经建立国际合作部、海外合作部、版权部等相关部门，着力打造一支专业化的版权贸易队伍，不断深化与国内外知名作家、画家的合作。例如，天天出版社成立了"曹文轩儿童文学艺术中心"，目前已出版覆盖学龄前至小学高年龄段的七大产品线。2017 年 8 月，接力出版社与英国尤斯伯恩出版公司开展战略合作，旨在为中国市场带来更多好书。随着出版社日益重视知识产权，给版权经理更大的自主权，越来越多的国外优秀作家、插画家走进中国儿童的视野，随之也带动了更多国内优秀作家作品走出去。

五是丰富的营销手段助力童书热销。传统童书的营销渠道，主要是通过新华书店或民营书店，销售方式则是在纸媒上打广告，或者摆在书店坐等读者翻阅。自 2005 年以来，网购逐渐成为潮流，当当网、京东网、卓越亚马逊、天猫、孔夫子旧书网等网站成为童书网络销售的主力军。各大网站推出的新书销售榜、童书月度销售榜等更是发挥了极大的促销作用。2015 年以来，以大 V 店为代表的新的童书营销方式诞生，社群营销渐成新宠。此种营销方式以微信作为销售平台，目标客户精准，收益快，深受出版机构的青睐。当前已涌现出"逻辑思维""童书出版妈妈三川玲""爱读童书妈妈小莉""凯叔讲故事"等第三方垂直社群平台，图书销售效果显著。例如，"罗辑思维"以每周推出一款阅读产品、单品销量不低于 3 万册的节奏，逐渐形成社群营销的新生态；大 V 店在业界影响力也非常大，在妈妈社群不断形成自己的盈利模式，时常有单日销量过万的童书。微课直播由于有目标用户定位清晰、成本低、互动性强、曝光度和转化率高的特点，亦成为屡试不爽的童书销售宝典。

六是童书出版与新技术不断融合。近年来，信息技术的飞速发展很大程度上带动了童书出版形式的更新。很长一段时间以来，童书尽管有立体书、翻翻书、洞洞书等比较新颖的形式，但在本质上并没有真正突破，而信息技术实现了童书出版实质性的创新，做到了"一鱼多吃"式的复合出版。只要扫一扫二维码，就可以看看各种与书中内容相关的音视频节目，AR/VR 技术一时成为阅读风尚，受到热捧。如果说立体书是童书的二维时代，那么 AR/VR 出版将童书从二维时代升级到三维时代，诸如《神州飞天真奇妙》《AR 语言地图》《会动的 AR 认知书》《恐龙世界》等，不再是单调的平面图形图像，而是栩栩如生的 3D 立体形象，给予读者视觉、听觉、触觉等多种感官刺激，势必在未来一段时间继续成为童书出版热点，加上互联网时代下智能手机、平板电脑、微信读书等设备、软件的大规模应用，童书出版不仅在形式上更加多样，在阅读体验上也将带来更多惊喜，这些都将带动童书在销量上持续上升。

三 本土原创童书存在问题分析

我国原创童书快速发展，看似一片繁荣景象，但也存在一些问题，最突出的表现就是从中国童书榜设置的三大组别来看，原创童书发展不均衡。

首先，儿童文学类原创作品一枝独秀。从中国童书榜的评选结果可见，原创童书大多集中在儿童文学类。在五届中国童书榜选出的 56 本最佳图书和优秀童书中，儿童文学类为 28 本，占了一半比例；图画书类为 21 本，作品占 38%。虽然图画书属于独特的童书形式，但很大程度上具有故事性，与文学更为贴近，因此两者加总占为 88%。

产生这种现象的原因，一方面是传统儿童文学作家受发展态势良好的童书市场影响，保持着旺盛的创作力，这种坚持创作的惯性也收到了很好的回报。例如，在 2016 年 4 月的博洛尼亚童书展上，曹文轩获得国际安徒生奖，成为首位获该奖的中国儿童文学作家；秦文君、张之路、金波、刘先平、殷健灵等国内作家也获得过国际安徒生奖提名，这对他们推出更多优秀的儿童文学作品带来鼓舞。另一方面，自 2014 年以来，不少成人作家开始跨界为儿童写作，如虹影的"神奇少年桑桑"系列（包括《奥当女孩》《新月当空》《里娅传奇》三部作品）、张炜的《少年与海》《寻找鱼王》、赵丽宏的《童年河》《渔童》、马原的《湾格花原》《三眼叔叔和他的灰鹅》、阿来的《三只虫草》、徐则臣的《青云谷童话》等，都对其他成人作家起到了很好的示范效应，吸引更多作家为儿童写作。2015年，明天出版社策划出版了"我们小时候"系列作品，毕飞宇（《苏北少年"唐吉诃德"》）、王安忆（《放大的时间》）、苏童（《自行车之歌》）、迟子建（《会唱歌的火炉》）、阎连科（《从田湖出发去找李白》）等知名作家用优美的文字回忆了自己的童年时光，为童书市场锦上添花。

其次，原创科普类作品难掩尴尬。与原创儿童文学类作品喜人的发展势头成鲜明对比的是，原创科普类作品精品不多。五届中国童书榜推出的科普书共 27 本，但属于本土原创的只有 7 本，占全部获奖科普类图书的26%。在五届中国童书榜全部榜单的 500 本童书中，原创科普书更是显得势单力薄，其中虽然不乏优秀作品，如《这就是二十四节气》（累计销量达 200 余万册）、《酷虫学校科普漫画》（累计发行超过 100 万册），但由于品种太少，整体上难以与国外引进科普书抗衡。

而原创科普童书发展较慢，主要原因是科普作品的价值长期以来没有得到社会公众的充分认可，群众认知基础比较差。一谈起原创科普童书，许多人首先想到的往往是《十万个为什么》，抑或《海底两万里》《格兰特船长》等科幻小说。科普作品也普遍被认为过于晦涩，不好读不好玩，加上引进科普类作品在内容和品相上制作精良，如《神奇校车》《第一次发现》《可怕的科学》《万物简史》《DK 儿童百科全书》《给孩子的自然简史》《看得见的文明史》《思考的魅力》等，更突显了本土原创科普童书的短板。除了认知层面的原因，我国出版社编辑整体水平不高和科普作者匮乏，也是原创科普童书难出精品、难成经典的掣肘。毕竟好的科普书既需要严谨的科学知识，又要通过儿童喜欢的、图文并茂的方式讲述出来，即跨界的意味相当浓厚，而这与我国一直强调专科人才培养思路相违背，既能写又能画的人才寥寥可数。另外，投入多、产出少、见效慢等特点，也阻碍了出版社和相关人士愿意拿出更多的精力和财力打造科普童书精品。在一些出版社看来，与其花重金培育自己的科普创作队伍，不如直接引入国外优秀科普著作更实在。

最后，跟风行为对原创伤害不小。我国童书出版长期存在无序竞争的问题，跟风行为比较突出，对原创童书出版带来了很大的影响。当年《好妈妈胜过好老师》热销时，陆续有《好爸爸胜过好老师》《好妈妈胜过好老师全集》《好爸爸胜过好老师全集》上市；曾占据韩国童书排行榜畅销第一位的《妈妈不是我的佣人》出版不久，《爸妈不是我的佣人》《父母不是我的佣人》甚至同名图书等 10 个不同品种跟风出版；蒲公英童书馆推出的《地图》（人文版）的畅销也催生了跟风创作的《中国历史地图》，并在网店捆绑《地图》（人文版），混用作者信息促销；由某民营文化公司推出的《酷猫日记》，因为封面设计模仿套用杨红樱的畅销书《笑猫日记》，冒用金波之名作序而受到业界声讨。"由于不需要支付作家重印版税，跟风图书在用纸、印制、工艺方面用料低劣，比原版书成本降低许多，从而以低价和低折扣获得更大销量。这种恶意的擦边模仿已经构成了侵权，原版权人可以通过各类渠道发声，但是要制止跟风模仿的现象，还有较长的路要走。"①

四　本土原创童书如何走向未来

原创童书要实现健康快速发展，首先要正视"偏科"的现状，并通过加强与国外作家、出版社合作，在继续鼓励优秀作家创作儿童文学作品的基础上，吸引更多原创插画家、科学家从事科普创作，弥补我国图画书和科普童书势单力薄的短板。

近五年来，我国与国外作家联合出版童书的现象开始增多，如曹文轩与巴西著名插画家罗杰·米罗合作了图画书《羽毛》《柠檬蝶》，方素珍和德国插画家索尼娅合作出版了《外婆住在香水村》。除了出版社为中外作家牵线搭桥，出版社之间的合作也逐渐增多。2016 年 3 月，21 世纪出版社集团与麦克米伦公司发布了"深化战略合作联合声明"，在选题方面合作并共同策划以实现优势互补。② 新经典文化除了自有的爱心树品牌，还与讲谈社（北京）合资成立飓风社，引进出版日本优秀童书。2014 年12 月，中国少年儿童出版社聘请安徒生奖评委主席亚当娜担任总社战略顾问。2015 年 8 月 27 日，浙江少年儿童出版社并购了澳大利亚新前沿出版社，成为我国第一家并购外国出版社的专业少儿社，把中国童书出版的触角伸向澳大利亚市场。2015 年 8 月，接力出版社成立了埃及分社，这

---

① 张昀韬：《童书跟风出版不可取》，《光明日报》，2017 年 1 月 4 日。
② 红娟：《二十一世纪出版社集团与麦克米伦深化战略合作》，《中华读书报》，2016 年 3 月 30 日。

是我国专业少儿社首次在国外建立分社。2015 年 9 月，安徽少年儿童出版社与黎巴嫩数字未来公司在贝鲁特合资成立公司。

中国与国外出版机构合作持续走向深入，这有助于提高我国编辑整体水平和对未来童书出版动向的把握。而编辑是联系作者和插画家之间的纽带。国外许多优秀童书是源自优秀编辑之手，如哈珀公司儿童图书出版部门负责人厄苏拉·诺德斯特姆，她编辑出版了玛格丽特·怀兹·布朗、E. B. 怀特、伽思·威廉姆斯、莫里斯·桑达克等名家的许多或全部童书作品。我国童书发展虽然从 20 世纪 80 年代开始起步，但与国外相比还是有着不小的差距，尤其是在出版社的编辑水平上更是整体性的落后。因此，多与国外知名童书出版机构合作，是快速带动我国童书编辑乃至童书出版的捷径。

二是要呵护本土原创作者队伍。我国出版社之间互挖墙脚的行为，既败坏了市场风气，也不利于原创作家发展。出版机构对作家、资源的争夺，虽然一定程度上提升了产品质量，但也日益产生不少问题，如版权生态的破坏、利益驱动下的急功近利和跟风出版。业界对我国出版有三个怪圈，有着这样的阐述：其一，原创乏力，作家资源有限，大家都在争抢。其二，图画书出版陷入了疯狂的引进状态，一方面欧美图画书资源有限；另一方面国内图画书出版无序，结果造成了凡是欧美图画书都被贴上经典标签出版。其三，欧美童书几乎悉数被中国出版社和文化公司购买版权，但本土童书都是廉价输出，甚至是免费输出。这种无序竞争实则是一种短视行为，无助于呵护本土原创作者队伍，更难以促进优秀童书作家冒出来。在这方面，国家相关部门一方面要从政策层面打压这种不当竞争行为，另一方面要给予原创作品更大政策扶持，营造良好的出版环境。

三是继续创新营销手段，让童书出版更接地气。未来一段时间，社群营销成为童书推广的利器，但任何营销手段如果不加创新，全部照搬来"狂轰滥炸"，都会带来审美疲劳，反过来阻碍同属市场的培育。如果说童书的未来要靠营销手段来成就，那么能否在现有基础上做到推陈出新，推出新意，才是决定出版机构在竞争中立于不败之地的因素。在当下酒香也怕巷子深的时代，打造一批富有朝气的营销队伍，形成系统的营销策略，是出版机构工作的重要内容。

四是跳出出版做出版。2017 年，中信出版社重组了旗下公司，将其打造成为以教育和少儿产业为主的业务平台公司，布局儿童教育产业，构建全新的产业链模式，预计出版规模将突破5亿码洋。中国教育出版传媒股份有限公司也积极布局电影院线，与华夏电影发行有限公司、中国教育电视台共同出资成立中教华影电影院线股份有限公司。这些新型合作正在改变人们对传统出版业的固有认识，"跳出"出版做出版不再只是口号。未来的童书市场，图书出版只是一小部分，更多的精力要放在相关产品、服务的开发上，更接近一种产业链的布局，每一环节都对其他环节产生影响，某种程度上决定着在童书市场的地位。

在做好这些工作的同时，上至国家新闻出版广电总局，下至出版社、普通读者，都要持续加大打击盗版的力度。据当当网透露，2017年有近10亿码洋的伪劣童书被淘汰掉。① 当前童书盗版情况依然严峻，若打击不力，影响的是整个原创童书市场的发展。

Analysis on the Development Trend and Motivation of Chinese Original Children's Books

—A Case on the China Children's Book List

Abstract：Along with the national's strong support to the cultural industry，Reading promoter groups' continue efforts as well as the influence of the two-child policy and the international publishing trends，China's book publishing，especially the local original children's book has been developing rapidly in the past years and has achieved gratifying results. This paper takes the China children's book list as an example to explained the present situation and characteristics of children's book publishing in China and analysis the background root cause reason. Furthermore, the best children's books and excellent children's books of the last six years were compiled and these reveals the problem that the development of local original children's books is not well balanced. There is still a certain gap with developed countries in Europe and America，We urgently need to accelerate international cooperation to create an environment to encourages local original children's book publishing，by changing the way of single marketing and breaking the limits of publishing to improve the overall quality of

---

① 上官云：《童书市场调查：原创书成绩不俗 引进书版权之争仍存》，中新网客户端，ht-tp：//www. huaxia. com/zhwh/whxx/2018/01/5603120. html。

children's books and achieve balanced development, finally to enhance national cultural confidence.

Keywords: Native Original; Children Books; Cultural Industry; International Cooperation

(张贵勇:《中国教育报》记者，首都师范大学文学院博士生)

从"看"电影到视障群体的社会空间生产

——心目影院的个案分析

杨宇菲

摘要：作为一个为视障人士提供观影服务的公益项目，心目影院在十多年的实践中形成一个视障群体的社会空间，其中的空间生产是丰富多元的。本文通过对心目影院的田野观察，试图深描心目影院从观影空间到视障群体社会空间建构的个案，理解社会空间生产的作用机制。

关键词：电影　视障群体　空间生产　社会关系　公益文化

据统计，截至 2016 年我国有视力障碍残疾人 1731 万人，其中，盲人有 500 多万人，每年新增的盲人有 40 多万人。截至 2015 年，经过培训的盲人保健按摩人员达到了 19979 名、盲人医疗按摩人员 5165 名、保健按摩机构达到 17171 个，医疗按摩机构达到 1025 个。① 数量巨大的视障群体在社会生活中大多以按摩师的职业身份进入社会，他们的主要社会空间仍然是按摩机构。除了社会分工参与社会之外，属于视障人士的社会公共空间非常有限。

如今，在全国各地陆续出现了"无障碍电影"② "盲人电影放映活动"，使得盲人"看"电影成为可能。给盲人讲电影的活动在国内开始最早，且活动最为稳定的，是北京市西城区的心目影院。始于 2005 年，在十几年的实践过程中，虽然也经历公益机构的入不敷出，心目影院何以持续下来？一个观影空间何以带动无障碍电影等文化助盲、社会责任的公益文化建构？空间社会学的理论为我们提供了一个解读的视角。

---

① http://news.cctv.com/2016/10/15/ARTIL5HBpywAThq8AetdNFOC161015.shtml，央视网，2016 年 10 月 15 日。

② 《盲人也能"看"电影了》，http://xmzk.xinminweekly.com.cn/News/Content/8315，《新民周刊》2017 年 1 月 12 日。

法国社会学家列斐伏尔提出了空间转向,即空间的生产,空间是有意义的。[①] 列斐伏尔看来,社会空间既有物质属性,又有精神属性,"弥散着社会关系,不仅被社会关系所支持,也被社会关系所生产"。[②] 可见,社会空间能够让社会关系进行重组、社会秩序得以建构,人们在互动实践中赋予社会空间以意义,而空间意义的发生使空间具有生产性。

我们在心目影院的个案中,不仅看到了社会空间如何被社会关系所支持与生产,同时通过赋予空间意义,也看到了社会空间如何实现再生产的作用机制。

一 空间的搭建:"我们都是修行人"

心目影院从 2005 年开始为视障朋友讲电影,是"红丹丹视障文化服务中心"的文化助盲项目之一。红丹丹视障文化服务中心,是 2003 年 7 月在北京成立的一个公益机构,致力于用音声解说技术为视障人士提供无障碍文化产品服务。[③]

北京鼓楼西大街 79 号的小院,德内甘水桥公交站对面,就是心目影院的所在。心目影院的创始人王伟力说,选址主要考虑到盲人的出行方便,必须是交通便利的平房,经过朋友推荐就租用这里。盲人朋友用行动给这一选址投了支持票。在心目影院之后,中国盲文图书馆在每个周二办有电影讲述活动。盲人朋友反映"那边硬件条件好得多,但交通不便,下车得走近一站地,还要过个大马路,车来人往特别多,对盲人来说很危险"[④]。便利的交通,不仅方便盲人,也方便了志愿者、企业、媒体等各方社会资源。

就周边生态而言,这个两进的院子属于北京市西城区房管局,心目影院夹在几个机构之中:北京市西城区建业培训学校、北京市西城区房屋修建行业职业介绍服务中心、中共北京市房屋土地经营管理中心党校、北京

---

① [法]列斐伏尔:《空间的生产》,第 129 页,转引包亚明主编《现代性与空间的生产》,上海教育出版社 2003 年版,第 96 页。

② Herri Lefebvre, *The Production of Space*, Blackwell Ltd., 1991, p. 165.

③ 红丹丹官方网站,http://t.hongdandan.org/institution/。

④ 章文立、王倩:《国际盲人节|盲人电影院:和盲人朋友一起看世界》,http://m.thepaper.cn/newsDetail_forward_1825782?from=timeline,2017 年 10 月 15 日。

市西城区房屋土地经营管理中心职工学校、北京艺博苑美术培训学校。红丹丹作为一个非政府组织（NGO）租下了二进院的东边一排厢房和几个房间，在几个活动空间的门口都铺设了盲道，方便盲人走动。

一个院子多家机构，相互之间摩擦不断。据工作人员说，红丹丹在这里办各类助盲活动，房管局、培训学校都不太高兴，房管局不愿租，培训学校嫌吵闹，摩擦不断：开门时间多早、中午能不能排练唱歌、院里台阶上能不能放雨伞等。一方面，视障朋友怕迟到，赶头班车来得早，视障人士也只有靠声音交往，人多了就显得吵闹；另一方面，大量媒体报道、志愿者、学生的到来，给他们办公带来不便。① "一年房租已经涨到快70万了，换个地方又找不到交通方便、适合盲人活动的平房。我们的活动经费、工作人员工资都需要靠各类筹款来支付。"工作人员诉说着办NGO的不易与无奈。

空间资源的紧缺、不同机构之间的矛盾，反而成为群体内部团结的一个契口。盲人朋友会自觉维护心目影院的形象。天气不好的时候，有人就更要来："不然让别人看着心目影院人少了，那不行！"②

作为一个物理空间的存在，这里是有历史的。一进大铁门处有一块不显眼的碑石镶在灰色砖墙上，刻着"寿明寺，建于明元顺六年（1462），由司礼监太监夏时等出资修兴建。弘治四年（1491）及正德八年（1513）两次重修。建筑坐北朝南，中轴线上依次为山门、前殿、中殿、后殿。原有格局基本完整，1989年8月被西城区政府公布为区级文化保护单位。——西城区文化委员会2012年立"。据说这里曾是北京唯一一座给逝者做超度的庙。现在这里成为视力被夺走的人们"看"电影的场所，寻求生之欢愉。有志愿者笑称："走进院子，我们也都是修行人。"

社会空间的搭建，离不开地理环境与历史因素。有学者对列斐伏尔的社会空间理论提出批判，认为列斐伏尔"局限于人类施动的社会空间做伦理道德文章"，忽视了自然条件与时间性因素，放大了人类的主观能动性。③ 在心目影院的个案中可见，对于视力障碍的群体而言，交通便利、行动方便是首要因素；与周边他者群体的互动关系，也会成为群体团结的

---

① 章文立、王倩：《国际盲人节｜盲人电影院：和盲人朋友一起看世界》，http：//m.thepaper.cn/newsDetail_forward_1825782？from＝timeline，2017年10月15日。

② 同上。

③ 陈慧平：《列斐伏尔的社会空间理论批判》，《人文杂志》2017年第9期。

一个因素。对于志愿者而言，历史遗留下的文化符号给予空间中活动的人一种意义，也能产生一定程度的潜移默化影响。心目影院的个案中展现了社会空间中身体与历史文化的重要性，以此为基础调动起人类的主观能动性才能使社会空间得以搭建、社会关系得以长期维系。

二　"看"电影的空间：赋权与自我认同

在心目影院中，通过"看"电影给视障群体打开了"明眼人"社会的一扇窗户。

首先，"看"电影行为得以实现，本身就具有给盲人群体赋予平等权利的意义。在心目影院的电影讲述时，在影片出字幕的开头几分钟，讲述的志愿者会将电影的故事梗概、制片方、导演、演员等背景信息一一介绍，让观众慢慢进入情境。工作人员告诉我们，之所以要介绍这些信息是为了盲人的"信息平等"，悉数告知才有平等的知情权和选择权：

> 凭什么你看得到的东西你不给我讲，你给我做了判断了呀。你看书也会看封面如何再选择，你也要告诉盲人，他就可以选择听还是不听，但是你要给到他信息去判断，这才是平等。比如你告诉一个盲人这本书 45 块钱，他会说，为什么这么贵呢？我要听一听，看值不值这么多钱。他也可以做一个判断。再比如再版了十次，为什么这么畅销，我要听听。这些信息也可以帮他了解世界啊，明眼人一本书花多少钱，我也知道了啊。

看电影，对于明眼人而言是生活中的一种调味剂。但对于视障群体而言，"看"电影的行为本身就具有了赋权的意义。视力障碍缺失带来知情权、选择权的缺失，而通过声音信息来补充视觉信息，信息上的平等是实现生命平等的第一步。

其次，"看"电影中视听一体的体验，更能补偿视觉信息的缺失。随着读屏软件的开发，视障人士可以通过智能手机、电脑上网了解外界，更为传统的是通过广播、有声读物等获取信息。那么电影这一媒介的对于视障人士的独特意义是什么呢？心目影院的创始人王伟力对于视障人士"看"电影给出了认知上的解释：

很多人认为盲人没有视觉，其实盲人不仅有视觉意识，还有心理视觉，先天失明的盲人也会有。描述什么东西有多大、多高、多重，感受它的质感、温度、味道，这些都是信息。盲人会把这些信息都拿出来在现实世界中做判断和对比，只不过他内心积累的这种形态太少，因为他不可能摸那么多东西，所以电影讲述就要站在他们的角度，用他们了解的事物来描述看到的东西。实际上电影是视听一体，明眼人也是视听一体。但盲人看不见只能靠听觉，是听觉依赖。听觉依赖缺的是视觉的判断依据，给他讲视觉所见，他通过心理视觉也能有视觉体验，就像梦中所见的图像。广播剧、有声书都只是讲一个故事，最多是有画面感的描述，谁给你讲视觉的东西？电影是很复杂的视听一体的系统。

在王伟力看来，对于盲人朋友而言，电影是任何文化形态都不可以取代的，因为它的视觉形态非常丰富，能更好地补偿视觉信息。为了盲人获得认知，心目影院提供了很多的模型，供盲人朋友来摸。看《侏罗纪公园》时，买来一批恐龙模型，在观影之前先触摸恐龙的形象，以便更好地进入电影。我们可以在心目影院四周的陈列架上，看到各种模型：建筑类的有天安门、天坛、东方电视塔、徽派建筑、围屋、楼房；交通工具类的有轮船、汽车、飞机、摩托，还有火箭、兵马俑等。

再次，电影内部构建的社会空间提供了一个社会标准、互动模式，帮助视障群体社会化的同时，也给予视障群体一个感受电影艺术的可能性，扩充了他们的生命体验。

红丹丹的工作人员告诉我们，"看"电影是为视障人士提供一个跟明眼人社会进行互动的认知标准：

我们是希望活动能为盲人传递视觉信息，不仅帮他们看懂一部电影，更让他们通过电影了解社会，潜移默化地传递给他们正确的社会行为模式信息。盲人因为他看不到，就缺乏对客观世界的一种判断。当你告诉他的时候，他和你就有了共同的认知，才有可能走出家门，跟明眼人有交流。你告诉他你的包是红色的包，他可能不会有视觉的印象，但是他可以告诉明眼人"我的包是红色的"，颜色对他来说只是客观世界的一个标准，和你的认知标准是一样的，才能沟通。否则你俩认识的世界都不一样，你是"看的世界"，他是"听的世界"，两个群体怎么融合？

一位在心目影院看了九年电影的盲人张先生说，他主要是学习电影里的为人处世，通过电影看不同场景中，别人怎么说，怎么处理，学到很多智慧，以前不敢出门跟人打交道，现在就敢了。随着观影经验的增多，他认为"看"电影是一种欣赏，好的情节、台词、感人场面会去网上找来反复听，尽量读懂里面的含义：

> 我很容易被正能量的东西打动。印象最深的是《摔跤吧爸爸》，我就很希望女性也能这么坚强，能够独挡半边天，不喜欢女性太懦弱。在印度这样重男轻女的地方，他爸爸没有歧视女儿，把她培养成摔跤冠军，就很感动很有启发。《摔跤吧爸爸》里女孩剪辫子，被各种人耻笑，这么多磨难和努力取得成功。过去一两个月了，还是觉得很感人。

这位盲人朋友很自豪地说自己在心目影院看过两三百部电影了，明眼人能网购、微信、QQ、炒股、看电影，这些自己也都能做到。一个人的时候通过读屏软件，他能够用智能手机熟练地进行聊天、导航、炒股、看微信朋友圈分享文章。他又是个爱热闹爱折腾的人，年轻时候爱去电影院看电影，但是很多声音没法串联起来看不懂。"看"了很多电影后就能跟明眼人聊天，也不会听不懂他们在聊什么了。

在心目影院中，电影能够"看"得懂了。一方面是有讲解，另一方面是大家聚到一起看，互相讨论，互相补充着信息。明眼人通过视觉、听觉、触觉、嗅觉来感受世界，盲人缺乏视觉，通过电影放映过程中的讲解，包括画面内容和镜头运动，画面内容插在旁白之间讲述填补了信息，让听不懂的环境声有了意义，串联故事；镜头运动方式让视障人士也能跟着镜头改变观看角度，感受电影艺术魅力。心目影院强调视觉讲述，建立客观世界的标准，提供平等的信息让视障人士主动做出行为判断与选择。对于视障人士自身而言，通过看电影，更多是一个社会化的学习过程，电影中的社会空间给他们提供了一个明眼人社会空间的样本，为盲人了解社会互动方式打开一扇窗：不仅有实用的生存技能、客观世界的标准，正如张先生所言，感动他的是共通的情感、勇敢的品质，了解到了印度等不同地域的文化。

"看"电影的空间，实质上是一个赋权的空间，也是社会空间的电影再现空间。在给予视障人士相对平等的权利去获取信息、感受电影艺术的同时，使视障群体得以通过电影了解"明眼人"的社会空间，逐步缩小与明眼人之间的距离，从而更好地形成自我认同与社会化。

三　空间的生产：互动与文化建构

心目影院的空间，除了"看"电影之外也是一个社会互动空间：不仅盲人朋友走出家门、相互认识，而且接触到更多层次的明眼人，交流互动中增多了与明眼人的互动，给予他们一个表达自己的空间，更有利于打破隔阂。

首先，心目影院加强了视障群体内部的联系与互动。

有些十几年都一起看电影的朋友，通过声音就可以辨识出对方，开始热络地聊天。有些年轻情侣也到心目影院约会看电影。一位穿着牛仔服的年轻小伙子带着一位同样视障的女孩来看电影，两人相谈甚欢，满脸喜悦。小伙子说，"在农村总有人把盲人当作'西洋景儿'，当怪物看，但其实盲人是非常敏感的，人有味儿，有呼吸声，都能感觉到周围说话的人有几个，人们的议论都能听得见。"在心目影院里，大家都一样，跟聊得来的人聊天，自在很多。

其次，在心目影院这个社会空间中的交往，心目影院成为一个视障生活的集体展示空间。

来到心目影院的明眼人，都是对视障群体相对友善的人。在观影的前后，他们跟视障观众聊天，有来了解盲道建设问题的中学生，有来拍摄盲人生活的大学生，有来采访工作人员和观众的媒体记者，有来提供志愿服务的团队。视障朋友围绕视障生活的方方面面讲述起来，他们愿意给明眼人讲述生活的不便与困难，也自豪地展示他们的听觉、嗅觉、触觉的敏感。视障群体与明眼人都在彼此增进了解，在"看的世界"和"听的世界"中生活的人们在相互融入彼此的世界。

再次，心目影院作为一个公共空间，成为一个社会资源集散地。

在心目影院入门处的小架子上摆满了红丹丹各种项目的介绍小卡片，

供人取阅，从中我们了解到红丹丹让盲人感知世界的方式与方法。

表 1　　　　　　　　　　红丹丹视障文化服务中心项目介绍

活动名称	场地	活动方式	目的
触摸	博物馆、艺术馆、公园等公共场馆	触摸感知＋志愿者讲述	感受人文艺术和历史
心目影院	心目影院室内	现场讲述电影	了解社会，融入社会
心目图书馆	图书室、阅览室	制作国际标准语音图书，培训志愿者制作，免费发放	获取信息，读书
心目旅行	外地	中青旅合作，志愿者与视障朋友结伴出行，触摸、讲述	加深残健融合、分享人生感悟
戏剧工作坊	院内办公室	专业人士指导戏剧、歌唱，排练，安排演出	演给所有人看，唱给所有人听
安全出行	随时随地	提供生活出行、紧急救援服务	
"假如给我三天黑暗"	院内办公室	给明眼人提供视障朋友的生活体验	审视自我、探讨责任、尊重和感悟生命
北京盲人生活地图	室内助盲机构	寻找合作机构，提供无障碍助盲服务	提升企业形象；给视障人士提供日常生活服务

由表 1 的活动，结合红丹丹已有的一些活动报道，会发现红丹丹在更广泛的范围内进行着社会互动。针对盲人的活动，博物馆触摸体验、参观宋庆龄故居、北戴河出游、国际志愿者日上合唱团表演、戏剧表演、德国使馆的圣诞义卖、国际福祉展览会上设置体验区等，让视障人士更深地走入不同的社会空间，获得社会资源。在出游过程中，志愿者与视障群体的互动、空间中其他明眼人与视障群体的互动、视障群体自身对不同社会空间的感知与互动，都在加深视障群体与外部社会的融入，融入过程中不断再造了更多的社会关系，无论是视障人士自身与历史人文的联结，还是与明眼人之间的互动关系，都在对博物馆、景点、展览中的空间进行着一定程度的重塑。针对明眼人的活动有视障生活体验、提供无障碍服务、志愿者培训以及参与活动，这些都在促进明眼人对盲人的理解，寻求更多社会

资源的主动投入。

在空间中展示这些小卡片，后面都附带捐赠方式、报名方式，本身又在呼吁新一轮互动，刺激更多层次的互动关系的生成。田野期间，我们也遇到了一些主动提供资源的人，有一位中央六套电影频道的人，希望在心目影院来放映电影，共同合作组织活动，做公益的同时宣传新片、提升影响力。外部社会关系也在不断进入到心目影院的空间中来，支撑着心目影院的社会空间，使之得以持续。

媒体的参与则从 2007 年开始就有央视、央广、报纸杂志、网络媒体的广泛而持续的关注。尤其是每年的国际志愿者日、国际盲人节等节点上，红丹丹与心目影院都成为一个不错的选题：一方面，心目影院的给盲人讲述电影，本身是一件变"不可能"为可能的事情；另一方面，心目影院内部空间设置（大量手绘海报、模型）使媒体报道可视化，空间中人际互动也使报道具有人情味和可读性。大部分人都是通过媒体报道得知心目影院，进而来到这个空间中受到感染，投入更多的时间、人力、物力来提供帮助。

最后，基于社交互动与资源形成的社会关系，心目影院的社会空间也在进行着公益文化的构建。文化的建构、意义的赋予反过来支撑着社会空间，并且成为实现空间再生产的内在动力。

田野期间笔者遇到创始人王伟力接受记者采访。采访过程中，王伟力多次提到"心目影院是一个社会责任的平台"，反复强调"社会责任"，不是"好人好事"，其实也可以理解为将心目影院及其形成的群体、群体情感符号化成"社会责任"的表述，倡导一种公益文化。

心目影院的空间设置无不体现"社会责任"的理念。首先，门口八个金色铭牌——拜耳公司冠名的心目影院，北京市西城区授予的大学生道德实践基地、首经贸大学实践基地、建行北京分行志愿者服务基地、农业银行清算中心团支部志愿者服务基地、星巴克志愿者服务基地、民盟河南省直属北京总支部委员会社会服务活动基地、央视财经频道主持人志愿者服务基地、国电物资集团有限公司志愿者服务基地。屋内也有大量"优秀公益项目"一类的表彰铭牌、奖杯等。其次，进门后正对的一面墙上贴满了讲述过的手绘电影海报、央视为盲人讲电影的照片和签名墙。周边的柜子、大电视、影碟展示墙、椅子都贴满了大大小小的"×××捐赠"的标签。入口处有一个放着盲杖的筐，但在墙上贴着未附盲文的、毛笔字的纸条——"随缘自取";旁边的茶水柜上放着一个募捐箱,里面放着小半箱的一百元纸币。这些纸条、海报、照片墙、铭牌,把不大的空间填充得满满当当。

这些空间上的设置呈现了一个明眼人的展示空间:

一是对志愿服务机构的表彰与肯定,宣扬这些机构、企业、个人的"社会责任形象"。作为长期志愿服务的拜耳、星巴克、农行、中信银行,每个月轮流负责一周的电影放映,每次活动都穿上各自 logo 的志愿者队服,最后拍照留念。而后这些活动文字与照片会成为企业社会责任部的宣传资料,发布到网站、微信公众号等成为传播的信息源,无论是盲人、红丹丹心目影院还是企业单位,都一次性得到关注,在文化资本上实现多方互惠。

二是这些展示品都潜移默化地传递出这个空间中的价值观念和人道主义叙事,成为红丹丹自身公益形象的展示与加强。这些机构的志愿加盟、获得荣誉、捐赠信息的表彰,成为红丹丹背书、增强了红丹丹作为公益机构的信誉度。作为红丹丹而言,这样的展示既增加了心目影院空间的"社会责任""公益"光环,增加了公信力,也让红丹丹成为更多宣传信息的发源地,吸引更多人的关注。手绘海报、照片墙,作为一种景观,在任何媒体报道、学者研究、个人观摩中都成为拍摄的亮点。在这样充满"公益""志愿"符号的空间叙事中,所有符号都在强调一种公益文化。

另一方面是外部媒体参与的助力。在知网上进行检索,以"心目影院"搜索得到 144 篇中文报纸报道,60 篇期刊文章。以"盲人影院"搜索得出,总共有 357 篇中文报纸报道,时间从 2007 年第一篇报道到 2017年为止,地域包括北京、江苏、浙江等 27 个省市。就中文期刊而言,有150 篇文章,从《中国残疾人》《读者》《看天下》等综合期刊到电影、艺术类期刊。在心目影院引起关注之后,全国各地纷纷建立"盲人影院",开展"无障碍电影"项目,有政府机构(图书馆、残联)、商业影院,也有社会团体自发组织的,在全国各地都引起了一定的关注。内容主要集中在为视障人士平权、进入社会提供便利、社会各方的公益支持等,倡导社会责任、公益文化。此外,红丹丹自身的网站、微信公众号等不断发布活动信息、不同助盲活动的报道也都在生产着公益话语,争取更多文化资源。

结　语

　　从心目影院的个案分析中可见，从讲述电影为视障群体赋权、视障群体在社会互动中生产社会关系、NGO 与媒体在此基础上建构公益文化、社会责任意识，进而以文化建构的方式带动更多社会资源进入，实现社会空间的再生产。

　　空间的生产是立体的，空间意义的赋予是在实践过程不断生成的，社会关系的生产与再生产是连续的：空间的建立与地理环境和历史背景相关联，社会空间的延续则需要社会关系与意义体系的支撑。从观影活动，从视力障碍到"看"电影，本身是赋予视障群体平等的知情权与选择权，视障群体形成认同，对空间产生归属，这是心目影院社会空间得以成立的基础；社会空间的生产则是在不断地互动过程中对社会关系与社会空间的拓展：心目影院不仅加强明眼人与视障群体的互相理解与融入，也在步入更多社会空间、再造新空间中的社会关系（媒体、合作机构），使视障群体的社会空间从心目影院拓展出去，生产更大的社会空间。

　　具体而言，心目影院从最初的观影空间构建成社会空间，主要着力于社会互动与展示布置。电影作为一个视听一体的媒介，不仅再现社会空间，而且通过"看"电影能够弥补视觉鸿沟，成为明眼人与视障群体进行互动的有效载体，能够在当下视觉化的文化环境中更大范围地激起不同人的兴趣和关注，使得观影空间内生产新的社会关系网络成为可能。吸引来社会各方之后，心目影院通过社会责任、公益文化的意义建构给互动各方带来的互惠：盲人得到社会化，NGO 活动得到实质支持，企业和个人实现承担社会责任的诉求。盲人群体得到社会帮助，努力走向社会；社会组织（企业、媒体、NGO）运用各自的资本来帮助他们，并以此获得新的文化资本（媒体报道、自媒体宣传企业形象），由此观影空间成为一个社会空间，成为承担社会责任的平台。在心目影院的展示空间与媒体的报道一起共同加强了社会的公益文化与道德氛围，到过心目影院的人或是媒体受众在日常生活中看到盲道、看到盲人的时候激发出自觉，进而成为自觉主动的行动去关注和帮助盲人群体，更多的相关机构和资源也被吸引过来，为盲人提供参观、资助等，社会关系得以不断再生产。

　　心目影院在十多年的实践过程辐射到全国范围内的无障碍电影推广，

从"看"电影到社会空间的建构实现了视障群体社会空间的生产与再生产，最主要得力于心目影院对公益文化建构。社会责任、公益文化这样的意义的赋予、文化的建构成为社会空间不断再生产的动力，源源不断地带动社会资源进入，视障群体的社会关系得以重组，视障群体与明眼人之间的社会互动加深，原先视障群体有限的社会空间得到一定程度的拓展。

From "Seeing" Movies to Social Space Production of Visually Impaired Groups

—A Case Study of Reckoning Theater

Abstract：As a non-profit project providing film services for visually impaired people, Xinmu Theater has produced a social space for visually impaired people in more than a decade of practice. The spatial production is rich and varied. Through the observation of the field of Xinmu Theater, this article tries to find out how to produce the social space of the visually impaired in the practical case of Xinmu Theater, in order to understand the mechanism of social space production more deeply.

Keywords：Movie；Visually Impaired Group；Space Production；Social Relations；Public Interest Culture

(杨宇菲：清华大学社会科学学院社会学系博士生)

网络文学的新热潮：仙侠小说的再流行

蓝丽虹　党生翠

摘要：近年来，作为网络文学的子类别，网络仙侠小说逐渐形成了独具特色的创作模式。与传统道家文化的深度关联、IP 化的商业力量驱动及国际传播的弯道超车模式构成了网络仙侠小说的流行密码。它对弘扬传统文化、推动中国文学的国际传播起到了推动作用，与此同时其 IP 化导致的商业性掩盖了文学性、国际传播存在的版权及数字鸿沟问题却抑制了它的长远发展。如何从娱乐化走向经典化仍然是其面临的一个重要问题。

关键词：网络文学　仙侠小说　IP 化　商业化

随着互联网的普及，网络小说作为一个独立的文学派别应声而起。在网络小说兴起的过程中，网络不仅发挥了渠道和平台的作用，更是营造了另类文化空间，创造了新的场域。网络仙侠小说便是这种场域的新宠。本文以网络仙侠小说为例，分析了其创作模式，探究了其流行原因及其社会影响，并探讨了从娱乐走向经典的可能性。

网络仙侠小说是武侠小说与奇幻文学的结合体，主要分为现代修真、奇幻修真、古典仙侠、洪荒封神四类小说。网络仙侠小说是在继承古典仙侠小说衣钵的基础上，与现代互联网技术融合的产物。概而言之，网络仙侠小说是网络文学的子类别，它是指创作于网络平台、通过网络渠道传播，具有网络文学性质、以仙侠为题材内容的一类小说。该类小说大多采用网络连载的方式，由作者直接在晋江文学、起点中文网等网站或"一个""简书"等应用移动端上发布，读者与作者的双向互动紧密，作者的创作随意性较强。

一　网络仙侠小说的创作范式

受网络传播快、移动便携、涵盖人群广、信息碎片化等特征的影响，网络仙侠小说注重迎合"轻文化"的审美趣味，着眼于市场化要求，格外关注年轻读者的观感体验。作为"快餐式"的网络衍生物，为满足读者的碎片化阅读需求，再加上近年来无线阅读发展引起了井喷式创作，网络仙侠小说在元素、意象、模式、结构等方面形成了一定的创作范式，从文法措辞到行文节奏再到思想情感都极富网络文化色彩。小说的创作者往往沿用固定的元素与套路来满足读者的观感、情感需要。

譬如，网络仙侠小说的创作元素都指向"仙"这一核心，围绕"仙"延展出其独有的背景设定与世界体系。小说人物的性格色彩、侠义观念、行为模式、修炼历程、法术能力，及其所立足的江湖世界等特定的叙事因素和结构范式在不同的叙事话语中不断完善。小说大多围绕着"绝对主角"的修仙经历展开叙述，讲述主人公的修真历程、超凡仙法等内容。角色类型较为单一、一般遵循固有的"成长模式"：主人公大多看似平凡（生来平庸或是强大的法力被封印），历经坎坷、屡遭奸人构陷，但其坚韧的品格和非凡的意志力促使其排除万难不断修炼提升自己，最终成为至尊。仙侠元素方面也有固定模式，小说人物在达到每一修真境界前必须经历一些特定的过程，不同小说里对此设定大同小异，多为经历元婴、历劫、飞升等。在法器仙宝设置方面，法器仙宝往往与人物的能力和形象特点密切相关。在法术层面，不同小说中都存在着一些相同的法术，既有"御剑而飞"之类的传统法术，也有其他令人眼花缭乱的神秘术法。通常而言，网络仙侠小说的结构多为二元对立结构，多数由神魔对立与争战贯穿情节发展始终。

值得注意的是，网络仙侠小说具有低品味化趋势。因为网络世界鱼龙混杂，网络文学创作门槛较低，网络仙侠小说往往良莠不齐，大多具有内容浅白化、文笔低幼化、文学价值低、立意浅薄的特点。这也在一定程度上抑制了网络仙侠小说的文学价值和发展前景。

二　网络仙侠小说的流行原因

古典仙侠小说有其鼎盛的年代。当代网络仙侠小说继承了其前辈的衣钵，谨守传统文化之根；乘着市场化的东风，将 IP 化的效益最大化。同时，它也在全球化、网络化的大潮中，凭着国外粉丝的拥趸，占得中国文学国际化的先机。

（一）传统之根：网络仙侠小说与道家文化的渊源

由于网络仙侠小说普遍具有语言浅白、情节模式化、立意不深的特点，有一种观点认为它与传统文化割裂，是脱离中华文化土壤产生的"无根之花"。其实不然，网络仙侠小说是深深植根于中国传统文化的，尤其是道家文化，对仙侠世界修仙体系、网络仙侠小说内涵、修仙情节发展起到了深刻的作用。

道家的修仙文化渊源由来已久，仙侠小说中常见的"修真"概念就来源于道家思想——《道德经》中有"修之于身，其德乃真"的记载。"修真"意味着道家理论中的"与道合一"，即返璞归真，"执古之道，以御今之有"。追溯道家思想之源，无一不能与现有修仙体系中的基本概念一一对应。"道"乃天地万物之根源，生乎缥缈，吐气布化生万物。求仙之人实为求道，修炼之人本质上是在习道，通过掌握道的运作规律，描摹自然生长的法则，掌握世间万物的根本，从而达到"同于道"的状态。得道之人"知常"，于是能够寿与天齐。《道德经》中关于道吐气布化生天地，天地含气生万物的思想是构建仙侠世界的理论基石，也是仙侠小说架空背景中的普遍宇宙观、时空观，仙侠小说中"运气""气功"等概念也由此衍生道家本体层面的"有""无"思想构成了仙侠的基本价值观——无欲无求、上善若水，一系列仙侠小说中的正反派角色设计围绕此展开。道家的顺道、阴阳、五行思想及人与天地相参的三才观构成了修仙的基本框架。

熟知网络仙侠小说的读者可以在小说的布局谋篇中频繁、直观地看到作者对道家思想、道家文化意象的借用与引申。例如，道家文化载体丹炉、丹药、金石、道观等便是仙侠小说中常见的文化意象。"道观""道士"等传统文化衍生品形成了仙侠小说中的"仙门概念"，完整了仙侠小说的背景设计。

（二）商业驱动：仙侠小说的 IP 化及其影响

网络仙侠小说的走红、读者群体的壮大引发了巨大的商机，看似浅薄的网络仙侠小说正逐步发展形成庞大的文化产业链，在当代文学发展进程中崭露头角。商业力量成为新一轮网络文学热潮的最现实、最坚定的推动力量。

越来越多的网络仙侠小说"IP 化"，被文化产业公司或是互联网公司收购版权、打造成一系列的文化产品，又或是直接被搬上银幕，以三维的、立体的方式呈现。《花千骨》是晋江文学网冠军，《诛仙》更是在台湾一经出版即飙升至港台畅销书冠军榜。以《花千骨》为例，在网络播放渠道中，全剧的总播放量达 150 亿，集均播放量破 3 亿。该剧的收视率也一路长虹，根据酷云大数据显示，该剧大结局的市场占有率峰值突破 35%。在关注度与话题度方面，截至 2017 年 4 月，新浪微博 #花千骨# 话题的阅读量达到 91.8 亿，讨论量超过 1237 万。无独有偶，《诛仙·青云志》第一季的网络播放量突破 230 亿，第二季网络上线首日的点击量就已超过 1.5 亿。与此同时，仙侠题材影视剧的热度还在持续发酵，许多仙侠网络作品正在筹拍与拍摄中，将会陆续走进大众视野。

1. 平台在仙侠小说 IP 化中的作用

值得关注的是，多种平台交互作用，在仙侠小说的 IP 化进程中起到了近乎决定性的作用。网文阅读平台控制着网络文学 IP 化的源头。阅文集团、中文在线等平台培养了大批网文写手，输出了海量的仙侠网络作品，为打造新 IP 提供了丰富的内容库。阅文集团的联席首席执行官吴文辉谈道："经过 15 年的发展，阅文作家、作品不断积累和扩充，形成了业内最大的内容库，现已拥有近千万部作品储备，内容品类覆盖 200 余种，旗下 600 多万创作者，源源不断输出内容；与此同时，阅文作品的质量也得到读者的广泛认可，2016 年搜索排名前十的网络文学作品中，9 部出自阅文，而在 2016 年网络文学 IP 泛娱乐改编的头部作品中，半数以上是基于阅文旗下的网络文学作品改编。"[①] 网文平台不仅严格把控网文产量与质量，为网络仙侠小说的 IP 化提供充足的原动力，还在 IP 开发层面不断尝试创新，借助平台拥有的海量用户数据、平台与作者的亲密关系、

---

① 吴文辉：《中国 IP 崛起三步走》，《中国出版传媒商报》2017 年 12 月 8 日。

平台拥有的丰富资源，通过量化 IP 评估标准、精选优质 IP 改编、优化 IP 开发模式打造"一条龙式" IP 生成服务，促进仙侠网络文学 IP 由粗放型开发转变为长线、深入地精开发、深开发，促进网文 IP 产业升级。

社交媒体平台、影视平台则在网络文学 IP 的宣传、制作、产品开发等方面做出了巨大贡献。《诛仙·青云志》《蜀山战纪》便是影视平台主导仙侠网络文学 IP 影视化的典范。腾讯、爱奇艺等影视平台为 IP 影视化提供了资金、制作、渠道、宣传支持，吸引了广泛的关注，推动仙侠网络 IP 的全媒体模式发展。

2. 仙侠小说 IP 化的社会影响：文化模式创新与过度商业化

网络小说 IP 打造可以创造巨大的商业价值、文化价值乃至社会价值。网络仙侠小说 IP 化不是暂时、偶发的文化现象，它呈现出了未来文化产业发展走向：这是一种新的运行模式，即将文化元素 IP 化，以文学作品为核心，多向打造文化衍生品，"文化元素 IP 化是文化产业 PPP 模式的核心能力，文化产业聚焦于注意力和时间，本质在于聚流和导流，文化 PPP 需要元素 IP 化进行激活。地方文化元素 IP 化，能够有效吸引 90 后00 后网生代的注意力，让他们将更多时间投入到 IP 各种线上场景，最终在线下场景包括深度体验中进行汇集和消费，解决了旅游、地产开发、商业等产业最大问题——人和消费的聚集"①。

然而，在轰轰烈烈的小说 IP 化背后，也存在着文学性与商业性不兼容的问题。当文学与商业并行时，商业性远远超越了文学性。② 其中一个重要的原因是，网文平台运作模式的特殊性对作者造成了压力，迫使作者在创作过程中不得不向读者与资本屈从。中国的文学网站具有金钱回报的特征，这与西方同行的体制有所不同。这种体制逼迫作者必须保持较快的更新速度，且他们撰写的长篇小说的结尾大多是皆大欢喜的。③

（三）网络文学国际化：网络仙侠小说的"弯道超车"

近年来，在以越南为代表的东南亚国家，乃至欧美社会，中国的网络

---

① 中文在线常务副总裁谢广才在主题为"文化资源开发与区域经济发展"的第三届文化经济发展论坛上的讲话。

② 张玉洁：《从仙侠、玄幻小说审视网络文学》，《大众文艺》2014 年第 17 期。

③ Xiaoli Tian. "Fandom and Coercive Empowerment: The Commissioned Production of Chinese Online Literature". *Media*, *Culture & Society*, 2016, 38 (6): 881 - 900.

仙侠小说的影响力正逐步扩大——网络仙侠小说成为一种标志性的、具有区分度的文化符号，被视作中华文化在新时期的全新呈现方式。"韩剧、日漫、中国仙侠文"的说法在 Facebook、Twitter 上流行，甚至有外国网友将《诛仙》比作中国的《哈利波特》。可以说，网络仙侠小说已经构建起一座跨种族、跨地域、跨人群的文化交流桥梁，以仙侠小说文本为核心，通过网络的形式，将特定的人群维系起来，形成新的社群。"对英文世界而言，中国的奇幻、仙侠小说不但符合他们的幻想需要，而且呈现着与漫威故事很不一样的东方色彩。"①

网络仙侠小说之所以成为引领网络文学走向海外的先锋，是因为它拥有着其他文学门类难以比拟的对外吸引力。

首先，仙侠小说的情节与情感往往有悖于跨文化读者原有的认知观念，对其价值体系产生巨大冲击，由此产生了巨大的吸引力与新鲜感。许多外国读者认为，他们平时看的小说大多符合近现代以来文明社会不断优化形成的"普世价值观"。譬如，在外国，尤其是西方的影视作品、文学作品中，主人公大多是正义的、勇敢的、富有英雄主义色彩的，纵使练就一身本领也不轻易杀人，即使杀人，也是为挽救国家危亡、世界毁灭不得已而为之，并往往留下心灵创伤，为自己曾经的杀戮忏悔不已。而中国的仙侠网文则不然，主人公非但不具有"主角光环"，而且往往资质平庸或是明珠蒙尘，而且运气极差，常经历一连串的打击，一度不得志。不仅如此，他们身上还具有许多人性"黑暗面"：遇到困难时的怯懦、退缩；人际交往时的孤僻、不合群；感情方面的处处留情、藕断丝连等。这样的人物设定在外国文学中往往是反派角色才会具有的，在仙侠网文中却以主角的身份呈现，无怪乎会给外国读者带来耳目一新的感觉。且仙侠小说以狭义肝胆为核心价值取向，角色常因复仇、比武、争情或是站队而大肆厮杀，正派角色因固守道义、冥顽不灵而伤害主角的情节也不在少数，角色的正义性、邪恶性分野相对模糊。外国读者以人权、法制等理念为思维基础，于是从文化差异中生发出好奇心与求知欲，是以大肆阅读仙侠网文，企图理解传统的中国思维与中国文化。

其次，仙侠小说实现了对人神界限的打破。几乎每一部仙侠小说都继

---

① 刘悠翔等：《愿"道"与你同在——中国网络文学闯入英文世界》，《南方周末》2017 年 3 月 16 日。

承了道教仙话文化，列有"仙—圣—神—佛"等明确的修行次第：仙境不是无法触及的，生而为人，只要潜心修炼，便能历劫飞升。这一仙侠世界遵循的基本演绎法实际上类似西方文艺复兴以来的人本思想，与美国大片力求的"人定胜天"主题不谋而合，接近外国读者的审美趣味，因而率先获得青睐。

再者，网络仙侠小说散发着浓郁的东方异文化色彩。一方面，仙侠文化满足了外国人，尤其是西方人对东方异域文化、神秘文化的幻想。另一方面，该类小说中必备的打破阶级固化的剧情，是生活在严重阶级固化的欧美社会读者们所陌生的。仙侠小说满足了异邦人对他者文化的另类想象，成就了其国际流行的通行证。

三 网络仙侠小说的社会影响

（一）正面价值

其一，弘扬传统文化。网络仙侠小说的走红对以传播道家文化为代表的中华传统文化具有极为深远的意义。网络仙侠小说作为当前最为流行的文化形式之一，在社会上拥有极高的关注度与话题度，而道家思想与修仙文化是紧密相连、密不可分的，网络仙侠小说熔铸了道家的生命哲学与美学思想，吸收了大量道家文化内涵，可谓道家文化在新时期的全新载体与表现形式。

其二，推动中国文化的国际化。网络仙侠小说在海外读者群体间的走红只是一个开端，势必将带动整个中国网络文学乃至文化的国际化发展。从背景上看，随着中国经济崛起、国际地位的上升，越来越多的人把注意力集中到与中国相关的事物上。而由中国"互联网＋"衍生出的"文化＋"现象必然会引起世界范围内的广泛关注。从作品上看，不仅是仙侠小说，中国网络小说普遍具有流畅性、易读性，其不重文笔，尤重情节的问题特征恰恰满足了翻译文学的需求，规避了文学翻译造成语言晦涩、主旨丧失的风险。且中国网文圈极其庞大、竞争激烈，作品产量高、类型多，为海外读者提供了充分的选择空间，也为网络文学的跨境传播提供了原动力。

（二）负面影响

实际上，当下的仙侠 IP 开发仍颇具争议，在享受着全社会范围内广泛关注的同时，往往也受到了大肆批判。目前的仙侠 IP 开发尚未达到"如虎添翼"的水平，大多停留在"毁文不倦"的阶段。由于 IP 开发准入门槛低，不少大型网络仙侠小说 IP 会将周边产品、非主打产品的开发"分包"给其他公司，或是大肆出售"冠名权"，导致了文化产品粗制滥造，或是同类产品太多、令人混淆。《三生三世十里桃花》改编电影上映时期，该 IP 与某电商联合打造的周边产品便由于外观欠佳、质量粗糙、与 IP 形象不符而引发争议。另一方面，即使是颇具规模、已有一定发展经验的网络仙侠小说影视剧改造，也仍难以挣脱发展瓶颈。一是，受拍摄手法、技术条件、制作水平的制约，影视改编难以还原网络仙侠小说描绘的仙侠场景与高超仙法，其后期剪辑、制作常被网友戏称为"五毛特效"。二是，网络仙侠小说虽各有特点，但在影视化改编过程中，制作团队在节约成本、收视效果等多方考量之下往往倾向复制成功模式，导致 IP 影视开发类同化、单一化的结果，不仅使仙侠小说 IP 主体丧失独特性，还导致了受众的审美疲劳乃至厌倦。迄今为止，网络仙侠小说的海外传播仍处于民间自发阶段，由网文爱好者自发组成翻译组，在跨境论坛、网站上发表，尚未有官方机构、专业人士介入，导致了翻译水平不精、传播渠道有限、中外读者交流困难等一系列问题，在法律上也处于灰色地带。"即便是免费阅读，这些英语网站翻译的小说也开始遭遇盗版……如果付费，对较穷的读者就是一个负担，相对读者就会减少非常多。"①

再者，随着作品传播面的不断扩大，网络仙侠小说的版权问题、网文作者的知识产权保护也迫在眉睫，亟须关注。网络仙侠小说"打头阵"、其他网络小说紧跟其后的文化输出热潮是响应国家号召、顺应"一带一路"等文化发展政策需要之举，有助于打造新型的、富有时代色彩与地域色彩的中国文化符号，对中国当代中国文学作品、文化产品走出国门与中华传统文化的海外传播具有重要意义。社会应对网络仙侠小说的"走出去"多加关注，予以技术、资金、宣传、法律援助等各项支持。

---

① 刘悠翔等：《愿"道"与你同在——中国网络文学闯入英文世界》，《南方周末》2017年 3 月 16 日。

四 网络仙侠小说向何处去：从娱乐化 走向经典化的可能性

尼尔·波兹曼在《娱乐至死》中指出，现实社会的一切公众话语日渐以娱乐的方式出现，并成为一种文化精神，我们的政治、宗教、新闻、体育、教育和商业都心甘情愿的成为娱乐的附庸。① 当前，囿于轻文化、快文化的文学形式，受限于传播需求与娱乐需要，桎梏于小说创作者的非专业水平，网络仙侠小说大多呈现娱乐化样貌，为正统文学所孤立。

网络仙侠小说距离走上经典化道路还有很远，其中横亘着三道必须跨域的障碍。一是商业化浪潮的裹挟。受网络技术这一外在形式的影响，网络文学若想占据市场，必须不断调整和改变自身来适应市场需求，使其更具竞争力。所谓"去娱乐化"，并不是要抹杀这种市场竞争力，并非要隔断作家与其劳动收益之间的联系，而是要防止以年轻人为主的网文作家在利益的驱使之下片面迎合低俗趣味，以"娱乐盛宴"代替"精神食粮"，使文学走向"娱乐至死"。当前的困局便是，"文学"与"网络"结伴而行之后，网络文学的商业化发展远远地超过了其文学性的一面。二是扭曲或虚构历史的文化缺失。仙侠小说大多与真实历史具有部分联系，有些是以特定历史时期为背景，如桐华的《大漠谣》以历史人物霍去病为主人公，以汉武帝时期为叙事背景；有些是借用中国古代社会样貌构建起一段"架空历史"，如唐七公子的《三生三世十里桃花》采用中国上古的神话元素，借用《搜神记》《山海经》及道家典籍中的地理名词、灵物神兽与相关概念来增加故事情节的神秘性与神话色彩。然而，受言情性、玄幻性剧情需求，网文作者往往会改造、扭曲历史，造成矮化历史人物的恶劣影响，如《大漠谣》一书便将历史上享有赫赫战功、为国征战、英年早逝的霍去病矮化成为徇私情、携妻归隐、不问国事的形象。更有作者仅仅从某个历史典故、几个历史名词展开叙述，至于情节与事件一概采用虚设，既没有对现实生活的反映，又没有对历史本身的深刻探究。三是单一类型化的叙述缺失。网络小说大都构思类型化，结构单一化，情节类型相似化，人物平面化与同一化。在这种趋势下，十部、百部作品若提炼成母题

---

① ［美］尼尔·波兹曼：《娱乐至死》，章艳译，中信出版社2015年版。

链，便几乎类同为同一本作品。由于缺乏独创性与产权保护意识，仙侠小说在某种程度上尚且难以称作"作家文学"，或许更接近于创作主体模糊、母题反复出现、内容相互借鉴的"民间文学"，至少现在还难登"大雅之堂"，更别说经历时间之流的冲刷而沉淀成"经典"了。

要想推动网络文学走向经典化，在正确认识上述三点不足的基础上，创作者应妥善协调好文化传统、创作手法与呈现方式三位一体的关系，以深入浅出的方式，将传统文化的精髓转化成具体可感的艺术形式，更好地助力中华文化的传承与发展，引导读者从网络文学这一通俗、开放的窗口中窥得道家等传统文化内涵，形成对中华传统文化的基本了解与研究兴趣。

综上所述，网络社会正在不断介入文学，使文学在体裁、形式、文本内容等各方面发生变化。网络仙侠小说在网络社会的塑造作用下，跨越了文学趣味的阶级限制、圈定了大范围读者；打破了文学的严肃性、独创性，形成固定化的模式套路；朝着 IP 化的趋势发展，使文字"变现"，在消费至上的社会中具有商业价值……另一方面，网络仙侠小说也在以其独特的方式为网络社会的构建与成熟添砖加瓦，它将传统文化与"娱乐至死"的审美取向接洽，以商业化、碎片式的方式呈现传统文化，并促进中国文化在世界范围内传播，打造新的网络社群、建立新的网络标签、打破网络交流的文化界限、促进网络社会的审美趣味多元化、包容化。

New Trend of Internet Literature:
Re-popularity of Xian Xia Novels

Abstract: Web paladin fiction, a kind of web literature, developed unique writing style in these years. The secrets of web paladin fiction's success are in-depth connection with traditional Dao culture, business driving force of IP and advanced international communication mode. Web paladin fiction spread Chinese traditional culture and literature around the world. At the same time, Web paladin fiction's IP based commercial feature masks its literariness. Problems of copy rights and digital gap in international communication also restrain web paladin fiction's long-term development. Changing web paladin fiction's style from entertainment to canonization is very important.

Keywords：Web Literature；Paladin Fiction；IP Based；Commercialization

（蓝丽虹：北京师范大学文学院学生；党生翠：北京师范大学社会学院副教授）

从文化折扣角度分析我国电影出口策略

帅柳娟

摘要： 文化折扣大是影响我国电影出口的重要因素之一，我国电影在出口上面临电影产品的文化折扣大、电影产品题材单一，内容重复、中国故事缺乏好的表达方式等问题。我们应该通过以文化策略降低文化折扣、创新电影产品类型，积极采用新技术、选择恰当的表达方式，讲好中国故事等方式加快我国电影产品走出去，借助电影产品这一介体，推动中华优秀文艺走向海外，让世界更好地认识中国。

关键词： 文化折扣　电影出口　策略分析

文化折扣亦称文化贴现，由霍斯金斯和米卢斯在 1988 年提出，用于解释影视产品因文化差异造成的在非本土市场对观众的吸引力和影响力下降。梅塞尔认为，美国娱乐产业发明的电视剧模式和类型在最近的时代正在创造着一种世界性的崭新艺术形式，它具有接近全世界受众的某些品质。这种"接近全球受众的某些品质"使得美国的文化产品文化折扣相对较低。

一　电影贸易中的"文化折扣"理论解读

文化折扣（Cultural Discount）在文化创意产业的国际市场竞争中，影响不容忽视，由此带来的经济问题、文化问题已经引起了各国的高度关注。"文化折扣"一词最早是由希尔曼·埃格帕特提出的，1988 年加拿大学者霍斯金斯和米卢斯发表的论文《美国主导电视节目国际市场的原因》中首次将文化折扣应用于电影产业，认为扎根于一种文化的特定的电视节目、电影或录像，由于语言、价值观、生活方式等文化的差异，观众更愿意接受和购买本国的文化产品和服务，因此，外国文化产品的潜在收入与同类同质的本国产品相比就会减少，两者相差的百分比叫作文化折扣。①
笔者认为，电影贸易中的文化折扣指电影在跨文化传播中，由于进口国的
消费者难以认同影片中传递的别国文化内容，而对影片价值造成的损失。
一种特定文化产品的文化折扣计算公式如下：文化折扣 =（本国相应产
品的价值—外国相应产品的价值）/本国相应产品的价值。

影响文化折扣的因素有很多，诸如文化背景、语言文字、宗教信仰、
思维方式、文化审美等，其中最重要的因素为文化背景和语言。

第一，文化背景差异造成的解码失真。电影作为一种媒介形式，它的
制作合成是信息的编码过程，观众的观看是信息的解码过程，制作者在加
工演绎过程中使文本信息带有主观色彩。扎根于一种特定文化的电影，由
于国内的观众拥有相同的生活习惯、文化背景，使得影片很容易具有吸引
力。而中西方文化有着根本差异，异国电影难以被正确的解码，从而产生
文化折扣。以《赤壁》为例，国内票房超过 3 亿元，在北美只有 62 万美
元，相关调查显示北美观众对于电影中涉及的历史人物和典故无法正确
理解。

第二，语言障碍。语言和文字是文化的载体，也是传播的工具，语言
的隔阂是产生较高文化折扣的重要原因。美国电影在国际市场上文化折扣
低离不开其语言优势——英语作为世界第二大外语，是世界上适用范围最
广的语言，然而使用汉语的国家并不多，主要集中在亚洲。此外，出口的
电影需要配音或配字幕，才能帮助国外观众理解影片内容。由于配音制作
费用高、技术不够完善，我国电影在对外传播时，往往采用配字幕的方
式，而欧美观众不愿意看字幕，由此也会产生文化折扣。

二　我国电影产品出口现状

本文选取电影贸易统计指标体系来说明我国电影产品出口现状。该体系
包括电影贸易进出口额、电影票房、电影贸易竞争优势指数、电影贸易开放
度、观影人次数、电影公司的商业存在六个指标。鉴于本文探讨的重点在于
电影产品的出口，因此下文将着重对与之相关的前三个指标进行阐述。

---

① ［加］考林·霍斯金斯等：《全球电视和电影——产业经济学导论》，刘丰海、张慧宇
译，新华出版社 2004 年版，第 45—46 页。

（一）我国电影贸易进出口额

电影贸易进出口总额可以从宏观上直接反映出一国在一定时期内电影产业对外贸易方面的总规模，其中，电影产品进口额是指一定时期内一国从其他国家引进的电影文化产品的全部价值；电影产品出口额是指一定时期内一国向其他国家输出的电影文化产品的全部价值；电影贸易差额是指一国在一定时期内出口额减去进口额的值，该数值的正负反映进出口电影贸易数量或贸易额是否平衡，正值表明是贸易顺差，负值表明是贸易逆差。

我国电影产品出口额不稳定，出现先上升后下降再回升的趋势。从 2006 年的 1.37 亿美元到 2008 年的 4.18 亿美元，短短两年出口额增长了近 3 倍，发展迅猛；而后由于 2008 年国际金融危机的影响，影视产品出口受到冲击，大幅下降；之后几年出口额又出现了小幅的回升，但尚未达到 2008 年的历史新高水平。我国电影产品进口额则一直平稳增加，这与我国 2001 年加入 WTO，严格遵守 WTO 规则，逐步扩大开放水平分不开。从进出口差额来看，在经历了 2005 年之前的贸易逆差后，2006—2008 年情况喜人，扭转为顺差；2008 年后又出现了贸易逆差的情况，并且贸易逆差有扩大的趋势。近几年，国产片在境外的屡次试水，除去部分合拍片基本没有取得令人满意的成绩，《战狼 2》99% 的票房、《美人鱼》95% 的票房来自内地市场。无论电影产品出口还是进口，占服务贸易总额的比例都很小，这说明影视产品还没有成为服务贸易中的核心产品。

（二）国内外电影票房情况

电影票房是电影业绩的风向标，是票房税收和电影专项资金收取的依据，是对国家的电影产业整体发展总体性把握和评估的依据。毫无疑问，票房收入标志着一部电影所创造的经济收益，进而直接可以衡量一部电影成功与否，我国统计票房的机构主要有两个，一个是广电总局电影专项资金办公室，另一个是中国电影发行放映协会。据国家新闻出版广电总局数据显示，从 2005 年的 16 亿元到 2016 年的 457 亿元，中国电影票房已多年保持较高的年增长率，但国产片境外收入却很少。

国内外电影票房收入差距甚大。我国电影国内票房近年来连连飙升，态势喜人。就 2014 年来看，国内共产出故事影片 618 部，全年城市影院观众达到 8.3 亿人次，电影票房收入接近 300 亿，这一年又增加了影院 1015 家，增加银幕 5397 块，平均每天增加 15 块，截止到现在全国的银幕总数已达 2.36 万块，成为仅次于美国的全球第二大电影市场。而国产片在境外多年来票房收入甚微，从 2005 年的 16.4 亿元到 2014 年的 18.7 亿元，基本保持原状。更令人遗憾的是，自 2010 年后，由于种种原因，中国电影的海外销售收入锐减。从差额看，国内外票房收入差距是逐年拉大的：2005 年二者收入相当，差距不大；但 2014 年全国电影票房收入约是国产片境外收入的 11 倍。

表 1　　　　　　　2008—2016 年我国电影生产总数与出口数量对比表　　　单位：部

年份	2008	2009	2010	2011	2012	2013	2014	2015	2016
电影出口数量	45	45	48	55	75	45	50	—	—
全国产片量	406	456	526	558	745	638	618	686	772
出口占比（%）	11.08	9.87	9.13	9.86	10.07	7.05	8.09	—	—

数据来源：根据网上资料整理统计。

对比表 1 中 2008—2016 年我国电影生产总数与出口数量，不难发现，2008—2014 年的七年间，出口电影占我国产片总数的比重大都在 10% 以下，2011 年出口电影 55 部还不及我国产片量 558 部的零头，这说明我国电影的国际市场能见度偏低。但 2012 年电影无论是产片量还是出口量都是近年来的最高，这是因为 2012 年是我国电影院线制改革的第十个年头，国家政策大力支持电影产业的发展。

（三）我国电影贸易竞争优势指数

在国际贸易中，影视产品的出口竞争力如何通常用贸易竞争优势指数（TC—Trade Competition）这个指标来评判。贸易竞争优势指数又称贸易竞争力、贸易分工指数，影视产品竞争优势指数是指一国在一定时期内（通常为一年）影视产品的净出口值与影视产品进出口总值的比值，一般公式为：贸易竞争优势指数 = 某种产品的净出口值/（该产品进口值 + 该产品出口值）。其中：指数的取值范围为（-1，1）；比值若大于 0，表明是净出口国，竞争力强且比值越接近 1，表明国际竞争力越强；反之，则说明竞争力弱，且比值越接近 -1，表明国际竞争力越弱。通过近几年的相关数据分析，我国电影产品国际竞争力低，无力与其他发达国家相抗衡。

综合以上分析，本文以为，我国电影产业凭借政策红利的机会与优势，发展劲头强劲，我国已然成为电影大国。但是，距离电影强国还相距甚远，电影产品出口现状却令人担忧：首先，贸易逆差严重，我国电影产品出口规模仍然偏小；其次，国产片境外票房收入极不稳定，增长较缓；再次，电影贸易竞争指数低，国际竞争力亟待提高。我国电影产品出口遇到重重障碍。

三　从文化折扣角度看中国电影出口存在的问题

（一）电影产品的文化折扣大

电影贸易表面上交换的是电影产品，实际上交换的是产品背后所承载的文化，因此电影贸易具有特殊性，电影产品极易受到文化折扣的影响。

当好莱坞大片进入中国市场，在国人的期待和追捧下，几乎每部大片都会取得骄人的票房业绩，2014 年的《变形金刚 4》在我国票房直逼 20 亿美元，而华语电影在北美则是另外一种境况。回顾 2013 年我国出口到北美的 22 部华语片中，票房达 10 万美元及格线的仅有 5 部，票房超过 20 万美元的电影只有《一代宗师》和《私人订制》，其他影片的成绩都在 2 万—8 万美元之间。观察表 2，不难看到《北京遇上西雅图》《狄仁杰之神都龙王》《致我们终将逝去的青春》《战狼》《美人鱼》等在内地创造傲人票房成绩的影片，在北美的表现均不甚理想。比如赵薇首次执导的《致我们终将逝去的青春》，国内票房 7.26 亿人民币的佳绩，在北美票房仅为 6.74 万美元，华语电影在北美遭遇残酷的"水土不服"，文化折扣已经严重阻碍了我国电影"走出去"的进程。

表 2　　　　　　　　　　**部分华语片海内外票房对比表**

项目	国内最终票房收入（亿元）	北美票房收入（万美元）
《私人订制》	7.19	192.48
《北京遇上西雅图》	5.2	4.05
《狄仁杰之神都龙王》	6	53.56
《致我们终将逝去的青春》	7.26	6.74

资料来源：Box office Mojo 网站。

（二）电影产品题材单一，内容重复

众所周知，影视行业是一个"内容为王"的行业。现在的海外市场普遍接受的是中国武侠动作类影片，海外观众几乎将中国影片等同于中国功夫，"武侠类"影片成为我国影片的代名词。权威调研表明，约有32.4%的英语观众"完全没有看过中国影片"，25%的海外观众对中国影片不感兴趣，并且除夫李连杰、成龙、张艺谋、李安、王家卫，华人演员和导演在海外鲜为人知。《银皮书：2013中国电影国际传播年度报告》也强调通过三年的连续调研，注意到动作片、功夫片是海外观众最喜欢的华语影片类型，他们对这两种类型的影片评分由2011的4分提高到2013年的6.8分。到目前为止，中国电影能够进入国际主流商业院线的主要是投资巨大、有明星阵容的功夫片类型，继《英雄》之后，《赤壁》《武侠》《十二生肖》《一代宗师》都属于这种类型的影片。

表3反映了电影史上北美票房超过500万美元的12部华语片，几乎均为动作片，题材单一、内容重复的问题不容忽视。为了更好地迎合海外观众的审美需求，越来越多的非精品武侠电影产品走出国门。短期看来，这对于我国电影产品出口是有利的，但从长远看，随着外国观众对东方神秘感的消失，这反而会制约我国电影产品在海外的持续发展，因为特定题材的影片使得海外受众非常有限，影响海外市场份额的扩张。

表3　　　　　　　　影史上北美票房超过500万美元的华语片　　　　单位：万美元

名次	影片名	北美票房	导演	类型
1	《卧虎藏龙》	12808	李安	动作/武侠/剧情
2	《英雄》	5371	张艺谋	动作/爱情/剧情
3	《美人鱼》	2750	周星驰	动作/爱情/剧情
4	《霍元甲》	2463	袁和平	动作/武术
5	《功夫》	1711	周星驰	动作/喜剧
6	《铁马骝》	1469	袁和平	动作/喜剧/犯罪
7	《十面埋伏》	1105	张艺谋	动作/爱情/剧情
8	《饮食男女》	729	李安	爱情/剧情
9	《喜宴》	693	李安	喜剧/爱情/剧情

续表

名次	影片名	北美票房	导演	类型
10	《战狼》	680	吴京	动作/剧情
11	《一代宗师》	659	王家卫	动作/传记/剧情
12	《霸王别姬》	522	陈凯歌	爱情/剧情

资料来源：Box office Mojo　网站。

（三）中国故事缺乏好的表达方式

一部电影就是一个故事，中国从来不缺乏好的故事，我们缺乏的是讲好故事的能力，亦即缺乏好的表达方式。我国文化源远流长、资源丰富、题材多样，可谓影视作品创作的绝佳环境，然而却鲜有创新。同样是熊猫，同样是功夫，同样是花木兰，经过美国人改造后表达出来就那么吸引人，来到中国市场就没有所谓的"文化折扣"，反而成了文化卖点。表达方式对于讲好电影故事来说尤其重要，它是拉近观众与电影人物关系的基础。表达方式得当，观众理解起来容易，就会愿意接受影片所传递的内容和价值观。比如，影片要表现爱情的主题，在中国电影里就要含蓄委婉，在西方电影里则更为坦率直白，这符合东西方感情的表达方式。中国电影产品出口时往往容易忽视这一点，缺乏对影片细节的删减调整，不能适应目标市场受众的审美需求。表达方式不当造成文化折扣也会使影视产品的价值大打折扣。

四　提升我国电影产品出口策略分析

（一）以文化策略降低文化折扣

由于文化折扣对电影贸易存在重大的影响，所以有必要探讨如何减轻文化折扣。世界是由多姿多彩的文化组成的，各国不同的文化才构成了世界的多样性，文化应该是平等的、包容的、互鉴的，文化折扣始终会是存在的，我们不要妄图消除它，我们只能在尊重文化差异的基础上努力来减轻文化折扣。

我国要以文化策略来降低文化折扣，文化策略即电影产品在吸取其他民族的文化素养的基础上，对其重新进行消解、重构，变化为具有普世的价值观和文化意义，使中西方文化融会贯通，以此实现文化跨境传播的良好效果。采用文化策略降低文化折扣的方法有很多。第一，做好前期的市场调研，选择文化接近的区域作为目标市场，增加"文化接近性"。我国电影目标市场可以采取由近及远的策略，先辐射同质同源的东南亚泛华夏文化圈，将其作为本土市场的自然延伸。这一点可以借鉴周铁东提出的"10＋2"方案，10 表示东盟十国，2 表示日韩。进而打入欧美市场，直接将电影走出去的目标瞄准美国是不明智的。第二，融入他国文化精髓，并吸纳不同文化背景的明星。本土明星可以增加观众对影片的喜爱度，而国际知名明星可以降低影片的文化折扣。第三，国际联合生产。国际联合生产指不同国家的制作团队亲密合作，共同开发或制作一部影视作品，国际联合生产的模式多样，就拿中美合拍来说第一阶段我方只提供故事，第二阶段故事加上部分资金，第三阶段我方提供全部资金和故事，聘请美国的制作团队。未来合拍片的发展方向是，怎样逐渐加强中方的主导地位，获得更多的海外市场利润。李安执导的《少年派的奇幻漂流》，制作团队可谓全球化，导演是中国人，原创小说出自加拿大，拍摄却洋溢着印度风情，这就是典型的国际联合生产，国际元素充分融合，才能使影片在全世界更受欢迎。

解决文化折扣的问题最根本还是要大力促进各国间的文化交流，同时建立中国品牌、选择合适的题材、利用外国元素等策略的作用，也是不容忽视的。

（二）创新电影产品类型，积极采用新技术

中国影视产品要加快走出去的脚步，需要突破武侠动作片的狭隘界限，创新产品的内容，丰富产品的类型，将本土化的故事与全球化的观念相互融合，打造多元的反映中国文化的大片类型，培养海外观众的审美观念，拓宽国际化发展道路，实现海外的可持续发展。正如北京电影学院教授黄式宪所言"互为他者，从不同的文化角度欣赏对方的艺术，往往有出乎意外的美感"。

同时，积极采用电影制作的高新技术，给观众更多真实感、震撼感。好莱坞在打造具有特殊效果的大片时，往往会采用世界领先的高科技制作手段和顶级的制作团队，迪士尼动画电影《冰雪奇缘》制作团队为了营造雪国场景，特意邀请从事研究雪花的物理学家现场制雪；为了模拟雪景的真实性，团队精心绘制了 2000 多种形状各异的美丽雪花；城堡的一个

镜头,就需要 50 位动画师共同合作 30 个小时完成,团队注重每一个细节,从而让人仿佛置身于真实的冰雪世界。不断研发和采用新技术,才能提升电影产品的观赏效果。真实感、震撼感是每一位观影者的期望,不分国籍、不分老幼,可以说,采用高科技制作的电影对于降低文化折扣也会有一定的作用。

(三) 选择恰当的表达方式

中国故事中蕴含着中国精神,中国形象需要独特的中国表达。然而对海外观众讲好中国故事,则需要选择合适的表达方式。中国元素,往往需要借助国际表达才能更好地走进海外观众的心里。《一代宗师》之所以在北美取得 659.5 万美元的票房、影史外语片排名 44 的成绩,除了上文提到的宣传到位之外,还在于导演做了别具匠心的剪辑,使表达方式有所变化。中国版《一代宗师》共有 125 分钟,北美版减少到 108 分钟,影片的重新剪辑后情节有针对性的增加或删除,顺序在很大程度上做了调整,使影片韵味简化、故事增强,更符合西方人的逻辑思维,十分钟的不同却有了十分不同的理解,从而提升了电影产品在北美市场的适应度,在一定程度上减轻了文化折扣。

"民族的就是世界的",这种观点曾在国内风行数十年,然而从艺术创作的角度来讲,需要在世界文化的融合发展中重新理解。试想,身在与我们迥然不同的文化环境中的外国观众,他们怎会无缘无故地对另一个民族的文化产生兴趣,怎会无缘无故地接受另一个民族传递的价值观。《赤壁》《荆轲刺秦王》的故事有较强的民族性,但在北美的票房却惨不忍睹。民族的,未必就是世界的。在全球化时代,我们需要重新理解民族的和世界的二者间关系。

因此本文认为,我国要努力讲述能被国际观众理解和喜爱的故事:一是创造易读性文本,讲述透明故事,降低电影故事的理解难度;二是创造可读性文本,为电影观众营造惊奇感、悬念感和满足感。

(四) 全方位加大影片在海外的宣传、推广和营销力度

从经济学意义来看,推广宣传的作用在于不仅可以诱导消费,而且可以延长产品生命周期。对于中国电影来说,应该采用全方位、多角度的海外推广方式。

首先，加快培育一批有代表性的影视传媒公司，打造中国好莱坞，增强其创作、营销实力，形成有市场号召力和社会公信力的企业品牌，实行品牌营销策略。在美国有好莱坞（Hollywood），印度有宝莱坞（Bolly-wood），韩国有韩流坞（Hanllywood），一听到他们的作品，观众对作品的印象似乎提升了好多，不由得想去看一看，这就是他们的品牌效应，目前我国虽有保利博纳、华谊兄弟、中影、上影一些有实力的企业，但是还没在世界人民心中树立起品牌形象，需要继续打造中国的华莱坞（Hually-wood）。

其次，要努力创作一批有内容有形式、符合外国观众需求的、足以与好莱坞大片相抗衡的影视产品，并借助三大电影国际市场，分别为美国电影市场（AMF）、国际电影市场（MIF）和米兰电影市场（MIFED）进行销售，提升我国产品的口碑，进而实行口碑营销。

最后，综合运用各种方式加强海外的宣传、推广活动，形成完整的海外推广营销体系。比如，在目标国有针对性地举办公益性的中国电影展，既可以帮助海外观众了解中国电影，也可以吸引其对中国电影的关注；同时可以组织国内影视明星、影视企业和影视作品积极参加各种国际电影节（展），如戛纳国际电影节和柏林国际电影节，开展一些商业性的海外推广营销活动。

结　语

电影作为一种文艺，是民族前进的号角，代表着一个民族的风貌，引领着一个民族的风尚。文艺应该为人民服务，国家富强、民族振兴、人民幸福的伟大中国梦的实现必须提升文化软实力，只有提升文化整体实力和竞争力，才能拥有更多的话语权。电影产品的出口不仅是传播友谊的纽带和桥梁，而且是文化软实力的体现，更是国家形象的重要标志。因此，我国要积极采取措施加快电影产品走出去，借助电影产品这一介体，推动中华优秀文艺走向海外、走向世界，实现电影大国向电影强国的伟大转变。

Analysis of Chinese Film Export Strategies
from the Cultural Discounts

Abstract：Cultural discount is one of the most important factors that affect the export of Chinese film. Chinese film is facing many dilemmas, such as the cultural discount of movie products on the export, the monotonous themes, repetitive content and that Chinese stories are not well expressed. We should take measures to promote the Chinese literature to the overseas and make the world a better understanding of China. The following strategies are available：reduce cultural discount through the cultural strategies；innovative film products and actively adopt new technology；choose appropriate ways to tell a good Chinese story.

Keywords：Cultural Discounts；Film Export；Strategy

（帅柳娟：首都师范大学文学院文化产业系研究生）

编 后 语

本卷学刊的编辑与出版，恰逢党的十九大召开。可以说本卷学刊是在新时代的开端之年与各位读者和同行见面的。本卷学刊在关注首都文化创意产业改革与发展这一传统主题的同时，广泛涉及区域文化、城市文化、民族文化、社区文化、特色小镇、文化遗产等当下文化建设与发展的重大问题。各位学者从不同的学术视野深入思考了各自研究领域的理论问题与现实问题，并试图给出可行的方案。本卷学刊汇聚这些内容丰富的智慧成果，构成了一部新时代开局之年我国文化创意产业及相关领域的画卷，它在某些方面也许还不够完整和深入，但是它试图回答新时代语境下的文化发展问题，此种努力无疑是可贵的。

本卷学刊在编辑出版过程中，得到首都师范大学文学院的大力支持和帮助，在此编者团队表示衷心感谢。本卷学刊尝试采用栏目主编外聘制，邀请学界业界等领域有资质和责任心的青年朋友加入，事实证明：这些学者不仅称职，而且表现出敏锐的学术感知力，这为本卷学刊的质量和选题的丰富性提供了有益的帮助。本卷学刊的作者提供的研究成果，有不少是各级各类基金课题的成果，这为学刊保证学术质量提供了有力支持，我们欢迎这样富有理论深度和前沿性的研究成果在本刊发表。

自本卷学刊始，我们决定将本刊编委会与学术委员会分设。学刊编委会除常务编辑人员外，还包括每卷学刊的外聘栏目主编。学术委员会则由长期支持本刊的本领域知名学者、专家组成。为适应新时代要求，本刊将对刊物内容、风格进行改革，以更好地体现中华文化立场，为首都全国文化中心建设作出更大努力！

本刊编辑部在此谨对给予本刊宝贵支持的中国社会科学出版社郭沂纹副总编辑、安芳责任编辑表示感谢！

本刊编辑部

2018.05

《燕京创意文化产业学刊》
2018 年卷（总第 9 卷）稿约

《燕京创意文化产业学刊》自第 6 卷起由首都师范大学"文化创意与传媒文化研究中心"主办，其办刊宗旨是立足于首都北京，面向国内外文化创意和传媒产业、高等院校和研究机构、政府部门，发表科研、教学、管理等方面的优秀科研成果，积极推进文化创意产、学、研三者的深度融合，为繁荣我国文化创意产业做出应有的贡献。

《燕京创意文化产业学刊》2018 年卷（总第 9 卷）以文化创意产业的发展历史、现状、趋势和问题为主要研究对象，同时兼及传媒文化领域的发展问题，介绍并分析世界先进国家和地区文化创意产业发展经验。以窗口形式集中反映首都文化创意产业研究者、管理者、从业者的最新研究成果。以一定篇幅反映文化创意产业学科建设的学理性思考和成就，以一定篇幅反映创新平台孵化的成果。

第 9 卷学刊的征稿重点侧重如下问题：1. 新时代语境下文化创意产业发展的"新常态"问题；2. 文化创意产业"供给侧"改革与发展问题；3. 传统媒体在移动互联网时代面临的困境及其创新与发展问题；4. 京津冀一体化、新型城镇化、首都全国文化中心建设进程中的文化创新与发展问题。

衷心欢迎您将未发表的最新研究成果惠寄给我们。论文等研究成果凡参考、引用其他作者论著观点、言论的，一律以脚注方式注明出处，格式详见来稿格式要求，论文后面一般不附参考文献。只列出参考文献，未在脚注中注明引用言论、观点、数据出处的，视为违反学术规范，取消刊用资格。请您务必提交作者简介（姓名、出生年月、供职单位、职务或职称、学术研究方向与主要成就）。来稿请寄：首都师范大学文化产业系（请写明：北京海淀区西三环北路 83 号，首都师范大学文学院文化产业系郭嘉老师收。邮编：100089），同时请务必将稿件电子版发送到 yjwhcy-cyxk2009@ sina. com。请注明真实姓名、工作单位、职称、职务、通讯地址、邮政编码、电子邮件地址等信息。来稿请自留底稿，未用稿一律不退，三个月内未收到录用通知，作者可自行处理。《燕京创意文化产业学刊》2018 年卷（总第 9 卷）截稿日期为 2018 年 12 月 31 日。本刊常年收稿，择优采用。

为鼓励研究生从事相关领域科学研究，本刊不定期开设《创意孵化器》栏目，面向在读研究生征集优秀论文稿件，论文篇幅一般不少于 5000 字，不超过 8000 字，其他要求与一般学术文稿相同。凡研究生稿件，一律附导师推荐意见，文后附署指导老师名字。

附：来稿格式要求

1. 注释。原稿中的引文注释，格式要保持统一。一般要求写成脚注，每页重新编号，不采用随文注、尾注。脚注要按照学术规范注明出处（作者、书名或篇名、卷次、译者、出版社、出版年份、页码）。例如：

（1）乌家培等：《经济信息与信息经济》，中国经济出版社 1991 年版，第 145—146 页。

（2）高铭暄主编：《刑法学原理》，第 3 卷，中国人民大学出版社 1994 年版，第 516 页。

（3）［德］黑格尔：《美学》，第一卷，朱光潜译，商务印书馆 1979 年版，第 323 页。

（4）张敏：《培养创新意识和创新能力》，《光明日报》，1998 年 9 月 23 日。

（5）黄蓉：《自有云霄万里高》，《中国图书评论》，1998 年第 4 期。

（6）许慎：《说文解字》，四部丛刊本，卷六上，第九页。

（7）英文注释：英文注释格式与中文注释的要求基本一致，只有一些技术上的差别。英文注释的文章名用引号，书名和期刊名用斜体。再次引用同一外文文献，只需注明作者姓名、文献名和页码（请注意斜体部分）。

①专著

Michael S. Werner（ed.），*Concise Encyclopedia of Mexico*，Chicago and London，Fitzroy Dearborn Publishers，2001，p. 366（pp. 890 – 892）.

②论文

Peter Kingstone，"Elites，Democracy，and Market Reforms in Latin America"，*Latin American Politics and Society*，Vol. 43，No. 3，Fall 2001，p. 139.

③文集中的文章

David William Foster, "Tango, Buenos Aires, Borges: Cultural Production and Urban Sexual Regulation", in Eva P. Bueno and Terry Caesar (eds.), *Imagination Beyond Nation: Latin American Popular Culture*, Pittsburgh, University of Pittsburgh Press, 1998, pp. 167 – 168.

（8）互联网资料

1. 如果资料来源于互联网，请注明详细网址。如果网址太长，可注上一级网址，但应使读者能够方便查找。要注明进入时间。例：www//：……，××××年×月×日。

2. 引文。文稿中引用他人著作或文章中的言论，必须认真核对原文（包括标点符号），并注明原文具体出处。一篇论文中引用同一书名，第二次及以后出现时可省略出版社与出版年代；若引用报刊，第二次及以后出现时可省略报刊名、出版年、期、月、日等。请各位作者务必按照原文认真核对引文，确保无误。

3. 标点符号。一律按照国家技术监督局 1995 年 12 月 13 日发布（1996 年 6 月 1 日起实施）的《标点符号用法》，准确地使用（请使用中文状态下的标点符号）。

4. 其他要求。正文用五号宋体字。脚注用小五号宋体字。论文标题用三号宋体字，居中，加粗。副标题用四号宋体字，居中。文内一级标题用四号宋体字，加粗，居中。序号以"一""二"……表示，序号后空一格字符。文内二级标题用五号宋体字，加粗，左缩进二个字符。序号以"（一）""（二）"……表示。文内三级标题用五号宋体字，序号以"1.""2."……表示，左缩进二个字符。文档页边距取默认值。论文字数控制在 8000—12000 字之间，特约稿适当放宽限制。论文摘要为汉字 150 字左右，不超过 200 字，字体用五号楷体。关键词 3—5 个，字体用五号楷体。

同一页原稿中有两个以上注释时，按其出现的先后，顺序编列序号①、②、③……（仅有一个注释时，编"①"）。若引用完整的一段话，句号在引号内；若引用不完整的一段话，即引文出现在行文的从句中，句号在引号外。引文内句子后面的问号、感叹号均在引号内。引文内若有省略（含引文里的注或其他符号），请注上省略号。

声明：本刊提倡严谨的学术规范与学术道德，在此方面有瑕疵者，一经发现即取消采用资格。凡投稿给本刊者，本刊视为同意此项要求并自愿受此约束。鉴于本刊人力有限,无法逐句逐段逐篇进行检索,如出现剽窃等违反学术规范与学术道德行为,由作者承担责任。凡涉嫌违反四项基本原则、违法、违纪的言论,本刊一概不予发表。

　　本刊不收作者版面费。在本刊发表的论文不支付稿酬。

首都师范大学创意产业与传媒文化研究中心

《燕京创意文化产业学刊》编辑部

2018 - 05 - 25